凤凰文库
PHOENIX LIBRARY

凤凰出版传媒集团
PHOENIX PUBLISHING & MEDIA GROUP

凤凰文库·历史研究系列

主　　编　　钱乘旦

项目执行　　王保顶

凤凰文库·历史研究系列

吐蕃丝绸之路

张云 著

江苏人民出版社

图书在版编目(CIP)数据

吐蕃丝绸之路/张云著. --南京:江苏人民出版
社,2017.5
(凤凰文库·历史研究系列)
ISBN 978-7-214-20612-1

Ⅰ.①吐… Ⅱ.①张… Ⅲ.①吐蕃—丝绸之路—研究
Ⅳ.①K928.6

中国版本图书馆 CIP 数据核字(2017)第 083976 号

书　　　名	吐蕃丝绸之路	
著　　　者	张　云	
责 任 编 辑	史雪莲　王保顶	
装 帧 设 计	姜　嵩	
出 版 发 行	江苏人民出版社	
出版社地址	南京市湖南路 1 号 A 楼,邮编:210009	
出版社网址	http://www.jspph.com	
照　　　排	江苏凤凰制版有限公司	
印　　　刷	江苏凤凰扬州鑫华印刷有限公司	
开　　　本	652 毫米×960 毫米　1/16	
印　　　张	22　插页 18	
字　　　数	302 千字	
版　　　次	2017 年 6 月第 1 版　2017 年 6 月第 1 次印刷	
标 准 书 号	ISBN 978-7-214-20612-1	
定　　　价	65.00 元	

(江苏人民出版社图书凡印装错误可向承印厂调换)

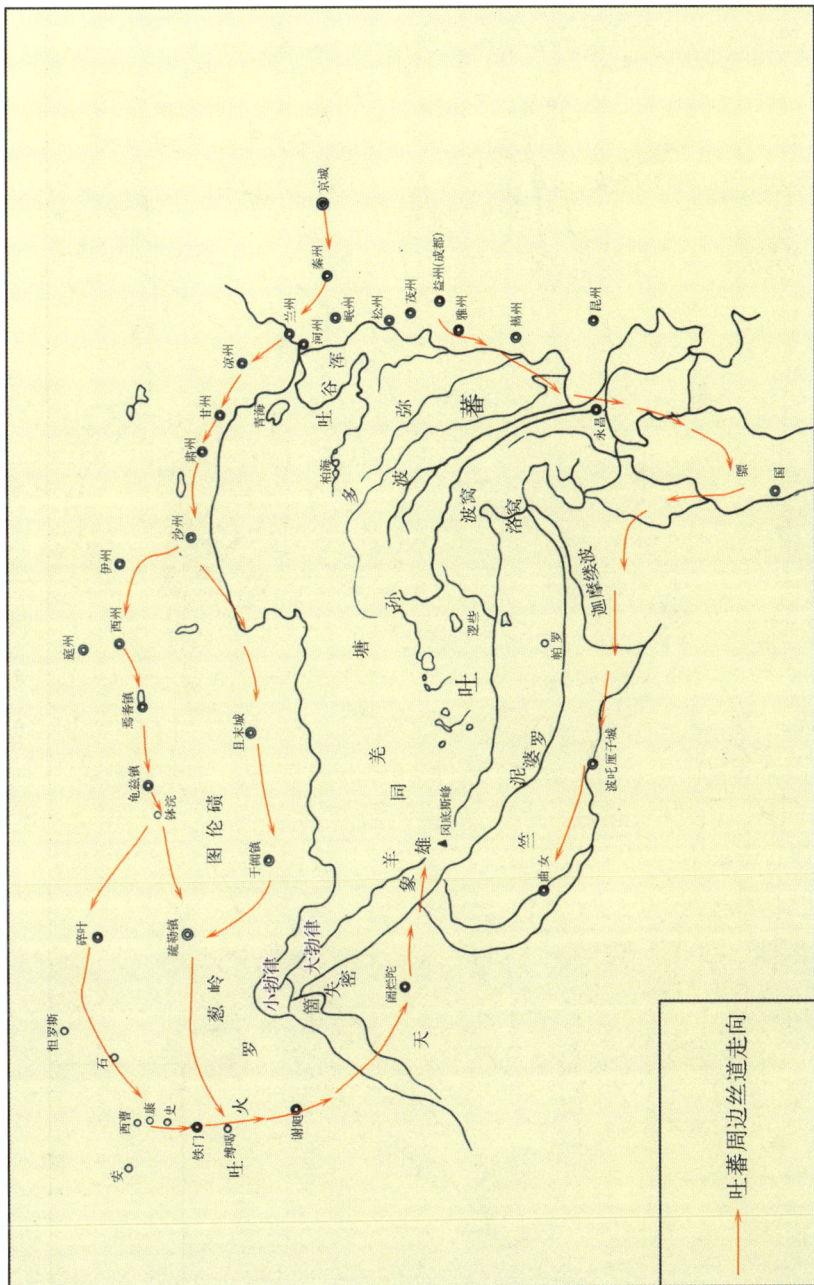

图 1　吐蕃周边丝道示意图

京城
秦州
兰州　河州　岷州　松州
益州(成都)　嶲州　姚州
昆州
凉州
甘州
青海　吐谷浑
柏海　多弥　沝　婆
永昌
昆
瓜州
沙州
伊州
西州
庭州
焉耆镇
龟兹镇
拨换
碎叶
石　怛罗斯
康　史
疏勒镇
于阗镇
且末城
图伦碛
羌同
象雄　羊同
阿底那峰
苏毗
逻些
帕罗
泥婆罗
兰　曲女
波吒厘子城
迦摩缕波
波窝　洛窝
安西　俱兰　吐火罗
钹汗　护密
谢飓
天　小勃律　大勃律
葱岭
罗
塘

吐蕃周边丝道走向

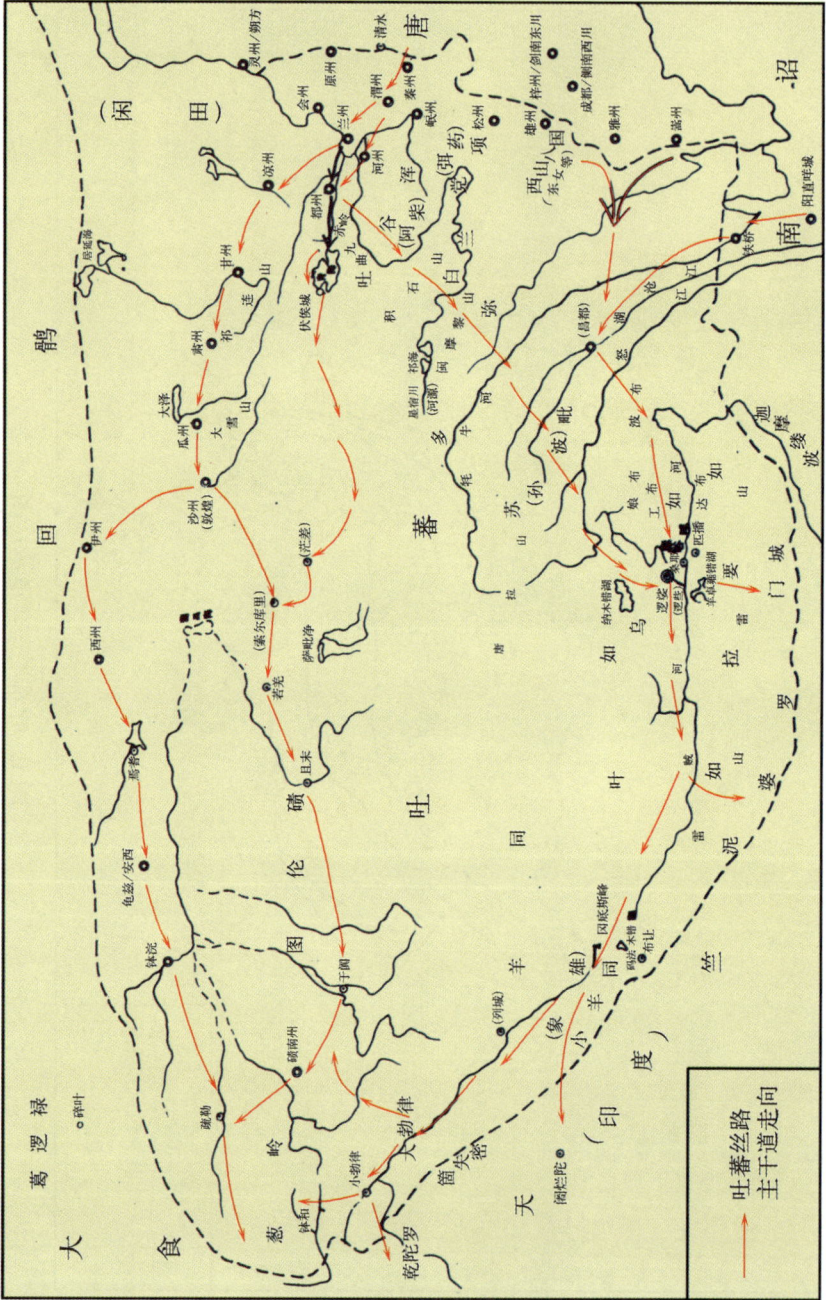

图 2 吐蕃丝路主干道示意图

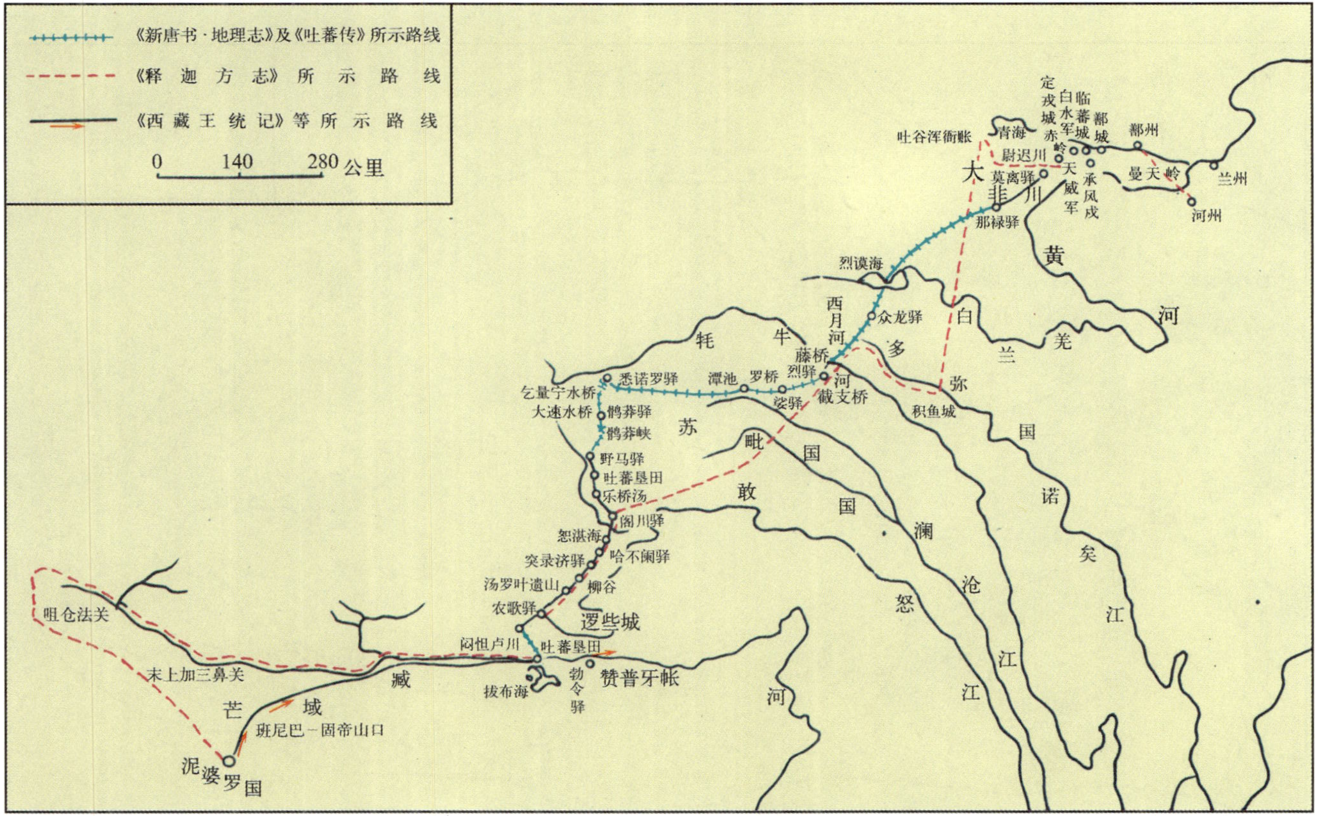

图 3　唐蕃古道行程略图（采自范瀛《唐代中印交通吐蕃一道考》）

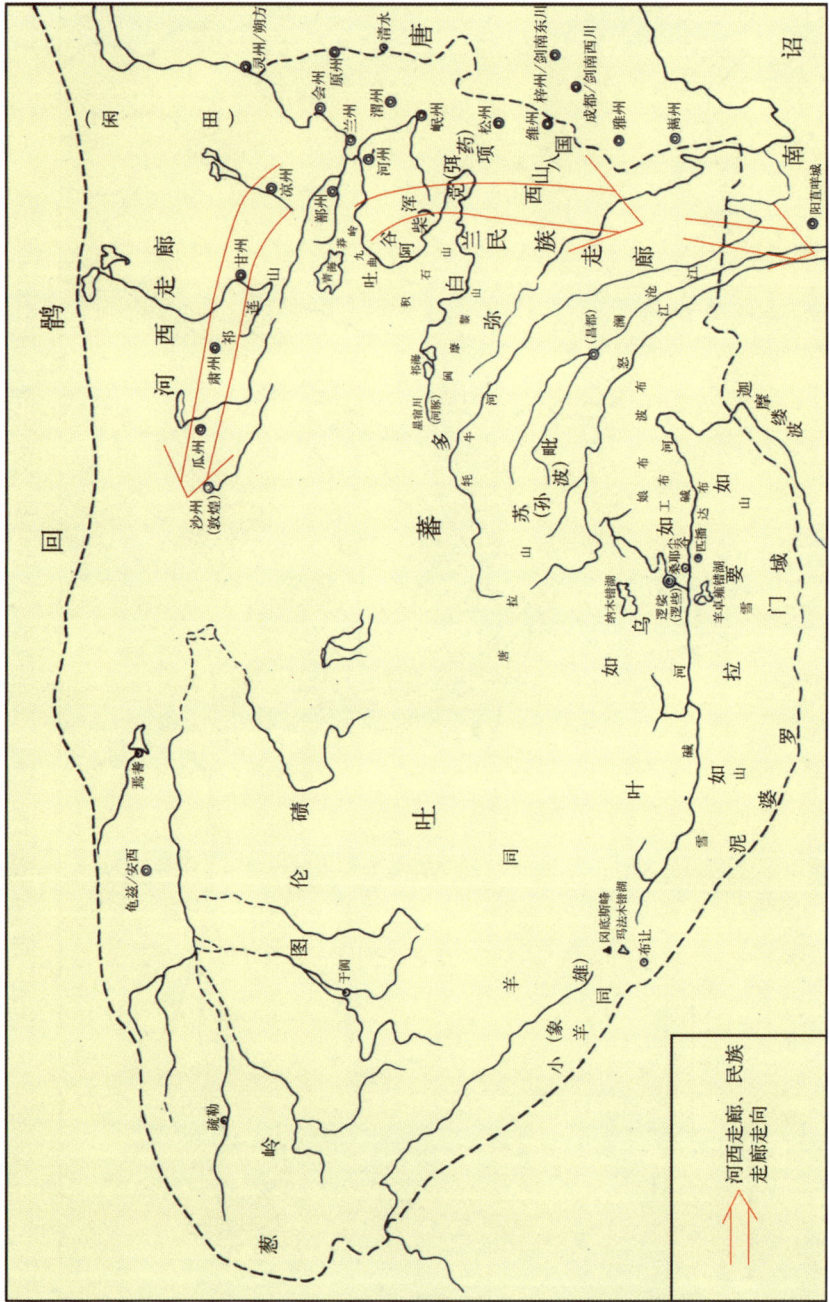

图 4 吐蕃与河西走廊、民族走廊

布达拉宫广场

拉萨河夜色

冈底斯雪山

冈底斯卓玛拉山

札达土林

羊卓雍湖

纳木错湖

玛旁雍错湖

鬼湖

班公湖

卡若拉冰川

卡若遗址出土的陶罐

打制石器之一

打制石器之二

骨针

故如甲木发现部分文物之一

故如甲木发现部分文物之二

（a）阿里故如甲木寺遗址出土的茶叶；
（b）西安汉阳陵陪葬坑出土的茶叶碳化植物（采自吕厚远研究员论文）

象雄王国的穹窿银城遗址之一

象雄王国的穹窿
银城遗址之二

日土岩画

噶尔县的卡尔东遗址

噶尔县卡尔东遗址出土的黄金面具

扎达县曲踏墓地出土的黄金面具

藏的"第一块农田"

传为辛饶米沃的修行洞

号称"西藏第一座宫殿"的雍布拉岗

布拉岗的藏文创制者吞弥桑布扎塑像

山南浪卡子县加查沟墓葬出土的金饰

唐太宗步辇图

松赞干布

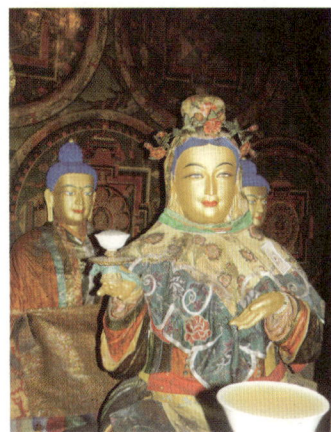

文成公主

文成公主进藏图

相传文成公主带往吐蕃的
乐器

日月山唐蕃古道

日月山赤岭遗址

大昭寺供奉的释迦牟尼佛像

拉萨小昭寺

大昭寺金顶

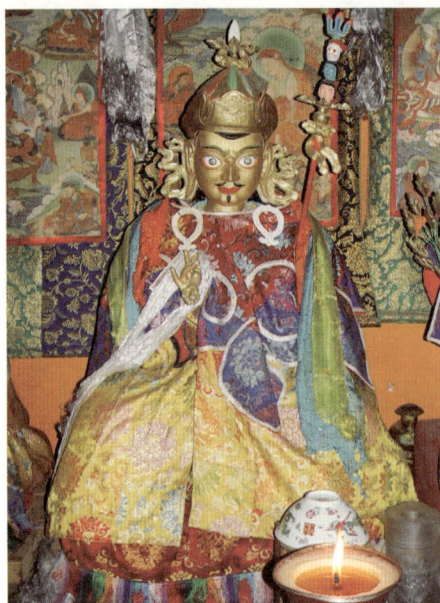

桑耶寺莲花生塑像

桑耶寺吐蕃钟

桑耶寺吐蕃钟铭文

桑耶寺大殿与佛塔

桑耶兴佛证盟碑

吐蕃时代的楚布江浦建寺碑

唐蕃会盟碑

传为吐蕃时代的菩萨头像

藏传佛教止贡派祖师塑像

新修的甘肃武威凉州幻化寺白塔

敦煌莫高窟

古格遗址

阿里古格出土的石锅

大修行者米拉日巴画像

八思巴画像

八思巴像

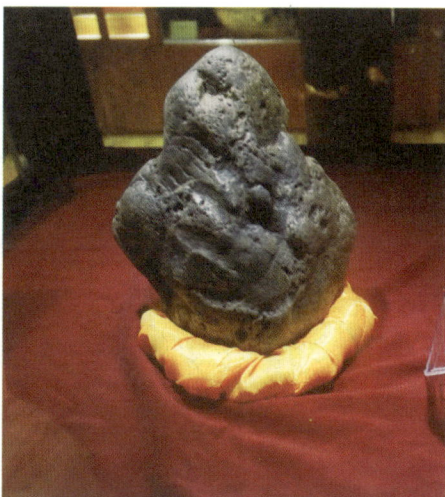

相传为八思巴的手印

相传为恰那多吉的盔甲和帽子

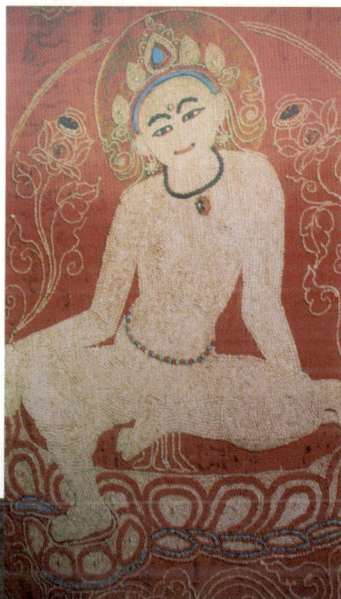

昌珠寺珍珠唐卡

忽必烈六盘山会见
八思巴

萨迦寺收藏瓷制布袋和尚

萨迦寺

萨迦寺的经书墙

萨迦寺收藏的梵文贝叶经

萨迦寺的佛像

萨迦寺收藏的福禄寿之一

萨迦寺收藏的福禄寿之二

萨迦寺收藏的瓷器

西藏发现的元代中统宝钞

元朝的八思巴字令牌

元代的藏文帝师法旨之一

元代的藏文帝师法旨之二

西藏自治区博物馆收藏的西藏围棋棋盘

五世达赖喇嘛觐见顺治皇帝

明朝皇帝赐给大宝法王的圣旨

扎什伦布寺大殿

七世达赖喇嘛供奉的万岁牌位

十三世达赖喇嘛朝觐慈禧太后

清朝皇帝册封达赖喇嘛的金印

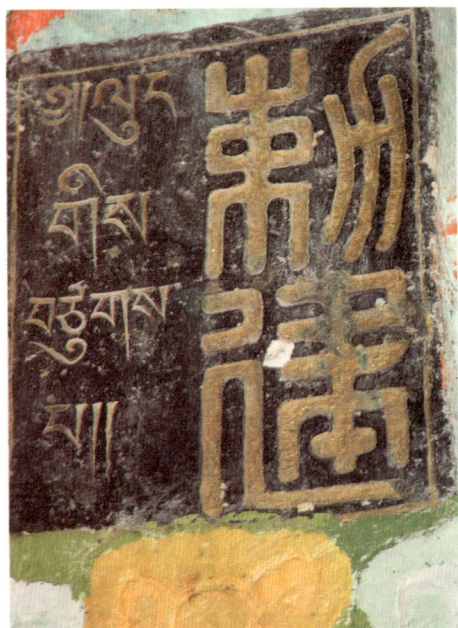

布达拉宫前清代御制平定西藏碑文之一

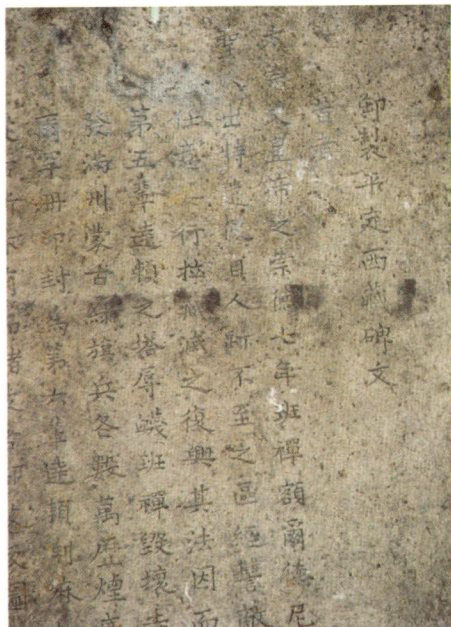

布达拉宫前清代御制平定西藏碑文之二

乾隆皇帝《喇嘛说》

清代掣签用的金瓶

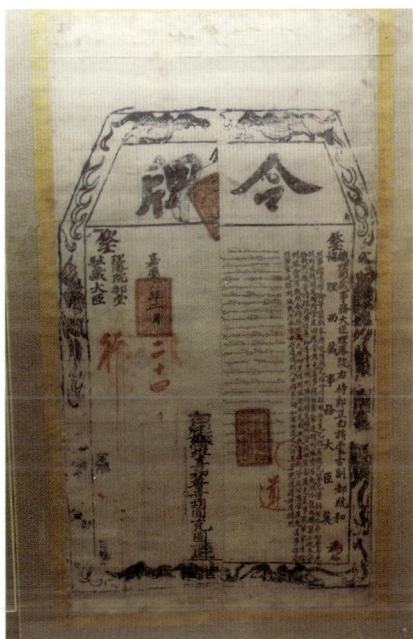

清代驻藏大臣令牌

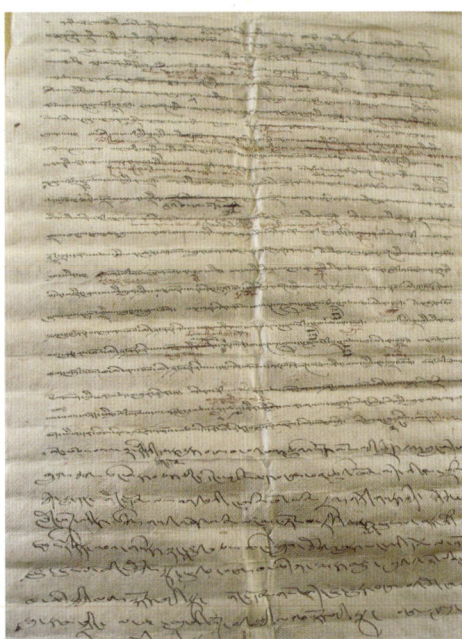

西藏藏文档案文书

罗布林卡

江孜宗山英雄纪念碑

拉萨箭达岗清真寺

英军入侵西藏曲米仙果大屠杀纪念遗址

阿里发现的鸟首纹织锦

饰与装饰

藏历天文星象唐卡

卧女魔图

大昭寺的收藏之一

大昭寺的收藏之二

藏医挂图

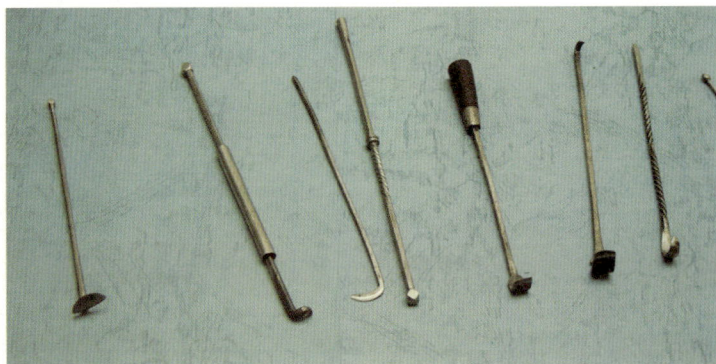
藏医器械

藏医生命的过程挂图

古时渡河用的牛皮筏子

布达拉宫转经的人们

色拉寺僧人辩经场景

读经的年轻僧人

转经信众和游客

甘丹寺的珍贵唐卡

拉萨罗布林卡的藏戏演出

哲蚌寺展佛活动

目　录

前　言

　　吐蕃丝路是名副其实的,它是古代沟通东方与西方、中国文化与世界文化的丝绸之路的一个组成部分,具有丝绸之路的一般特点:以丝绸作为纽带,连接着青藏高原地区各文化圈之间,以及青藏高原与周边各地人民之间的深情厚谊;在高原丝路上,穿梭着往来不息的客商人流和体积小、价格昂贵的珍物宝货,并由此牵动一个个经济文化交往的涡流。但是,由于青藏高原地理环境的影响,吐蕃丝路又有其自身的特点,以贸易物品而言,除了名扬世界的丝绸贸易之外,还有黄金、麝香、食盐、瓷器和茶马贸易等,可以说,唐代时期的吐蕃丝路是当时国际商业大循环中的一个重要环节。

　　吐蕃丝路文化是在吐蕃丝路不断发展的过程中形成的,并且成为吐蕃丝路的灵魂。吐蕃丝路文化色彩艳丽,斑斓多姿,它体现了吐蕃人开拓与开放的博大胸怀,体现了他们强烈的自信心和奋发向上的精神境界。吐蕃丝路文化,以及其后的发展,形成藏族传统文化的精髓,也影响今天藏族文化的基本面貌。藏族成为中国统一多民族大家庭中的一位成员,西藏地方成为中国领土不可分割的一部分,是地理环境和千百年来西藏与内地政治、经济与文化密切联系的必然产物,也是历史发展的最终结局,吐蕃丝路文化在其中起到了十分重要的桥梁作用。

吐蕃丝路文化对吐蕃文化,乃至藏民族的精神世界产生了深刻的影响。在人类文化史上,交流与变革是一个事物的两个方面,没有交流就没有新鲜血液,就会丧失生气;没有变革与独自发展,就会失去特色。吐蕃丝路文化突出地印证了这一真理。在吐蕃王朝时期,密切的丝路文化联系,打破了青藏高原地区的长期沉寂局面,使它充满蓬勃生气,并为奠定吐蕃文化提供了契机。以藏传佛教为核心的藏族传统文化,则是交流与变革的产物,是藏族古代先民智慧的结晶。但是,吐蕃丝路的相对萧条,在为吐蕃文化走向成熟提供加工与升华机会的同时,也使它趋于内向,在总体上失去斑斓的色彩,变成单色调。11 世纪以后,青藏高原西部、北部和南部的伊斯兰化是其重要的外部因素,而数百年分裂与混战的高原地区局势,则是其主要的内在原因。当政治与宗教密切结合起来,形成政教合一制度并完全左右高原地区形势时,丝路文化的内容也发生变化,佛教支配藏族传统文化面貌的局面已不可扭转。

对于吐蕃丝路的网络体系,就目前已有的成果而言,还只能允许我们勾勒轮廓,而不能细描全景,要获得问题的基本(不是全部)解决,还有许多细致、扎实的考证工作要做。笔者希望学术界不断有更精湛的论著发表,以推动它的深入,笔者本人也想在若干年的苦心研究之后,为读者提供一份更好的答卷。

第一章　高原文化圈

第一节　高原文化的地理氛围

地理环境既是人类生存与发展的物质载体,又是人类精神文化赖以滋长的温床。人的种类划分与肤色差异,在它的形成时期即已打上了地理环境影响的烙印;而人类千姿百态的文化景观,也或隐或现地展示着孕育它的地理环境。黑格尔(W. F. Hegel,1770—1831)在《历史哲学》一书中说:"促成民族精神产生的那种自然联系,就是地理的基础",我们要把那些特殊地区间的地理差别,"看作是思想本质上的差别,而与各种偶然性的差别截然分开"。① 因此,当我们试图把握青藏高原上的吐蕃文化时,我们就必须首先把握滋养这种高原文化的地理土壤。

青藏高原是一个相对独立的地理单元。它的面积有 200 余万平方公里,平均海拔在 4 000 米以上,是地球上地势最高、形成最晚从而也最年轻的巨大高原。

据科学家们推断,2 亿年以前,这里仍是一片波涛汹涌的大海。距今

---

① 黑格尔著,王造时译:《历史哲学》,上海书店出版社 2006 年版。

2亿年以前的"海西—印支运动",使昆仑山—可可西里山区退水为陆。随后,每一次剧烈的地壳运动,都自北向南推出新的陆地。但直到4 000万年前的早第三纪,喜马拉雅地区依然是风光旖旎的秀丽海湾。只是3 000万年前的"喜马拉雅运动",才最终把青藏地区全部推出水面。① 然而,如此遥远的地理变革,却在人类的心灵上留下不灭的记忆。藏文史书《柱下遗教》、《西藏王统记》等对此均有记载。《贤者喜宴》也称,古时候,上部阿里三围状如池沼,中部卫藏四茹形如沟渠,下部朵康宛似田畴,这些均被淹没于大海之中。西藏那曲地区流传的一则神话,还为地质变化增加了生动有趣的细节。据称:初始,世界为一片大海,后来天空生了七个太阳。由于烈日曝晒,山岩崩裂了,碎石与海水混合,经过风吹雨淋,又凝结为石头,而石上又积了土,日久长出了花草,又长出五谷。这与中原地区关于洪荒之世洪水滔天、天上有九个太阳和后羿射日等传说相似,曲折地反映了人类童年的共同经历与记忆,以及彼此之间可能存在的相互联系。

从青藏高原考古发现的古生物和古脊椎动物化石看,青藏高原地区曾有过美丽绝伦的姿颜。那时候,海拔只有1 000米左右,印度洋的湿热季风舒缓北上,青藏地区一片温暖湿热,年平均温度10℃左右,年降雨量2 000—5 000毫米。地势西高东南低,针叶林、阔叶混交林以及热带雨林一应俱全,棕榈、雪松,亭亭玉立;水杉树、桃金娘,婀娜多姿。原野上奔走着三趾马、大唇犀、小古长颈鹿、低冠竹鼠、萨漠兽和羚羊等,一派南国景色!

在已出现人类的第四纪时期,青藏地区由于印度洋、太平洋和欧亚三大刚性板块的相互挤压与俯冲,以令人难以置信的速度崛起,并自北而南形成一道道庞大的山系:

昆仑山,位于青藏高原北部,是今西藏自治区与新疆维吾尔自治区

---

① 张青松:《青藏地区上新世古地理和高原隆起》,科学出版社1981年版。

间的界山,西起帕米尔高原,东至四川盆地西北,东西长 2 500 公里,南北宽 150 公里,平均海拔 5 500—6 000 米,是中国大陆中部地形的骨架,有"亚洲脊柱"之称。

唐古拉山,横亘青藏高原中部,西接喀喇昆仑山,东南延接怒山,是西藏自治区与青海省的界山。主体部分海拔在 6 000 米以上,最高峰噶拉丹冬峰,海拔 6 621 米,是中国第一大河长江的发源地。

喀喇昆仑山,位于青藏高原西北侧,是连接帕米尔高原和喜马拉雅山与唐古拉山的链环。主体部分在新疆维吾尔自治区与克什米尔交界线上,东境伸入西藏自治区。喀喇昆仑山口为新疆通往克什米尔的交通孔道。山势高峻,平均海拔在 6 000 米以上,海拔 8 611 米的世界第二高峰乔戈里峰即位于此。

冈底斯—念青唐古拉山,横亘西藏自治区中部,东起昌都嘉黎,东南与横断山伯舒拉岭相接,西至阿里狮泉河。东西长 1 400 公里,南北宽 80 公里,被称为"众山之根"或"众水之源"。山岭平均海拔 5 800—6 000 米,主峰冈仁波且峰,海拔 6 714 米,被视为"大雪神山",受到膜拜。

喜马拉雅山,像一条蜿蜒的巨龙,横卧在青藏高原南侧的中印、中尼交界,从南到北分为锡伐利克山、小喜马拉雅山和大喜马拉雅山。大喜马拉雅山从西到东以普兰和亚东—帕里为界分为三个部分,全长 2 400 公里,宽约 200—300 公里,平均海拔 6 000 米以上。其中 8 000 米以上的山峰有 11 座之多,气势雄伟。最高峰喜马拉雅山海拔 8 848.13 米,为世界第一高峰。但是,在河流的冲击与切割下,形成了许多深达数千米的峡谷通道,成为中国与印度、尼泊尔、不丹及南亚各地人民贸易往来与文化交流的捷径。①

横断山,在西藏自治区东部与四川、云南两省西部,南北走向,众岭簇拥。

---

① 徐华鑫编著:《西藏自治区地理》,西藏人民出版社 1986 年版,第 33—37 页。

在青藏高原的崇山峻岭之间奔腾着一条条巨龙般的长河大川，闻名世界的黄河、长江、怒江、澜沧江、雅鲁藏布江、印度河，都以青藏高原为摇篮。在冈底斯山脉和念青唐古拉山以北的藏北羌塘高原，有世界上最高的内陆湖泊与内流水域，星罗棋布的湖泊，如纳木错湖、奇林错湖、青海湖等，似明镜如珍珠，点缀了寂寥的原野。喜马拉雅山北麓的羊卓雍湖、玛法木错湖，景色优美，宛如仙境。

雅鲁藏布江、拉萨河、年楚河、尼洋河"一江三河"中下游平原，朋曲、隆子河、森格藏布河（狮泉河）、噶尔藏布、麻噶藏布等中游河段，青海贵德县以下的黄河河谷、门源县以下的大通河河谷、横断山脉间的狭小谷地，以及藏南、藏北的湖滨平原，为高原农业的发展提供了一个个相对独立的空间。牧业则广泛分布于藏北草原、果洛草原、可可西里草原、甘南草原、阿坝草原以及甘孜的石渠、色达地区。牦牛和青稞成为青藏高原最有特色的牲畜和作物。牦牛的传说、青稞的故事在这里广为流传。

耸立的高原和挺拔的山岭毕竟是青藏地区最为突出的地貌特征：巨峰把高原与周围分隔开来，自成一体，隔绝了南下的寒流，也隔绝了北上的海洋季风，同时还使高原地区条块分割，使其相互之间地理有别，气候相异，经济生活方式参差，文化景观不同。

特殊的高原地理也造成特殊的气候环境，使它与周围自由大气间存在明显的季节性热力差异，冬季为冷源，夏季为热源，冷高压与热低压的形成与转换，造成独特的"高原季风"。雨少、干燥、大风、空气稀薄、雪灾、冰雹和电闪雷鸣，让生活其中的高原人民，感到自然界的威严和无处不在的神灵。在远古时期，人在自然面前是微不足道的，于是，原始的自然崇拜就在这独特的地理氛围中产生了。

青藏高原的地理环境造成其原始崇拜的基本风貌，如神灵系统复杂、分工细致鲜明以及山神队伍庞大、地位崇高等。对于高原人民长期具有浓厚的宗教意识并最终形成佛教一统的局面来说，除了政治、历史与思想文化的因素之外，地理环境实在起到积极的助长作用。地理上的相对封闭和改善进程的漫长，使人们更多地依赖幻想，热衷于寻梦，同时也无法割舍信仰的链环。因此，原始的、以自然为崇拜对象的青藏高原古老的本教，不仅主导了古代高原人的世俗生活，而且也成为藏传佛教文化中最为充实的一个内容。有了高原的地理氛围、高原人的聪明智慧和文化积淀，才有佛教旺盛的生命。

地理环境既造就了高原文化的统一风格，又造成它的区域特征，《西藏王统记》（《王统世系明鉴》）说，上部阿里三围，形如池沼，乃野兽之洲；下部朵康三岗，形如田畴，乃禽鸟之洲；中部卫藏四茹，形如沟渠，乃猛兽之洲。① 第五世达赖喇嘛所著《西藏王臣记》，将青藏高原分为乌思藏（约当今西藏）法区、朵思兑（安多）马区和朵甘思（康区）人区。这应是对以地理环境为基础的区域文化的概括性描述。

今天的语言学家，把藏语分为卫藏方言（即拉萨话）、康方言和安多方言，虽然是从语言学的角度进行划分的，但却首先体现了地缘的因素，映照出地理影响的内容。同样，藏北地区的游牧经济、藏南河谷的半农半牧经济以及藏东地区的农牧林业经济的划分，起决定性作用的也是自然地理环境。因此，我们说，青藏高原早期文化或吐蕃文化的特色，首先就在于它的神奇而与众不同的地理环境。

第二节　人类、民族与王族的起源

青藏高原的出现，可以说，是一个地质时代的结束。然而，没有人类的世界就好像没有演员的舞台，也无从揭开文明历史的第一页。那么，青藏高原文明史的第一页写了些什么呢？

（一）人类起源的传说

在藏文史书和藏族民间神话传说中，都有关于人类起源的故事。这

---

① 索南坚赞著，刘立千译：《西藏王统记》，人民出版社1995年版。

些故事经过数百年、上千年甚至更长时间的流传,被改造、被糅合是毫无疑义的,它不能说明或证明历史,但它却能曲折反映历史上的某些遗痕,或者说明古人乃至原始人对人类历史的某些看法,在认识史上仍具有十分重大的意义。

藏族的这类传说主要有卵(蛋)生说、猕猴衍生说和姐弟成亲说三种:

卵(蛋)生说谓,太极之初,有一个由五宝形成的蛋,后来破裂了,生出一个英雄。这位英雄狮首、象鼻、老虎爪子,脚如刀刃锋利,毛发如剑坚硬,头上长着两只犄角,角内栖息着鸟王大鹏。他便成了人类的初祖。与此相类的,是14世纪藏族政治家绛曲坚赞在《朗氏宗谱》中记下的一则传说。据称,世间的土地、水、火、风、空气的精华形成了一枚巨大的卵,卵的外壳生成天界的白色崖石,卵中的蛋清转变为白螺海,卵液产生了佛家所说的天、非人、人、牲畜、饿鬼和地狱六道有情。卵液又凝结成十八份,其中品者是色如海螺的白卵,从中跃出一个有希冀之心的圆团,它没有眼耳鼻舌唇五官,却有思维之心,欲观则有眼,欲嗅即有鼻,欲闻则有耳,欲食则有牙,欲品则有舌,欲握则有手,欲行即有足,娶妻生子,遂有庶民众生。[1] 上述狮首英雄或有西亚和埃及古文化影响的印痕,而卵生说则有古印度人《梨俱吠陀》、《百道梵书》和《歌者奥义》中所传"金卵论"折射的光芒。

猕猴衍生说,在藏文史书《玛尼全集》、《西藏王统记》等书中都有大致相同的记载,它说在很久很久以前,今西藏山南地区雅隆河谷的琼结地方,气候温和,林深叶茂。大山上有一只猕猴,与岩魔女结为伉俪,生下了6只小猕猴,并将它们送到果实丰硕的林中。三年后,繁衍成500多只小猕猴。它们为了生存相互争食、厮打,仍不免悲饥号啼,老猴即带

---

[1] 大司徒·绛求坚赞著,赞拉·阿旺、余万治译,陈庆英校:《朗氏家族史》,西藏人民出版社1989年版,第4—5页。绛求坚赞即绛曲坚赞,《朗氏家族史》即《朗氏宗谱》或者《朗氏世系史》。

它们迁至谷物丛生的山野觅食,食物的改变导致毛发的脱落,尾巴也随之消失,日久能言,转化为人类。[1] 我们不想把这种近乎科学的传说,归结于高原先民的绝顶聪明,并与达尔文的进化学说相提并论,但高原古朴的环境及人猿相似、生活习惯类同,确实丰富了这一则传说的内容。当然,它也被后代的佛教史著作家改换面目,作为宣传佛说的工具,如猕猴从菩萨受具足戒、受命修行,由菩萨和佛母做媒与岩魔女成亲等,即是明证。它的基本情节应是更古老时代传说的一个内容。

姐弟成亲的传说流传在四川阿坝地区的一些藏族群众中,据说:古时候洪水泛滥,淹没了田地、山川和人类。世界上只剩下姐弟俩,他们钻进牛皮筒中漂了七天七夜才得以生存下来。水退了,为担负起繁衍人类的大任,姐弟俩不得已结为夫妻,传下了当世的芸芸众生。[2] 人们很容易看出它的破绽:姐弟成亲反映的是古已有之的"血缘内婚制"习俗,由于这一时期人类不仅已经产生很久了,而且已走出原始杂乱性交的泥潭,开始有了婚姻规则,即已排除了父母与子女之间的相互性交关系。同时,基于地理与历史的原因,我们还可以把它与流行于西南各族中的类似神话联系在一起,相互勘同,并从中捕捉到文化交流的踪迹。

(二) 吐蕃民族与王族的来源

在讨论这一问题之前,我们先申明两点:第一,吐蕃作为青藏高原地区的一个古代民族,它的出现在早期资料记载中是与吐蕃王族的产生紧密联系在一起的;第二,唐代的吐蕃与今天的藏族有直接的承继关系,但并不能完全等同。藏文史书也向我们传达了这些信息。

吐蕃民族和王族的来源,至今仍是聚讼未决的问题。14世纪著名的史学家布顿大师,在他的名著《佛教史大宝藏论》中,罗列了印度论师智

---

[1] 萨迦·索南坚赞著,陈庆英、仁庆扎西译注:《王统世系明鉴》,辽宁人民出版社1985年版,第40—43页。

[2] 中央民族学院编:《藏族文学史》,四川民族出版社1985年版。

铠《胜天赞释》中的说法，声称般荼王的 5 个王子和 12 个极凶恶的仇敌军团交战时，汝巴底王带领 1 000 人的军队，化装为妇女，逃往大雪山中，遂繁衍了吐蕃民族。这一说法也被第五世达赖喇嘛在其《西藏王臣记》一书中加以转述。关于王族的来源，布顿大师也列举了几则与古印度国王有关的传说，其中影响较大的一则谓：在西藏地区诸魔同十二夜叉小王共同制造灾害时，白萨罗王"能现"生有一子，睫毛盖住眼睛，手指间有蹼相连。此王惊骇，遂将小儿装入铜盆，抛入恒河，幸为农夫所救，养至成年。此儿知被弃身世，心生悲苦，远逃大雪山之中，北越拉日山峰，来至赞塘噶西地方，被当地的本教徒看见，问他是何人？答说是"赞普"；问他来自何方？默无所言，以手指天。众本教徒以为其自天梯而降，遂以肩抬之，尊为"聂墀赞普"（意为肩舆王），成为王族始祖。[①] 这些传说在藏文史书中的记载，最早可以上溯到 11 世纪的《玛尼宝训》和《国王遗教》。布顿大师引述时，已带有肯定的倾向性，而在五世达赖喇嘛的史书中，就不仅把它作为信史，而且增加了观世音菩萨想以之为人世之主，特予加持等内容，使本来就具有为佛教复兴张目的这些故事，宗教色彩更浓厚，社会功利更明显。后世学者宗而法之，努力演绎，完成了一个美丽的传说：吐蕃民族即释迦族，吐蕃王族即释迦王室后裔。此即"印度说"。

藏文史书中影响较大的另一种说法是"本土说"，主要内容有两则，一则即是猕猴与岩魔女繁衍说；一则是来自今西藏波密说。前说谓，众幼猴吞食谷物以后，毛发渐渐脱落，尾巴缩短，并能说话，变为人类。由于得父圣猴遗传，性情善良，信心顽强，悲天悯人；而因母岩魔女影响，又贪欲嗔怒，利欲熏心，性情无常，五毒炽盛。嗣后，他们引水灌田，营建城邑，形成四大种姓，若干小邦，最后产生了聂墀赞普，作为诸部之王。后说与印度说故事情节类同，只是来源地不同，前者经佛教改编，后说经苯

---

① 布顿·仁钦珠著，蒲文成译：《布顿佛教史》，甘肃民族出版社 2007 年版，第 114 页。

教加工。12世纪的《德乌教法史》(即《弟吴宗教源流》)记载了一则传说，声称对聂墀赞普的即位有秘密、公开和绝密三种说法，"据说，绝密一名系由聂墀来自太郎神(苯教一魔神名)而生。在波沃(今西藏波密)地方有一妇女叫姆姆尊，她生有九子，最幼者叫玛聂乌比热，长相奇特：舌大可覆面，指间有蹼连，勇猛异常，法力无边。众人商议，决定逐其出境。波沃的佛、苯二教徒乃举行驱送太郎神仪式，将其逐往吐蕃方向，适逢蕃地寻人为王，见而问曰：'你为何人?'对曰：'我是波沃人。'又问：'看你指间有蹼，舌大覆面，相貌奇特，可有法力?'答曰：'正因法力过人而见逐。'众人高兴，以肩舆之，迎为国王，号作'聂墀赞普(gnyav khri btsan po)'。"[①]后世的《雍布拉岗目录》也记载了类似的说法。藏文史书中还有其他类似却不尽相同的说法，比如，《汉藏史集》记载："在释迦牟尼出生后的一千三百五十六年的羊水狗年(壬戌)，王子到了贡布神山(lha ri gong po)的山顶上，沿着穆梯(rmu skas)下降，到了赞塘果细(rtsan thang sgo bzhir)地方。此时有雅干拉色(ya gam lha sras)、托拉温布(thog lha dbon po)等十二名聪明少年在此处放牧牲畜，与王子相见。"后面的对话大致相同，只是苯教徒换成了少年放牧者。[②] 这里的年代显而易见存在错误，聂墀赞普不可能出现在释迦牟尼诞生1356年之后；苯教徒在这里换成了少年放牧者，说明苯教史家也曾参与了传说的改造。

　　汉文史书对吐蕃民族与王族的来源也有传说，可以称作"北来说"，主要内容也有两则，一是拓跋鲜卑说，一是西羌或发羌说。《旧唐书·吐蕃传》记载："吐蕃，在长安(今西安)之西八千里，本汉西羌之地也。其种落莫知所出也，或云南凉秃发利鹿孤之后也。利鹿孤有子曰樊尼，及利鹿孤卒，樊尼尚幼，弟傉檀嗣位，以樊尼为安西将军。后魏神瑞元年，傉

①　参看弟吴贤者著，许德存译《弟吴宗教源流》，西藏人民出版社2013年版，第106—107页。
②　达仓宗巴·班觉桑布著，陈庆英译《汉藏史集——贤者喜乐赡部洲明鉴》，西藏人民出版社1986年版，第81—82页；四川民族出版社1985年版，藏文本，第129—130页。

檀为西秦乞佛炽盘所灭,樊尼招集余众,以投沮渠蒙逊,蒙逊以为临松太守。及蒙逊灭,樊尼乃率众西奔,济黄河,逾积石(山),于羌中建国,开地千里。樊尼威惠夙著,为群羌所怀,皆抚以恩信,归之如市。遂改姓为窣勃野,以秃发为国号,语讹谓之吐蕃。"①即吐蕃源于由大兴安岭逐渐西迁、南迁而来的鲜卑人拓跋(即秃发)氏。虽然这里是作为一种传说罗列,但是,这是诸多说法中的一种,我们把它看作是该书作者、五代后晋时人刘昫个人所赞同的观点。当然有人会不同意,而支持别的说法,北宋的欧阳修和宋祁就是其中之一,他们在《新唐书·吐蕃传》中,旗帜鲜明地支持"西羌说",开首即言:"吐蕃本西羌属,盖百有五十种,散处河、湟、江、岷间;有发羌、唐旄等,然未始与中国(中原)通。居析支水西。祖曰鹘提勃悉野,健武多智,稍并诸羌,据其地。蕃、发声近,故其子孙曰吐蕃,而姓勃窣野。"②后世学者便在列位先辈的旗帜下,排列两队,打起了笔墨官司,学界无包青天,这桩公案何日了结,实难预断。有学者以《旧唐书》作者刘昫处世时间在前,论事客观,而欧、宋二氏在后,草率武断来论证两说的正误。我们以为,那是在讨论唐史二书得失,与吐蕃来自鲜卑、西羌二说并无瓜葛。事实上,他们双方各持一成说,以之为一家之言尚可,以之证史往往误入歧径。

关于吐蕃族源与王族来历,还有天神下凡说、附国说、吐火罗说、蒙古说、三苗说、羌人与印度雅利安人混合说等,名目繁多,不一而足。随着学术研究的深入,真理总会逐渐趋近,是非也会越辩越明。但是,这些说法大都不是无根浮萍,而是几乎涉及到青藏高原周围所有的不同人种、不同语言系属的民族和不同文化类型。它让我们作出两点判断:其一,古代的青藏高原不是人类文明的真空地带;其二,高大的山岭并没有阻止周围地区文明的流入,也就是说,自古以来即存在着传递文明的"丝路"交通。

---

① 《旧唐书》卷一九六《吐蕃》。
② 《新唐书》卷二一六《吐蕃》。

第三节　来自地下的实证

面对没有文字记载的史前数百万年历史,仅有的神话传说和零散的文字追忆,让史学家们感到为难,只能望洋兴叹。但是,考古学却为他们驶来一叶扁舟,将他们带到一个辽阔的领域。因此,史前考古学的产生,被视为人类认识上的一次革命。其意义之大,可与现代物理学、天文学的诞生相比拟。从此,人们不必再依靠拼凑零碎的文字来说明这 5 000 年的历史状况,考古已能为历史学家展现 25 万年来的景象。而且,它还赐给人们一种武器,让人们用史实来打碎欧洲文明中心说的神话,同时把没有文字历史的民族带进历史学家的研究视野中。

青藏高原地区的考古工作,虽然起步晚,但已有的成就,已经足以使我们构拟它的写意式的草图,并从中追寻相互交流的行踪。

(一) 旧石器文化

旧石器时代,在考古学上是人类历史的早期阶段,时间相当漫长,约有 200 万—300 万年之久。其时,人类使用比较粗糙的打制石器,依靠采集和渔猎等生活。西藏业已发现的旧石器采集点有五个,主要分布在唐古拉山脉以南到喜马拉雅山以北地区,包括藏南定日县的苏热、藏北申扎县的珠洛勒、阿里日土县的扎布、藏北申扎县的多格则和藏北色林湖畔的各听。

学者分析,苏热旧石器类型及加工技术与华北旧石器中晚期近似,而晚于此的珠洛勒石器则与宁夏水洞沟的类同。[①] 从多格则和扎布地方的石器中,又能看到起源于华北的"船底形石核"的踪迹。那么,内地与青藏高原的远古文化联系就有客观存在的可能性。不仅如此,扎布地区

---

① 安志敏等:《藏北申扎双湖的旧石器和细石器》,载《考古》1979 年第 6 期。

类似手斧的石器和多格则地区雕刻器打制的刮削器,还表现出与欧洲旧石器文化典型器形"手斧和雕刻器"之间的联系。在已采集到的诸石器之间,就其选材、加工技术、器形等而言,又有内在联系:都以石片为主,刮削器最多,尖状器极流行,说明它作为一种高原旧石器文化,有其地区上相对稳定的内容。[①] 我们相信,随着旧石器标本采集工作的细致、全面、深入以及遗址的发现与发掘,青藏高原地区的旧石器文化特点将会更加突出,它与周围地区和文明点的联系脉络也会更为明显。

(二) 新石器文化

新石器时代,是考古学上石器时代的最后一个阶段。在人类历史上,大约开始于1万年前,农业和畜牧业的发明,使人类有了较可靠的生活资料来源,开始过上定居生活。磨制石器被广泛使用,人类已可以制陶和纺织。这时期进入了氏族制社会,早、中期为母系氏族公社,晚期为父系氏族公社。

新石器实物,在青藏高原地区发现量大,遗址分布广,种类繁多,与周围地区联系的内容增多,其自身的特点也更加明显。以细小的打制石器为主要特征的细石器文化,从中国东北、内蒙古、宁夏、新疆一直连接到西藏,以渔猎、畜牧业经济为主,形成一道古代文化上的万里长城,与黄河流域的农耕文明相互对峙又相互依存。但在西藏地区,细小的打制石器变成大型的打制石器,它的遗址从藏北的申扎、双湖,到阿里的普兰、日土,而至后藏日喀则、聂拉木、吉隆等,均有分布。

人类的细石器文化,从特征与地理上被人们分为两大系统:一是几何形细石器,即将细石核上剥取的石叶,加工制作为三角形、梯形和半月形等规则形态。它以地中海为中心,波及非洲、欧洲、西亚、中亚和南亚

---

① 参见侯石柱《西藏考古大纲》,西藏人民出版社1991年版,第14—23页;安志敏等:《藏北申扎、双湖的旧石器和细石器》,《考古》1979年第6期。

等地。一是非几何形细石器,即以压制法剥取石叶,加工成非几何状器型。它以华北为中心,主要分布在亚洲东北部和美洲西北部。而青藏高原的西部、南部边缘即是两种细石器文化的分水岭,青藏高原细石器文化属于后一个系统。当它面对接受西亚文化影响的南亚和中亚旧石器文化时,交往就不可避免了。在印度西孟加拉邦的比尔布汗浦、北方邦的莱卡赫尔希河等地发现了非几何形细石器在下、几何形细石器在上的层位关系,其年代在公元前 5 000 年左右。而巴基斯坦卡尔梅山遗址中的细石器由非几何向几何形转换发生在 1 万年前左右。在中亚,阿富汗巴尔赫省的阿克·库普鲁克的一个遗址中,发现了大量非几何形细石器,年代约在 1.6 万年前左右。此外,在海巴克的卡拉·卡马尔等地均发现有非几何形细石器。而且,几何形细石器均晚于非几何形石器。那么,以华北为中心的这种非几何形细石器文明显然在传到青藏高原地区的前后,也传到了中亚、西亚地区,时间甚至在地中海几何形细石器文明影响这些地区之前。[①] 但中亚与南亚的非几何形细石器与青藏高原的同类,究竟存在怎样一种影响关系,也许还需要考古学家们进一步论证。

考古学家们通过对若干西藏打制石器的比较,发现在制造工艺上,它们具有两个显著的特点:其一,其基本形状(器形)是以砍砸器、边刮器、尖状器为主,且多系打制石片石器;其二,在石器的加工方法上,均用锤击法打制石片,在加工方法上多由破裂面向背面加工,而这些特征,都与我国华北旧石器时代十分相似,而明显不同于同时期南亚、西亚以手斧形器为代表的旧石器工艺传统。[②]

1977 年,西藏昌都水泥厂的工人在修建厂房时,不经意发现了著名的卡若文化遗址,其时代属新石器时期,生产工具以打制石器、细石器和磨制石器为主,前者尤多。陶器均为夹砂,手工制作,纹饰以刻划纹、锥

① 侯石柱编著:《西藏考古大纲》,西藏人民出版社 1991 年版。
② 霍巍:《考古学所见西藏文明的历史轨迹》,《民族研究》2010 年第 3 期。

刺纹和附加堆纹为主。器形以罐、盆、碗为基本组合,皆小平底器,与中原新石器的特征器物鼎、鬲、甗等有所差别。建筑大量使用石料,形成石墙房屋、石砌道路、圆石台、石围圈等石料一统局面。

卡若文化与外部文化的联系极为密切。它与澜沧江以东、四川西部高原、云南西北横断山脉诸原始文化,如大渡河流域汉源县狮子山遗址、澜沧江流域云南福贡、云县的石斧器物,安宁河流域西昌礼州遗址和云南龙川江流域元谋大墩子遗址等,具有共同的文化特征,即石器有长条形石斧、石锛和刀刃在弓背的半月形石刀;陶器皆为夹砂,纹饰以绳纹、刻划纹、压印纹和剔刺纹为主,器形无三足器;房屋有木骨泥墙,早期为半地穴,后期出现地面建筑。广泛运用的砌石技术和石屋建筑,至今为西南羌、藏各族沿用。

卡若文化与其北部的甘肃、青海马家窑、半山、马厂文化系统存在密切的联系,例如它的打制盘状敲砸器、有肩石斧、切割器和细石器中的锥状石核、柱状石核以及磨制的条形斧、锛等都可在甘、青新石器文化中找到影响的内容。至于两者的陶器,从外形到质地、纹饰、色泽均可相互认同。卡若文化早期的圆形或方形半地穴房屋,经过处理的红烧土墙壁和居住面,都是甘、青马家窑文化的典型特征。而卡若文化中的粟类谷物,也说明黄河流域原始文化对它的影响。①

卡若文化遗址中还发现采用"勒瓦娄哇"技术制作的器形,而这一技术在旧石器中期广泛流行于欧洲、北非和近东地区,在中亚、南亚地区也被广泛使用。卡若文化有可能接受了它们的影响。还有伊朗西部克尔曼沙区甘吉·达维新石器早期遗址中的骨片,也在卡若遗址中发现。而克什米尔布尔兹霍门的新石器时代遗址中半地穴式房屋与长方形双孔石刀,又可能是经卡若西传的黄河流域原始文化中的内容。② 来自中原

① 西藏自治区文管会、四川大学历史系编:《昌都卡若》,文物出版社1985年版,第151—153页。
② 童恩正:《西藏考古综述》,《文物》1985年第9期。

地区、甘青地区、北方草原和西南地区影响，极大地丰富和充实了西藏早期文明的内涵，它反映的是经济文化联系，也可能还反映了更远古时代人们随动物迁徙逐渐翻越群山进入高原，或者追逐猎物深入青藏高原腹地的历史过程。

(三) 巨石文化的密码

巨石文化，是新石器时代晚期和铜器时代的一种文化。它以巨石建筑物石棚和石圈为特征，主要分布于欧洲、大西洋沿岸。在中国的辽宁、山东等地也有发现。意大利著名藏学家图齐(G. Tucci)，在 20 世纪上半叶考察西藏文物古迹时发现了众多的巨石遗迹，谓之为"巨石文化"。一堆或若干堆的巨大石块被摆成圆形，或者方形与直线形。在一堆石块中，往往有一根或三根较高的石柱耸立着，未加任何雕琢，而且，如有三根石柱则必然中间高于两边。在夏格丁(Shab dge Sdings)山上及多扎宗到萨迦之间的道路上，都可以见到用直径 2—3 米的巨石组成的规模庞大的石柱群，它们排列成圆形或椭圆形，中间的石柱或有或无，并不确定。

巨石还与墓葬联系在一起，在冈底斯山附近的卓玛山口，即发现有用巨石环绕的椭圆形墓葬。在拉达克的列城也发现以石板为盖、墓内以石头砌墙的坟茔。俄国人罗列赫在萨噶(Saga)村也发现一块巨大的灰色巨石，四周还有白色的石英石柱；在丹热雍措附近，又发现一批巨石，它们由排列成方形的石板环绕的立石组成，其附近是陵墓，有排成方形的石头环绕，从东向西直线排列，东端有巨石。罗列赫也定之为"巨石时期"，但无确定年代。

图齐教授把西藏地区的"巨石文化"与公元 2000 年前居住在青海湖(Kokonor)的羌人联系起来，因为"他们也有在石墓中埋葬死者的习俗"。根据所有这些资料，他得出如下结论："在西藏存在着一种新石器传统发展起来的巨石原始文化。这一文化沿着两条路线传播：一条通过青海湖地区的欧亚大平原通道进入西藏中部,或许一直延伸到后藏;另一条则进入克什米尔和斯皮提。"①不过还需要进一步证实。有研究者认为,遍布西藏西北部地区的大石,往往和古墓葬联系在一起,可能是本部落首领、牧师或其他本部族内有威望的人物去世后,为他们而立的纪念碑。②

巨石文化上承新石器文化之旧,下启吐蕃王朝传统文化之新,既反映了文化上的联系脉络,又反映了青藏高原地区多石的地理特征,对后世的石屋建筑、宗教(佛、本)玛尼堆现象,乃至石料饰物的流行均有深刻影响。西藏地区的原始本教应该在这一个文化时代获得发展,渐具雏形,同时也为后代设置了一座座难以进入的迷宫。

(四) 象雄故城的惊人发现

2012 年 6—8 月,中国社会科学院考古研究所与西藏自治区文物保护研究所联合对西藏阿里地区噶尔县门士乡卡尔东城址及故如甲木墓地进行了测绘和试掘。发掘表明,故如甲木墓地是一处分布相当密集的象雄时期古墓群。故如甲木寺古墓葬发掘出大件青铜器皿、微型黄金面具、中原式铁剑及大量殉葬动物骨骼等,与此前故如甲木寺僧人所清理出的器物风格一致,显示出与邻近的札达地区、新疆南疆地区、印度北部地区乃至中原地区存在着广泛的文化联系。札达县曲踏墓地发现了在西藏西部系首次出现的一枚天珠,噶尔县故如甲木墓地出土了黄金面具。两个墓地年代相同,地域接近,都流行深埋,采用侧身屈肢葬式,使用形制相同的箱式木棺、陶器等,出土遗物中的铜镜、木梳、玻璃珠等表现出多种文化因素。同样说明,在象雄时期,这里就与新疆甚至中亚、印度发生了文化交流。根据曲踏墓地以往的发现所提供的碳 14 数据,这

① 图齐著,向红笳译:《西藏考古》,西藏人民出版社 1987 年版,第 13—20 页。
② *Antiquities of Upper Tibet:Pre-Buddhist Archaeological Sites on the High Plateau*, By John Vincent Bellazza, Adroit Publishers, Delhi, 2002, p. 104. 顿珠拉杰:《西藏西北部地区象雄文化遗迹考察报告》,《西藏研究》2003 年第 3 期。

批墓葬的年代在距今 1 800 年左右,墓葬主人很可能是象雄国贵族。①

王侯羊王鸟兽纹织锦。2006 年 5 月,在噶尔县门士乡古如甲木寺的大门外发现的古墓葬中出土的丝织物,上面有虎、羊、鸟等对称的图案和小篆体汉字"王""侯"等。经过霍巍教授研究,这幅丝织物以藏青色和橙黄色双色呈现图案,其构图似可分为三层结构:最下一层为波浪形的曲波纹,类似西方建筑物中的拱形柱廊,每组波浪纹当中各有一对相向而立的对鸟,对鸟身下脚踩着植物纹样,下面有"山"字形的纹样相衬托,波纹中有四蒂纹显现;第二层为如意树构成几何形的空间,在其间布置以双龙、双凤、双羊等,双龙仅具头部,与两两相从的双凤与双羊头向相反;第三层也为如意树相间隔形成的几何形空间,树之两侧各有一相背而立的狮子,狮子狮口大张,带有三重短羽的双翼,鬃毛上扬。最令人震惊的是,在每组动物纹饰的空白处,都有四个篆体的汉字,金书波先生已经正确地释读出它们中有"王"、"侯"两字,这些汉字实际上是四个一组,可以释读为"王侯羊王"四字。从这方织物伴出的其他随葬器物来看,陶器的形制和承托陶器的木盘与新疆、敦煌一带魏唐墓中所出的同类器物较为相似,加之两地在地理位置上相对接近,所以受到西域文化的影响可能性较大。吐蕃人也时常从西域一带获得唐代的丝织物品。另一种可能性,则是通过吐蕃腹心地带然后向西传到西藏西部。唐代初年由于唐蕃关系友好亲善,在高原上开辟出通向印度和西域的两条新道,一条是从吐蕃西南的吉隆一带进入泥婆罗(今尼泊尔),再入北天竺;而另一条就是从吐蕃进入到西藏西部地区,再从克什米尔、印度河上游一带进入到北天竺。② 上古时代中原地区的丝绸和织锦无论从那条道路进入西藏阿里地区,都反映出高原丝绸之路的存在,以及与中原地区密切的文化联系。

---

① 仝涛、李林辉、赤列次仁、姚娅:《西藏阿里地区故如甲木墓地和曲踏墓地》,《考古》2015 年第 7 期。
② 霍巍:《一方古织物和一座古城堡》,《中国西藏》2011 年第 1 期。

1 800 年前的茶叶。中科院地质与地球所吕厚远研究员与国内外同行合作,针对西藏阿里地区故如甲木寺遗址和西安汉阳陵陪葬坑出土的疑似茶叶食物残体,开展了植物鉴定和年代学分析工作。他们发现茶叶具有 4 类植钙体形态和组合特征,又通过对现代茶叶标准样品的色谱—质谱分析,明确了鉴定茶叶的两个生物标志物:咖啡因和茶氨酸。他们通过碳 14 测年,证明故如甲木寺遗址出土植物的年龄距今约 1 800 年左右,属西藏古象雄王国时期;汉阳陵出土植物年龄约为 2 100 年左右。在此基础上,科学家发现两地出土植物都包含只有茶叶才同时具有的茶叶—植钙体、茶氨酸和咖啡因等,这是已知的世界上最早的茶叶实物。[①]

这里还发现彩绘木案、方形木梳、带柄铜镜、纺织工具、竹木漆器、长方形木盘、草编器物和彩绘陶器等,大多与中原地区文化通过丝绸之路西上高原,以及西南地区文化西向传播有关。黄金面具等物品则与今印度西北部地区、尼泊尔发现的同类相近似。此外,阿里地区的考古发现还显示出其与中国新疆地区、北方草原地区,乃至中亚等更大范围存在某种文化上的联系,印证了古代丝绸之路的畅通发达。

第四节 三大古文明的夹心地带

在人类进入公元前 4000 年中期,少数发达的集约农业经济地区开始发生变化,新石器时代人类的分散农村为更复杂的社会所取代,城市成为它们共有的特征,世界历史揭开了新的一页。文明在底格里斯河和幼发拉底河流域下游即两河流域、尼罗河流域、印度河流域的哈拉帕和莫恒卓达罗周围地区,以及黄河流域的安阳周围地区率先诞生,古巴比伦、埃及、印度和中国被誉为四大文明古国。它们都有相对繁华的城市、巨大的公共建筑物、发达的农业灌溉系统和组织集散当地物产、组织商

---

① 李大庆:《科学报告:1800 年前茶叶实物在西藏发现》,《科技日报》2016 年 1 月 12 日。

队和规划灌溉系统的国家政权机构,还有作为文明突出代表的文字系统。

青藏高原地区就置身在两河流域、印度河流域和黄河流域三大文明区域之中。两河流域既是人类文明的发祥地之一,又在繁盛的尼罗河流域古文明和印度河古文明中起到桥梁作用。公元前4000年末期至前2000年中期,由苏美尔人、闪米特人、印欧人(赫梯人)和胡里人四大种族文化群组成的文化交流网络,保证了这一文化系统的连续性。从公元前3000年开始,他们的建筑、雕刻和金属加工都达到了新的工艺水平。文字的发展更为令人注目,一种成功的、在泥版上写出的楔形符号在美索不达米亚发展起来,而且被许多民族用来表示自己的语言,最初是苏美尔人,此后有阿卡德人、巴比伦人、亚述人、埃卜拉人(早期迦南人)、赫梯人和胡里人,它包括了闪米特语、非闪米特语和印欧语。这种图画文字还可能通过伊朗传到印度河流域,对那里的文字发生了影响。而埃及的象形文字最初也同样受到过它的启示。[①] 此后的巴比伦王朝和亚述帝国以更为巨大的威力影响了欧亚和北非地区文化的发生与发展。

印度地区的人类可以追溯到2万—4万年以前。但现在的印度人主要由六大种族集团构成,其中五种在公元前3000年业已固定。最早可能是矮黑人,此后有原始澳大利亚人、地中海人(与达罗毗荼文化密切相关)、东北和北部边缘的蒙古利亚人及西部的短头发人。公元前4000年末,他们已广泛分布在整个信德、俾路支斯坦和拉贾斯坦,有了城市,出现了与传统的石刀、石器并存的铜器和青铜器。遂后发展为以哈拉帕和莫恒卓达罗为主要中心点的、灿烂的印度河流域古代文明,其时代大约在公元前2550—前1550年间,范围东至旁遮普的鲁帕尔和北方邦的阿兰吉普尔,南至纳尔马达河口的库奇和巴加特拉夫,西北到信德的朱代

---

① 杰弗里·巴勒克拉夫主编:《泰晤士世界历史地图集》,汉译本《世界史便览》,三联书店1983年版。

卓达罗和马克兰海岸。它已有整齐划一的街道网络和发达的地下排水系统。其文字人们正在设法释读。① 然而,在公元前 1000 年前后,活动在南俄草原和北高加索地区的游牧人——雅利安人,在经过巴克特里亚(Bactria)和伊朗北部的迁移与驻牧之后,来至南亚次大陆,取代了当地的古老文明,并将文明中心由印度河流域东迁至恒河流域。他们所创造的梵语及其辉煌文化,尤其是宗教哲学、种姓制度等,对印度的整部历史产生了深刻的影响。在公元前 3 世纪前后,孔雀家族的旃陀罗笈多(月护王,公元前 324—前 300 年在位)率军赶走马其顿侵略者,推翻了难陀王朝(Nanda)之后,建立了孔雀王朝,定都华氏城(Patna,今巴特那)。至其孙阿育王时,国势达于极盛,除半岛南端外,统一印度全境,并定佛教为国教。繁荣的商业、缜密的行政组织和被视为世界上第一部经世治国大作的《政事论》的产生,充分展示了它的文明与昌盛。

黄河流域的古代中国文明,也以其独具的魅力为人类历史写下了光辉的篇章。黄河流域文明约兴起于公元前 4000 年前左右。当时,中国北方和西北的黄土高原河流两岸台地的良好土壤,为原始农业的发展提供了良好的条件。仰韶文化就在这一带地区诞生,它以 1921 年首次发现于河南渑池仰韶村而得名,为母系氏族公社制的繁荣时期。稍后则有发现于山东鲁西南和苏北的大汶口文化和首次在山东章丘发现、分布于黄河中下游地区的龙山文化。后者已进入父系氏族公社制社会。公元前 21 世纪,夏后氏部落首领禹之子启建立中国第一个古代国家,传十三代、十六王,至公元前 16 世纪左右为商部落首领汤所灭。商朝建都亳(今山东曹县南),曾多次迁徙。至盘庚时迁至殷(今河南安阳小屯村),故又称殷朝,或并称殷商。其时农业发达,谷物酿酒业极负盛名,已能制作精美的青铜器,烧制白陶,商业贸易相当发达,为当时世界上少数几个文明大国之一,规模较大的城市已出现,商业网络初步形成。在商亡之

① 《世界史便览》,三联书店 1983 年版,第 143 页。

后建立的周王朝,确立了宗法制度与典章制度,把中国文明的中心向西移徙,并与西部诸"戎"交往增多,联系加强。周穆王姬满,曾西击犬戎,俘获五王,并将部分犬戎迁至太原(今甘肃镇原一带)。后世传说他曾周游天下,西至葱岭以西的中亚地区,传播中国文明。

在世界四大文明地区之中,埃及文明和两河流域文明被认为是西方文明的源头。两河流域的古老文字还影响了埃及和印度两个地区的文字系统。而印度对西方文明的影响也不容低估。马克思说:"他们的国家是我们的语言、我们的宗教的发源地,从他们扎提(种姓集团)身上我们可以看到古代日尔曼人的原型,从他们的婆罗门身上我们可以看到古代希腊人的原型。"①四大文明地区自古以来就是相通的,虽然中国的黄河流域古文明,由于受喜马拉雅山和东南亚林莽的掩蔽,处于相对孤立的状态。中国的图画文字几乎没有接受两河流域的影响,而与埃及和印度的古文明有所不同,但是也只是量的差别,联系却是存在的。在文明地区周围,由于地理上的接近,易于受到文化影响与辐射,加之经济类型不同,就不可避免地引起商业贸易、掠夺战争。处在三大文明地区之间的青藏高原地区无法回避这种文化传播的风潮,无法抵御其魅力的诱惑。我们将会随着考古的发现及青藏高原古代文明研究的深入,越来越多地找到三者影响的痕迹,找到它与外界日益加强的文化联系。

三大文明对青藏高原的影响力度却是大小不同。两河流域的影响较印度文明为小,而黄河流域古文明及中原地区的汉族文明的影响又远大于印度文明。我们知道今天的藏族人在体格上属蒙古利亚人种,与汉族相同;语言属汉藏语系,与属印欧语系、欧罗巴人种的印度人和两河流域居民存在较大差异。这既与青藏高原在地理上西南高峻东北

---

① 马克思:《不列颠在印度统治的未来结果》,见《马克思恩格斯全集》第 9 卷,人民出版社 1972 年版,第 251 页。

相对平缓、面向东方地势内倾的环境有关,又与青藏高原的主要居民吐蕃人及今天的藏族人,在构成上主要来自汉文史书上的古羌人有关,而后者则是中原华夏文明的创立者之一,也是汉族的重要组成部分。用大汉族主义的观点否认藏民族的地位与特征是错误的,但是回避两族历史上存在的血缘上的联系和无所不在的文化类同而违背史实,也不可取。

三大古文明对青藏高原地区文化的影响存在色彩上的差异,它首先取决于诸文明地区居民、政权、宗教信仰和经济生活方式等方面的易徙与变化。两河流域是亚欧东西方之间、南亚与北非之间的交通要关,历史上民族迁徙频繁、文化发达而无常,它对青藏高原地区文化的影响更多的是潜移默化,缺乏巨大波澜与持久性。印度也是古代中亚、西亚民族不断入侵的地区,雅利安人、塞种人、大夏人以及后来的蒙古人都以巨大的冲击力改变了印度的社会现状。他们都普遍地改宗过信仰,两河流域对于犹太教、琐罗亚斯德教及伊斯兰教,印度人对于印度教、佛教和伊斯兰教,均曾有过一度热诚。而只有儒家或儒教持续不断地影响了中国 2 000 余年,也只有以黄河流域为中心的中原文明保持了文化上的一贯继承性,并影响了青藏高原的物质与精神文明。对青藏地区居民影响深远的是中原和印度的佛教,其中早期印度密宗的影响较大,但是印度密宗很可能与中国道教有关①,它是大乘佛教与婆罗门教、民间信仰等杂糅一起而形成的。而且在 11 世纪以后,逐渐失去传统,其主导地位为伊斯兰教所取代,它与流行青藏地区的佛教文化的联系就明显减少。西藏地方佛教与内地佛教联系则日趋密切。

夹在三大文明地区之中,青藏高原的古代文化不断得以补充血液,保持旺盛的生命力,同时也呈现出一定的复杂性、多样化和以中原文明

---

① 张毅:《试论密宗成立的时代与地区》,见《印度佛教与中国佛教》,中国社会科学出版社 1988 年版,第 20—27 页。

影响最为巨大而持久的特征。从这个意义上说，藏民族及高原其他民族成为中华民族中的一员，有其文化上的必然性。然而，作为百花园中的一枝，它又有其鲜明的色彩，表现出独有的个性特征。

第五节　理性的人生

藏族，是由青藏高原地区的各个古老民族，尤其是具有悠久文化传统的古羌族共同组成的。它不是"古已有之"，而是有个历史的发展与形成过程。今天的藏族主要居住在青藏高原上，分布在西藏自治区、青海、四川、甘肃、云南五个省区，人口共计 628 万余人，其中西藏地区 271.6 万人（据 2010 年人口普查统计）。藏族有自己的文字，有丰富的典籍，有灿烂的文化，有自己独特的生活方式和礼仪风俗，不同地区之间也存在语言、服饰和风俗文化上的差异。但他们大都信奉藏传佛教，是藏传佛教给了他们喜悦和悲哀，失望与希望，教会他们如何改变思维的视角，如何扬弃历史传统以及如何面对生死，面对人生。

（一）生活化的佛教

如果人们从印度原始佛教或者从汉地佛教的角度来窥视藏传佛教，往往会产生许多疑问：僧人怎么能食肉、接近女性？佛怎么可以活在当世，与凡夫俗子一样吃穿住行？回答这些问题必须回溯它的形成简史。密宗在印度的兴起，大约是在大乘佛教的晚期，日益繁琐与哲学化的佛教面临脱离大众、渐趋没落的困境，它不得不转变态度，吸收早期佛教所极力反对的东西，如婆罗门教的多神崇拜、吠陀思想中的真言密语与宗教仪轨，一方面贴近群众，另一方面增加神秘色彩，增加秘授仪式与诱惑。密教终于在公元 7—10 世纪在印度得以流行。10 世纪后半叶遭到伊斯兰教军队的攻击而陷于危机，11 世纪以后逐渐消亡。许多密宗大师为避难而来到吐蕃，推动了佛教在吐蕃地区的复兴。早在吐蕃王朝时期传入并与本教渐渐妥协的印度密宗,进一步地方化,增加了更多的原始自然崇拜的内容,在形式上又适应了社会各个层次的需要,由简单的念诵六字真言,到复杂的密院学经,具有广泛针对性。从教理上说,印度密宗的上源之一婆罗门教,即主张吠陀天启、祭祀万能、婆罗门至上。由于历史上的前后继承关系,它的许多内容直接为佛教所吸收,如婆罗门教主张善恶有因果、人生有轮回,人和一切有生命的东西都有灵魂,躯体死后灵魂还可以在另一个躯壳中复活等等。作为婆罗门教与大乘佛教结合之产物的密宗,更继承了两者已有的内容。到密宗传入吐蕃,与讲究杀牲祭祀、崇拜自然神灵的本教相融合,已丧失了对杀牲的禁忌,更无法演及对食肉的禁止。活佛转世,则是婆罗门教、佛教关于化身理论和灵魂不灭思想及密宗讲究随师传承,"即身成佛"理论相结合的直接产物,具有独特的地方特色,却又不是无根的制造。至于"接近女色",也自有秉承,在印度教的湿婆派中有性力一支,崇拜女神性力,并以恣意肉欲为崇拜方式,被密宗四部之一的无上瑜伽部(其他为事部、行部和瑜伽部)所吸收,并融入"先以欲钩牵,后令入佛智"的教义,形成利用女性作"乐空双运"的男女双身修法,在男女性交中去领悟空性,以欲制欲,以染达净的修法①,这与出家人不近女色的约束大相径庭。密教在青藏高原得以传播自有良好的客观环境,但其世俗化与地方化,给了它无穷的动力和旺盛的生命力。可以说,藏传密宗与高原人以肉食及乳制品为主的生活方式有关,也与古代高原地区婚姻关系禁忌松弛,高生育、低成活的人口状况有关联,世俗化使它得以流行,成为高原地区藏族人民的普遍信仰。

(二) 独特的幸福观

幸福被视为人们理想生活的一种境界,可是,很难给它下个确切的

---

① 李冀诚、丁明夷:《佛教密宗百问》,中国建设出版社 1989 年版,第 14—17 页。

定义。幸福,与知识、地位、金钱、地区、民族、人种等的差异没有必然联系,也与宗教、文化的区别不能等同。幸福是人们精神上的一种自我感受,相互有别,如藏族人民的幸福观就有自己的独特个性。

给藏族普通百姓带来幸福的首先是"佛国"的理念。在信仰佛教的藏族中,不少人终生献身于佛的事业,孜孜不倦地进行念咒(六字真言),乞求宽恕今世之罪恶,又为来世勤勉地积功修行。在这一漫长的精神世界的万里征程中,建立累世之功。获得佛的任何启示,活佛的祝福与布施,以及摸顶赐福,都将是无尚的福泽与光荣。无论是显宗所讲求的"修身近佛",还是密宗所宣扬的"即身成佛",都在遥远的天上,为他们建筑了一座高大而富丽堂皇的精神王宫,从正面感召人们去不懈地追寻,不懈地攀登;而六道轮回之说,又从反面激励人们免堕十八层地狱而弃恶扬善,精进不怠。浸透人们身心的佛家学说,深深地影响了藏族人民的幸福观。

既然最美好的东西在于来世,而到达彼岸的唯一途径又只能是苦海里的泅渡,那么今世是短促而次要的,未来才是永恒的;今世的物欲享受荣华富贵,一方面得之于前世的修行,另一方面也会对来世产生影响。这种观念在逻辑上便得出了"权力名利财富如浮云"的结论,它在精神上表现为彻底摆脱物欲羁绊的豁达,造就出乐观豪爽的禀性。住的只有石砌的小屋、黑牛毛帐篷,吃的只是相对单调乃至贫乏的食物,又面临险恶的自然环境,都无法熄灭他们心中幸福的烛光。人生既是苦海,苦又何足道哉? 不畏困难,以苦为乐的高昂斗志本身就反映了幸福的人生观念。虽然它与积极向上的思维模式有所不同,而且两者的社会功利相异,但是在精神世界却同样可以达到幸福。因此,我们能从藏族的音乐舞蹈中看到一种晴空白云似的飘逸、雪山一样的清纯和江河般的舒缓与奔腾,生得自然,活得沉稳而安乐,死得从容。面对高原藏族人民的幸福观,我们深深感到:人类有共同的幸福与痛苦的感觉,但这种幸福与痛苦的内容却往往迥然不同。

(三) 死的学说

人不可能不面对死亡。人类对死亡的恐惧和对再生的愿望,鼓舞人类不断地探索保持生命的方式。这在世界各民族及各种宗教中都有反映,成为一个永恒的命题。古代埃及从第十八王朝(约公元前 1580 年)至罗马时代,有所谓死亡书(Book of the Dead),置于死者墓中以求死者获得死后幸福。中国古代的人殉制度即反映了古代帝王的"不死"希冀。与此同时,人们往往也知悉死后难再生,便乞求长生不老或延年益寿的灵丹妙药,幻想过一种神仙生活。由于死亡之神的铁面无私,无论尊者卑者都得面对。面对死亡的人往往会表现出无法掩饰的真诚,也直接表现出文化上的一些特征。

藏族人对死亡的认识集中地体现在天葬习俗和藏密的中阴得度(Bar do thos Grod)理论方面。天葬又称鸟葬,先将死者放在屋内一角停尸数日,请喇嘛念经超度亡灵。然后将尸体从窗口运出或吊下。由专司天葬者人背或畜驮至设在山顶的天葬场,碎尸并焚柏枝,召引鹰鹫飞来啄食。食尽即吉,余者焚化。天葬在高原人生活中并非亘古即有,而且含义也非一成不变。从藏传佛教的观点来看,它与佛主所倡导的献身精神参差相合。不论它包含的是冀求灵魂升天的幻想,还是作最后一次奉献以减少秃鹫伤害其他幼小生灵的悲悯之心,天葬在客观上却反映了对生命的大彻大悟和理性静观的态度。然而,引人入胜的还有藏传密宗关于死亡的艺术。

在藏文典籍中,有一部据说是由公元 8 世纪自印至藏的密宗大师莲花生所著的《中阴得度》。该书在 20 世纪上半叶由藏族学者达瓦桑波喇嘛译为英文,在西方屡次出版,影响颇大。[①] 本书英文本的编者伊文思·

---

① 莲花生大师原著,达瓦桑波喇嘛英译,徐进夫汉译:《西藏度亡经》,台湾天华出版事业股份有限公司 1982 年初版,1986 年第 3 版。

温慈(Dr. W. Y. Evans Wentz)在第三版序言中宣称:"本书将一切伟大信息中的最大信息,带给如今转生于这个地球之上的人类家庭的每一个分子。它向西方人民揭示了一种直到现在唯有东方人民通晓的'死生之学'。"该书强调指出,未悟真理的人都得一次又一次地面对死亡的威胁,无有了期,直到彻悟,而只有大彻大悟的人才记得自己多生多世的死生经过。为了帮助人们"彻悟",遂教给生者以死亡的艺术,同时也对亡者进行超度。"中阴"即指人刚死之后到再度"投生"之间的时段,分为临终中阴、实相(涅槃)中阴和投生中阴三个阶段。在临终中阴,分别有"初期明光"和"续发明光"出现,须有喇嘛或死者的同修者为之依法诵读。纵使亡者不能认证初期中阴明光,只要证得续发中阴明光仍可获得解脱。若仍未解脱,还有"实相中阴"的三期中阴境界出现。而如果死者是一个未得佛法成就的常人,由业力牵累,尽管有频繁的示导作观,仍然无法获得解脱,则需要经历为期七七四十九天的中阴境相,遇到各种考验和险情。其中初七有喜乐部圣尊现前,二七有忿怒部诸尊现前。此后还有死亡的境相和投生的境相与方法。

对于死亡学探讨如此细致与完整,可以说是令人惊叹不已的。我们虽然不能草率地相信它的真实性,却也不能否认它在认识领域里的卓越智慧。这种对死亡过程的丰富而充实的描述与幻想,已表现了藏族先民对于生命有独特的理解和精湛(未必正确)的分析能力。这一态度既与佛教的今世、来世说相一致,也影响了人们对死亡的认识,成为藏族人民坦然面对死亡的主要原因之一,使他们都像哲人一样,放射出理性的光辉。

第六节 西方人眼中的高原文化

西方人了解东方有一个十分漫长的过程,自古以来业已存在的商业贸易和文化往来,并没有揭去东方神秘的纱幔。在工业革命以后,繁荣的近代文明使西方人的自信心和优越感膨胀起来,并且以经济利益为动力开始了殖民扩张活动,探险家、传教士纷纷应运而生,对东方民族的历史与文化的研究也随之被提到了议事日程。青藏高原地区以其独特的、对于西方人来说近乎封闭的地理环境,以及别具一格而又神秘的风俗文化充满诱惑,始终牵动着他们火热的心魂。

(一) 蚂蚁挖金的故事

公元前 5 世纪,被誉为"历史之父"的希罗多德在他的名著《历史》(即《希腊波斯战争史》)中,提到了人类居住的最东地区——印度,也即印度河上游的旁遮普(五河)地区。那里的人们从河里淘金,也从地下采金,其中住在印度北部地区的人最为好战,以采集黄金为业。在帕蒂亚地区以外的荒漠,有一种比狗小、比狐狸大的蚂蚁把含金沙子掏出来。该地早晨最热,中午次之。蚂蚁在早晨躲在地下,以避炎阳。居住北部的印度人乘机驾着三匹骆驼前去偷盗金沙,在蚂蚁出穴之前逃离现场,否则被嗅到气味,即有丧命的危险。若有蚂蚁追来,应将两只公骆驼放弃,而母骆驼因惦念家中的幼驼而奔跑神速,可以助人逃出险情。据说波斯国王曾饲养过从那里捕获的这种蚂蚁。[1] 希罗多德的含糊而诱人的记述,让后世人们颇费心思,有土拨鼠、食蚁兽、挖金人、鼬狐、猎狗、豹、仓鼠、旱獭、兔子等各种说法。对于故事发生的地理位置也莫衷一是,有说在西伯利亚,有说在中亚南部,有说来自阿尔泰山,也有说即在今西藏阿里西部的拉达克,且与达尔德人有关。[2] 后一说法还为比希罗多德晚生一个世纪左右的希腊人麦加斯蒂尼(Megastenes)所证实,此人曾作为使者出使印度的孔雀王朝,他在所撰《印度志》中详细记载了达尔德人地区蚂蚁挖金的故事。达尔德人即古代雅利安人后裔,他们从中亚迁徙到

---

[1] 马奴埃尔·康罗夫编:《希罗多德历史》,纽约版,1956 年,第 183—185 页。
[2] 伍昆明:《早期传教士进藏活动史》,中国藏学出版社 1992 年版,第 3—4 页。

印度河沿岸定居时,第一站便是拉达克。至今在拉达克喜马拉雅山谷地一个叫做瓦底的村庄,仍然居住着纯种的雅利安人,白肤高鼻,信奉古老的原始宗教,维护着本民族的高贵性。他们的发现,对于西方人,尤其是那些将自己看作是雅利安种族典范而自豪的德国人来说,无疑是一件最感兴趣的事。以致于在 20 世纪 70 年代,有两名德国妇女为带回雅利安人纯种而来到这里,她们的旅行马上引起了轰动。①

蚂蚁挖金的故事像一根绳索把青藏高原与西方人的兴趣联系起来,后世的欧洲地理史家不断增加对这一地区的了解与知识,亚里士多德、斯特拉波等都提及这一地区,其中最受注意的自然是这里庞大无比的喜马拉雅山系。他们所提的"伊冒斯"(Imaus),被公元 1 世纪的罗马地理学家普林尼考订为"雪的住处",此即今天的喜马拉雅山。②

随后,人们不断扩大对青藏高原尤其是西藏地区的认识,但直到 17 世纪上半叶西方传教士抵达西藏时为止,它对西方人来说依然是一块神秘的土地,充满了传奇。在殖民活动加剧后,一切都发生了变化,西藏不再像过去那样神秘。

(二) 西方近代藏学的诞生

最早进入中国西藏西部地区的西方传教士是葡萄牙籍的耶稣会士安东尼奥·德·安夺德(Antonio de Andrade,1580—1634 年)。由于阿里古格土王的支持,安夺德还在当地建立了一座天主教堂。随后即有两名葡萄牙籍耶稣会教士凯塞拉(Steppen Cacella)和凯勒热尔(John Cabral)于 1627—1628 年间从印度果阿,经不丹进入西藏日喀则。到 1661 年,耶稣会教士格儒佩(John Grueber)和道维尔(Albert D'orville)从北京出发,经西宁青海湖地区入藏,直抵拉萨,而后又从后藏的聂拉木

---

① A. S. 吉特拉:《印度雅利安人的后裔》,原载《印度斯坦周刊》1987 年 12 月 6—12 日,胡光利译文刊《民族译丛》1990 年第 6 期。
② 转见斯文·赫海定:《南部西藏》第 1 卷,第 27 页。

出境,经尼泊尔、印度返回欧洲。他们的足迹遍及阿里和前后藏,他们根据亲身经历与调查而撰写的有关青藏高原和藏族历史、宗教、语言和民俗方面的旅行记与见闻录,成为国外了解西藏最有用的第一手资料。

然而,被西方人视为近代藏学创始人的却是匈牙利人乔玛(Alexamder Csoma de Koros,1784—1842 年)。他于 1823 年取道中东来到拉达克,在喇嘛寺院生活了 7 年,学通了藏文。嗣后受雇于英国东印度公司,任孟加拉亚细亚学会图书馆副馆长,终生研究藏族语言、宗教和历史。1834 年出版《藏英词典》和《藏文文法》,被认为是近代西方藏学诞生的标志。

1824 年,英国派驻尼泊尔的代表胡特生(B. H. Hodgson)从尼泊尔寺庙搜集了大批在印度已失传的梵文佛教典籍,并赠送给伦敦和巴黎的亚细亚学会。他还通过尼泊尔,从中国西藏拉萨运走了全套的大藏经甘珠尔和丹珠尔,赠给东印度公司。19 世纪 30 年代初,俄国从外蒙古寺院运走了部分甘珠尔,又从北京获得全套甘珠尔和丹珠尔,北京版的甘珠尔和丹珠尔也分别被运至巴黎和东京。大批藏文文献流散国外,就与西方殖民者的经济文化扩张相适应,刺激了西方藏学研究的迅猛发展。

英国控制印度及喜马拉雅山地区以后,不断派人搜集文物,其中以达斯(S. Ch. Das)窃取的 200 多帙珍贵的藏文手写本和木刻本、梵文著作尤为重要。20 世纪初,英国的斯坦因(A. Stein)和法国的伯希和(P. Pelliot)分别在 1906 和 1908 年从敦煌千佛洞劫去大批古藏文手稿与写本,分藏于英国伦敦的印度事务部图书馆和巴黎的法国国家图书馆。此外,俄国、德国、日本和瑞典等国也窃据不少古藏文材料。1959年,达赖集团逃亡国外,也携带大批珍贵图书、档案和文物,并在国外成立研究机构、出版刊物。其中一些有文化的喇嘛和噶厦政府的官员,受聘于英、法、日、美、意、德等国,传播藏文与宗教。一批藏学研究机构相继成立,各类专著不断问世,同时也产生了一批有影响的专家、权威,如前苏联的罗列赫,法国的伯希和、杜散、巴考、拉露、戴密微、石泰安,意大利的图齐、毕达克,英国的托马斯、兰姆、黎吉生,匈牙利的李盖提、乌瑞,日本的佐藤长、山口瑞凤、西田龙雄、稻叶正就,德国的霍夫曼、弗兰克,印度的达斯,美国的柔克义、李方桂、张琨、戈尔斯坦等。

把乔玛作为近代藏学的创始人,是西方人的见解,这并不科学。但是从用近代人文科学的方法研究藏族语言这一点来看,又有其一定的合理性。今天人们所称之"藏学",实已扬弃了西方人狭隘的理解与定义。藏族是中国的一个民族,青藏高原是中国的一块领土,丰富的藏文典籍是中国古代灿烂文化的重要组成部分,而藏族历代学者的撰述,以及汉文或其他民族文字有关藏族的丰富记载,汗牛充栋,这些构成了藏学最为充实的内容。忽视这一点,常常会让西方某些人头脑发昏,叫嚷起"藏族在中国,藏学研究在国外"的谬论来,这是一叶障目,不见森林,是有失公允的。事实上,在中国古代大量的藏汉文藏学研究著作早已说明着藏学的存在和藏学研究的卓越成就,从这个意义上说,中国藏学研究比西方早了上千年并不为过。而西方藏学的兴起,是与其开始殖民扩张有某种关联的,学术性与其强烈政治用意始终相互混杂一起,颇值得明察。

(三) 藏学是一门显学

藏学像"蒙古学"、"突厥学"、"满学"等一样,是以一个民族为对象而形成的一门学问,主要研究藏族的政治、经济、语言、历史、宗教、地理、风俗、文化艺术和科技等,在当前已是一门国际性的热门学问。20 世纪以来,世界各国学者在这一领域的辛勤耕耘为藏学的发展产生了积极的影响。但是,它之成为一门显学有其自身的魅力:第一,青藏高原是一个相对独立的地理单元,在这一环境中生成的地域文化,也如其地理环境一样,有其独立的存在价值。第二,藏族是中国境内历史悠久、文化灿烂的一个民族,藏文典籍仅次于汉文,居各少数民族文献中的首位,藏医是一个完备的医疗体系,藏传佛教不仅为藏族所普遍信仰,而且广泛影响到蒙古和周邻地区,展示出藏族文化无限的感染力和旺盛的生命力。第三,藏传佛教有其特殊的修行方式和仪轨,且充满了高原人理性思维的智慧,在人类文化史和哲学思想史上具有认识上的重要意义。第四,藏族古代文化、藏传佛教等依然存在许多未被解释的问题,与其他地区、其他民族相比较,吐蕃以及藏族文化还有更多的隐秘有待发掘,从而也能引起人们更多的注意力。第五,毋庸讳言,藏学的研究牵涉政治,近半个世纪的"西藏独立"活动的阴影和英国等在西藏的侵略活动虽然以失败告终,但西方国家对借所谓"西藏问题"掣肘中国却依然兴趣盎然,不渝其志。不论是意识形态领域的相互对阵,还是经济角逐中的利益原则,"西藏问题"常被拿出来用作筹码。政府和政客的支持,无疑是西方藏学发展并成为一个热点的重要动力之一。第六,十四世达赖喇嘛的影响和达赖集团的政治与文化两方面的活动,为"藏学"受到各方关注起了推波助澜的作用。历史上,达赖喇嘛是西藏地方的政、教领袖,逃亡国外的十四世达赖喇嘛,依然从事政、教两方面的活动,并获得国外某些反华分裂势力的支持,在国内外藏传佛教信众中也有一定的影响。他个人的言行自然会对"西藏问题"产生作用。至于达赖集团的一些骨干成员,他们原本以分裂活动为宗旨,流亡国外期间,又以喇嘛或学者身份从事政治与宗教文化活动,既助长了国际上对藏学的兴趣,又把"藏学"作为制造分裂阴谋的舆论工具。

但是,藏学的研究主流将逐渐定位于学术研究,国际上愈来愈多的学者将走出歧途,结束其殖民时代为侵略扩张服务的活动宗旨,走上学术研究的坦途,藏族文化这个珍贵的宝库,将不仅为中国,而且为世界各国人民所共享。

第七节 丝绸之路与高原文化

青藏高原以其独有的地理环境培育了具有高原特色的吐蕃以及藏族文化,这一文化有自己的格调和独特的魅力。但是,它不是孤立发展的,而是吸收周围地区诸民族、诸文化的精华而形成的。给它输送这种精华的就是像血脉一样纵横交错的交通网络,即丝绸之路。

人类不同地区、不同民族之间的交往和由交往而形成的往来交通道路,都是不可避免的,在相邻地区之间尤其如此。道路的形成首先由于经济类型、生活方式的差异。文明首先发生在四大河流流域地区,而在它们的周围则是沙漠、干旱高原或游牧业发达地区,为了生存而掠夺财富和为了交换农业产品而相互奔走,必然发生联系,走出一条便捷可行的道路。而文明中心地区又像磁石一样吸引着周边地区趋近自己,并辐射出自己灿烂的文化与技术。与之相伴,也常常引起民族迁徙的潮流,在地理上和文化上形成相对稳定的方向和道路。其次,道路是串起文明的线索,在相互倾慕的文明中心之间必然存在相互交流的道路。具体而言,即是技术与物种、物品上的以有易无。比如在公元前3世纪地中海地区的商业大潮中,白银来自西班牙,铜来自塞浦路斯,铁来自黑海沿岸,谷物来自埃及、北非和克里米亚,橄榄油来自雅典,干果来自巴勒斯坦,干鱼来自拜占庭,亚麻、花岗岩和纸草来自埃及,毛织品来自小亚细亚,木材来自马其顿、小亚细亚和黎巴嫩,大理石来自帕罗斯和雅典。而在东西方之间这种局面依然如故,蚕蛾原本出产于阿萨姆和孟加拉,却是在中国北部,人们第一次掌握了从蚕茧中抽丝的技术。中国的珠宝匠人最珍贵的翡翠材料,来自艰险、干旱的塔里木盆地西端,小麦种子原出于中国西部,水牛和家禽原出于印度北部,水稻栽培为整个东亚和东南亚所共有,而中国最早当钱使用的玛瑙贝壳也来自遥远的马尔代夫群岛。[①] 人类文明之间自古以来即息息相关,甚至相互感应。例如世界性的伟大的宗教都发源于亚洲,其中犹太教、基督教和伊斯兰教还都源于西亚一个很小的地区。世界不同地区的宗教思想潮流几乎都起于公元前6世纪及其前后,这时期有中国的孔子和老子,印度的佛陀乔达摩,伊

---

① 《世界史便览》,三联书店1983年版,第151、163页。

朗的琐罗亚斯德和希伯来的"先知"多特洛·以赛亚,希腊的毕达哥拉斯。世界性文明的诞生需要有世界性的宗教相适应。而各个文明之间存在格局上的相互类通也显示着潜在的相互影响与作用。再次,在文明之间的沟通中、交通网络的形成中,存在一股庞大的中介势力,他们是游牧和商业贸易的移徙民族,如在中国与西方贸易中曾发生重要作用的塞种人、粟特人和后代颇负盛名的阿拉伯商人。甚至出现过以从事中间贸易而强盛一时的贵霜帝国和波斯的安息帝国,他们处于中国和罗马两大古典文明之间,积极促成双方的贸易往来,并维持与守卫商路,保护商队安全,同时也以征收通行税或获取高额转销费而自肥。

然而,在中西方的贸易往来中,最富特色、最有深远影响的是中国的丝绸。早在公元前 5 世纪,希腊雕塑中的女神已穿上了中国制造的丝绸纱衣。罗马帝国时代,中国的丝绸更成为上流社会用以显示华贵与豪富的奢侈品。丝绸贸易引来了全方位的商业往来与文化交流,丝绸之路也成为中国与西方进行文化交流的代名词。在经过中国新疆及中亚通往西方的丝绸之路主干道——所谓"沙漠丝路"之后,出现了北方的"草原丝路"和穿越太平洋、印度洋的"海上丝路",而在青藏高原地区也存在一条丝绸之路,这就是"吐蕃丝绸之路"。

吐蕃丝路的出现,既是中印两大文明地区相互交往的产物,又是青藏高原地区人民接受外来文化影响并走出高原的必然结果。中印两地的文化交流由来已久,陆路交通往来最早有两途:一是经过天山、帕米尔高原(葱岭)、克什米尔(罽宾)至印度的天山—罽宾道;一是出四川、云南,经缅甸至印度的四川—缅甸道(或称滇缅道)。通过后者传去了中国的邛州竹杖和蜀布[①],通过前者输入了印度的佛教文明。而汉藏文史书中关于于阗王族来历、王国由汉族人与印度人联合建立的传说[②],更是双方文化相互融合的直接

[①]《史记·大宛列传》。
[②]《佛祖统记》卷三五;敦煌藏文写卷 P.T. 960 号《于阗教法史》记载了类似的传说。

反映。然而,改变中印传统往来路线和青藏高原地区文化风貌的,却是吐蕃的崛起和吐蕃丝绸之路的畅通与繁荣。

吐蕃丝绸之路出长安经青海、过西藏直通印度,缩短了中印交往的行程。称之为"丝绸之路",不仅由于它是中外文化交流网络的重要组成部分,而且因为它所传递的物品和使之得以畅通的正是丝绸。它包括两方面的内容:其一,丝绸是中原传入青藏高原的重要物品,存在着兴盛一时的丝绸贸易,并由此带动了全面的物质和精神文化的交流;其二,吐蕃之路,在历史上曾经是中外贸易与文化交往的重要途径,曾补充甚至一度替代沙漠丝绸之路在中西交往中的地位。因而,有理由将其命名为"吐蕃丝绸之路"。

吐蕃丝路促进了内地与青藏高原,中国与南亚、西亚等地人民的友好往来与文化交流。但是,它最直接的影响却是促成了吐蕃文化的形成,这从古代藏文字母的来源,作为后世藏族文化主体思想的佛教的形成,以及天文、历法等科技成就的传入中,就可以得到印证。同时,繁荣的吐蕃文化也通过吐蕃丝路传入周邻地区,影响其他各民族的文化发展进程,最突出的是藏文经典文献和藏传佛教北传蒙古,南及尼泊尔、不丹,东至西南彝、纳西各族。吐蕃文化策源于青藏高原,又像季风一样沿着交通网络与周邻各地相互对流。本书即试图以文化交流为线索,把握吐蕃文化强劲的脉搏,也希望能给读者一个新的视角。

第二章　青藏高原的古国文明

谈到藏族,人们会自然地联系到吐蕃,也联系到唐朝时期强盛一时的吐蕃王朝,甚至把它与青藏高原这块土地相等同。然而,如果脱离历史的和发展阶段的具体环境,上述说法就会将人们引向误区。吐蕃王朝不是一朝一夕建立起来的,"吐蕃"以及藏族均有一个漫长而不断充实的发展过程。而在民族上和文化上托起吐蕃王朝的,正是分布在青藏高原各地、群星般灿烂的古国文明。

第一节　雅隆河谷的农牧文明

雅鲁藏布江是西藏最大的河流,在藏族人看来,它与"神山"冈底斯山、"圣湖"玛旁雍错一样崇高神圣。它发源于喜马拉雅山北麓的杰马央宗冰川,支流有同在喜马拉雅山北麓的库比曲和源自冈底斯山南麓的马攸藏布,三水在仲巴县桑木章汇成达却藏布(马泉河),在海拔4 700余米的高原上穿行,宛如白练当空舞。进入中游变得低缓而开阔,并汇集了年楚河、拉萨河、尼洋河这样庞大的支流,东进至米林县派区折向东北,转瞬又调头南下,形成雅鲁藏布大峡谷自然景观,再经巴昔卡出国入印度,被称为布拉马普特拉河,辗转入印度洋。雅鲁藏布江以其巨大的流量,在喜马拉雅山与冈底斯山之间推出一个又一个辽阔的平原,像母亲一样哺育了河谷地区的农牧业文明。长期以来,雅鲁藏布江中游地区是西藏地区人口较稠密、经济较繁荣、农业较发达的地区之一。吐蕃部落和王族就在这里生息发展并奠定了吐蕃王朝日后崛起的雄厚基础。

(一) 吐蕃及其王族

藏史中岩魔女和神猴相结合传人的说法就发生在雅鲁藏布江中游南岸的泽当地方,而所谓观音菩萨从须弥山缝隙取出青稞、小麦、豆子、荞麦、大麦等撒到地上,长出谷物,让众猴崽食用而得以生存繁衍的故事,也正是这一地区先民以农为生的社会状况之真实写照。后来,就在泽当一带的雅隆地区出现了斯(se)、穆(rmu)、董(Idong)、东(stong)四个氏族,或者加上查(dbra)、楚(vdru),合称六氏族或六人种。他们分别住在雅隆河谷的索塘(zo thang)、泽塘(rtsed thang)、沃卡久塘(vol kha rgyug thang)、墀塘(khri thang)等地,过着以采集为生、无君无长的原始生活。[1] 但是,事实可能并非如此,所谓四氏族或者六氏族的说法,不排除是在吐蕃王朝建立以后重新构拟出来的,也就是说,它是为吐蕃的统一和各部族的融合服务的一种理论的反映。[2] 但是,无论如何,随着社会的发展,作为人主的赞普还是在需要王权的时代应时产生了。在藏文史书中,"吐蕃"之名是和她的王族一同出现的,而且是以神话传说的形式出现的。《敦煌本吐蕃历史文书》说:"天神自天空降世,在天空降神之处上面,有天父六君之子,三兄三弟,连同墀顿祉共为七人。墀顿祉之子即为墀聂墀赞,来作雅隆大地之主,降临雅隆地方。当初降临神山降多之时,须弥山为之深深鞠躬致敬,树木为之奔走迎接,泉水为之清澈恭候,

---

[1] 达仓宗巴·班觉桑布著,陈庆英译:《汉藏史集》(西藏人民出版社 1986 年版)第 80—81 页就有记载,其他史书,如绛曲坚赞《朗氏宗谱》和伏藏文献《松赞干布遗训》均有类似记载。

[2] 张云:《古代藏族"四氏族"、"六氏族"传说的形成及其文化内涵问题》,《翁独健先生百年诞辰纪念文集》,社科文献出版社 2006 年版。

石头石块均弯腰作礼,遂来作吐蕃六牦牛部之主。"①工布第穆萨摩崖刻石也谓:"当初,天神六兄弟之子聂墀赞普来主人间,自降临神山以来,至止贡赞普之间,凡传七代,居于琼瓦达孜……"②这里同时出现了"吐蕃六牦牛部之主"(bod ka gyag drug gi rje)和它的首任聂墀赞普(nyag khri btsan po)。由此,吐蕃部族的族源和王族似乎已经和盘托出了,然而,令人迷惑的是,他是神人,来自天上,而且还带来异地风俗。瞬息之间,他的来历又变得捉摸不定,诸家之说随之丛生,计有西羌说、鲜卑说、印度释迦王族说、猕猴与罗刹女后裔说(本地说)、三苗说、马来半岛人种说、缅甸说、蒙古人说、伊朗血统说、土著与氐羌融合说等,这里混杂了吐蕃人种、民族和王族几个不同的概念。与"吐蕃"一名和其王族来源相关的有蕃(bod)源之于本教(bon)说、鲜卑跖拔部演为吐蕃说、西羌之发羌(bod)一支建国说、印度释迦王族子孙北迁为王说等。诸家说法均有一定的依据,而这些依据所反映的是,吐蕃民族尤其是在兴起以后的多元特征。但作为王族和吐蕃部族的来源,应该是起于吐蕃本土,而且与活动在青藏高原及其周边地区的古羌有密切关系。

南来印度说为佛教史家攀援释迦贵族而创造的痕迹昭然若揭,其不足为据已可明了。鲜卑说无视吐蕃文献记载,而樊尼西奔又远在吐蕃部族和王室先祖出现之后,同样难以服人。西羌说,有《后汉书·西羌传》所记载青藏高原的"越巂"、"牦牛"等部,可能与藏文中的"六牦牛部"相关,而且发羌之"发",古音读 bo,与吐蕃人自称 bod 音同,在诸说中是颇具说服力的一个。但是,诚如我们研读新、旧《唐书·吐蕃传》及杜佑《通典》所获得的认知那样,与吐蕃发生无数次密切交往的唐代人已无法确定吐蕃人的族源,而吐蕃王族也竟来自下凡的"天神"。③ 这样把一种笼

---

① P. T. 1286 号《小邦邦伯家臣及赞普世系》,见王尧、陈践译注《敦煌本吐蕃历史文书》,民族出版社 1992 年增订本,第 173 页。
② 王尧编著:《吐蕃金石录》,文物出版社 1982 年版,第 101 页。
③ 见《敦煌本吐蕃历史文书·赞普传记》(增订本),民族出版社 1992 年版,第 157 页。

统的说法作为确凿的部族或王族来源,稍嫌牵强,而且它与藏史的记载及民间传说尚有一段距离。至于蕃(bod)来自本教(bon)之说,也有漏洞。众所周知,本教并非起源于山南雅隆河谷蕃部的首创或土产,而是舶来品。它来自距其相当遥远的象雄,若以信仰为族名,象雄人比雅隆人更有资格,后者自然也不会去喧宾夺主,接受本教之时他们应该已有名称。

吐蕃部落的来源与得名,当与《敦煌本吐蕃历史文书》中提到的"蕃卡六牦牛部"(bod ka gyag drug)有关。至于王室始祖无疑应是被神化了的"蕃卡六牦牛部首领"(bod ka gyag drug gi rje)聂墀赞普(nyag khri btsan po),藏史称他从山上下来,被正在路过的本教徒看到,问其来自何方,因语言不通,他用手势比划而指向天空,遂被视作天神,肩舆以为王。① 关于他的来历,我们倾向于恰白·次旦平措先生的林芝波密说,即藏史第一部教法史《德乌教法史》(1109 年)引证史书首先提出,并为后世的《雍仲本教目录》等书所采用的说法。聂墀赞普生于波沃(pho bo)地方,不见容于乡里而逃至雅隆,因才能过人而被迎为首领,由于他的历史并非光彩,故而被视为绝密,不以示人,后世转而神化之。藏文史书《瑜伽神离册》还列举了他从波沃翻山西进,历经二十七地来到雅隆的整个过程与所经地名,其中一些已为学者与今地相勘同。这一说法既与本教的古老文献记载相一致,又与民间的悠远传说无差别②,很具说服力。《汉藏史集》也记载了吐蕃王族来自波密地方的史实,可与之参证。聂墀来到雅隆为长后,被尊为"赞普悉补野(btsan po spu rgyal)"。spu 即 pu,spu rgral 不像藏史《青史》所说的那样,是古代地名③,而是"波王"(来自波密的王)之意。至于"蕃"(bod)作为族称即来源于蕃卡(bod

① 释迦仁钦德著,汤池安译:《雅隆尊者教法史》,西藏人民出版社 1989 年版,第 28 页。
② 恰白·次旦平措著,何宗英、陶长松译:《聂尺赞布本是蕃人——悉补野世系起源考略》,见《拉萨藏学讨论会文选》,西藏人民出版社 1987 年版,第 1—18 页。
③ 郭诺·迅鲁伯:《青史》,藏文本,四川民族出版社 1984 年版,第 60 页。

ka),它很可能即是六牦牛部所居的地名。在聂墀这位来自波沃地方的部落首领统治时,又称作"悉补野吐蕃"(spu rgyal bod,即波王蕃)或"蕃域索卡"(bod yul sogs ka)。

当聂墀赞普出现在雅隆河谷时,相传正值部落混战之际,各地小邦王子和家臣势力纷纷产生,初有十二小邦,随后出现四十小邦,他们为"众人之主宰,掌一大地面之首领,王者威猛,相臣贤明,谋略深沉者相互剿灭,并入治下,收为编氓,最终以鹘提悉补野之位势最高,莫能与敌"[1]。据说,其时的聂墀赞普也有六忧虑:忧偷盗、忧怒气、忧敌人、忧牦牛暴戾、忧投毒、忧诅咒。于是,他便行动起来,对盗者治罪,以仁慈释怨恨,以武力制敌,以绳索管束牦牛,以药物去毒,并以良法消除诅咒。[2] 他还从象雄请来了十余名本教徒,传播本教教法,并用以治国,历二十余代不改。他建造了蕃地第一座本教寺院雍仲拉孜寺。在政治方面也不断创立新制,修筑吐蕃最早的堡寨"雍布拉岗"(即母子宫,在今乃东县境)。其时出现了"三舅臣、四大臣及父民六族"等。[3] 对于这些传说自然不能全盘接受,因为它可能存在年代上的混乱和事实上的前后倒置,但是,当时雅隆地区的"六牦牛部"已有较大的发展,吐蕃王室先祖已开始出现,而且他们的视野逐渐扩大并与邻邦发生联系却是可信的。

在聂墀赞普之后的六位赞普名字俱全而事迹不详。据说他们是作为天神之子入主人间,后又为人们目睹着握天绳升入天宫。他们的姓字皆从母亲,佐政者为舅父,映照出当时社会尚处于从母系制过渡到父系制社会后不久的现实。这七王因名字皆有"墀"(khri)字(聂墀、牟墀、丁墀、索墀、梅墀、德墀、塞墀)而合称"天墀七王"。此后有所谓"中丁二王"止贡赞普和布德贡甲。那时,王位历经失而复得。止贡赞普为属臣罗昂所杀,十余年后止贡遗腹子茹来杰(角生,一说为大臣)为报杀父之仇,杀

---

① 王尧、陈践译注:《敦煌本吐蕃历史文书》P. T. 1286 号,增订本第 173 页。
②《五部遗教·大臣遗教》,民族出版社 1986 年版。
③ 同上。

死罗昂,夺回王权,从波布(今波密)迎回逃难的兄长恰墀,来雅隆秉政,被称为布德贡甲王,茹来杰自己担任大臣。他还为父亲修筑铜棺坟墓安葬,是为吐蕃王族造坟之始。社会有了新的进步,本教在政权中的影响进一步上升,"恰本"产生,代替更原始的"都本",开始为国祈福,为民乞药增财,决断是非善恶,负起道德和法律的责任。布德贡甲之后在吐蕃赞普世系中出现了"六地列"(埃肖列、德肖列、提肖列、古茹列、卓肖列、艾肖列)和"八德王"(萨南僧德、德楚南雄赞、塞诺朗德、塞诺布德、德诺南、德诺布、德结布、德真赞),嗣后有"五赞王"(朵日隆赞、墀赞南、墀札邦赞、墀脱吉赞、拉脱脱日年赞),在这样漫长的历史阶段,藏史为我们留下的记载和传说十分贫乏,这让我们坚信有关聂墀赞普时代遍布青藏高原诸邦国状况及其与雅隆部落关系的说法之不尽属实,这显然是后世史家的附会与后世史实大幅度提前的产物。不过,在此后的几位赞普(墀年松赞、没卢年岱如、达日年塞、南日伦赞)时期,吐蕃的社会有了较大的发展,此前的拉脱脱日年赞时,已有"天空降下"神秘的佛教经典的传说,而松赞干布的父亲南日伦赞的兼并战争与艰苦创业更直接为松赞干布统一青藏高原奠定了基础。

(二) 雅隆河谷的农牧业文明

雅隆河谷的农牧业首先得益于大自然所给予的丰富馈赠。雅鲁藏布江及其支流穿过喜马拉雅山脉与冈底斯山—念青唐古拉山之间,从西向东拓出一个 500 公里长、200 公里宽的不规则的河谷,给生活在这里的吐蕃先民提供了宜农宜牧的良田沃土。其中雅隆河谷所在的雅鲁藏布江中游及其支流拉萨河中、下游地区,地势平坦,气候湿润,灌溉方便,最为富饶。由于地理和历史的关系,人称为"卫"(dbus,中心),如《敦煌本吐蕃历史文书》即称之为"天之中央,大地之核心,世界之心脏,雪山围绕一切河流之源头"。吐蕃先祖聂墀赞普及其六牦牛部就在这里发祥并筑下发展的基业。

雅鲁藏布江中游南岸的泽当(今山南市乃东泽当)是传说中当年猕猴食不种之谷变人的地方,侧映出上古时代的采集农业生活状况;而传说中迎请聂墀赞普的十二位本教徒,即是一些"有贤德的牧民"①,说明农业和牧业很早即在雅隆河谷发展起来。而吐蕃初称"蕃卡六牦牛部"及聂墀赞普从忧虑牦牛之患到约束牧养牦牛,更说明牧业生活的核心地位与将牦牛由野畜驯化为家养的重要进步。在吐蕃早期王统世系之第九代和第十代赞普时,雅隆地区吐蕃人的农牧业生产有了一次质的飞跃,这时出现了"吐蕃七贤臣"中的前两位茹来杰和他的儿子拉布果噶。茹来杰的身世,藏史有两种说法,一说他是止贡赞普的大臣札氏之子,父为哈牙氏所害,母亲怀着他逃亡至其父兄部落得生。茹来杰长大后,报了私仇并找回了赞普的尸体,扶赞普子布德贡甲继承王位,受封为大臣。一说他是止贡赞普被杀后,其妃梦与白色人(白牦牛)相交合所生,及长大杀死杀父仇人罗昂,迎其兄长布德贡甲为赞普,自为大臣。② 据说在茹来杰及其子拉布果噶为大臣时,为雅隆吐蕃人驯养了黄牛、牦牛、山羊和绵羊,并知道了夏天储草供牲畜冬天食用的道理,还发明了采集草籽和耕作农业,同时,懂得开垦土地辟为农田并引水灌溉,制作犁与牛轭。此外,已能够烧木为炭,冶炼矿石,提取金、银、铜、铁等金属,及河上架桥等。③ 虽然,将这些功绩归之于茹来杰父子,以及各项内容是否确实,均存在问题,但是,这些记载的最重要意义在于:它描述了一个从新石器时代的狩猎文化或游牧文化向一个金属时代的有组织的农耕社会的进化,同时也反映了原始的采集农业向耕作农业的一大迈步。由于矿冶业的出现和部落战争的频仍,金属武器已被广泛使用,如刀、剑、戈、矛、斧、盔甲、盾等。犁的发明、农田的开垦及灌溉网络的形成,使雅隆吐蕃人征服

---

① 释迦仁钦德著,汤池安译:《雅隆尊者教法史》,西藏人民出版社 1989 年版,第 28 页。
② 参见《敦煌本吐蕃历史文书·赞普世系》(增订本),民族出版社 1992 年版,第 157 页;达仓宗巴·班觉桑布著,陈庆英译:《汉藏史集》,西藏人民出版社 1986 年版,第 136—137 页。
③ 达仓宗巴·班觉桑布著,陈庆英译:《汉藏史集》,西藏人民出版社 1986 年版,第 84、136 页;巴卧祖拉陈瓦著,黄颢译:《贤者喜宴》,载《西藏民族学院学报》1980 年第 4 期。

自然的能力大为增强,为社会的文明与进步提供了坚实的保证。而驯养野牛、山羊为家畜,使畜牧业和家庭饲养业得到发展,牧民的生活有了更多的保障。

在达日年塞赞普时期,雅隆河谷吐蕃人的农牧业经济又有一个新的进步。从事牧业的人们初次懂得了牲畜改良的技术,出现了"犏牛、骡子等杂交牲畜",且形成了储存山地草以供牲畜过冬之用的习惯。农业生产技术也进一步提高。商业贸易日趋频繁,规模也不断扩大。与此相适应,这时开始出现较为精确的量器斗、升,衡器秤被用来称粮油,使贸易双方能够具体商议相互接受的价格。① 度量衡的出现既是农牧业生产进步、农牧产品交换扩大的产物,同时又促进商业的繁荣,带动农牧业生产的进一步发展,助长城镇文明的诞生。藏史中把这些功绩全部归之于吐蕃第三位贤臣赤多日朗察的个人发明。

农业、牧业生产的发展与商业的兴旺,使雅隆人的经济实力大大增强,从而有力地支持了他们向外扩张,使达日年塞赞普在吐蕃早期历史上留下了赫赫战功。雅隆部落的活动天地也为之开阔。据藏史载,他们将"诸小邦中的三分之二均置于其统治之下,本巴王(ban pa rje)、阿柴王(va zha rje,即吐谷浑王)、昌格王(drang gar rje)、森波王(zin po rje)、象雄王(zhang zhung rje,即羊同王)等均被征服,娘(nyang)、韦(sbas)、嫩(gnon)等氏族亦被纳为属民"。② 雅隆河谷的吐蕃人已经走出了河谷,把自己的势力伸到了更为广大的范围。

南日伦赞继承父业,把吐蕃的社会文明推上一个新的台阶。据《松赞干布遗训》记载,此时,吐蕃人从才绷山得金、格日岩得银、昌布岭得铜、热嘎山得铁,同时又从北方的拉湖获得食盐,并初次以食盐佐味。③ 牲畜改良也有突破,将野牦牛驯化为家牦牛,野山羊驯为绵羊,野马驯为

---

①② 巴卧祖拉陈瓦著,黄颢译:《贤者喜宴》,载《西藏民族学院学报》1980 年第 4 期。
③《松赞干布遗训》,民族文化宫手抄本,第 82 页;阿底峡尊者发掘,卢亚军译注:《西藏的观世音》(《柱间史》),甘肃人民出版社 2001 年版,第 95 页。

家马,野狼驯为家犬等。耕地面积有所扩大,农业牧业生产技术又有较大提高。在部落战争中取得的最大成就即是征服了势力强大的森波杰部落。南日伦赞和其弟伦果尔采用部落间经常使用的盟誓方式,与森波王的旧臣琳·藏古、韦·义策、韦·梅囊、韦·布策、嫩·邦松仲波及蔡绷·纳森等联合起来,宣誓"自今而后,定将森波杰弃于背后"而"决不背叛悉补野赞普"①,共同灭亡了森波王国,并占领藏博(rtsang bod)和达布(dags po)。南日伦赞将森波杰所居的岩波地方改名为彭域(拉萨林周县境),并对有功之臣大加封赏,赏赐娘·曾古以念·几松之堡塞布瓦及奴隶 1500 户,赐韦·义策以线氏撒格之土地和墨竹地方奴隶 1500 户等,对于参加盟誓的娘氏、韦氏、农氏和蔡绷氏、戚族等赐予众多土地与奴户,并任之为论相。由于南日伦赞的卓越武功,彭域地方的庶民和韦·义策等贵族上其尊号曰"赞普"(意即雄强的丈夫),以其"政比天高,盉(权势)比山坚,号为南日伦赞(天山赞普)"②。从此正式出现"赞普"之号,以前历世赞普皆为追称。赞普之妻也号为"赞蒙"。

南日伦赞武力征服的胜利,并不意味着消除了森波人的反抗与不满,而他的分封又在吐蕃本部旧贵族与森波新贵之间加剧了矛盾,琼保·邦色杀藏博王马尔门(后藏)献上 2 万户奴隶,被回赐,使之成为新贵,势必引起获利远少于此的旧贵族的不满,而同样为新贵的蔡绷·纳森却只获得 300 户的赏赐,他们的心中也有不平之气。于是,矛盾与反抗终于导致了分裂。"父王之臣既叛离,母后之臣又作乱,羊同、苏毗(孙波)、达布、工布、娘布等地四路起兵"反对赞普,南日伦赞便在困境中被旧臣毒死。③

雅隆河谷吐蕃人的发展历程,是农牧业生产不断进步的历程,也是吐蕃势力不断向外扩张、范围更大、眼界更开阔的发展历程。他们把自

① 王尧、陈践译注:《敦煌本吐蕃历史文书》,增订本第 161 页。
② 同上书,第 160—162 页。
③ 巴考、杜散、托玛斯:《敦煌古藏文历史文书》,巴黎,1940 年版,第 111 页。

己的文明触须伸向一个个文明点(小邦),汲取营养,反馈信息,繁荣了自己的本土文明。以雅隆河谷(秦瓦达孜酋长宫)为核心,在向外不断扩展的辖区各地和邻邦间开辟了一条条传递文化的道路。在聂墀赞普和止贡赞普时,曾有两股本教文化从象雄传入雅隆,影响了吐蕃人的精神文明。也许是出自对外来文化的抵触情绪,止贡赞普反对本教的过度发展。布德贡甲当政时,吐蕃人已知悉"粟特"与"大食"(即波斯)之间流行的歌舞之本教。而拉脱脱日年赞时,天降的佛教宝物,据说是于阗人和吐火罗译师自天竺(印度)请来的高僧李敬所置[1],侧映出吐蕃与印度及中国新疆地区的文化联系。达日年塞(讵素若)赞普生而失聪,是外来的医生使他除暗康复,重见光明,而这位医生一说是来自吐谷浑,一说是来自苏毗,也有说是来自象雄。南日伦赞时,不仅征服了苏毗,延伸了与外界的交通,而且直接引进了中原地区的医学和历算等科学技术。[2] 这应该是业已畅通的古代"丝绸之路"。当雅隆吐蕃再向外拓展时,迎接她的是一个个相当繁荣的高原古国文明。

第二节 象雄的苯教文明

象雄文明是吐蕃文化的重要源头,但它却被重重迷雾笼罩着,始终未能显现原形。让我们试着撩开缠绕它的迷雾重帷,欣赏一下她的倩影。

(一)象雄的地理位置

象雄的位置在哪里?这让学者们颇费了一阵猜测。不过,在藏文苯教历史资料中却有大体相类的方位草图,都把它安排在吐蕃本部的西部

① 札巴孟兰洛卓著,王尧、陈践译:《奈巴教法史——古谭花鬘》,载《中国藏学》1990年第1期。
② 藏史多有记载,参见萨迦·索南坚赞著,陈庆英、仁庆扎西译注:《王统世系明鉴》,辽宁人民出版社1985年版,第49页。

和北部,而且由三部分组成:自西向东分为内象雄、中象雄和外象雄。内象雄在拉达克一带,中象雄在冈底斯山一带,而外象雄在琼保六峰山也即孙波吉雪一带。这一地理位置与松赞干布时期象雄王国的位置基本一致。藏文史书《五部遗教》将象雄分为上下两部分[1]:

上象雄	下象雄
1. 窝角	1. 古格
在吐蕃与突厥边界上	在吐蕃与苏毗边界上
2. 芒玛	2. 角拉
3. 聂玛	3. 吉藏
4. 杂摩	4. 亚藏

象雄在汉文史料中被写作"羊同"。《通典》记:"大羊同,东接吐蕃,西接小羊同,北直于阗。东西千余里,胜兵八九万人。"[2]东部范围较苯教著作所载为小,这是符合实际的,因为吐蕃北部别有苏毗及南磨人。唐太宗贞观五年(631年),羊同向唐朝朝贡,唐人知道它的确切位置。西边则是小羊同。

意大利著名藏学家图齐教授说:"在吐蕃帝国建立之前,象雄是一个大国,但当吐蕃帝国开始向外扩张时,它便注定地屈服了。象雄与印度喜马拉雅接界,很可能控制了拉达克,向西延伸到巴尔提斯坦及和阗,并且把势力扩展到羌塘高原。总之,包括了西藏的西部、北部和东部。当他受到吐蕃新兴力量的统治时,他们的南部笼统地被印度称为苏伐尔纳呼米(suva rnahumi)、萨日热甲(strirajya),而主要是称为秦那(cina)。"[3]显然,夸张了象雄王国的规模与地域范围。美国的张琨教授不同意图齐的看法,他把民族迁徙的因素纳入对象雄地理范围的理解之中,并"冒昧地提出假说,由于九世纪中叶发生了迁徙,这些地方(即象雄阿里三

---

[1] 图齐(G. Tucci):《西藏画卷》(*Tibetan Painted Scrolls*),第737页,1949年;张琨著,玉文华译:《论象雄》,《西藏研究》1982年第1期。
[2] 《通典·边防六·大羊同》。
[3] 图齐:《尼泊尔两次科学考查报告》,见《尼泊尔史研究资料》,罗马,1956年,第105页。

围——引者)已被从西藏以北和东北转移到西藏以南和西南"。① 相比之下,我们更倾向于图齐教授的部分观点,他说,"西藏西部和西南部的上象雄、下象雄,就是象雄本部,而在西藏以北和东北的,是一个新征服的地区。"我们依据自己对藏文与汉文有关象雄地理记载的理解,把它修改为"在吐蕃本土(dbus)西部和西北部的上象雄、下象雄,即是其本部,而藏北和藏东北则是象雄人,更确切地说是苯教文化传播和再度繁荣的地区"。上象雄约当小羊同,唐代称三波诃或秣罗娑(婆),即今拉达克,下象雄即大羊同,在其东。

象雄人有自己的独特风俗。"其人辫发毡裘,畜牧为业,地多风雪,冰厚丈余。所出物产颇同番(吐蕃)。俗无文字,但刻木结绳而已。刑法严峻。其酋豪死,抉去其脑,实以珠玉;剖其五脏,易以黄金,假造金鼻银齿,以人为殉,卜以吉辰,藏诸岩穴,他人莫知其所。多杀牸(母)牛羊马以充祭祀,葬毕服除"。象雄国王姓姜葛,有四大臣分掌国事。②

(二)象雄的苯教

象雄文化的核心与本质特色就是它的苯教文明。但象雄苯教的原始状况人们已无法详知,要用历史的眼光来审视它的真实面目是十分困难的。不过,勾勒一下它的流传路线与外部轮廓,以及它所要反映的基本思想却是可能的。后者在传入吐蕃后被保留下来,可以提供象雄苯教的主要内容。因此,我们既不想把读者带进古人所设下的迷宫,也不想将读者引入今人臆造的海市蜃楼中,贴近而不涉入地观览,目醒而神清。

苯教是象雄文化的灵魂,而据藏文史书的一般说法,它却并非土产于象雄,它来自大食的俄摩隆仁。③ 藏文中的"stag gzig"(大食)应来自

① 张琨著,玉文华译:《论象雄》,见《西藏研究》1982年第1期。
②《通典·边防六·大羊同》。
③ 卡尔梅著,王尧、陈观胜译:《苯教史》,载《国外藏学研究译文集》(一),西藏人民出版社1985年版。

波斯文 Tazi(大食)。唐代汉文文献写作"大食"、"大寔"或"多氏"等,是对兴盛一时的阿拉伯帝国的称呼。《旧唐书·大食传》记载"大食国本在波斯之西",这是唐代时期"大食"的含义。但是,依我们之见,藏史中的大食(Stag gzig)时代更早,是《魏书·西戎传》中的"条支国",也即与象雄时代相近、地域邻接的萨珊波斯(公元 224—651 年)。唐代汉文中的"大食"和藏文中的 stag gzig,皆来自于波斯文的 Tazi 和它的汉译"条支"。条支一词,首见于《汉书·西域传》,谓其在安息西界,临西海(波斯湾),约在今伊拉克境内,汉代属安息管辖。汉和帝永元九年(公元 97年)西域都护班超遣甘英使大秦(东罗马),抵条支,临海而回。萨珊波斯兴起后,管辖了条支旧地。因此,《魏书》称:"波斯国,都宿利城,在忸密西,古条支国也。"[1]这样,藏文中的"stag gzig"准确译法应为"条支"即波斯,苯教来自波斯,它的前身即是盛行于波斯的琐罗亚斯德教。

琐罗亚斯德教,是由约公元前 7 世纪至前 6 世纪的波斯宗教改革家琐罗亚斯德(Zoroaster)创建的。初期信者无几。在他 42 岁时获得大夏国王维斯塔巴(Vishtappa)的信仰,且有许多王室贵族加入其中,大夏宰相还娶了琐罗亚斯德的小女为妻。在国王支持下教业大兴,波及波斯各地。汉文史书中称其为"祆教"、"火祆教"、"火教"、"拜火教"等。该教奉《波斯古经》为经典,主张善恶二元论,认为火、光明、清净、创造、生是善端;黑暗、恶浊、不净、破坏、死是恶端。人居于智慧或主宰神(阿胡拉·玛兹达)与凶神(安格拉·曼纽)之间,有自由意志与选择命运之权。该教有天堂地狱、末日审判之说,认为火是光明与善的代表。这些思想都在传入象雄经过加工之后,又影响了吐蕃的苯教文化与社会风俗。波斯琐罗亚斯德教传入象雄的时间已难于考证,很可能在公元前 331 年亚历山大东征,该教受到打击而衰落的前后传入象雄的。这大概与传说中的象雄苯教始祖辛饶米沃来自波斯的时代参差相同。此后又复兴,在 3 世

---

① 《魏书·西域·波斯国》。

纪至 7 世纪(229—652 年)成为萨珊王朝国教,进一步影响象雄。7 世纪以后阿拉伯人征服波斯,开始了伊斯兰化运动,不愿改宗的信徒有一部分向印度西海岸迁徙,在南亚次大陆寻求出路,而青藏高原地区也成为他们避难的渊薮。这股伊斯兰化的巨流,日后拥向南亚,在灭亡了波斯的琐罗亚斯德教之后,又灭亡了南亚的佛教,迫使那里的僧人北越雪山,推动佛教在雪域的初兴。佛教进入青藏高原后,与早已东进且已立足的苯教,在吐蕃宫廷发生了冲突,从而在青藏高原西端南端形成了一股文化交往的巨大涡流。

对于琐罗亚斯德教影响象雄与吐蕃的宗教与文化,必须先有两点说明:其一,在接受这种影响之前,无论是象雄还是吐蕃地区并不是宗教与文化上的真空地带,恰恰相反,皆有人类早期所共有的原始的日、月、山、川自然崇拜,只是未能上升到有系统的"宗教"的高度;其二,琐罗亚斯德教传入象雄后,与本地原始信仰相结合,成为象雄苯教,而象雄苯教传入吐蕃后,又与雅隆人的原始信仰相结合,形成吐蕃苯教。后者与象雄苯教及波斯的琐罗亚斯德教既有相同的内容,又有不同的风貌,不能因为有继承而等同,也不能因有差异而否定其共性。

琐罗亚斯德教与波斯文化,对象雄及吐蕃苯教与文化的影响,主要表现有:(1) 藏史关于象雄苯教起自波斯的大量论证;(2) 拜火、祀天神在象雄及吐蕃原始风俗方面的广泛影响(不排除故有崇拜火的内容);(3) 天葬习俗与守墓仪式。琐罗亚斯德教认为尸体为不洁之物,切忌触及被奉为圣洁的自然元素——土、水,尤其是火。于是为了求得尸体勿触及这三者,就实行"天葬",即露置尸体,任凭猛禽啄食。为此,还建造一种圆塔式建筑置尸,有专营此事者,将尸体移于其上,使之赤身露体,任鹰隼啄尽尸肉,骨殖则投入井穴。[1] 我们认为,这正是西藏天葬的直接

---

[1] 谢·亚·托卡列夫著,魏庆征译:《世界各民族历史上的宗教》,中国社会科学出版社 1985 年版,第 378 页。

来源。吐蕃人也接受了波斯人的守墓习俗，根敦琼培先生在其所著《白史》一书中说："关于葬墓事，藏王之史记（rgyal po bkav thang，国王遗教）中有希奇之记载，略谓墓内分九格，中央亦置赞普之尸体，以金涂饰，实以财物。令所有内臣守护其冢。彼及眷属，皆佩带亡者标帜，不准与王嗣生者相值（遇）。若有牛羊跑近冢边，被其所捉，亦系以亡者标帜，不更还其主。每年祠祭时，先鸣号声，同时彼等即当逃往深谷隐蔽。俟赞普等祠祭完毕，去后，方还冢间，收集其祭品而享用之。"①这一"希奇"的习俗即来自波斯，《魏书》记载，波斯人"死者多弃尸于山（即天葬——引者），一月著服。城外有人别居，唯知丧葬之事，号为不净人，若入城市，摇铃自别"②。（4）西藏苯教的"创世纪"故事完全模本于琐罗亚斯德教有关火的崇拜与二元论的学说。被视为 1017 年由先钦鲁噶从伏藏中发现的"掘藏"经文《卓浦》，记载了这样一则传说：在很久以前，有一名叫南喀东丹却松的国王，拥有五种本原物质。赤杰曲巴法师从他那里收集起这五种物质置于体内，轻轻一吹，风就刮了起来。当风旋转时，出现了火。风急火旺，火的热与风的凉相遇凝结成露珠。上面又出现微粒，经风刮而聚积成山。世界遂由赤杰曲巴如此创造而成。从风、火、露珠、微粒和山这五种物质本原中又产生出一个发亮的卵和黑色的卵。赤杰曲巴法师用一个光轮敲击发亮的卵，产生火花，向上散开变成了托塞神，向下飞去形成达塞神（箭神），卵中心出现了现实世界的国王什巴桑波奔赤，他是头发青绿色的白人。其时，赤杰曲巴法师的对手格巴梅本那波，使黑色的卵在黑暗王国中爆炸，黑光冲天，产生了愚昧和迷惑，黑光向下则产生了迟钝和疯狂。从黑卵中心跳出一个带有黑光的人，名叫门巴塞敦那波，他是虚幻世界的国王。这两个国王分别是神与恶魔的法师。③这即是形象化的二元论学说。接下来是卵生了一个青蓝色的女人，他与

① 根敦琼培著，法尊大师译：《白史》，西北民族研究所 1981 年印，第 32 页。
②《魏书·西域·波斯国》。
③ 参见丁仁喀编：《卓浦》，1966 年；图齐：《西藏的宗教》，巴黎，1973 年。

国王什巴桑波奔赤结合,生出野兽、畜类和鸟类;又生出了九兄弟、九姐妹,繁衍人类万物。九兄弟中的一位叫什杰章噶,负责人类延续,他又有九个儿子即天界九神,此即穆部落的祖先,而象雄苯教的始祖辛饶米沃据说即是其后裔。

苯教以辛饶米沃为教祖,一般采取父子或师徒相传方式传播。在7世纪以后,即藏文创制以及佛教在吐蕃兴起以后,也逐渐接受佛教的经典述圣的传统,发展成有体系、有典籍的新式宗教。象雄苯教传入吐蕃,据苯教史书说是在聂墀赞普之时,止贡赞普曾消灭苯教,布德贡甲又复兴苯教。此时已有雍仲(卍)苯教,"卍"意为"永恒"、"永生"。该符号在中国周原遗址和西亚 halaf 女神肩上都有发现,最初来自何者,尚难立断,但后者时间在前,且苯教教祖辛饶米沃生于波斯。辛饶米沃将天界八部等苯教的一切教法翻译成象雄语,使之弘传。苯教共分为九类,即因苯波四类,果苯波五类。果苯波以雍仲为无上乘,追求获得善趣之身。因苯波四类,为囊辛拜推巾、楚辛拜春巾、洽辛居梯巾、都辛春洽巾。其中囊辛拜推巾一派做卜卦祈福、祷神乞药、增益吉祥、兴旺人财之事;楚辛拜春巾一派做息灾送病、护国奠基、被除一切久暂违缘之事;洽辛居梯巾一派做指示吉凶、判断是非疑惑、预测未来祸福之事;都辛春洽巾为生者消除违碍,为死者营建墓葬,为年幼者驱鬼,并且上观天象,下伏地魔。他们最为重要的法器是鼓与钹。①

在象雄苯教中,冈底斯山十分重要,被认为是世界围之旋转的轴心,也是一座水晶石坛城,或各族天神居住的大宫殿。有四门:汉地的朱雀、玄武(乌龟)、青龙、白虎,保护东西南北四方。冈底斯山又被视为父亲,而玛法木错湖则被当作母亲,象征智慧。在苯教传入吐蕃后,苯教神山除了冈底斯、象雄山之外,又列入了乌思藏(卫藏)地区的众多名山,最后

---

① 萨迦·索南坚赞著,陈庆英、仁庆扎西译:《王统世系明鉴》,辽宁人民出版社1985年版,第46页。

遍布青藏高原。苯教十分重视杀牲祭祀仪式,这一传统后来被吐蕃继承下来并赋予新的内容。《旧唐书》载,赞普"与其臣下一年一小盟,刑羊、狗、猕猴,先折其足而杀之,继裂其肠而屠之,令巫者告于天地、山川、日月星辰之神云:'若心迁变,怀奸反复,神明鉴之,同于羊狗。'"①。三年一大盟,夜肴诸坛,用人、马、牛、驴为牲。苯教巫师在这种场合地位特殊。在民间为人们求福祛灾,指善恶路,启生死门,驱雹医病,更被奉为神灵。

藏文史书《五部遗教》记载,象雄东部以玛旁雍措湖与藏地为界。②在雅隆吐蕃人势力扩大至后藏地方时,即已与象雄相接壤。由于吐蕃文化水平相对低于象雄,于是,在青藏高原的中部和西部就形成以苯教文化为核心的象雄文化由西向东流动的浪潮,象雄语词、医学、历算等均传入吐蕃,融入雅隆文明之中。苯教经籍《强玛》说,聂墀在位时,传入了十二"因派箴言"的学问:即(1) 神圣的箴言,保护的学问;(2) 恰的箴言,兴旺的学问;(3) 献祭,驱除恶魔的学问;(4) 视觉世界的辛,召唤死者灵魂的学问;(5) 迁居的需要,洁净的学问;(6) 态度的箴言,消除的学问;(7) 医疗诊断,造福的学问;(8) 占星术的计算方法,命运的学问;(9) 九种仪式,咒文的学问;(10) 获得了高飞学问的鹿;(11) 九滴的占卜,预见的学问;(12) 神奇的箴言,云游的学问。③ 这一说法的年代并不可信,但象雄苯教作为一个文化系统影响吐蕃却是真实的。

(三) 象雄文明的谜面与谜底

令人煞费苦心而又纠缠不清的"象雄之谜"有许多方面的内容,我们抓住主要三点加以探索,与读者一起看它个究竟。

第一,象雄文明的产生之谜。象雄文明产生于何时? 它如何兴起?

---

① 《旧唐书·吐蕃传》。
② 《五部遗教》第32页,德格木刻版。
③ 卡尔梅著,王尧、陈观胜译:《苯教史》,载《国外藏学研究译文集》(一),西藏人民出版社1985年版,第290页。

大概没有人能够说得清楚。我们感到,除了它自身的神秘性之外,古代的苯教文献资料(大约 11 世纪前后)确实神化了它,给我们增加了认识其真面目的难度,而我们的一些研究者又"尽信先贤经书",大力渲染这一文明的神秘色彩,也挡住了我们展望的视线。只有破除迷雾才能重现那一方蓝天。象雄文明不是天上掉下来的,古代的文化交流是它产生的重要因素。象雄的本部按一般说法在西藏阿里地区,尤其是古格和靠近克什米尔的拉达克、库纳瓦里等地区。翻开地形图,人们不禁会产生困惑,象雄文明如何得以产生呢?它的西南面是雄伟的喜马拉雅山,西面、西北及北面则是高峻挺拔的喀喇昆仑山,哪里能吹进文明的春风?事实上,这样的地理环境确实使它成为文化上的稀薄地带。象雄苯教文明在吸收外来影响后一直能保持相对稳定,从消极方面讲,也正是地理影响的产物。不过相互交流是存在的,尤其是外来文明传入象雄地区更是交往的主要趋势。首先,在阻隔的大山之外即是繁荣的丝绸之路,中国的丝绸和其他商品沿着喀喇昆仑山北麓西越葱岭(帕米尔高原)送往西亚、欧洲,同时也沿喜马拉雅山西部、西南部抵达印度,数百年持续不断的商业贸易与文化交流,不可能不渗透到"山那边"的象雄人祖先的生活之中。其次,中亚、南亚地区频繁的游牧民族迁徙,以及波斯阿赫门王朝、希腊马其顿王朝及其随后的塞流古王朝、安息王朝、大月氏的贵霜帝国、嚈哒王国的征战、统治与更迭,既是商路繁荣、文化汇聚的盛事,又造成民族迁徙、文化传播的新格局,如上所言,苯教就是在波斯人统治中亚等地区时传入象雄的。再次,为我们提供象雄文明产生原因的主要的间接资料来自汉文记载。《穆天子传》关于周穆王西行王母国的故事不必多言。而先秦王朝对西戎的近百年(自公元前 825 年起)的攻伐,直接推动了秦国西部诸戎的西迁,大批的羌人、塞人逃往青藏地区。进入中亚的塞种人,还导致了亚述帝国的灭亡,引起欧洲的震动。[①] 嗣后月支西迁,

---

① 杨宪益:《译余偶拾》,三联书店 1983 年版,第 229—230 页。

匈奴西进,无不牵及青藏高原北部地区的民族移动。西汉时代,在阳关以西直到葱岭的昆仑山北麓丝路大道南沿及山区,自东而西分布着婼羌、鄯善(楼兰)、且末、小宛、精绝、戎卢、扜弥、渠勒、于阗、莎车和皮山等城邦小国,而自皮山向西南有罽宾—乌弋山离道,可通天竺。[①]罽宾即在今克什米尔一带,都循鲜城(克什米尔斯利那迦),位近象雄本部,而象雄当与它的北邻诸国均有相互往来。唐初,羊同北接于阗,实际上已不止与上述诸国有文化联系,而且可能存在相互隶属关系。

《后汉书·西羌传》记载:"西羌之本,出自三苗,姜姓之别也。其国近南岳。及舜流四凶,徙之三危,河关之西南,羌地是也。滨于赐支,至乎河首,绵地千里。……南接蜀汉缴外蛮夷,西北(接)鄯善车师诸国。所居无常,依随水草。地少五谷,以产牧为业。其俗氏族无定,或以父名母姓为种号。十二世后,相与婚姻,父没则妻后母,兄亡则纳釐嫂(嫂),故国无鳏寡,种类繁炽。"西羌在中原弱时内侵,中原强则西奔的状况始终存在。由于游牧经济居无定所的生活方式,西羌人沿着丝路南道之南的草原即藏北羌塘西迁、南迁,发展为部落繁多的象雄王国(据说有18王)是完全可能的。象雄人的生活仍以游牧业为主,象雄人居地以及藏北羌塘,与中国北方地区的月牙形草原游牧文化"长城",自细石器文化时代起,即已息息相关,而且后代也相延不断。因此,我们可以推断,象雄文明的兴起,是由于汉文史书中的"西戎"或"西羌"受中原王朝拓土活动的影响而西迁所造成的。它也吸收了来自北面、西面的丝路文明,尤其是波斯的琐罗亚斯德教信仰。从人种上,象雄人以属于蒙古利亚人种的羌族人为主,而且融合了属于欧罗巴人种东支的塞种人、月支人、波斯人,甚至有希腊人成分。后者的影响主要从昆仑山北麓向南和今克什米尔地区向东渗入。

第二,象雄的文字之谜。据汉文史书记载,7世纪以前的吐蕃、象雄(羊同)和西羌人均没有文字。迄今为止,无人发现相关时代他们的任何

[①]《汉书·西域传》。

文献资料,因此,说象雄没有文字是合适的。为什么人们会热衷于肯定象雄文的存在呢? 大概有这样几个理由:其一,不理解如此繁荣的文明怎么可能没有文字。对此,其实很容易回答。古代的许多游牧民族都没有文字,连汉代强盛一时的匈奴帝国也没有文字,何况是被人们夸大了的象雄文明;其二,据说人们发现了不少象雄语词汇,这些被吸收到藏语之中,甚至成为藏文的来源。我们完全相信象雄语词的存在,以及它对吐蕃文化的影响,但这是语言,不是文字,它被后来新出的藏文纳入辞典之中很自然,但不能据此为依据反而论证象雄也有文字。至于说到苯教著作所奢谈的象雄文天书,既有记载本身的夸张因素(它没有提供文献实物),又有理解上的因素,即语言与文字翻译并不相同。在此,我们还可以用匈奴作为例证,匈奴语言词汇大量存在于古突厥语、蒙古语、汉语和其他民族语言中,且与周边各族均有使者往还,文化交流不断,但并无文字。我们对象雄文字的否定态度并不影响我们肯定象雄发达的文明。在此可以提两点参考意见:其一,象雄语可能以汉藏语系的古羌语为主,并吸收了伊朗语族或印欧语系其他语族和阿尔泰语系突厥语族的某些成分;其二,苯教著作所说的教祖所传天书,很可能是波斯语词。在苯教著作中,有藏文起自象雄的说法,而象雄文(实际是语言)又起自 stag gzig,stag gzig 一般译作“大食”,依我们之见,应译为波斯。苯教研究专家卡尔梅还说:“大量的象雄语存在于现在的拉达克、库纳瓦里以及旧时西藏西部地区。”[①]这自然是正常的,由于波斯文化影响到这一地区,尤其是苯教源自波斯的琐罗亚斯德教,语言语汇随宗教传入是毋庸置疑的。劳费尔在他的《藏语中的借词》中列举了 34 个借自波斯语的藏语词汇[②],即是其证。不过,像辛饶米沃一样,扑朔迷离的琐罗亚斯德教祖琐罗亚斯德传教时,古波斯人尚无文字,后世将他的语录集为经书,名为《阿维

---

① 卡尔梅著,向红笳、陈庆英译:《苯教历史及教义概述》,载中央民族学院编《藏族研究译文集》(一)。
② 赵衍荪译本,中国社会科学院民族研究所 1981 年印。

斯塔》,内容是一些创世纪与终世的故事及劝戒文,被认为是萨珊王朝时记录下来的。① 那么早期也就不可能有什么文献传入象雄。至于后起的《阿维斯塔》一书是否传入,我们不得而知。而它的内容却进入了象雄,这就是前文提到的苯教创世纪传说和部分尚未为我们分辨清楚的仪轨与咒文。苯教经典说,苯教教主的讲话即"原始语",是由六大翻译家汇集俄茂林,在木曲指导下翻译出来并带回自己国家的。这些人有:波斯的木察托拉海、象雄的赤脱萨察、苏毗的胡庐巴来、印度的拉达阿卓、汉地的来当芒布和冲木的赛脱介木江。② 这些话不可尽信,但依然证明了我们本节所要强调的两个判断:象雄文化是吸收周边各族文化的产物;象雄的苯教来自波斯。

第三,象雄文明的衰落之谜。象雄文明有产生的原因,自然也有衰亡的理由,随着学者们的深入研究,读者一定会得到更圆满的答案。既然它不是一夕之间被地震深埋地下的庞贝城,那么就可以从历史的角度进行分析。我们提几点认识供读者参考。其一,象雄王国是氏族制时代的部落联盟,并未形成政治上的真正统一。汉文史书称其国王姓姜葛,有四大臣分掌国事,这是隋唐时代的状况,显然为部落联盟统治,所以它是脆弱的和易于瓦解的;其二,象雄王国以游牧经济为基础,由于青藏高原西北部地理上的复杂和经济基础的薄弱,很难应付重大自然灾害,也很难维护持久联盟,更无法建立统一的王权国家,内部的部落争斗即可导致王国崩溃与衰亡。其三,受中亚政治与文化形势的影响。琐罗亚斯德教在阿赫门王朝时兴起并遍播于波斯及其附近地区。至公元前331年,亚历山大东征胜利,受到沉重打击的该教便衰落下去,此后近600年间未能翻身,直到公元3世纪波斯萨珊王朝统治后才得以复兴。在这一漫长的历史时期,苯教的源头波

① 艾哈迈德·爱敏:《阿拉伯—伊斯兰文化史》第1册,商务印书馆1982年版,第110页;谢·亚·托卡列夫:《世界各民族历史上的宗教》,中国社会科学出版社1985年版,第369—381页。
② 卡尔梅著,王尧、陈观胜译:《苯教史》,载《国外藏学研究译文集》(一),第278—279页。

斯文化对象雄的影响无疑减弱了。而在波斯人统治了 400 余年后,大食人的伊斯兰文明又以强力淹没了琐罗亚斯德教信仰,此时已是 7 世纪,吐蕃人已开始面对象雄王国衰微的局势,未久即予吞并。其四,东西方丝路在经过两汉的兴盛之后,由于中原地区的长期分裂而呈现相对萧条的局面,直到隋唐才恢复繁荣与鼎盛,它在一定程度上减弱了象雄人汲取文明营养的可能。最后,也是最根本的一点是,象雄为勃兴并已强大的苏毗和吐蕃所征服,结束了充满神秘的独立的历史进程。

(四) 象雄文明兴衰的根本原因

如果进一步分析可以发现,象雄的兴衰与“丝绸之路”的兴衰有着密切的关系。象雄王国得以兴起,象雄文明能够辉煌的根本原因是与其所处的地理位置,以及古代时期繁荣的商业交通贸易经过这里密切关联的。正是与周边地区频繁和密切的经济文化联系成就了象雄王国的发展,也造就了象雄文明的辉煌。

古代时期青藏高原地区繁荣的玉石之路、食盐之路、茶叶之路、丝绸之路、麝香之路、白银之路、苯教传播之路等,均与阿里地区交集,在此助力象雄经济社会的发展进步,通过交流借鉴推动象雄文明的诞生与灿烂。

古代时期亚洲中部地区文明发展曾经有过一个辉煌时期,中原地区的汉唐文明、南亚印度河地区文明和古波斯文明等,都以不同的方式影响到古象雄所在的今阿里地区。以今西藏阿里地区扎达县曲龙和噶尔县卡尔东为中心的象雄王国,与这些地区和文明之间均存在交流通道,甚至几大文明之间的交流也通过象雄地区或者波及象雄地区。[1] 象雄地

---

[1] 王小甫:《唐、吐蕃、大食政治关系史》,北京大学出版社 1992 年版;王小甫:《七、八世纪之交吐蕃入西域之路》,见田余庆主编《庆祝邓广铭教授九十华诞论文集》,河北教育出版社 1997 年版,第 74—85 页;霍巍:《从考古材料看吐蕃与中亚、西亚的古代交通——兼论西藏西部在佛教传入吐蕃过程中的历史地位》,《中国藏学》1995 第 4 期;张云:《上古西藏与波斯文明》,中国藏学出版社 2004 年版等。

区也曾是多民族迁徙活动的地区,广泛分布在今青海湟水流域及新疆南北各地的塞种人(Saka,Sacae,Scythia)南迁就经过这里。大月氏和小月氏也都曾经到过这里,史书称:"大月氏本行国也,随畜移徙,与匈奴同俗。控弦十余万,故强轻匈奴。本居敦煌、祁连间,至冒顿单于攻破月氏,而老上单于杀月氏王,以其头为饮器,月氏乃远去,过大宛(今乌兹别克斯坦费尔干纳盆地),西击大夏(Tokhgra,Tochari)而臣之,都妫水(即今阿姆河,古希腊称 Oxus ,伊朗语称 Wakhsu)北为王庭。其余子众不能去者,保南山羌,号小月氏。"①后来的嚈哒人(滑国,Hephthalite)曾控制塔里木盆地西部,南道直至于阗,北道直至焉耆。曾经南下进攻印度,同样经过象雄王国活动地区。约 558—567 年间,萨珊波斯和当时中亚突厥人联合夹击嚈哒人,瓜分其领土,嚈哒人部众散居于中亚及南亚各地,后渐与各地民族融合。中亚地区由大月氏建立的贵霜王朝(Kushan)和波斯萨珊王朝(Sasanid,226—651 年)在强盛时期都与象雄王国地区发生了疏密不同的联系。这种频繁的民族迁徙对象雄的发展产生影响是必然的。在象雄王国存在和发展时期,邻近地区的各个王朝大多是游牧人所建立的,他们共有的特征是以游牧经济为主和十分重视商业贸易,而作为以牧业文明为核心的象雄王国同样如此,其与外界保持商业贸易,沟通有无,促进自身发展是必由之路,也是发展和繁荣之关键所在。象雄地区自身也生产黄金和珍贵的畜产品,不仅担负贸易中介者和沟通者的角色,其特色产品也直接参与到与周边地区四通八达的贸易中去,繁荣商业贸易并获得丰厚利益。在多元文化的交流中发展,象雄以苯教文明丰富了青藏高原地区文化的内涵,经贸文化与宗教文化相辅相成,相得益彰,在看似贫瘠的青藏高原西北部地区造就了一度辉煌的象雄文明。

文化交流局势的变化,丝绸之路的改道影响到位于今阿里地区的象

---

① 《汉书·西域传》上。

雄王国及其文明走向衰落。一方面这些影响较大的文明古国走向衰落或者进入一个转型期,对包括象雄王国在内的地区的辐射力减弱了。553—558年突厥与波斯夹攻并灭亡中亚大国嚈哒;萨珊波斯帝国也在7世纪初走向衰落,并在651年被阿拉伯帝国灭亡。这些虽然与象雄王朝没有直接的关系,却恶化了它存在和发展的外部环境,影响到其对外贸易的开展。另一方面是随着隋唐王朝的统一,贯穿东西方的丝绸之路主干道的畅通,影响到穿越青藏高原西北部地区的丝绸之路的发展。此前吐谷浑占据今甘肃西部南部地区及青海地区、新疆天山南部地区,控制丝绸之路,并使丝绸之路"青海道"繁荣起来,象雄王国所在的阿里地区在一定程度上获得益处。隋炀帝和唐太宗先后用兵吐谷浑,在解除吐谷浑对西部地区的威胁和控制的同时,也使丝绸之路主干道得以畅通,对今阿里地区的支系交通而言利弊兼有,在其周边形势恶化的条件下则弊大于利,有被边缘化的可能。那么依靠丝绸之路贸易得以发展繁荣的象雄文明也在某种意义上失去了有力的支撑,失去往日的辉煌。此外,当雅隆悉补野部崛起并建立吐蕃王朝,打通与内地的直接贸易交通,并逐渐强大起来之后,青藏高原地区的交通和贸易格局相应地发生变化,重心向西藏地区腹心地区(即卫藏)转移,位于今天阿里地区的象雄王国的地位与作用相对下降了。加之随后在中亚西亚地区崛起的阿拉伯帝国的扩张,伊斯兰教的随之传播,也使象雄地区外部文化生态环境发生变化,对外交往的空间进一步收缩,这些也或多或少地影响到该地区的发展和繁荣。当然,象雄王国直接面临的厄运则是吐蕃王朝向周边地区的强势扩张,松赞干布采取里应外合的军事打击策略,最终结束了象雄王国辉煌的历史,象雄成为吐蕃王朝的一个组成部分。①

---

① 张云:《象雄王国都城琼隆银城今地考——兼论象雄文明兴盛的根本原因》,《中国藏学》2016年第2期。

第三节　拉萨河流域的森波邦国

森波,藏文作"zing po",在吐蕃赞普达日年塞(stag-ri gnyan-gzigs,又作达布聂西,stag-bu snya-gzigs)时代,森波地区有两大并存的政治势力,一由森波王达甲吾(stag skya bo)管辖,其核心是所谓年噶尔旧堡(nyen kar rnying pa),地在今西藏堆龙德庆楚布寺一带。一由森波王赤邦松(khri pangs sum)统治,其核心在都瓦宇那堡(sdor bavi yu sna),即今西藏彭域(vphan yul)地区、林周县彭域农场一带地区。

首先成为进攻目标的是森波杰达甲吾。根据敦煌吐蕃文献 P. T. 1287 号卷子记载①,森波王达甲吾呈献出一个昏暗无能的暴君形象:

就森波杰达甲吾而言:任何事均偏听轻信,颠倒为之,以罪恶为善,以善为罪恶;对明睿忠忱善持政事、沉着端方之士,不听不纳;对奸狡之辈、谄媚甘夸浮艳之词则分外听从。此人形同儿戏。明睿忠贞耿介、英勇、热忱之士,每受敌视,均远离左右,且被处以不当之刑罚,既惨且烈,所作所为毫无必要,且数见而不鲜。尤有甚者,森波杰达甲吾背离风俗,改变国政恣意妄为,一切恶政,有人见而劝谏,乃获惨烈非刑。如此无人再敢劝谏矣!王昏昏于上,臣仆则惴惴于下;王狂悖于上,臣仆则逃逸于下矣!②

赤邦松政权的问题也从其内部矛盾中引发。敦煌藏文资料记载:"在奴户之中有娘·南木多日楚古(myang nam to re khru gru)与孟·多日曾古拜(smon to re tseng sku spad)两氏,均被划归吉松,成其奴户。后,吉松之妻巴曹氏对娘氏奴户骄慢横暴,威吓时加,且以妇女阴部辱咒之。娘·曾古心中不服,至森波杰(赤邦松)之驾前,含冤负屈而诉苦,

---

① 王尧、陈践译注:《敦煌本吐蕃历史文书》增订本,民族出版社 1992 年版。

② 王尧、陈践,《敦煌本吐蕃历史文书》增订本,民族出版社 1992 年版,第 129、130 页;黄布凡、马德:《敦煌藏文吐蕃史文献译注》,甘肃教育出版社 2000 年藏文本第 171—172 页,汉译本第 177 页。

道：'年氏之奴隶我实不愿为也。'（且将经过诉说），森波杰（赤邦松）曰：'比年·吉松更忠于我者，已无别人，主妇辱咒呵责，示汝女阴者对尔所为亦无不合，即将（女阴）偎于尔之口中亦有权也，并无过失！'如此断处，不允所请。后，此言，曾古心中不服，神丧气散。"①

于是，不满的属民和存有二心的大臣，与立足于秦瓦达孜宫的吐蕃赞普达日年塞暗中往来，图谋颠覆。达日年塞也利用自己的妹妹做墀邦苏侍者的有利条件刺探消息，待机而动，不幸此事因他的去世而中断。

达日年塞之子赤伦赞（khri slon btsan）继位后，继续其父未竟事业，与森波众旧臣立誓结盟，内外夹攻，占据森波王宫（堡寨），处死墀邦苏，王子芒波支逃往突厥地区。森波本部归于吐蕃治下，将埃布（ngas po）地名改为彭域（vphan yul，拉萨城北林周县）。埃布地区的臣民与当地贵族韦·义策等人，以其政比天高，盔比山尖，乃上尊号曰"南日伦赞（gnam ri slon mtshan）"，意思是天山赞普。当地贵族娘氏、韦氏和嫩氏将森波之江山先给悉补野赞普之手。南日伦赞亲自分封土地、奴隶给各位有功的大贵族：都尔瓦城堡及一千五百奴户被赏给了娘·曾古；萨该新之地及墨竹地方的一千五百奴户赏给韦·义策；嫩氏兄弟获得了一千五百奴户；蔡邦·纳森获得了三百奴户，其他功臣各获重用。也就在这一时期，琼布邦色斩杀了藏博（rtsang bod）酋长马尔门（mar mun），并将藏博二万民户献给赞普②，雅隆悉补野部迅猛发展。但是为时不久，南日伦赞在内部斗争中被臣下杀害，羊同、苏毗女国、达布、娘布等纷纷起兵，走向独立。直到其子松赞干布时，才重新以武力征服各部，统一青藏高原地区。

第四节　苏毗与女国文明

在中国人家喻户晓的、讲述唐僧取经的《西游记》故事中，有一则"女

① 王尧、陈践译注：《敦煌本吐蕃历史文书》增订本，民族出版社 1992 年藏文本第 42 页，汉译本第 160 页。
② 黄布凡、马德：《敦煌藏文吐蕃文献译注》，甘肃教育出版社 2000 年版，第 192—193 页。

儿国"的传说。事实上这是有根有据的,只是唐僧(玄奘)本人并未亲历,更没有人要吃他的肉以求长生不老。该女国就在青藏高原上,而且被玄奘和弟子辩机记之于他们撰写的《大唐西域记》中。原文说,在婆罗吸摩补罗国的北部大雪山中,有个苏伐剌拏瞿呾罗国(汉语意为金氏),出产上等黄金,因此叫金氏国。该国世代以女子为王,所以叫做"女国"。丈夫也称王,但不问政事,只管种田、打仗而已。[①] 女国的历史在汉文史书中还有更详细的记载,诸如《隋书》、《北史》、《通典》、新旧《唐书》等,藏文史书中也有较详细的记载,如《敦煌本吐蕃历史文书》。我们依据诸史向读者勾画一下它的历史与文化草图。

(一) 地理位置与历史沿革

《隋书》记:"女国,在葱岭之南,其国代以女为王。王姓苏毗,字末羯,在位二十年。"[②]《通典》也说:"女国,隋时通焉,在葱岭之南,其国代以女为国王,王姓苏毗。"[③]隋唐人关于女国的认识是真实的,因为开皇六年(586年)女国曾遣使朝贡,它的这一地理位置也不会有误,因此F. W. 托玛斯认为汉文史书因误解而造成女国的说法并不正确。[④] 克什米尔的古籍也记载了该女国,称它在其国北方隔山之外。上引《大唐西域记》所言"东女国"也即此国,称东女者,因为"西海"还另有一个女国。玄奘记其地在婆罗吸摩补罗国北面的大雪山中,叫苏伐剌拏瞿呾罗国(意为金氏),因出黄金而得名,东西长,南北狭。婆罗吸摩补罗国被认为是今天的迦尔瓦尔(Garhwal)和库马翁(Kumaon)地区,一般认为该女国是在今喜马拉雅山以北,于阗以南,拉达克以东。但是,玄奘书上明确地讲该国

---

① 玄奘、辩机著,季羡林等校注:《大唐西域记》,中华书局1985年版,第408页。

②《隋书·西域·女国》。

③《通典·边防九·西戎五·女国》。

④ 见F. W. 托玛斯:《东北藏古代民间文学》(*Ancient Folk-Iterature from North Eastern*,柏林,1957年)和《难磨》(*Nam*)两书。

"东接吐蕃国,北接于阗国,西接三波诃国"。三波诃即秫罗婆国,也即藏语 Mar-sa 的对音,Mar-sa 或 Mar-yul 意为"低地",为拉达克古今之通称,今译作"玛尔域"。而这一广大的地理范围正是下象雄或大羊同的领地,《通典》卷一九五、《唐会要》卷九九、《太平寰宇记》卷一八五均有如此记载。诚如上文所言,羊同人因贞观五年(631 年)的朝贡,而为唐人确知,不致有大误。更让学者们迷惑不解的是,同是唐代的高僧道宣,却在他的《释迦方志》中明说:"(婆罗吸摩补罗)国北大雪山,有苏伐剌拏瞿呾罗,……即东女国,非印度摄,又即名大羊同国。东接吐蕃,西接三波诃,北接于阗。"①把大羊同与东女国等同起来,于是众说纷纭,莫衷一是。

　　据我们的研究,它涉及到青藏高原西北部地区政治形势的变迁。首先,上述地区至少在贞观五年(631 年)羊同人向唐朝朝贡时为止,是大羊同的领地。这一点的真实性已如上言。而女国(或东女国)与之相邻,范围相当于隋时所载。这些资料也是女国人于开皇六年(586 年)入朝所得,正确无误。但是,《隋书》只言其在葱岭之南。其与大羊同相接无疑,它应介于羊同、吐蕃与党项之间,与羊同不相等同也可由此推知。其次,嗣后女国势力在征战中强大起来,向西北推进,吞并了大羊同的大部分地区,遂有与大羊同居地相类,甚至完全等同的记载。这些记载,时代均稍后于前者。再次,雅隆吐蕃崛起后,向北进攻苏毗,设计征服其一部,使自身顿然强大起来,迫使另一部分苏毗人向北、向东北逃奔。西进的吐蕃军最终灭了羊同。因此,当遍历天竺(印度)的新罗高僧慧超于开元十五年(727 年)返回长安时,就在其大作《往五天竺国传》中留下这样的记载:"又一月过程,雪山,东有一小国,名苏跋那具怛罗,属吐蕃国所管,衣着与北天(竺)相似,言音即别,土地极寒也。"同书又记:"迦叶弥罗(即克什米尔)国东北隔山十五日程,即是大勃律国、杨同国、娑播慈国,此三

---

① 《释迦方志·遗迹篇》。

国并属吐蕃管。"①娑播慈即三波诃,也即小羊同,杨同国即大羊同。可见,其时吐蕃已占据了大小羊同和女国。女国在青藏高原西部、西北部独立活动的时代就这样结束了,吐蕃的吞并导致了女国人命运的两种结局:一部分人被纳入治下,组成"苏毗茹",另一部分人则向东北逃窜,在今青海省东南部及四川西北部另行建国,此即颇受争议的另一个"东女国"。我们对此两者分别论述。

《新唐书》列有《苏毗传》,文说:"苏毗,本西羌族,为吐蕃所并,号孙波,在诸部最大。"它的范围,东与多弥(即难磨)接,西距鹘莽硖,有人口3万户。松赞干布时期将苏毗女国土地和部分属民纳入治下,后来设立苏毗茹,实施统治,苏毗有功的贵族也成为吐蕃新贵。苏毗人的军队为吐蕃王朝武力扩张立下汗马功劳,无论是进攻西域,还是内侵河、陇,都有他们的身影,故唐将哥舒翰上唐玄宗书谓:"苏毗一蕃,最近河北,吐浑(吐谷浑)部落,数倍居人,盖是吐蕃举国强援,军粮马匹,半出其中。"②但他们并非一味遵从吐蕃的统治与管束。在唐玄宗天宝年间(742—756年),吐蕃治下的这部分苏毗人,不堪忍受奴役之苦,遂向唐朝请求归款,被吐蕃发现,其王没陵赞及其家族2 000人被杀,部落也未能逃出。没陵赞的儿子悉诺逻,后来又欲归唐,临行事泄,又有千余人被吐蕃杀害。他本人率少数首领逃奔陇右,由节度使哥舒翰护送,至长安面见玄宗。③ 唐人将吐蕃治下的女国人不再以"国"名之,遂用其女王之姓,叫做苏毗,或孙波,来自藏文 sum-po。

东女国依然存在,这就是摆脱吐蕃征服威力而迁徙到青海东南、四川西北的"东女"。《新唐书》载:"东女亦曰苏伐剌拏瞿呾罗,羌别种也,西海亦有女自王,故称'东'别之。东与吐蕃、党项、茂州接,西属三波诃,

---

① 见伯希和、羽田亨编:《敦煌遗书》第1集,上海东亚考究会1926年版。
②《册府元龟·外臣部·降附》。
③ 见《新唐书·西域下·苏毗》;《册府元龟·外臣部·降附》。

北距于阗,东南属雅州罗女蛮、白狼夷。东西行尽九日,南北行尽二十日。"①这一段记载很散乱,从中我们获得的印象是,"东女"范围更大了而不是小了,这显然不合史实。同时,文中又有自相矛盾之处,即它所记述的范围,应该是东西长,而南北短,却在行程中恰恰相反。很容易看出,它将女国(或东女国)的前后地理混作一起了,或者说,是将吐蕃辖下的苏毗女国与东女混而论之。此时吐蕃已是它的西邻而不是东邻。这种混乱导致学者们产生两种错误的看法,一种认为东女国"东南属雅州"等失之过于偏东②;一种认为两者互不相同,因为《大唐西域记》记女国"东西长,南北狭",而东女相反。实则两者的要害都在于忽视了女国的历史发展与地理变迁。《旧唐书·东女》正确地记载了它的位置:"东与茂州、党项接,东南与雅州接,界罗女蛮及白狼夷。"该女国既与吐蕃多有联系,又与唐朝结好,唐人因其"潜通吐蕃,故谓之'两面羌'"。不过,在吐蕃扩大战争吞并河西、陇右时,该东女国也自然纳入吐蕃王朝的控制之下。在今天的青海互助哈拉直沟乡有苏毗村,而在贵德县东与黄南尖扎县交界有"苏毗峡"、"苏毗人",他们都是东迁者的余裔。③

(二) 女国文化

女国以女权为核心立国,在形式上是一个母权国家。《隋书》称"其国代以女为王,王姓苏毗,字末羯"。复有小女王,共知政事。女王五日一听朝,处理军国大事,小女王协助管理。女国王位不仅为女性终身把持,而且后继者也必是女性。王位的继承采取女王终身制与家族垄断制相结合的方式,具体途径有二:一是女王死,国中则厚敛金钱,求死者族中贤女二人,一为女王,次为小王,共主国政。尔后若大王死,即以小王

---

①《新唐书·西域上·东女》。

② 见伯希和:《马可波罗评注》Ⅱ,女国条,第 696—718 页,巴黎,1963 年;山口瑞凤:《东女国与白兰——rlans 与 sbran 氏》,《东洋学报》第 54 卷第 4 期,1971 年。

③ 杨正刚:《苏毗初探》(一),《中国藏学》1989 年第 3 期。

递补；二是姑死妇（侄）继制，即由侄女继承姑母王位的制度。① 男子则无权过问政事，"女王之夫，号曰金聚，不知政事"，金聚，依 F. W. 托玛斯的意见即 khyim-tsun，意思是"家人"。② 男人的主要职业就是从事征伐战争和种田。在迁往今四川西北后，社会状况稍有进步，即男人地位相对提高。《旧唐书·东女》称，其国"女王号为'宾就'，有官号曰'高霸'，平议国事。在外官僚，并男夫为之"。高霸或高霸黎，被《新唐书》作者欧阳修等同于唐朝的宰相，这可能有误解的成分，它更可能就是与女王共知政事的小女王，可以继承王位。男子地位的提高当与他们在战争中的作用相关。外交也是男人发挥所长的门类，女国向唐朝所遣使者即皆为男性。但其职责只在于执行，而不能参预决策国是，故史称"凡号令，女官自内传，男官受而行"。性别与职业密切结合起来，"妇人为吏，男子为军士"为其基本特征。嗣后女王为男主所取代。

女国的经济生活以畜牧业与农业为主，这取决于它在襄曲河或拉萨河流域，以及后来在川西北河谷间的宜农宜牧的自然环境。狩猎业也占有十分突出的地位。男子唯务耕战狩猎，其地高寒宜麦，牲畜有牦牛、骏马等。物产丰富，出产黄金、黄铜、朱砂、麝香、盐等。依据女王所衣所饰所葬看，女国已有相当繁荣的手工业。商业贸易十分兴隆，女国在青藏高原丝绸之路的形成过程中起到极其突出的作用。从它的迁徙看，他们穿过青藏高原南部、西部、西北部、北部，直到东北部，直接保持或打通了与天竺、罽宾（克什米尔）、小羊同（或上象雄，今拉达克）、大羊同（下象雄）、于阗、突厥人居地，以及与中原地区的商路与交通，至于同雅隆河谷的吐蕃人及其东部的党项人的联系就更为密切。它还直接继承了象雄人所开辟的与沙漠丝路南道（昆仑山北麓）诸城邦国家，以及葱岭以西的波斯、阿拉伯、希腊人所建帝国之间联系的悠久传统。史书称女国"恒将

①《隋书·女国》；《旧唐书·东女国》；张云：《女国与女国文化》，见《文史杂志》1988 年第 3 期。
② F. W. 托玛斯著，李有义、王青山译：《东北藏古代民间文学》，四川民族出版社 1986 年版，第 8 页。

盐向天竺兴贩,其利数倍"。它们的麝香可能很早已通过罽宾等道,加入国际商品大交流的队伍。至于其所出鍮石,也当与当时天竺、波斯、高昌等地丝路贸易有关。最为重要的是女王所服的纹锦自然是输自内地。实际上,象雄人和女国人已开辟了青藏高原地区纵横交错的丝路交通。

女国的风俗文化十分浓厚而富有特色。第一,是重女轻男习俗,史载"其俗贵妇人,轻丈夫,而性不妒忌"。在婚姻问题上,这一点更严重,《新唐书》称,东女国"俗轻男子,女贵者咸有侍男"。《唐会要》也载,"其女子贵者,则多有侍男,男子贵不得有侍女,虽贱庶之女,尽为家长,犹有数夫焉,生子皆从母姓"。这是典型的女权制度和一妻多夫制度,也反映群婚制的残余,因为"只要存在着群婚,那么世系就只能从母亲方面来确定,因此也只有承认女系"。① 第二,有浓厚的原始自然崇拜信仰和独特的丧葬制度。女国人"俗事阿修罗,又有树神"。阿修罗是古印度神话中的恶神,因常与天神作战,后世乃以之为战神。战神阿修罗与树神崇拜反映了部落战争的加剧与狩猎业的生产生活之现实。事此二神时,要用人祭祀或用人的替代品猕猴来祭祀。在丧葬方面有二次葬习俗,"贵人死,剥取皮,以金屑和骨肉置于瓶内而埋之。经一年,又以其皮内(纳)于铁器埋之"。在内迁后,依然不改,却又吸收了中原的一些文化习俗,"居父母丧的三年期间服饰不改,不栉沐"。保持着人殉制度,"国王将葬,其大臣亲属殉死者数十人"。第三,女国有鸟卜习俗。女国人在用人祭祀之后,"入山祝之,有一鸟如雌雉,来集掌上,破其腹而祝之,有粟则年丰,沙石则有灾,谓之鸟卜"②。《旧唐书》记之更详,称其俗每至十月,令巫者带着楮树枝(待考)前往山中,散糟麦于空,大咒呼鸟。俄而有鸟如鸡,飞入巫者怀中,于是剖腹视之,每有一粒谷物,预示来年必然丰收,而若有砾石(原为霜雪,当误)必有灾异,人们都相信它,称之为鸟卜。第四,女

---

① 恩格斯:《家庭、私有制和国家的起源》"家庭·普那路亚家庭"一节,人民出版社1956年版。
②《隋书·女国传》。

国人有服青色和赭面之俗。女王服青毛绫裙,被青袍,袖委于地,冬则羔裘,饰以文锦。为小鬟髻,耳垂珰。足曳鞢鞻(一种鞋),雍容华贵。以青色为美,女国男子也以青涂面。但在本部时,人皆以彩色涂面,"一日之中,或数度改之"。居丧期间则以青黛赭面,衣服皆黑。反映了所涂色彩与文化内涵间的相互联系。

女国的历法、医学和建筑等均有突出的成就。女国以十一月为岁正,这与高寒的生活环境有关。青藏高原农作物多一年一熟,十月份即收获完毕,是为一年之终,此时由巫者在人祭之后诣山中进行鸟卜,预测来年丰歉。苏毗女国人将死去的贵人剥皮,以金屑和骨肉置瓶中,在人体解剖方面应有经验积累与成就。使吐蕃赞普达日年塞的眼睛复明的医生有来自象雄、苏毗和吐谷浑三种说法,侧映出苏毗医学在当时的高原地区也享有盛名。最让人叹服的是女国的建筑水平,史称其"王居九层之楼","所居皆重屋,王九层,国人六层"。[①] 这让人不可思议,但是说女国人建筑工艺与技术高超却是恰当的。此外,女国人的金属及玉石加工也有可称道者,东迁后还有牛皮船的制作技术等。史称东女国有文字,由于《隋书·女国传》未载,故很可能只反映了东迁并在吐蕃文字创制以后的情况。

女国先后被吐蕃人征服,女国发达的文化随之也成为吐蕃文化的一部分,我们可以从吐蕃妇女较高的地位、一妻多夫的风俗、赭面、鸟卜风俗以及建筑风格、丧葬制度等之中,看到女国文化的影响,更重要的是吐蕃继承了女国人(还有象雄人)已开辟的高原丝绸之路。在吐蕃王朝东侵占领安居于川西北的"东女"之后,"其部落大者不过三二千户,各置县令十数人理之。土有丝絮,岁输吐蕃"。[②] 又受唐朝赏赐大量丝帛,实际成为内地与青藏高原丝绸贸易的中间商人。在政治上,被唐人称作"两

①《隋书·女国传》;《新唐书·东女传》。
②《旧唐书·西南蛮·东女国》。

面羌"。创造高原丝路文明的当然不止雅隆吐蕃人、象雄人和苏毗女国人，还有众多的小邦国和游牧人，他们既参预了上述三国的文明建设，也有自己颇具特色的地区文明。

第五节 羌人的游牧文明

在汉文史籍中"羌"或"西羌"有较宽泛的含义，东汉大文字学家许慎《说文·羊部》说："羌，西戎牧羊人也。从人、从羊；羊亦声。"《风俗通》记："羌，本西戎卑贱者也，主牧羊。故'羌'字从羊、人，因以为号。"①羌人的活动早在商周时代即有甲骨文、金文记载。羌人还是黄河流域华夏民族的重要来源之一。两汉时期羌人势力增强，活动频繁，尤其是东汉，羌人的反抗常常使东汉王朝穷于应付。羌人又往往与匈奴人(即胡人)联合起来，切断汉王朝与西域及中亚地区的丝路贸易，阻碍商道畅通。为此，两汉王朝在出兵西域、苦心经营的同时，也多次对羌人发动战争，并设立河西四郡，阻绝羌、胡交通，这种相互争夺的局面持续了很长一个时期。西汉在西域的经营与管理是成功的，丝路一直畅通无阻，但东汉就相对严峻，有所谓"三绝三通"。西羌人经过东汉末的起义与被镇压后，很大一部分人定居于甘青地区，后来有的还建立政权，如南安羌所建立的后秦(姚氏)政权。另一部分则西迁南迁，在青藏高原创造自己的文明。于是在汉文中就有羌即藏的说法，从民族成分的基本构成上和文化风貌上说吐蕃即是羌，在我们看来是对的，象雄人、苏毗人皆与西羌人有关或直接是羌人。下面将要谈到的羌人邦国，后来大多也加入了"吐蕃人"与吐蕃文化之中，决定了吐蕃文明的基本特征。

(一)党项羌

党项人是西羌的一支，而西羌人很早就活跃在青藏高原地区。但隋

---

① 《太平御览》卷七九四。

唐之际党项的兴起却与宕昌与邓至二羌的活动有关,故《旧唐书》说,党项羌在古析支(青海河曲)之地,汉西羌别种也。魏晋之后,西羌微弱,或臣中国(中原),或窜山野。自周氏灭宕昌、邓至之后,党项始强。[①] 宕昌羌活动在甘肃陇西羌水(白龙江)一带,风俗皆土著,居有屋宇。其屋,织牦牛及羖羊毛覆之。国内没有法令,又无赋役。当战斗发生时,才相与屯聚。平时各事生业,互不来往。皆衣裘褐,牧养牦牛、羊、猪以供其食。父子、伯叔、兄弟死者,即以继母、世叔母及嫂、弟媳等为妻。俗无文字,但候草木荣枯以记岁时。三年一相聚会,杀牛羊以祭天神。[②] 北周保定四年(564年)被北周大将田弘击灭,后来在此设置宕州。邓至羌活动在今川、甘间的白水江及岷江上游地区,中心约在今四川省西北部的南坪县。传说因为三国时蜀国大将邓艾曾至此地,遂名之"邓至"。[③] 唐代的交川郡(四川松潘)之南,通化郡(四川理县通化)之北,交川、临翼(松潘、茂汶间)、同昌(甘肃文县西)等皆为其地。其风俗习惯与宕昌羌相同。他们都役属于吐谷浑。[④] 西魏末年平邓至羌,立宁州,后改为邓州。[⑤] 除一部分定居内地州郡外,绝大多数人纳入兴起的党项人之中。《隋书·党项传》说,党项东接临洮(甘肃岷县)、西平(青海西宁),西拒叶护(突厥),南北数千里,处山谷间。唐代时对其范围的了解更加明确:东部至于松州(四川松潘),西接突厥(叶护),南杂春桑、迷桑等羌,北连吐谷浑,亘三千里。[⑥] 西南绵亘数千里与附国相连,中间尚居住着大小左封、昔卫、葛延、白狗、向人、望族、林台、春桑、利豆、迷桑、婢药、大峡、白兰、叱利摸徒、那鄂、当迷、渠步、桑悟、千碉等没有"大君长"的众多部落,他们

---

① 《旧唐书·党项传》。
② 见《隋书·宕昌传》;《北史·宕昌传》。
③ 冉光荣、李绍明、周锡银:《羌族史》,四川民族出版社1985年版,第131页。
④ 周伟洲:《吐谷浑史》,宁夏人民出版社1985年版,第61—62页。
⑤ 李吉甫:《元和郡县志·山南道·扶州》。
⑥ 《旧唐书·党项传》。

的风俗皆略同于党项，或者役属吐谷浑，或者归附于附国。① 党项是一个较为松散的部落联盟组织，《旧唐书·党项传》称："其种每姓别自为部落，一姓之中复分为小部落；大者万余骑，小者数千骑，不相统一。"主要有八个较大的部落集团，即细封氏、费听氏、往利氏、颇超氏、野辞氏（又作野律氏、野利氏）、房（犀）当氏、米擒氏、拓跋氏，其中以拓跋氏最为强盛。此外，还有黑党项和雪山党项，前者居于河源郡（青海兴海）一带，后者姓破丑氏，因居于雪山（大积石山）之下而得名。党项人主要从事畜牧业，《旧唐书·党项传》称其"不知稼穑，土无五谷"，气候多风寒，五月草始生，八月霜雪降，生活环境相对险恶。人们以畜养牦牛、马、驴、羊为食。以产牧为业，所居无常，依随水草。俗皆土著，居有栋宇，其屋织牦牛尾及羊毛覆之，每年一易，是为相对固定的住牧点。有饮酒习惯，"求大麦于他界，酝以为酒"。男女皆以裘褐为衣，仍披大毡。党项人俗尚武，没有法令赋役，不事产业，好为窃盗，互相劫夺。尤重复仇，若仇人未得，必然是蓬头垢面，跣足蔬食，要斩杀仇人而后恢复常态。人们三年一相聚，杀牛羊以祭天神。在婚姻方面一如前述，在中原人眼中"妻其庶母及伯叔母、嫂、子弟之妇，淫秽烝褒，诸夷中最为甚"。② 惟不娶同姓，老而死，子孙不哭，少死，则曰夭枉，乃悲。乐器有琵琶、横吹、击缶等。③

　　党项与周邻诸地的交通和文化联系相当密切。好战尚武的党项人与周边大多发生过战争。《隋书·女国传》称女国"尤多盐，恒将盐向天竺兴贩，其利数倍。亦数与天竺及党项战争"。女国自然是为了维护其在食盐贸易中的核心地位，党项恐怕也是逐此厚利而来的。党项对中原王朝辖区的掠夺尤其频繁，而且常常与吐谷浑联合起来入寇劫夺。北周、隋朝均曾对党项发动战争以击溃骚扰。在唐高祖武德四年（621年）一月，党项与吐谷浑联合进攻洮（甘肃临潭）、岷（甘肃岷县）二州。吐谷

---

① 《隋书·附国传》。
② 《旧唐书·党项传》。
③ 《新唐书·党项传》；《北史·党项传》。

浑与党项人占据山顶,矢下如注。前来救援岷州的岐州刺史柴绍,派人演奏胡琴琵琶,令二女子对舞,被音乐美女陶醉的党项、吐谷浑人忘了进攻,终被暗进的唐军打败。① 不过,党项人在中原与青藏高原地区各邦国的商业和文化交往中,起到了十分重要的中间联系作用。

吐蕃王朝崛起并大规模东侵后,党项人故地和部分人众纳入吐蕃的管辖之下,吐蕃称之为"弥药"即藏文 mi-nyag。这些人大多融合到"吐蕃人"之中。而更大一部分党项人则先迁至河西、陇右,最后迁至今陕西北部、宁夏等地,后来便建立了著名的西夏政权。十分有趣的是,西夏灭亡之后,又有一部分西夏人南迁至今四川木雅乡一带地区②,与原居该地的党项人融合。

(二) 吐谷浑

鲜卑族是我国境内的一个较古老的民族,两汉时期活动在东北大兴安岭一带,在匈奴政权垮台后逐渐西进南迁,在我国北方地区先后建立了北魏、前燕、西燕、后燕、南燕、西秦、南凉、吐谷浑等八个政权。在匈奴、鲜卑、羯、氐、羌"五胡"之中建政最多。而且南凉、吐谷浑两个均与青藏高原的吐蕃和其他民族发生直接而密切的联系,前者被某些学者认为是吐蕃人的祖先与族源,而后者则参加了吐蕃民族的融合与形成。

吐谷浑本是人名,为居于辽东的鲜卑慕容部首领涉归之庶出长子,拥有部众 1 700 户(一说 700 户)。涉归死后,嫡子慕容廆代统其众。两部马相斗,慕容廆气愤地说:"先公分建有别,为什么不相远离,而令马斗。"吐谷浑说:"马是畜生,斗是其常性,何必迁怒于人。分开来很容易,我将迁到离你一万里以外的地方。"③于是西迁到今内蒙古阴山一带游

① 《新唐书·柴绍传》;《资治通鉴》卷一九〇"武德六年六月"条。
② 邓少琴:《西康木雅乡西吴王考》,中华学典馆 1945 年单行本;张云:《论吐蕃与党项的民族融合》,载《西北民族研究》1988 年第 2 期。
③ 《晋书·吐谷浑传》。参阅周伟洲《吐谷浑史》,宁夏人民出版社 1985 年版。

牧。西晋永嘉年间发生"八王之乱",北方陷入混乱。吐谷浑乘机率部从阴山南下,经河套,越陇山,止于枹罕即今甘肃临夏西北的罕开原。继之向西向南发展来到青藏高原。东晋建武元年(317年),吐谷浑卒。其子孙控制着东起洮水,西到白兰(青海都兰、巴隆一带),南抵昂城(四川阿坝)、龙涸(四川松潘),北至青海湖这一广大的地区,即今甘南、川西北和青海等地。所辖部众主要是土著的氐、羌部落。

及吐谷浑之孙叶延时,仿效中原传统,"以王父字为氏",亦为国号,遂名曰吐谷浑(读"谷"为 yu),集姓氏、族名与国号为一体。置长史、司马、将军等。因其地在黄河之南,故称"河南(国)",或被邻部卑称为"阿柴虏"、"阿赀虏"、"野虏"等,藏文称为 va-zha(阿夏,阿柴),汉文又称"吐浑"、"退浑"等。370年,前秦击仇池国,氐王杨纂降,前凉张天锡也向前秦称藩。吐谷浑首领碎奚立即遣使送马5 000匹,金银250公斤,被苻坚拜为宁远将军、漒川侯。[1]　其子视连时期(376—390年),与乞伏国仁所建(385年)西秦政权保持"朝贡"关系,受封为"沙州牧、白兰王"。[2]　此沙州即今青海贵德西南的穆格塘沙碛。视连子视罴时,大力吸收汉文化,改变对西秦的软弱政策,拒绝接受西秦封号,并连连与西秦作战,多以失败告终。其子树洛干时,率残部数千家奔莫何川(西顷山东北),"自称大都督、车骑大将军、大单于、吐谷浑王"。沙州、漒川杂种莫不归附,不久又被西秦击溃,树洛干立其弟阿柴(豺)为主,阿柴利用西秦与北凉争战之机,夺回失土。为保存实力接受了西秦王炽磐的封号(安州牧、白兰王)。阿柴临终召其子弟至床前,留下了著名的"折箭遗训"。

大约在5世纪末6世纪初,吐谷浑势力向西发展,占据鄯善(新疆若羌)、且末。此二地为丝绸之路南道要关,意义重大。此时的吐谷浑"东至叠川(甘肃迭布东南),西邻于阗,北接高昌(吐鲁番),东北通秦岭,方

---

[1]《晋书·苻坚载记》。
[2]《晋书·吐谷浑传》;《资治通鉴》卷一七〇。

千余里"①。隋文帝开皇十六年(596年),隋文帝将宗室女光化公主嫁与吐谷浑主世伏,两年后世伏在内讧中被杀,其子伏允立上表依其俗尚光化公主,文帝许之。隋炀帝大业初年,用裴矩以积极经营西域,企图打通与西方的商路,如此,据守丝道并屡为寇盗的吐谷浑便首当其冲。炀帝诱铁勒部来击吐谷浑,迫其部落10万余口携六畜30余万头降,并以征服吐谷浑为目的"西巡"。608年隋炀帝一行经青海西宁至河西,六月初八率百官、宫妃经大斗拔谷(甘、青交界的扁都口)往张掖,"士卒冻死者太半,马驴什八九,后宫妃、主或狼狈相失,与军士杂宿山间"②。十一日至张掖城,十七日登燕支山(山丹县南),时高昌、伊吾(哈密)等西域二十七国国王及使者盛装觐见,炀帝"复令武威、张掖士女盛饰纵观,衣服车马不鲜者,郡县督课之。……周亘数十里,以示中国之盛"③。十八日,隋炀帝始于吐谷浑之地设置西海、河源、鄯善、且末四郡。④ 隋末,吐谷浑复兴并臣服于突厥,继续骚扰中原边郡,阻碍东西方的丝路交通。唐朝在贞观九年(635年)分南北两路出击吐谷浑:李靖率北路军在闰四月底由青海库山出发,南经柴达木盆地,至新疆且末南的突伦碛;侯君集率南路军出库山,"历破罗真谷(大非川之东),逾汉哭山(乌海东)……转战过星宿海,至于柏海(鄂陵湖)、札陵湖"⑤。吐谷浑从此衰落。

吐蕃兴起后,向唐朝请婚,太宗未许,松赞干布遂迁怒于吐谷浑,率羊同共击之,吐谷浑不能抗,走青海之阴,吐蕃尽取其资畜。及唐蕃和好、文成公主下嫁后,吐谷浑也暂得安宁,夹在唐蕃之间,在吐谷浑内部形成了以诺曷钵为首的亲唐势力和以宣王为首的亲吐蕃势力。《敦煌文书》多处记载吐蕃大论和赞普前往吐谷浑巡视事。吐谷浑王与吐蕃、唐朝皆结为甥舅之国的关系。高宗龙朔三年(663年),东侵的吐蕃终于灭

---

①《梁书·西北诸戎·河南传》。
② 见《资治通鉴》卷一八一;《隋书·食货志》记"士卒死者十二三焉"较确。
③《资治通鉴》卷一八一。
④《隋书·炀帝纪》上。
⑤《旧唐书·侯君集传》。

亡了吐谷浑,占有其地。大部分吐谷浑人辗转东迁来到宁夏、陕北、山西西部北部及内蒙古南部地区,与汉族、北方各族相互融合。吐蕃治下的吐谷浑人则为吐蕃征战和后方供应发挥了重要的作用。不过他们的命运也十分凄楚,贞元二十年(804年),随侍御史张荐出使吐蕃的文学家吕温曾写一首《蕃中答退浑词》,序文说:"退浑部落尽在,而为吐蕃所鞭挞者,译者诉情于予,因而答之。"词云:"退浑儿,退浑儿,朔风长在气何衰,万群铁马从奴虏,强弱由人莫叹时。退浑儿,退浑儿,冰销青海草如丝,明堂天子朝万国,神岛龙驹将与谁?"①后来他们逐渐融入吐蕃及其他民族之中。

吐谷浑是一个由外来的鲜卑族贵族和甘青地方的羌族上层部落首领联合建立的政权,由于受其经济和生活环境的影响,吐谷浑的立国,一面保存了游牧社会的组织,一面又竭力地模仿中原汉族制度。大体说来,游牧社会的组织是吐谷浑组织机构的主心骨,而中原汉族制度式的官衔不过是点缀而已,在组织的运用上,并没有发挥什么效力。② 起作用的是可汗、大单于、大将(部大)、别帅等,建官虽然"多效中国",置有长史、司马、将军、大都督、车骑大将军,设立王、公、仆射、尚书、郎中、侍郎等,皆为装饰,以便于与中原王朝发生相应的联系。吐谷浑境内的民族成分十分复杂,大致言之,以鲜卑和羌族为主,其次是氐人、匈奴人(如赫连氏、沮渠氏)、高车人(如翟氏、乞袁氏)、突厥人、西域胡人(康居、龟兹白氏)、汉族人等,其中鲜卑人有慕容氏、段氏、乙那娄氏、素和氏、阿若干氏、薛干氏、乞伏氏、乙弗氏、叱娄氏等,而羌人有姜氏、钟羌、白兰羌、宕昌羌、党项羌(拓跋氏、党氏)、姚氏等。③ 因此,吐谷浑在文化上呈现出以鲜卑、羌和汉族文化为主,多民族文化色彩纷呈的局面。其风俗习惯以鲜卑和羌族为主,由于属民基本是羌人,这影响到它的社会风貌。故此,

①《吕叔和文集》,第14页;《新唐书·吕谓附温传》。
② 王民信:《从吐谷浑的汉化论其社会制度》上、下,载《大陆杂志》22卷1期,1961年。
③ 周伟洲:《吐谷浑史》,宁夏人民出版社1985年版,第142—153页。

我们列之于羌文化的范围之内。

吐谷浑的经济生活有一个发展过程,而且呈现出多样化的趋势,即以游牧业为核心,牧、农、商并重的局面。在迁至甘、青以前是一个纯游牧的鲜卑部落,迁到青藏高原后,又与这里"所居无常,依随水草,地少五谷,以产牧为业"[1]的羌人结合起来,牧业自然为其经济核心。而在吐谷浑的牧业经济中,以养马业最发达,以产名马而著称。史称其国多善马,尤以"龙种"和"青海骢"最为上乘。《北史》载:"青海(湖——引者)周回千余里,海内有小山。每冬冰合后,以良牝马置此山,至来春收之,马皆有孕,所生得驹,号为龙种,必多骏异。吐谷浑尝得波斯草马,放入海,因生骢驹,能日行千里,世传青海骢者也。"[2]另有牦牛、羊、骆驼、骡等。在定居青海地区后,由于地理因素及羌族农业部落的影响,农业也发展起来,故史称其人"亦知种田,有大麦、粟、豆。然其北界气候多寒,唯得芜菁(即蔓菁)、大麦,故其俗贫多富少"。经济因地而异,农业主要分布在青海湖东南的赤水、浇河、洪和、枹罕一带,兼有牧业。吐谷浑人聚居的以伏俟城为中心的青海湖地区,以游牧为主,手工业较发达。吐谷浑辖下的鄯善、且末,主要为畜牧、冶铁和商业。今甘南、川西北及青海东南辖区主要为羌族,以游牧为主。吐谷浑的采矿、冶炼和兵器制造技术均颇有名。其地多铜、铁、黄金、银和朱砂,兵器有弓、刀、甲、矟等。吐谷浑人在今青海循化清水河口地方所建黄河桥(河厉),反映了他们高超的桥梁建筑技术。最值得称道的是吐谷浑所处中西交通要道上的地理位置和因此而繁荣的商业贸易。

从青海湟水流域等地出土的大量新石器时代遗物看,由祁连山南,沿湟水至青海湖,再经柴达木盆地而至新疆,是一条主要的中西要道。[3]这条道路在吐谷浑建政于此时期得到恢复与繁荣,吐谷浑人因此之便,

---

[1]《后汉书·西羌传》。
[2]《北史·吐谷浑传》。
[3] 裴文中:《史前时期之东西交通》,载《边政公论》1948 年第 7 卷 4 期。

与北方的蒙古草原,西部的西域、中亚,南与青藏高原、印度,东与黄河、长江流域均有贸易往来。吐谷浑与南朝、北朝政权,及柔然、突厥等民族均有商业联系,而且还起到了中介者的作用,贸易物品自然以丝绸为主。553年,西魏凉州刺史得知吐谷浑通使于北齐,遂派兵于州西赤泉偷袭,"获其仆射乞伏触板,将军翟潘密、商胡二百四十人,驼骡六百头,杂彩丝绢以万计"①。它向南朝、北朝政权进贡的物品除特产的善马、牦牛外,还有乌丸帽、女国金酒器、胡王金钏及玉石等。② 女国的丝绸可能即通过吐谷浑传入。1955年在西宁出土76枚波斯萨珊朝卑路斯(457—483年)时期的银币③,即是丝路该道繁荣的物证。中原与西域、印度的高僧如慧览、宋云、阇那崛多、唐初的玄太法师等均取此道。人们习惯上称该道为河南道或青海道,它直接连接着东西丝绸主干道和吐蕃丝路交通。

吐谷浑的风俗见于汉文记载的主要是鲜卑统治者的习俗,这与属民羌人的风俗有一定的差异。史称,其俗丈夫衣服略同华夏,多以幂(羃)为冠,亦以缯为帽。妇人皆贯珠束发,以多为贵。国无常赋,须税则征用富室商人税以充其用。刑罚简单,杀人及盗马者死,其余则罚以财物。杀人时必以毡蒙头,持石从高击杀之。婚姻方面,与北方的突厥(还有匈奴、柔然等)相同,父兄亡后,妻其后母及嫂等。贫者不能备财物娶妻者,常常盗女而去。人死后实行土葬,保持本族旧俗。其王、后服饰略异,可汗以皂为帽,椎髻,珥珠,坐金狮子床。其妻号为恪尊,衣织成裙,披锦大袍,辫发于后,头带金花。④ 但其主要居民则为羌文化风俗。

(三) 白兰羌

白兰是古羌人中的一支,《后汉书》对其有记载,称作"白狼"。当时

---

① 《周书·吐谷浑传》;《魏书·吐谷浑传》;《北史·史宁传》。
② 《魏书·吐谷浑传》;《南齐书·河南传》。
③ 夏鼐:《青海西宁出土的波斯萨珊朝银币》,载《考古学报》1958年第1期。
④ 《周书·异域·吐谷浑传》。

它的活动范围在川西，即"自汶山以西，前世所不至，正朔所未加"的今四川松潘、茂汶、汶川、理县、黑水等县。散布到今四川阿坝西部、甘孜北部、青海果洛南部一带。①他们与槃木等大小百余国相连，是一个十分松散的游牧羌人部落联盟。当时羌人"不立君长，无相长一，强则分种为酋豪，弱则为人附落"，依随水草，所居无常。"白"字在藏文中写作 vbav 或vbal，意思是羊的叫声，这说明了白狼人以牧羊为生的经济生活特征。白狼（兰）人生活过的地方也在历史地理上留下印记，如今天四川西部金沙江流域的巴塘，即是白狼人的居地，而青海柴达木盆地东南有巴隆（vbav lung），通天河流域的玉树县也有巴塘（dpav thang），海南同德有巴水（vbav chu）、巴沟（vbav lung），贵南和泽库均有称为巴（vbav）的地名。②这些都与白狼（兰）的活动有密切的关系。

汉代白狼人为人们留下的最为著名的就是《白狼歌》。据《后汉书》作者范晔称，东汉明帝永平年间（公元58—75年），时任益州刺史的梁国朱辅，好立功名，招抚诸羌部，归者如流。于是，朱辅便上书汉明帝说，现在白狼王唐菆等慕化归义，作诗三章，经过邛来大山零高坂（在今四川西部），扶老携幼，历险而来。他们的语言，辞意难正，草木异种，鸟兽殊类。犍为郡有一名属员叫田恭，与羌人来往较多，懂得羌人语言，我让他了解羌人风俗，译其辞语。现在派从事史李陵与田恭护送至朝廷，并呈上乐诗。皇帝对此很高兴，让史官录下歌词，共有三首。其一是《远夷乐德歌诗》："大汉是治，与天合意。吏译平端，不从我来。闻风向化，所见奇异。多赐缯布，甘美酒食。昌乐肉飞，屈申悉备。蛮夷贫薄，无所报嗣。愿主长寿，子孙昌炽。"其二为《远夷慕德歌诗》："蛮夷所处，日入之部。慕义向化，归日出主。圣德深恩，与人富厚。冬多霜雪，夏多和雨。寒温时适，部人多有。涉危历险，不远万里。去俗归德，心归慈母。"其三是《远

①陈庆英：《白狼歌新探》，刊《江河源文化研究》（二），1992年。
②同上。

夷怀德歌》："荒服之外，土地硗确。食肉衣皮，不见盐谷。吏译传风，大汉安乐。携负归仁，触冒险陕。高山岐峻，缘崖磻石。木薄发家，百宿到洛(雒城，四川广汉北——引者)。父子同赐，怀抱匹帛。传告种人，长愿臣仆。"①

　　《白狼歌》是十分珍贵的民族语言资料。在范晔《后汉书》所赖以写成的主要参考文献《东观汉记》中，还记有羌语的汉字音注，范晔舍而不用。唐代章怀太子李贤注《后汉书》时，又将"音注"加了上去。据学者们研究，它属于汉藏语系的藏缅语族，与缅语支、彝语支和藏语支关系皆十分密切②，成为民族文化交流与影响的重要例证。汉和帝永元十二年(公元100年)，旄牛羌以西的白狼、楼薄蛮夷王唐缯等又率种人17万口归义内属。白狼人与中原王朝的密切联系是不言而喻的，朝廷赐给他们大批的丝帛，说明了丝绸成为中原与青藏高原的联系纽带在汉代已存在。活跃在川、甘、青一带松散的白兰人部落，既是丝绸赏赐(贸易)的受益者，也应当是西传高原的中介者。

　　《周书》记载："白兰者，羌之别种也。其地东北接吐谷浑，西北至利模徒，南界那鄂，风俗物产与宕昌略同。"③唐代吐蕃人称白兰为"丁零"，据学者考证，此即是《后汉书·西羌传》中的先零羌之别种"滇零"(古音滇连)。④白兰的西南1250公里隔大岭，又渡20公里海有女国王，说明白兰在苏毗女国东北和吐谷浑西南，同时也在不断移动。当鲜卑人吐谷浑率部迁居甘青时，首先征服的部落之一即是白兰羌，故吐谷浑管内有白兰山，西秦屡封吐谷浑首领为"白兰王"。吐谷浑衰弱后，白兰又臣服于北周，唐武德(618—626年)中入朝，其时白兰"左属党项，右与多弥接。

① 《后汉书·南蛮西南夷列传》。
② 马学良、戴庆厦：《白狼歌研究》，见戴庆厦《藏缅语族语言研究》，云南民族出版社1990年版，第391—477页；陈庆英：《白狼歌新探》，《江河源文化研究》(二)，1992年。
③ 《周书·异域上》。
④ 周伟洲、黄颢：《白兰考》，载《青海民族学院学报》1983年第2期。

胜兵万人,勇战斗,善作兵,俗与党项同"①。自唐高宗龙朔(661—663年)以后,吐蕃攻灭白兰、白狗、春桑与雪山党项诸羌部,白兰人很大一部分被纳入吐蕃治下并为吐蕃的扩张充当前驱。但也有很大一部分白兰人在吐蕃东侵前后已内徙唐境。如贞观六年(632年),白兰羌人与契苾部数十万人内附。唐玄宗天宝十三年(754年)十一月,被吐蕃授为"二品笼官"的白兰人董占庭等21人来降,唐朝并授之为右武卫员外大将军。②

《北史·党项传》说:"党项羌者,三苗之后也。其种有宕昌、白狼,皆自称猕猴种。"说明他们为同一族源的民族。白兰人居住的白兰山地区"土出黄金、铜、铁"③,这些有力地支持了他们的兵器制作产业,北周保定元年(561年)首次与中原王朝发生联系时,即献上了犀甲和铁铠。④ 他们在沟通青藏高原地区各民族之间的联系,以及高原与内地、西域中亚的联系方面也起到了应有的作用。

(四)多弥

《新唐书·苏毗传》附记多弥谓:"多弥,亦西羌族,役属吐蕃,号难磨。滨犁牛河。"犁牛河即牦牛河,也即今青海玉树地区的通天河。这一带地区与南凉后裔南迁地区有关。《旧唐书》说,北魏拓跋嗣神瑞元年(414年),鲜卑人首领拓跋傉檀被西秦乞佛(伏)炽盘灭亡,拓跋樊尼招集余众,投归北凉沮渠蒙逊(都张掖),蒙逊封他为临松太守。蒙逊被灭后,樊尼率众西奔,渡过黄河,翻越积石山,于羌中建国,开地千里。由于樊尼威、惠并施,深得羌人归心,势力迅速壮大。⑤ 不过他在这里建立的自然不是吐蕃,而很可能与多弥羌部人政权有联系,有学者认为它与后来

①《新唐书·党项传》。
②《册府元龟·外臣部·降附条》。
③《宋书·鲜卑吐谷浑传》。
④《北史·白兰传》。
⑤《旧唐书·吐蕃传》。

内迁、建立西夏的党项人密切相关。① 在被吐蕃征服后,吐蕃人称他们为"难磨",该词藏文写作 Nam。英国学者托马斯(F. W. Thomas)认为这就是南凉的"南"。② 如果此说不误,多弥国则如吐谷浑国一样,是由鲜卑人入主羌中建立的政权,不过它的上层统治者是拓跋鲜卑人,而吐谷浑则是慕容鲜卑人,属民则基本是羌人。我们认为,称"多弥"是因其属民为羌人言之,而称"难磨"则是依其统治者言之,是一个联合政权的两个方面。"多弥"应是羌语,或是与之相关的吐蕃语词汇。"多"疑即吐蕃传说中的古代六大部族之一的 Ldong(董氏,或作 Vdong、Dong 或Gdong),或 Stong(东氏,或作 Gtong、Dong)。法国藏学家石泰安(P. A. Stein)在他的《川甘青藏走廊古部族》一书中说:"无论是在语言方面,还是在词形方面,东族(Stong)部落都非常容易与董族人(Dong/Gdong)部落相混淆。因为 Ldong 是用以指木雅人的,而 Stong 或 Gtong 则系指苏毗人。但国立(法国)图书馆所藏伯希和敦煌藏文写本第 493 号之中却有两处写作 Dong gsum pa(即董苏毗——引者),一处写作 Lding-gsum pa(丁苏毗——引者)。由于董、东两族居民在地理方面是近邻,而且还可能存在结盟关系,所以就更容易被人们相互混淆了。"③那么,与两族(董氏、东氏)皆有密切关系的难磨(多弥)人,也自然无法分清归属上的确定关系了。"多弥"的藏文即应是 Stong mi(东弥)或 Ldong mi(董弥)及其他变体形式。

《新唐书·多弥传》称其地"土多黄金",风俗文化自然与党项等羌人相同。多弥首领还与丝路南道西端的于阗王室有联姻关系,即难磨王女嫁给于阗王,说明多弥人很可能参与了东西方的丝路贸易。据托马斯(F. W. Thomas)研究,难磨人有大量语言词汇和文学传说,通过藏语保存下来。为此,他还依据新疆和敦煌出土的藏文文献编成一本专著,即

---

① 王忠:《新唐书吐蕃传笺证》,科学出版社 1958 年版,第 3 页。

② F. W. Thomas, *Tibetan Literary Texts and Documents*, Vol. I.

③ 见耿昇译、王尧校本,四川民族出版社 1992 年版,第 71 页。

《难磨，一种古代语言》，说明难磨（多弥）人文化的相对繁荣。

青藏高原的古羌人邦国文明，如繁星布满了雪山草原上空，它预兆着一种汇聚与融合。然而，我们不能忘了它的连接带，即容纳着也造就着群星的银河链，这就是绵延数千公里的民族走廊。

第三章　吐蕃与中原交往的通途
——民族走廊

　　我们把青藏高原作为一个相对独立的地理与文化单元来讨论，并不意味着把它看作是一个文化上的孤岛，恰恰相反，我们探讨这一特殊地理环境，是因为它与外界息息相通。青藏高原在地势上呈现出西高东低的大势，不仅在民族形成与发展上，而且在人种与文化类型上，导致了对黄河流域文明的内倾趋向，从而造成语言上的汉藏同一语系，人种上同属蒙古利亚人种，以及政治与文化上藏族是中国多民族大家庭一员的现状，这是真切而客观的历史和这一历史发展的结局。

　　在青藏高原古邦国和吐蕃王朝文明的产生与发展过程中，在青藏高原地区各族文化与中原文明的多重交往和融汇过程中，有一个十分醒目的中间环节，这就是地理上、民族上和文化上颇具特色的民族走廊。国外学者，如法国的石泰安（R. A. Stein）教授称此为"汉藏走廊"。[①] 我们觉得，这一称呼虽然部分地反映了这一地区作为内地汉族与青藏地区藏族分布的某些内容，但是并不科学。因为它既未能包括公元7世纪吐蕃兴起以前这一漫长时期的历史，也未能说明后代乃至今天青藏高原、内

---

① 石泰安著，耿昇译：《川甘青藏走廊古部族》，四川民族出版社1992年版。

地以及"走廊"地区的民族分布状况。因此,我们称之为"民族走廊",意即在历史上有多民族迁移流动,而今天仍为多民族错综分布的走廊地区。

第一节　民族走廊的地理环境

民族走廊的形成首先取决于它的自然地理环境,主要有以下两方面内容:

(一) 走廊的地势走向与地理特征

民族走廊北起河西走廊,中经青海、甘肃南部、四川西北部及西部、西藏自治区东南部、云南西部,南达缅甸和印度北部,绵延数千里,在历史上发挥了巨大的作用。它不仅影响了中国西北和西南地区的文化特点,而且直接影响了这一地区的诸民族的形成。今天分布在民族走廊地区的藏族、纳西族、羌族、景颇族、彝族、白族、哈尼族、傈僳族、拉祜族、土家族、普米族、怒族等,在民族来源、语言、风俗、宗教信仰等方面,均与这条走廊息息相关,甚至与沿走廊南迁的古羌人的活动紧密相连。至于沿走廊南下的民族和文化,还广泛影响了南亚与东南亚地区的民族文化,从而为亚洲文化的建设立下了不朽的功绩。

民族走廊的出现是经济文化的发展与交往扩大的产物,但是地理环境却具有先决的作用。民族走廊介于青藏高原与黄土高原、川西高原、云贵高原之间。南北走向的山脉和贯穿其中的河谷成为走廊的天然外景。宜农的河谷与宜牧的山坡交织着,为走廊上的民族生息繁衍与文化传播提供了良好的环境。在民族走廊地区最为突出的地理特征就是逶迤的山脉和密布的河流。

在民族走廊北端,有蜿蜒起伏的祁连山、阿尼玛卿山、巴颜喀拉山等巨大山脉,而穿梭中间的,除了盘桓曲折的黄河之外,还有大通河、湟水、大夏河和洮河。往南则是横断山区,横断山脉是西藏自治区东部与四川省、云南省西部南北走向诸山脉的总称,自西向东分布着伯舒拉岭—高黎贡山、怒江谷地,他念塔翁山—怒山、澜沧江谷地,宁静山—云岭、金沙江谷地,雀儿山—沙鲁里山、雅砻江谷地,大雪山—折多山—锦屏山、大渡河谷地,邛崃山—大凉山①,构成两山夹一川、两川夹一山的奇特景象,而且山脉高度自北而南随纬度降低而降低。北部的开阔山地与河谷,同南部险岭峡谷形成较鲜明的对照,从而也为文化上北重南轻的局面奠定了地理基础。

民族走廊地区的大山阻隔了内地与青藏高原的直接交往,在横断山区尤其如此,横断山区有俗谚曰:"峡谷一线天,把人隔两边,对岸能说话,相逢需一天。"这种地理环境使民族文化交往受到影响。在走廊上南北穿行的民族,就自然地充当了文化交往的中介者。走廊上大小不一的河谷,以它的良田沃土养育了一个个定居或穿行其间的民族。易守难攻、相互阻隔的空间,给逃难的部族一个相对安宁的家园。

(二) 半月形文化传播带上的一个链环

考古学者童恩正先生在他的《试论我国从东北至西南的边地半月形文化传播带》一文中②,较系统地提出了所谓"半月形文化传播带"的理论,基本上反映了中国古代历史上的一种由地理环境而造成的文化类同现象。这条传播带从东北的大兴安岭—内蒙古的阴山山脉—宁夏的贺兰山脉—青海的祁连山,在青藏高原东北有一支南进,此即横断山,呈半月形状。其在自然地理上有这样一些特征:半月形文化传播带的主要地貌为山地或高原,平均海拔在 1 000—3 500 米。而且,从东北至西南,半月形地带的高度呈阶梯状递增,呈现出纬度高地势低、地势高纬度低的

---

① 徐华鑫编著:《西藏自治区地理》,西藏人民出版社 1986 年版,第 37—38 页。
② 童恩正:《试论我国从东北至西南的边地半月形文化传播带》,见《中国西南民族考古论文集》,文物出版社 1990 年版,第 252—278 页。

互补状况,使本地区的太阳辐射、气温、降水量、湿度、植物生长期、动植物资源等具有一致性:太阳辐射年总量约在 140 千卡/厘米^2;年平均温度为 8℃;主要农作物与大多数木本植物的生长期在 200 天左右;年降水量在 400—600 毫米左右;湿润度大部分位于 1.5—2 两条干燥度等值线之间,属半干旱气候类型;最后,在植被和土壤的水平分布上,从东南向西北依次为森林、草原、荒漠等几大区域。而从大兴安岭经黄土高原东南边缘到横断山脉,迄于藏南,此线以东为森林区;从内蒙古中部向西南到青藏高原西部一线以西为荒漠区;位于其中的半月形文化传播带属于草原与高山灌丛、草甸区。①

在半月形文化传播带上,表现出大体相类似的文化现象:连绵不断的细石器文化,共有的石头建筑、大石墓、石棚和石棺葬,类似的以各种动物为主题的纹饰、饰物,均展示了文化的共性和潜在的联系。因此,学者们能够把东北的石范、动物纹饰、"葫芦形矛"和曲刃剑及其他青铜器物,与四川西部和云南的滇文化的同类实物相勘同。"更令人寻味的是,四川茂汶营盘山石棺葬曾出土两柄青铜剑,茎刃间一侧有扁平钩形格,剑首向两侧横出,此种剑在其他地区绝无渊源",但却在辽宁宁城南山根的遗物中找到同类。② 在这一文化带上还留下了历代诗人吟咏的风光近似的诗行,有的古诗述说着风俗相近的民族。同时,大体沿着这一条线,展开了农业的中原文明与畜牧的草原文明的相互碰撞与争斗,并在这里形成了夷夏之分的观念。可见,半月形文化传播带是一个真实而迷人的文化现象。

介于青藏高原与内地之间的民族走廊,恰是这个传播带上的一环。它像整个半月形文化传播带一样,既容纳文化又传播文化,既横向移动又纵向交流,在各民族文化的发育、保存、传播中发挥了重要的作用,在

---

① 任美锷等:《中国自然地理纲要》,商务印书馆 1979 年版。
② 童恩正:《试论我国从东北至西南的边地半月形文化传播带》,见《中国西南民族考古论文集》,文物出版社 1990 年版,第 252—278 页。

吐蕃王朝以及青藏高原文化圈的形成中推波助澜,乃至充当源泉。它还是中原文化与青藏高原文化契合与转化的中间环节。横断山脉的丛山峡谷和山势走向,恰恰成为它接纳文化与输送文化的良好条件。这里既适合于东下高原的游牧民族生活,又适宜于西进高地的各农、牧民族的居住,成为中原扩张时西邻各族逃难的渊薮,以及吐蕃强盛时高原各部退却的后路。

第二节 民族走廊上的古代文化

民族走廊上的古代文化是斑斓多彩和扑朔迷离的,我们只能捕捉到较鲜艳的一两束。

(一) 甘青地区的彩陶文化

甘肃洮河、大夏河和青海的湟水流域,是我国古代文化十分繁荣的一个地区,自20世纪20年代以来,我国的考古学家在这里发现了大规模的文化遗存,这就是艳丽夺目的马家窑文化、半山—马厂文化、齐家文化、卡约文化、辛店文化和寺洼文化。马家窑文化为我国新石器时代晚期的一种文化,因1923年首次发现于甘肃临洮马家窑而得名,主要分布在甘肃的洮河、大夏河和青海的湟水流域。生产以农业为主,兼营狩猎业,使用石器与骨器。陶器为黑彩花纹,图案与仰韶文化不同。时代约在公元前3000—前2000年。半山—马厂文化,因1923年首见于甘肃和政半山与青海民和马厂塬而得名,主要分布区与马家窑文化相同。生产亦以农业为主,兼营狩猎,工具有石刀、石斧和骨镞等。器物有陶制壶、瓮、罐、盆、盂、钵、碗等。彩陶很发达,半山的彩陶用红黑两色绘成,马厂的彩陶多用红色绘成,造型与纹饰也相近。时代约在公元前2500—前2000年。马厂发现的裸体人像彩陶壶,颇引人注目。人像塑于陶壶颈腹部,小眼、大嘴、高鼻,五官齐全,双臂捧腹。袒露的乳房与性器官,有男也有女性特征,其性别为学者长期争讼未决,也有认为是两性同体,为两性权力争斗之产物。[①] 齐家文化为铜石并用时代的一种文化,约为原始公社解体时期,即公元前 2000 年前后。1924 年发现于甘肃和政齐家坪,主要分布在洮河、大夏河、渭河上游和青海湟水流域。工具以石器为主,始有红铜器。陶器以细泥红陶和夹砂红陶为主,纹饰有篮纹、绳纹等。最具代表性的器物是双耳罐,有少数几何形纹彩陶。卡约文化主要分布在今青海省境内,东起甘青交界的黄河沿岸,西至海南藏族自治州,北至海北,南抵黄南藏族自治州。经济生活多样化,有农业为主,畜牧为辅者,也有与此相反者。生活用具为粗陶器,有罐、壶、瓮、鬲等。纹饰多样,有回纹、折纹、网格、三角及动物纹等。辛店文化,最初发现于甘肃临洮的辛店,主要分布在甘肃洮河中下游、大夏河和青海的湟水流域,是甘肃、青海地区原始社会晚期的一种青铜文化,约当周代时期,年代约在公元前 1000 年左右。陶器主要为绘有黑色图案的夹砂红陶,双耳罐最多。图案有雷纹、宽条曲折纹、羊角形纹等,也夹杂有太阳纹和狗、鹿等动物纹饰。经济生活以农业为主,工具为石器和骨器,已有冶铜业。寺洼文化,与辛店文化时代相近。最初发现于甘肃临洮寺洼山,主要分布在甘肃的洮河上游一带。以马鞍形口的陶罐为主要特点,已出现铜器,年代约当周代时期。以上几种文化均分布在甘青大致相同的地区,时代相互衔接,均以彩陶为主要特色,故统称为彩陶文化。

彩陶图案早期是模仿自然物,如日、月、雷、雨或动物如鱼、蛙、羊等,并形成纹饰;继之则与图腾结合起来,出现半人半兽、似人似兽的纹饰,加以抽象化。在彩陶艺术中,已经集中地体现了这一文明的创造者的审美趣味与能力。彩陶图案中运用虚实、大小、方圆、曲直、凹凸等形状变化,主从、聚散、疏密、简繁等构图,创作出风格统一、款式多样的彩陶艺术,展现出无尽的魅力。半山类型彩陶壶,从顶部俯视,旋涡纹气贯中

---

① 刘溥编:《青海彩陶纹饰》,青海人民出版社 1989 年版。

心,循环往复、奔腾不息的气势尽收眼底;从侧面望去,有如波浪汹涌、一泄千里的黄河之水,神妙莫测。① 彩陶艺术更是创造者生活的写照,甘青地区的彩陶文化在形态上可以分为两大类型,即马家窑、半山—马厂文化类型和卡约、辛店、寺洼文化类型。前者时间较早,且与中原地区的仰韶文化等联系更为密切。经济以农业为主,陶器较多,器型、纹饰繁复,随葬品多;而后者畜牧业占较大比重,兼事农业,随葬品有狗、马、羊、牛等。② 陶器较少且较为粗糙,动物纹饰极为显著,双耳罐较多,双耳很大,反映游牧生活的特征,至于四耳罐更有固定在马身上的妙用。于是,对于甘青地区的彩陶文化,我们可以得到两点印象:第一,它来自中原,表现出中原文明西传的脉络;第二,它有前后变化,即由农业至畜牧业文化的转移,反映了文化创造者经济生活与文化风貌的不同。

结合文献记载,人们已经很容易地把后者与羌人联系起来。汉文史书中的古羌人有着极广泛的含义,泛指西部地区以"牧羊"为主的各部族。他们的活动地域相应地也十分辽阔,东及陕西、山西和与殷商相邻的河南地区。从传说时代起,古羌人即与中原地区结下不解之缘,《史记·补三皇本纪》说"共工氏"即是姜姓,而姜为羌人女子之姓。③ "共工之王,水处什之七,陆处什之三"④。这是洪水泛滥时代,在神农氏之前。而神农氏也姜姓,"母曰任姒,有乔氏之女,名女登,为少典妃。游于华阳,有神龙首感女登于常羊,生炎帝。人身牛首,长于姜水,以火德王,故谓之炎帝"。⑤《左传》哀公九年谓:"炎帝为火师,姜姓其后也。"据《国语·晋语》之说,黄帝与炎帝还是兄弟,"昔少典娶于有(虫乔)氏,生黄帝、炎帝。黄帝以姬水成,炎帝以姜水成,成而异德,故黄帝为姬,炎帝为姜"。黄帝之曾孙帝喾的"元妃"即是姜人部落的女子名姜嫄,生子后稷,

① 刘溥编:《青海彩陶纹饰》,青海人民出版社 1989 年版。
② 安志敏:《青海古代的文化》,《考古》1959 年第 7 期。
③ 傅斯年:《姜原》,《国立中央研究院历史语言研究所集刊》第 2 本。
④《管子·揆度篇》。
⑤《太平御览》卷七八引《帝王世纪》。

为周人祖先。夏王朝的祖先大禹,据说也是羌人。①

当中原文明兴起以后,在西部受到重视或遭到攻击的也是羌人。商朝人对羌的攻击屡见于甲骨文记载,而殷商进行人祭主要也是使用羌人。据统计,涉及人祭的甲骨有 1 350 片,卜辞 1 992 条,最少被杀者14 197人,羌人为 7 426 人,占一半以上,还不包括未记人殉数目的卜辞。② 最后与周人联合灭商的也是羌人。而周朝,以及秦国的兴衰无不与西羌人的兴衰相关联。秦襄公、秦穆公和秦献公均以西击羌戎而负盛名。但是直到战国时,秦王还不得不以“文绣千纯,妇女百人遗义渠君”③,以结其好。直到秦昭王时,义渠戎王借其强大势力而小视秦国,戎王甚至恣意与宣太后行淫乱之事,生有二子。昭公三十五年即公元前272 年,宣太后终于借幽会甘泉宫之机,杀死义渠王。秦国起兵灭之,“始置陇西、北地、上郡”,开地千里,遂霸西戎。

自舜流四凶,将三苗徙之三危时起,历世中原王朝的扩张都导致西部羌戎的不断西迁(当然也有中原弱时的内徙)。《后汉书·西羌传》称,羌无弋爰剑者,秦厉公时被拘为奴,后逃脱,秦人急迫,爰剑藏于岩穴之中得脱。既出,与劓女遇而结婚,女耻其状,被发覆面,遂为羌俗,俱亡入三河间。爰剑教人田畜,庐落种人依之者日益众。至其孙忍时,秦献公兵临渭河之首(上游),灭狄獂戎。忍叔父卬,畏秦之威,率其种人附落南迁,出赐支(析支)河曲西数千里,与众羌绝远,不复交通。其子孙又分而为种,任随所之:或为牦牛种,即越巂羌,或为白马种即广汉羌,或为参粮种即武都羌,创造出甘青地区的畜牧与农业文明。他们以牧羊为主的经济生活,随葬羊骨,实行火葬,以及羊骨占卜等文化习俗,都与甘青地区的卡约和辛店、寺洼文化参差相同。④

---

① 《史记·六国年表》说“禹兴于西羌”。

② 胡厚宣:《中国奴隶社会的人殉和人祭》(下篇),《文物》1974 年第 8 期。

③ 《史记·张仪传》。

④ 俞伟超:《古代“西戎”和“羌”、“胡”文化归属问题的探讨》,《青海考古学会会刊》1980 年第 1 期。

（二）由北而南的迁徙脉络

在新石器时代，业已存在从北到南的民族走廊，并通过走廊把甘青地区的彩陶文化南传到今川西北，乃至云南境内。考古学者在岷江上游及其支流杂谷脑河流域两侧的黄土台地上，发现不少新石器时代的文化遗址。出土石器多用变质岩磨制而成，以石斧为最多，其次有石锛、石凿、石刮刀等；在汶川县姜维城及理县薛城区等地，还发现完整的彩陶容器和彩陶残片、泥质红陶、夹砂灰陶等，为手工制作，陶质细，火候高。据学者研究，基本属于甘青地区的马家窑陶器类型，而且陇西、陇南与四川理县、汶川的同类陶器，从器形到纹饰均表现出极大的相似性。

不仅如此，甘青地区的彩陶文化在传入民族走廊以后，还沿着民族走廊继续南传至今藏东南的昌都等地，卡若文化即是其代表。卡若文化与民族走廊地区的文化表现出极大的近似性，如四川雅砻江流域、大渡河流域的打制石器，如刮削、尖状、砍砸器等；以及大渡河流域汉源狮子山遗址中的陶器与纹饰、梯形磨制石斧，青衣江流域的有肩石斧，岷江上游理县、汶川等地磨制条形石锛、石斧，安宁河流域西昌礼州陶器中的罐、盆、钵，夹砂陶质与刻划、压印、附加堆纹等纹饰，各种器形及红烧土墙长方形平顶房屋等等，均与卡若文化相类。卡若文化甚至与甘青彩陶文化表现出密切的联系。如打制石器方面，卡若的盘状敲砸器见于甘肃永靖等地的齐家文化遗址，有肩石斧见于甘肃四坝滩、永靖等地的马厂文化遗址，切割器则见于兰州附近的罗汉堂、齐家坪等马家窑文化遗址。至于锥状石核、柱状石核及细长石叶等特色器物，条形斧、条形石锛、鸟翼形石刀、骨梗刀等，皆见于甘肃青海的新石器彩陶文化之中。而甘青彩陶文化中的平底器罐、壶、盆、碗等器形，夹砂陶的纹饰、制作工艺，均与卡若文化有影响关系。卡若早期的圆形或方形半地穴房屋，红烧土墙壁和居住面，则为甘青等地马家窑系统中的传统居住形式。而卡若遗址中的粟米更是黄河流域的典型作物,应传自甘青地区。①

　　卡若文化又是青藏高原有代表性的一种新石器时代文化,与雅鲁藏布江畔墨脱、林芝发现的石器、陶器相近似,如打制石刀、石凿、盘状器及穿孔石器,条形磨制石斧、石锛、夹砂细颈陶罐、大口罐、碗,及刻划、压印纹饰等,均表现出同一风格。据此可以知道,甘青彩陶文化,通过民族走廊地区直接影响了今西藏地区的古代文化。那么,作为这一文化主角和传播者的古代羌人,直接进入今西藏,与当地原始居民相互融合,形成所谓"六牦牛部",并成为雅隆吐蕃人的一部分的说法,就有了更实际的意义。

(三) 石屋与石棺墓的主人

　　在民族走廊地区曾生活着以石为屋,以石为墓的居民,《后汉书·南蛮西南夷列传》记冉駹夷:"皆依山居止,累石为室,高者十余丈,为邛笼。"《隋书·附国传》也说,其人垒石为碉而居,"……其碉高至十余丈,下至五六丈,每级丈余,以木隔之。基方三四步,碉上方二三步,状似浮图"。迁居民族走廊的东女国情况与此相近。② 这种状况一直为今天生活在这一带的藏、羌、嘉戎等各族所继承。

　　石棺葬习俗,在青铜器时代,已成为我国北部和西部边民的普遍葬式,有石盖土坑墓、石盖积石墓和石盖石棺墓等形式。从东北开始,沿华北的北部边缘(大致以长城为界)向西,在甘青折向西南,经青藏高原东部直达云南西北部的横断山脉地区,这也正是细石器文化的流行与传播带。民族走廊地区的石棺葬被考古学者分为四个亚区,即四川阿坝藏族自治州岷江上游地区;大渡河—青衣江流域;金沙江—雅砻江流域;滇西北横断山高山峡谷区。而且分别属于冉駹夷中的"九氏"(即氏族),青衣

---

① 童恩正等:《西藏昌都卡若新石器时代遗址的发掘及其相关问题》,《民族研究》1983 年第 1 期。
②《新唐书·西域·东女传》记:"所居皆重屋,王九层,国人六层。"

和牦牛羌，白狼与筰都夷，嶲与昆明诸蛮。①

　　实际上，民族走廊一方面表现为古羌人文化及其南迁的主流，另一方面又有多民族混杂的特点。古羌人本身就包括了众多的部族，有些部族甚至在经济生活上与羌族并不相同，在这方面最突出的是氐族。羌族以畜牧业为主，而氐族以农业为主，羌人实行火葬，而氐人则行石棺或土葬。由于两族居地相邻，文化交往密切，汉史中常常将氐羌并举。而羌人迁入谷地改畜牧为农业，事实上已等同于氐族，因此，把民族走廊的石棺葬文化归之于以氐羌为主的多民族文化是比较实际的，其中氐族文化居其核心。石棺墓均在河谷两岸台地上，高度从河谷以上 200—1 000 米不等。墓葬密集，排列整齐，尸骨均头向山坡而脚向河谷。每一墓地所葬石棺，少者数十，多则数百。葬式为仰身直肢，有二次葬，或拾骨葬或焚后葬。随葬陶器以桃形口沿的双耳罐为特征器物，金属有铜剑、铜戈、铁矛、铁斧等。社会有贫富之分，富者陪葬金银，贫者葬以泥杯②，时代以春秋至西汉为主。这是南迁的古羌人，或者说是以氐族为主的氐羌诸族的文化遗迹。

第三节　活跃在民族走廊的古代诸族

　　在氐羌人的不断南迁以及与当地各部的相互结合之后，民族走廊在一定的时期里相继出现了一些影响较大的部落邦国，他们的活动也在汉文史籍中留下了记录。他们的文化成为青藏高原文化十分重要的一部分内容，并在中原与高原文化之间起到桥梁作用。

（一）氐羌南迁和西南夷

　　古羌人南迁的历史如上所说是十分悠久的。《史记·五帝本纪》说：

---

① 童恩正：《试论我国从东北至西南的边地半月形文化传播带》，见《中国西南民族考古论文集》，文物出版社 1990 年版，第 252—278 页。
② 童恩正：《四川西北地区石棺葬族属试探》，《思想战线》1978 年第 1 期。

"黄帝二十五子,其得姓者十四人。……其一曰玄嚣,是为青阳,青阳降居江水;其二曰昌意,降居若水。"正是民族迁徙的文献侧证。而古羌人由他们世居的赐支河曲(今青海海南藏族自治州境)南迁到岷江上游地区的历史,也保留在他们口诵的《太平经》(即《车经》)之中。据说,车几葛布被父母生下后,"头如斗大,耳如扇形,两目如环,齿粗如指,臂长八尺,身高丈二,足长三尺。一岁吃母乳,与母亲另一乳搏战;两岁坐父怀,手足不停作战;三岁持棍棒,在外指天触地而战;四岁在屋内呼跃而战;五岁泼水为战;六岁与家神战;七岁在独木梯上跳跃八跳;八岁耕田,与土地战;九岁牧羊,与草地战;十岁播种;十一岁跟所遇到的人们挑战;十二岁骑牦牛应战;十三岁从赐支南下",一路作战,来到岷江上游。① 最让羌人永志不忘的便是所谓羌戈大战。戈人善治水,以农为生,而羌人善生火,以牧为业。戈人富有田土,而羌人先祖(智改巴)却贫穷无地,向戈人借粮,因难偿粮债而发生械斗。天神以柳枝、白石交予智,而以麻秆、雪块交给戈人,使后者大败。双方约定,常年落雪处,羌人居之,常年落雨处,戈人居之。② 所以,羌人至今崇拜白石。戈人应为氐人。岷江上游羌人说石棺葬的主人是戈人,更侧证了这一点。羌戈大战所反映的应是以农为生的氐人和以牧为业的羌人密切而又充满争斗的往日生活。

有关藏族来源的传说中,有北方南下的互人形成说。③ 据《山海经·大荒西经》记:"有互人之国,人面鱼身。炎帝之孙名曰灵恝。灵恝生互人,是能上下于天。"而同书《海内南经》说:"氐人国在建木西,其为人,人面而鱼身,无足。"清代学者郝懿行《山海经笺疏》说:"互人,即《海内南经》氐人国也。'氐'、'互'二字盖以形近而讹,以俗'氐'正作'互'字也。"那么,氐人南入藏中是上述传说的根本依据。

《史记·西南夷列传》称:"西南夷君长以什数,夜郎最大;其西靡莫

---

① 马长寿:《氐与羌》,上海人民出版社 1984 年版,第 167—168 页。
② 同上书,第 169—171 页。
③ 刘赞廷:《西藏历史择要》,复制本,1960 年,第 25 页。

之属以什数,滇最大;自滇以北君长以什数,邛都最大:此皆魋结,耕田,有邑聚。其外西自同师以东,北至楪榆,名为雟、昆明,皆编发,随畜迁徙,毋常处,毋君长,地方可数千里。自雟以东北,君长以什数,徙、筰都最大;自筰以东北,君长以什数,冉駹最大。其俗或土著,或移徙,在蜀之西。"反映了以民族走廊为线索而贯穿今贵州、云南滇池、澜沧江中游、洱海、滇西北、四川凉山、雅安、阿坝、甘孜等地的民族分布情况,这些都为考古发现所证实。[①] 作为民族走廊的主要居民之一氐人的活动,一直引人注目。《魏略·西戎传》说,氐人有王,所以来久矣。其种非一,自称为槃瓠氏之后裔,或号青氐,或号白氐,或号蚺氐。其风俗语言与中原不同,与羌、杂胡同,其衣服尚青绛,俗能织布,擅长种田,牲畜以猪、牛、马、驴、骡为主。妇女出嫁时着衸露,其缘饰之制近似羌人,而衸露则与中原相同。皆编发,懂汉语。他们始终保持着其故有的农业文明。

(二) 附国、东女与西山八国

民族走廊地区的变化节奏是比较快的,在保存其固有特色的同时,也一直变更着这里的主人。隋唐时期,在这里留下足迹的是附国、东女和西山八国等。附国因隋炀帝大业四年(608 年)始入贡,为中原熟知,隋朝在西南边郡设诸道总管以遥控之。附国人没有姓氏,国王字宜缯。其国南北 400 公里,东西 750 公里,没有城栅,依山险近川谷而居,习俗好复仇,所以人皆垒石为室居之,以避其患。屋高者十余丈,低者五六丈,每级丈余,以木隔之。在最下一层开小门,从里面登梯而上,夜必关闭,以防盗贼。有众二万余家,号令自王出。附国人皆轻捷,便于击剑。漆皮为牟甲,弓长六尺,以竹为弦。好歌舞,鼓簧,吹长笛。居民以皮为帽,形状像一个圆钵,或者带幂篱。衣服多为毛毲皮裘,全剥牛脚皮为靴。

---

① 童恩正:《近年来中国西南民族地区战国秦汉时代的考古发现及其研究》,《考古学报》1980 年第 4 期。

脖子系有铁锁,手上带有铁钏。王与酋帅,金为首饰,胸前悬一金花,径长三寸。附国人婚姻简略,妻其群母及嫂①,儿弟死,父兄也纳其妻。很重视死亡,有死者,置尸于高床之上,沐浴衣服,被以牟甲,覆以兽皮。子孙不哭,带甲舞剑大呼说:"我父为鬼所取,我欲报冤杀鬼。"其他亲戚只哭三声就停止。妇人哭时,必以两手掩面。死者家属杀牛,亲属也以猪肉、酒相赠,共饮共食之后埋入土中。死后十年再进行大葬,葬时,一定要召集亲戚朋友,杀数十匹马,立其祖父神而祭之。附国人以定居农业为主,种小麦、青稞,山有金银,水有嘉鱼。

在附国东部有嘉良夷,所居种姓自相率领,土俗与附国相同,语言稍有差异,互不统一。政令由酋帅出,重罪者处死,轻刑罚牛。在附国南部有薄缘夷,风俗也同。东北连山,绵延数千里,与党项相接,中间还有众多的羌人部落,如大小左封、昔卫、葛延、白狗、向人、望族、林台、春桑、利豆、迷桑、婢药、大硖、白兰、叱利摸徒、那鄂、当迷、渠步、桑悟、千碉,都居住在横断山的深山大谷之中,没有君长。其风俗略同于党项,或者役属于吐谷浑,或者依附于附国。②

女国在吐蕃王朝的不断侵逼下,沿青藏高原东北东迁南迁,进入民族走廊。东与茂州、党项接,东南属雅州罗女蛮、白狼夷。东西行尽九日,南北行尽二十日,有八十座城池。以女为君,居康延川(在今昌都),中有弱水(澜沧江)南流,用牛皮为船以渡。有户四万余,胜兵万余人,散在山谷间。东女国的风俗文化已如前文所述。在武则天垂拱二年(686年)、天授三年(692年)、万岁通天元年(696年),东女国连续向唐朝遣使贡方物,请封号。武则天封以官,赐以大批丝绢和瑞锦制作的蕃服。十年间三朝,可见女国对则天女皇情有独钟。唐玄宗时,东女国也两度朝贡,天宝元年(742年),唐封其王赵曳夫为归昌王,授左金吾卫大将军,赐

---

① 父亲去世后,儿子可以娶生身母之外的庶母为妻;兄长去世后,弟弟可以纳其妻即嫂子为妻。
②《隋书·西域·附国传》。

其子帛八十匹。在此前后，女国改由男子为王。① 吐蕃扩大东侵后，他们与西山八国羌戎，依违唐蕃之间，仍然起到政治与文化的中介作用。

西山八国羌，是指活动在今四川成都平原以西、岷江上游诸山中的羌部，地属今四川甘孜、阿坝藏族自治州地区。《旧唐书·东女国传》说，东女国"贞元九年(793年)，其王汤立悉与哥邻国王董卧庭、白狗国王罗陀忽、逋租国王弟邓吉知、南水国王俭薛尚悉曩、弱水国王董辟和、悉董国王汤息赞、清远国王苏唐磨、咄霸国王董藐蓬，各率其种落，诣剑南西川内附。其哥邻国等，皆散居山川。弱水王即国初女国之弱水部落。其悉董国，在弱水西，故亦谓之弱水西悉董王。旧皆分隶边郡，祖、父例授将军、中郎、果毅等官。自中原多故，皆为吐蕃役属……至是悉与之同盟，相率献款，兼赍天宝中国家所赐官诰共三十九通以进。西川节度使韦皋处其众于维、霸、保等州，给以种粮、耕牛，咸乐生业"②。哥邻羌的活动地区就在今四川甘孜、阿坝藏族自治州境。直至今天，阿坝州的汶川、理县、马尔康、小金、金川、壤塘，甘孜州的丹巴和雅安地区的宝兴诸县，约十余万居民，还保留着"哥邻"的称号。当地自称"博"的藏人称他们为"嘉戎"，即靠近汉族的河谷居民。③ 嘉戎即隋唐时的嘉良戎。哥邻人与成都平原的交通有两条：一循大渡河南下，经金川、丹巴或宝兴，至雅安抵达；一沿杂谷脑河、岷江河谷，经理县、汶川、灌县达④，与中原联系密切。白狗羌活动在今四川阿坝州的理县、黑水一带。而逋租羌则在今四川茂汶羌族自治县境。南水羌，在今黑水县与茂汶县赤不苏区一带。⑤南水，藏语当为 nag-chu(黑水)，为藏汉语结合名称。弱水即澜沧江，在其西部有悉董国。悉董，应即藏史中的 sdong(董)氏，当与党项人的"董木雅"(sdong-mi-nyag)相关。咄霸国当与党项的拓跋部有关，藏文作

---

① 《旧唐书·东女国传》；《北史·附国传》。
② 《旧唐书·南蛮西南蛮·东女国》。
③ 马长寿：《嘉戎民族社会史》，《民族学研究集刊》第9辑，1945年。
④ 顾炎武：《天下郡国利病书·四川》。
⑤ 冉光荣、李绍明、周锡银：《羌族史》，四川民族出版社1985年版，第177—178页。

"thog-pa"。清远国其详不知。但可以断定,西山八国皆在民族走廊地区或邻近。

(三) 民族走廊上西北向迁徙的支流

民族走廊作为民族迁徙和文化交流的通道,有容纳、传播和连接等多方面的功能。上文已谈到它在民族与文化方面由北而南的迁徙主流,同时也不能忽视另一股反向传播的支流。白兰羌的迁徙即十分典型。在今四川巴塘地区,唐代时曾活动着白狼夷,同一时期,在青海东南部则活动着与之族属相同的白兰羌,后者即经历了迁徙的过程。在今青海玉树和果洛地区,民间流行着先人来自四川康区的传说。美籍华裔学者张琨先生还将象雄文明的发源地定位在川西北地区,并认为它是在西迁后才到达今阿里地区的。① 法国著名藏学家石泰安教授竟直接将吐蕃古代传说中的部族确定在今川西北的雅砻江流域。这些说法,一方面反映了民族走廊在青藏高原文化和吐蕃文明形成中,占据着十分重要的地位,另一方面也说明民族走廊上的民族与文化的移徙是相互的和相通的,同时,也是反复交往的。民族走廊对行进在走廊上的民族来说,是名副其实的"走廊",它促成了民族与文化风貌的多样化特征。

(四) 迷人的党项人

在后世民族走廊的民族迁徙活动中,最迷人的是党项人的迁徙活动。吐蕃王朝崛起以后,活动在甘、青、川地区的党项人,一部分内徙唐朝境内,最后辗转到今宁夏银川及陕西北部地区,建立了西夏王朝,其史迹已彪炳于史册。另一部分人则留在原地,成为吐蕃王朝的属民。历史在和人们兜了一个大圈后,又回到了正题:蒙古人灭亡西夏以后,有一部分西夏人又南迁青藏高原地区,沿着民族走廊来到了他们先祖生活过的

---

① 张琨著,玉文华译:《论象雄》,《西藏研究》1982 年第 1 期。

川西北故地,与未迁的同族人重新汇聚一起。但是,关于西夏王的传说和由北而南的迁徙经历,证明了他们曾有过的曲折而又辉煌的历史。四川康定木雅乡的木雅人(即党项人),包含有南迁的西夏人后裔。[①] 不仅如此,西夏的王族还有一支在蒙古灭夏前后迁入今西藏后藏地区,成为元代 13 万户中的一个,即绛昂仁的拉堆绛万户。这些史实都见于五世达赖喇嘛所著《西藏王臣记》等藏文史籍中。[②]

在中国西藏与尼泊尔、锡金、印度等交界的高山地区,居住着 4 万余人的夏尔巴人,其中以尼泊尔的东北索卢(solu)、昆布(khumbu)为核心居住区,从事畜牧和农业。根据他们的传说与文献记载,他们是党项人的后裔。夏尔巴,即 Shar-pa,意为“东方人”,表示他们来自东部地区。《夏尔巴先祖世系》明言他们来自中国多康六岗中的塞莫岗谷底的弭药山下。[③] 党项人西迁喜马拉雅山区的确切时间还需要进一步探讨。有学者认为,西迁发生在蒙古第一次攻打西夏的 1205 年至八思巴前往上都的 1255 年之间,而南迁至尼泊尔索卢、昆布则在元明之际。[④] 迁徙的路线大约是:离开民族走廊后,经四川德格、西藏昌都、丁青、索县、黑河(那曲),然后南下,经羊八井,过古渡口达竹卡,到拉孜与昂仁之间的尼玛拉堆扎孜宗、定日朗果,再南下翻过雪山,抵达尼泊尔的昆布、索卢。[⑤] 这些迁徙的党项人是西夏遗民,也有可能是康区的木雅人。进入尼泊尔境后,他们又向东迁至尼境的阿龙河流域,印度的大吉岭、噶伦堡等地,向西迁居耶尔穆巴康和博克拉及现在中国的樟木口岸等地。

虽然远徙数千里之外,夏尔巴人还保留了其祖先党项人的生活习俗与部落组织。奉行氏族外婚与部落内婚,时刻追忆其祖先非凡的经历。

① 邓少琴:《西康木雅乡西吴王考》,中国学典馆,1945 年 12 月。
② 第五世达赖喇嘛著,郭和卿译:《西藏王臣记》,民族出版社 1983 年版,第 110—111 页。
③ 黄颢译:《夏尔巴人资料汇编》,第 23—24 页。原文见夏尔巴喇嘛桑杰丹增《夏尔巴社会组织与宗教研究文献汇编》,巴黎,1971 年出版。
④ 黄颢:《夏尔巴人族源试探》,《西藏民族学院学报》1980 年第 3 期。
⑤ 陈乃文:《夏尔巴人源流探索》,《中央民族学院学报》1983 年第 4 期。

这种壮观而曲折的迁徙总会有更紧密的文化交流相伴随。

第四节 民族走廊与文化交流

民族走廊北接繁盛的东西交通主干道河西丝路,又是半月形文化传播带上的一环,起到了文化上的纽带作用,同时也推动了中国各民族与南亚、东南亚等地区的文化交流。

(一) 南下的文化浪潮

由于民族走廊的沟通作用,甘青地区的古文化一直与西南地区的古文化保持着密切的联系。自古羌人南下以后,它的影响一直持续存在,无论是石器的种类、器形,陶器的纹饰与功能,还是火葬习俗、石棺墓,都昭示着昔日曾有过的文化交流景象。因此,学者们可以把古代云南的"滇人"视作汉晋的"叟人",而归之为由北方南下的氐羌系统。[1] 而北方游牧文化的持续南下,又把丰富多彩的动物图案与纹饰,传递给西南的土著各族。依据这些史实,《新唐书》的作者欧阳修才能在谈到"昆明蛮"风俗时,说其"随水草畜牧,夏处高山,冬入深谷","人辫首,左衽,与突厥同"。[2]

从北方通过民族走廊南传的实物,有黄河流域的特色物种"粟",它通过甘青的马家窑文化再传入藏东南的昌都卡若;还有随游牧民族南下而带来的双耳罐、青铜剑及其他物品,直抵川西和滇西北。这些物种物品作为北方文化的组成部分,给西南地区文化注入新的内容。

民族走廊不仅沟通着中国境内各族的文化,而且也使中国各族文化与外部世界息息相通。民族走廊沿怒江、澜沧江等河谷南下,再经大盈江或其他河谷进入缅甸,然后西经阿萨密,进入印度;或者沿澜沧江、湄

---

① 尤中:《魏晋时期的"西南夷"》,《历史研究》1957年第12期。
②《新唐书·南蛮传》。

公河直下进入老挝；或沿元江、红河进入越南河内等地，把中国文化传播到更远的地方。

缅甸在中国汉文古籍上被称为"骠"或"骠国"。《史记·大宛列传》说，在昆明以西千余里地方有乘象国，名叫滇越，四川的商贾已往那里做生意。滇越在今云南腾冲，濒临缅甸。东汉永平十二年（69 年），以新置哀牢人居地等设立永昌郡（治保山东北），为对外通商要地，与掸国（缅甸掸邦傣族）、天竺（印度）、大秦（罗马帝国）等进行铜、铁、毛织物、象牙、犀角、珠宝等贸易。在永昌郡管内，还居住着长期经商的骠（缅甸）人、身毒（印度）人。[1] 永元九年（97 年），缴外蛮与掸国王雍由调遣重译，进其国珍宝给东汉王朝，和帝赐以金印、紫绶，小君长皆加印绶、钱帛。永宁元年（120 年），掸国王又献音乐及幻人（魔术能手），他们能表演吐火，自我肢解，调换马、牛头，又善跳丸，能跳上千次。这些人都是经过缅甸而来的罗马（大秦）人。[2] 那么，至少在东汉时期，罗马帝国经过印度、缅甸、中国云南等地直入中原（洛阳）的商道是畅通的。缅甸人在其中无疑起到积极作用。唐贞元十七年（801 年），骠国王得知南诏归唐，也遣其弟悉利移随南诏重译来朝，又献其国乐曲 10 部和乐工 35 人。乐曲都是表达佛教经论的词意。唐德宗还以这位王弟为试太仆卿。[3] 大诗人白居易作诗《骠国乐》："玉螺一吹椎髻耸，铜鼓千击文身踊。珠缨炫转星宿摇，花鬘斗薮龙蛇动。曲终王子启圣人，臣父愿为唐外臣。"至于缅甸境内占人口大半的缅人的来源，多数学者认为其祖先来自中国西藏东南部高原，应是由民族走廊南下的一支。他们在 9 世纪时定居于怒江、湄公河、伊洛瓦底江上游，渐次形成后世的缅人。[4] 我们也知道缅甸人主要属于蒙古利亚人种，其语言属汉藏语系藏缅语族。这些无不与民族走廊有关。

---

[1]《华阳国志·南中志》。
[2]《后汉书·西南夷传》；袁宏《后汉纪》卷一五。
[3]《旧唐书·南蛮西南蛮传》。
[4]《中国大百科全书·民族·缅人》，中国大百科全书出版社 1986 年版。

民族走廊自然也连接着中印间的文化交流。永昌郡的身毒居民和由缅甸而来的大秦杂技与魔术,无疑经过了印度。更知名的,就是所谓邛竹杖与蜀布的南传西传了。公元前 122 年,张骞通西域,在大夏(巴克特里亚)见到邛竹杖、蜀布,问其人从哪里获得? 大夏人告诉他,商人们从身毒买来。返回长安后,张骞给汉武帝分析说:大夏距汉一万二千里,居汉西南,而身毒(印度)又居大夏东南数千里,有蜀物,应该离蜀不远。现在西通大夏,经羌中道很危险,稍北经沙漠道又有匈奴拦截,从蜀通印度最为便捷。这一建议立即得到好大喜功的汉武帝的赞赏,遂命张骞从蜀地犍为郡发使,四道并出:出驈,出冉,出徙,出邛僰,皆各行一二千里。进入民族走廊地区,但是并不如意,在北方闭于氐、筰,南方闭于巂、昆明。由于昆明诸部无君无长,经常抢劫商道行人财物,汉朝使者前往,常常人财两空。汉武帝虽用兵西南,开设益州、越嶲、牂柯、沈黎、汶山诸郡,也遣使柏始昌、吕越人等一年十余次,欲抵大夏,终因昆明等部劫杀而无果。[①] 这主要是民族走廊南部山险谷狭,地形易守难进所造成的。但是,民间的商贸与文化往来却始终存在。至于经过民族走廊把中国西南文化中的粟米种植、崖棺葬、石棺葬、青铜器及铜鼓等向东南亚流传,也存在一定的依据。[②]

(二)印度佛教的传入

中国与印度的文化交流历史悠久。上古时代陆路交通主要有两条道,一是东西方丝绸之路主干道,经中亚克什米尔到印度;另一条即是中印滇缅道,即由成都平原入滇或通过民族走廊南下,进入缅甸,西达印度。印度佛教的传入也由此两途。据印度史诗记载,阿萨姆(密)邦西部高哈蒂(Gauhati)地区的迦摩缕波国人和军队主要由山民和支那人组

①《史记·大宛列传》;《汉书·西南夷传》。
② 童恩正:《试谈古代四川与东南亚文明的关系》,《文物》1983 年第 9 期。

成。唐人道宣《释迦方志》也记其国"童子王刹帝利姓。语(唐)使人李义
表曰：上世相承四千年，先王神圣，从汉地飞来，王于此"。云南地区的古
代传说，也有阿育王派人来此宣扬佛法的故事。《纪古滇说》说阿育王生
三子，曾率众追王神骏至金马、碧鸡两山之间，其地约在今大理、楚雄。
王子欲返国，为哀牢人所阻，留居滇地。甚至说公元前3世纪的滇王庄
蹻晚年还皈依佛门。这些传说都反映中印在很久以前即利用该道进行
文化交流，佛教也随之传入中国西南地区。东汉时掸国人和大秦幻人乐
人从滇缅道入华，并来到洛阳，与东汉时佛教初入中国不能没有丝毫
联系。

西晋时，中国有僧侣20余人由蜀川牂柯道经缅甸入印度求法，印度
的室利笈多大王(约209—219年)还特意为中国僧人建一支那寺，"以充
停息，给大村封二十四所，……准量支那寺至今(唐时)可五百余年矣，现
今地属东印度"[1]。唐时支那寺已废，但遗址尚存。

在岷江沿岸的彭山、乐山发现的东汉崖墓中的佛像雕塑，从文物方
面侧证了民族走廊在佛教内传中的作用。彭山陶座佛像下部雕双龙衔
壁，上为浮雕佛像，结跏趺坐，高肉髻，右手作施无畏印，左右二侍者，被
认为是"一佛二菩萨"[2]。乐山崖墓坐像，也为佛结跏趺坐，着通肩大衣，
高肉髻，有顶光，右手作施无畏印，左手似提衣角。乐山麻濠、柿子湾崖
墓的佛像皆刻于门额上，部分地替代了传统的东王公、西王母形象，并被
人们与社祀活动联系起来，加以礼敬，说明已经发挥着神仙的作用。

(三) 道教兴于氐羌

道家是春秋战国时诸子百家之一，而道教则形成于汉魏之际。它的
创始人即是张道陵，其教义起于氐羌诸族。这又涉及到民族走廊和古羌

---

[1] 义净：《大唐西域求法高僧传·慧轮传》。
[2] 俞伟超：《东汉佛像考》，《向达先生纪念论文集》，新疆人民出版社1986年版。

人的南下。张道陵学道于西蜀的鹤鸣山,地在岷江东岸仁寿县境,为氐羌南下的经历之地。据史载,东汉灵帝熹平光和之际(172—184 年),张角为太平道,张修为五斗米道,"太平道者,师持九节杖为符祝,教病人叩头思过,因以符水饮之。得病或日浅而愈者,则云此人信道;其或不愈,则为不信道。(张)修法略与(张)角同,加施静室使病者请祷。请祷之法:书病人姓名,说服罪之意,作三通,其一上之天,著山上,其一埋之地,其一沉之水,谓之三官手书。使病者家出米五斗以为常,故号曰五斗米师"①。晋代时氐族苻坚为羌族首领姚苌所杀,"苌如长安,至于新支堡,疾笃,舆疾而进。梦苻坚将天官使者鬼兵数百突入营中。苌惧走入宫。宫人迎苌刺鬼,误中苌阴。鬼相谓曰,正中死处,拔矛出血石余。寤而惊悸,遂患阴肿"②。可知羌人姚苌相信道教有鬼之说,以南迁云南的氐羌人为主而形成的南诏蛮,也信仰道教。贞元十年(794 年),唐剑南西川节度使韦皋与南诏王异牟寻,及其清平官大将军同往玷苍山北,"上请天、地、水三官,五岳四渎,及管川谷诸神灵同请降临,永为证据。……其誓文一本请剑南节度随表进献,一本藏于神室,一本投西洱河,一本牟寻留诏城内府库,贻诫子孙。伏维山川神祇,同鉴诚恳"③。有趣的是,在云南氐羌文化流播地区,人们并不崇拜孔子,而膜拜在道教中颇享盛名的唐代书圣王羲之。直到元代时,才有张立道首建孔子庙,劝士人子弟以学,风俗才稍有变化,故向达先生说:"我疑心张道陵在鹤鸣山学道,所学的道即是氐、羌族的宗教信仰,以此为中心思想,而缘饰以《老子》之五千文。因为天师道的思想原出于氐、羌,所以李雄、苻坚、姚苌及南诏、大理,才能靡然从风,受之不疑。"④沿民族走廊南下的氐羌文化,还在西南地区直接影响了中国道教的产生。

---

① 《三国志·魏书·张晋传》注引《典略》。
② 《晋书·姚苌载记》。
③ 樊绰:《蛮书》卷一〇,向达校注本;赵吕甫校注:《云南志校释》(即蛮书),中国社会科学出版社 1985 年版,第 329—331 页。
④ 向达:《南诏史略论》,见《唐代长安与西域文明》,三联书店 1987 年版,第 175 页。

(四) 道教与印度密宗

　　道教在初形成时期,已开始了它的传播活动,自东汉时就畅通的中印滇缅道也具备了承担道教南传印度的能力。唐代,道教已在东印度的迦摩缕波(今阿萨姆邦西部高哈蒂)一带流行。该地东北临接民族走廊的中国辖土,很早即为文化交流的交通要地,其居民即有来自中国者。至于其宗教,《高僧传·玄奘》说:"以彼风俗,并信异教,其部分乃有数万,佛法虽弘,未至其土,王事天神,爱重教义,但闻智人,不问邪正,皆一敬奉其人。"《旧唐书·天竺传》说:"天竺所属国数十,风俗略同,有迦没路国,其俗开东门以向日。王玄策至,其王发使,贡以珍奇异物及地图,因请老子像及《道德经》。"《新唐书·西域·天竺》也说,王玄策在击溃天竺军之后,"东天竺王尸鸠摩送牛马三万馈军,及弓刀宝缨络。迦没路国(即迦摩缕波)献异物,并上地图,请老子像"。这是道教业已盛行的表现。当时,唐使李义表对迦摩缕波国王说,中国在未有佛法之前,旧有圣人说经,在民间流传,若能传来,你们必将会加以信奉。此王即请李义表回去后,设法译之为梵文,使其在本国传诵。唐太宗立即下诏,让玄奘与诸道士协作翻译。道士蔡晃、成英二人,李宗之望,自余锋颖三十余人,共集五通观,同别参议。详覆《道德经》,由玄奘斟酌字句,穷其义类,得其旨理,然后再翻译出来。[①] 这是该国道教溯祖于老子的活动。

　　道教在迦摩缕波流行,与印度密宗发源于迦摩缕波并非偶然巧合,这是自东汉末年以来不断传入的道教因素和唐初最后传入的《道德经》影响的结果。7世纪中叶以后,密宗在这里诞生。密宗的祖师是大约生活在7世纪下半叶到8世纪上半叶的龙树(与中观祖师龙树不同)。他是个有名的炼丹家,著有《水银成论》和医书《寿康蓓蕾》等,刊行过《寿命

---

① 《集古今佛道论衡》。

吠陀》。[①] 这些与中国的道家旨趣一脉相承。密宗的一位重要神祇摩诃支那救度母,相传来自中国。据佛教和印度密宗共同尊奉的经典《度母续》记载,摩诃支那传来了"支那仪轨"。又据《风神合璧旦多罗》记载,密宗大师殊胜,日诵经咒并做苦行,均未得道,盛怒之下,诅咒度母,而度母显圣,明告他苦行无益,若想得正果,须往摩诃支那向至人学习正法,殊胜遂听而从之,前往汉地学法,最后学成归来,成为大师。由于迦摩缕波有汉人居住且流行道教,梵文中竟有时称该地为摩诃支那(指中国)者。

印度密宗在发展后期,出现所谓"天性宗"(易宗),道教色彩更加浓厚,它的《修行歌》中甚至有与《道德经》十分相类的词句,故印度学者师觉月认为"天性"、"自然"即是"道"的精确义释。[②] 印度密宗的炼金术与道教的炼丹术,以及他们的修行仪轨之间的相互关系,还有密宗以少女作为"助缘"与"明妃"等,除了来自印度湿婆性力派的影响之外,是否与道教以女性为"鼎"修炼"房中术"有关联,这些都是饶有兴味的问题。英国著名的科技史专家李约瑟博士敏锐地看到了这其中的奥妙,他说:"乍视之下,密宗似乎是从印度输入中国的,但仔细探究其(形成)时间,倒使我们认为,也许可能全部东西都是道教的。"这一切又与氐羌人南下和民族走廊密不可分。

第五节 民族走廊上的语言系属

在历史上,民族走廊各族的迁徙、居住、交流与融合,造成了多民族错综杂居,文化上千姿百态的局面,这一切也直接反映到语言的分布和内涵上。从中我们可以把握历史与文化传播、交流的脉搏。

---

① 张毅:《试论密宗成立的时代与地区》,见《印度宗教与中国佛教》,中国社会科学出版社 1988年版。
② 同上。

（一）复杂的语言系属

在民族走廊地区，居住着汉、藏、回、羌、彝、纳西、白、景颇、哈尼、傈僳、拉祜、土家、普米、独龙、德昂、佤、傣、阿昌等民族，他们大多有本民族的语言，这些语言都同属于一个语系即汉藏语系，其关系如下表所示[①]：

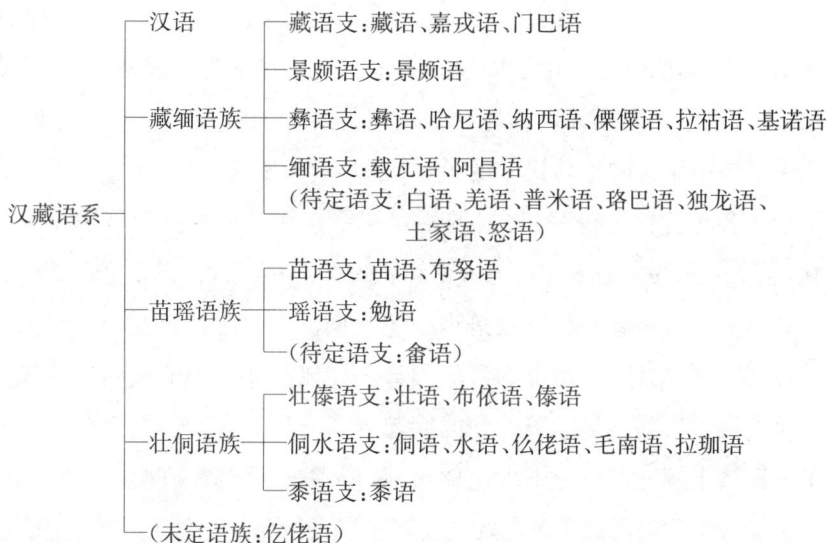

```
                  ┌─汉语
                  │          ┌─藏语支：藏语、嘉戎语、门巴语
                  │          ├─景颇语支：景颇语
                  ├─藏缅语族──┼─彝语支：彝语、哈尼语、纳西语、傈僳语、拉祜语、基诺语
                  │          └─缅语支：载瓦语、阿昌语
                  │            （待定语支：白语、羌语、普米语、珞巴语、独龙语、
                  │                       土家语、怒语）
 汉藏语系─────────┤          ┌─苗语支：苗语、布努语
                  ├─苗瑶语族──┼─瑶语支：勉语
                  │          └（待定语支：畲语）
                  │          ┌─壮傣语支：壮语、布依语、傣语
                  ├─壮侗语族──┼─侗水语支：侗语、水语、仫佬语、毛南语、拉珈语
                  │          └─黎语支：黎语
                  └（未定语族：仡佬语）
```

从表中我们还可以看出，他们的语言又主要集中在汉语和藏缅语族之中。对于这种语言系属的划分，学者们有不同的说法，而且它所反映的主要是今天的状况和相对而言的归属。既然包括了长期以来相互影响的因素，还存在语支归属上的分歧，那么它就不可能与古代各族语言相等同。但是，今天的语言族谱是在长期的历史发展过程中形成的，与古代语言系属前后相承，虽有变化，却不致出现大的误差。如果结合民族迁徙、融合或文化影响的历史，就能看到它的更真切的相互关系。

[①]《中国大百科全书·民族》，中国大百科全书出版社 1986 年版，第 164—168 页。

民族走廊各族所使用的语言有其特点,即他们大多都有本族的语言,同时又广泛使用汉语、藏语或彝语。大致说来,居住在走廊西部的民族大多兼通藏语,甚至以藏语为主要社会交际工具,而居住在走廊东部地区的各族大多兼通汉语,而在走廊南部接近彝族聚居区则兼通彝语。走廊各族之间,在居地相接地区,其语言相互兼通。

造成民族走廊语言分布局面与使用状况的重要因素是民族迁徙、文化交流与影响。这主要有三股潮流:其一是包括了氐羌等各部族的古羌人的南下,这股潮流决定了民族走廊上古代的民族分布和语言、文化布局,也直接影响到今天走廊地区的民族与语言系属。由于与古羌人,或氐羌各族相结合的土著民族的差异,以及后来发展与融合的不同趋势,形成了各具特色、又相互隶属的语言关系。其二是西向发展的中原文化,它一方面在来源上与古羌人密切相关,另一方面,自古以来即因中原王朝盛衰而与走廊各族形成进退拉锯局面。中原王朝对这一地区的统治,汉族居民的移入,是走廊各族因经济交流与文化影响接受汉语汉文的重要因素。其三是吐蕃王朝的崛起与东向扩展,把政治、文化影响施加于民族走廊地区。而中世纪以后,藏传佛教的复兴与向东传播,是一股更大的文化与民族影响潮流。吐蕃王朝的政治势力波及民族走廊,吐蕃王朝瓦解后遗民定居民族走廊,和藏传佛教文化浸润民族走廊,是藏族语言文化扎根民族走廊的几个主要途径。但是,巨大的外来影响虽然已改变了民族走廊的文化外观,却还没有洗刷掉土著语言的斑斑遗痕。

(二) 活生生的民族古语遗存

在民族走廊业已使用藏语,甚至以藏语为主要交流工具的嘉戎、白马和木雅等人居住地区,广泛存在着这样一种情况:他们在外面讲的是藏语,回到家里或本村寨讲的是自己的土语;在服饰及其他生活习俗方面,程度不同地保留着明显有别于藏文化的东西。甚至有的方面(或全部)被藏化,却仍然没有得到藏族的承认。例如,四川康定等地区的木雅人,他们自称博巴(Bod-pa),即藏人,但当地藏族人不承认他们是博巴,而称他们是木雅人(mi-nyag-pa)。他们在外边讲藏语,在家里讲木雅话,藏族称其语言为"土话"、"地角话"(意即山沟、角落里的话)、"怪话",甚至以之为"鬼话"(听不懂)。据学者调查研究,这种语言的基本词汇有的与西夏语相同,它们是由西夏灭亡后南徙的遗民与原居这里的党项人(即木雅人)融合而形成的。① 他们的语言除了包含西夏语的某些特点外,更直接含有古羌语的某些成分,两者在根本上又是一致的。但他们的葬俗如天葬、水葬、土葬及佛教信仰乃至服饰已与藏族基本相同。

在民族走廊复杂的语言环境中,党项羌占有十分突出的地位。在 19 世纪下半叶,外国旅行家就对此予以注意。巴贝尔(C. Baber)说,弭药(党项、木雅)人分布于打箭炉(康定)与金沙江之间,雅砻江两岸。李斯列(Risley)说,弭药人在理塘与德格之间。② 随着人们研究的视野扩大,弭药人的活动地区也愈来愈大了,更增加了人们的研究兴趣。法国的石泰安教授在这一方面做了许多卓有成效的工作,而且他预言,今后我们肯定能在霍尔、甘孜、道孚、木雅及金川地区所讲的各种土语中,找到与西夏语十分相近的亲属语言,许多语言及所涉及的问题都与在藏区的西夏与弭药有关。③ 20 世纪 80 年代初期,我国学者在民族走廊地区的语言历史调查印证了这一点。

学者们在被划为藏语的嘉戎、道孚和白马语中发现了更古老而且有别于藏语的东西。故有的学者断言,嘉戎语虽然大量借用藏语词汇并加以改造,但"不论在语音上、语法上、构词上,嘉戎语都有它自己的独特语音、语法特点",是一种独立的语言。④ 道孚语也类似。这些语言还有一个特点,即其借自藏语的多是宗教、商业和文化等方面的词汇,在语音等

① 李范文:《西夏遗民调查记》,见《西夏研究论集》,宁夏人民出版社 1983 年版,第 218 页。
② 石泰安:《弭药与西夏》,《法国远东学院杂志》1948 年第 44 卷注引。
③ 石泰安:《关于弭药与西夏的最新资料》,巴黎,1966 年。
④ 李范文等:《试论嘉戎语与道孚语的关系》,《西夏研究论集》,第 282 页。

方面更接近于藏语安多方言。"四川境内的这部分藏族,所说的语言不同于藏语,而同于云南的普米语,而普米语又接近于羌语和嘉戎语"。①这让我们深切地感到民族走廊的意义和古羌人南下的巨大影响。

关于嘉戎、道孚和白马等人的语系支属与民族成分划分,学者们有一定的分歧,如他们是藏族讲藏语,还是羌族讲羌语,甚至自为民族自有语言。白马是古代的氐人还是羌人,今天是藏族还是氐族? 如果能摒弃主观情绪,这些都是引人入胜的学术问题。我们觉得,民族走廊地区的各族,诸如嘉戎、道孚、白马等都与活动在这一地区的氐、羌人有关系,又吸收了当地土著的某些成分,形成相对稳定的民族语言与特征。但是在吐蕃兴起并东向发展以后,改变了他们的发展命运,而藏传佛教的巨大影响,更使他们经受了一场藏文化的洗礼,从而造成民族与语言上的复杂状况。于是,"白马",既可与《史记·西南夷列传》中的"白马氐"相等同,又可与《后汉书》中的"白马羌"相等同,也可与东向扩展的"藏军"(bod-dmag,音同白马)相等同。实际上,白马人人种上主要应来自汉代的白马氐,又融合了其他各族的成分(包括羌族、藏族),文化上已基本接受了以藏传佛教和藏语为核心的藏族文化。族属只能依据其现状和基本特征来确定。

民族走廊的古语遗留自然不止以上几种,但它们的经历却大致相同。据学者调查,在四川凉山彝族自治州的甘洛、越西、冕宁、木里,雅安地区的石棉、汉源,甘孜藏族自治州的九龙等县,约2万左右的人口使用尔苏语(多续语、栗苏语),他们也有方言区别。这种语言一般在家庭、村寨和本地区使用,外出则使用汉语、彝语或藏语。在凉山、甘孜等地还有居民使用纳木义语、史兴语,甘孜、雅安等地有木雅(弭药)语、贵琼语,甘孜、阿坝等地有尔龚语、扎巴语等。这些语言有的分布在汉语区,有的分布在彝语区,有的则分布在多种语言如普米、纳西、彝、藏等语言交错区,但它们既不属于彝语支,也不属于藏语支,而与羌、普米和嘉戎等语言较

---

① 费孝通:《关于我国民族的识别问题》,《中国社会科学》1980年第1期。

为接近,依据语言、词汇和语法的综合比较研究,它应属于藏缅语族羌语支。① 这也许是羌语更多地保留了古羌人语言成分的缘故吧。

语言是社会和历史发展的一面镜子,民族走廊地区语言与民族划分方面的复杂性,反映了这一地区过去不平凡的经历。我们还可以看到,在汉藏语系藏缅语族的未定语支的诸语言中,如白语、羌语、普米语、珞巴语、独龙语、土家语,大多与民族走廊的文化传播与影响有关,而且大多与走廊地区氏羌南下、汉文化西渐、藏文化东进有关联。因此,谜一般的民族走廊,让人们很难找到一个相互公认的答案。

第六节　民族走廊与吐蕃

民族走廊把青藏高原与中原大地分隔开来,也把两者联系起来,在民族与文化上起到桥梁作用。因此,它与青藏高原地区文明的兴起,以及吐蕃王朝的繁荣、吐蕃文化的传播具有密切的关系。

(一) 弥人与猕猴种

在汉文史籍中,以牧羊为生并以羊为图腾的文化习俗总是和"羌人"联系在一起的。古代羌人既是中原汉族的重要来源之一,又是青藏高原各族,包括后代的吐蕃人的先祖之一。先秦时期,古羌人较大规模地迁居中原有三四次之多。第一次发生在公元前 2000 年以前的虞夏之际,时值大禹治水,一部分羌人因佐禹治水有功而留居黄河以南,享封邑于吕国、申国(在河南南阳西、北)和许国(许昌东)。殷周之际,申国分出一个缯国(河南方城),吕国分出齐国(山东临淄)、纪国(山东寿光南)。至于陕甘地区多为羌人、姜人等活动范围。羌人第二次内迁中原在周幽王三年(公元前 779 年),即幽王废申后,"申侯怒,与缯、西夷、犬戎攻幽

---

① 孙宏开:《川西民族走廊地区的语言》,见西南民族研究学会编《西南民族研究》,四川民族出版社 1983 年版,第 429—454 页。

王。……遂杀幽王骊山下"①。第三次在襄王十五年（公元前 637 年），秦国和晋国协商迁陆浑之戎于伊川。他们原居今甘肃陇山（瓜州），内移河南嵩山以后，称"姜戎"和"阴戎"。《左传》称姜戎为姜姓，阴戎为允姓。秦得其地，晋得其民。② 姜姓即与羌人有关，而阴戎或即月支人，欧洲人种。楚国芈姓，也与羌人有关。羌人与中原各族共同创造了华夏文明。羌人的姓氏也保留在后世汉族的"百家姓"中，较典型的一是姜姓，一是芈姓或弥、迷、弭、米等。汉代的西羌人有弥姐，唐代党项有米禽氏，西夏人自称弥人，吐蕃人称党项羌为弭药（mi-nyag），以及今天羌人仍自称"日芈"、"日绵"或"日玛"（"日"为辅音，无意义）。这些与中原的芈姓都是同源的，即均来自古羌人的自称 mi（弥）。

羌人与吐蕃人的来源关系更为密切，羌人以羊为图腾，人死后宰羊引导亡灵进入阴间，并用羊骨进行占卜等习俗，古今相类。《新唐书·吐蕃传》也记吐蕃人"其俗重鬼右巫，事羱羝为大神"。至于党项羌人的"三年一相聚，杀牛羊以祭天"的习俗，在吐蕃人那里已变成"三年一大盟，夜于坛埠之上与众陈设肴馔，杀犬马牛驴以为牲"，宣誓保卫赞普王室了，但其基本内容并无二致。

最令人注目的就是猕猴种的传说了。藏文史籍关于古代人种起源有各种说法，但是猕猴传人的说法影响最广，而据《隋书·党项羌传》说"其种有宕昌、白狼，皆自称猕猴种"。至今在党项人故地之一的甘肃文县铁楼沟铁布寨和博峪沟地方，居民们每逢年节，仍要举行猴子变人、采籽种为食、祭祀羊神等纪念先祖的活动。③ 远离青藏高原的西夏人也写诗忆祖，追念青藏高原上的故乡，诗中写道："黔首石城漠水畔，红脸祖坟白河上，高弥药国在彼方。"另一首述及先祖说："母亲阿妈起族源，银白肚子金乳房，取姓鬼名俊裔传。繁裔崛出'弥瑟逢'，出生就有两颗牙，长

---

①《史记·周本纪》。
② 马长寿：《氐与羌》，上海人民出版社 1984 年版，第 91—94 页。
③ 邓廷良：《党项考》，1981 年银川"西夏研究学术讨论会"论文。

大簇立十次功,七骑护送当国王。"还有一首说道:"羌(吐蕃)汉弥人同母亲,地域相隔语始异。羌地高高遥西隅,边陲羌区有羌字。"①说出了本族的经历及其与吐蕃、汉族的关系。藏文史书更把党项羌人纳入与自己有亲缘关系的诸氏族之中。《拉达克王统记》(一作《拉达克史》)即说,古代内部四小人种是象雄的玛(smra)氏族、苏毗的东(stong)氏族、弭药的董(ldong)氏族和吐谷浑的塞(或色,se)氏族②,是民族融合的产物。

(二) 古氏族的发祥地

藏族古代传说与历史文献记载了猕猴与岩魔女相合传出四氏族或六氏族的说法,他们创造人类的这一伟大事件,据说就发生在雅隆河谷的泽当地方。四氏族或六氏族都被如意地安排了位置。然而,法国的石泰安教授在他的《汉藏走廊的古部族》③一书中提出了一个值得人们深思的看法。他说,养育猕猴后裔的雅隆河不在山南,而在康区,也即川西民族走廊的雅砻江,而诸古部族也分布在民族走廊地区:色(塞,se),完全可能与 se-hu 色呼(即西吴)具有某种相似性,而后者是木雅(党项)人的祖先。色(se)又是吐谷浑(va-zha,阿柴)的定语,即 se-va-zha(色阿柴),于是,吐谷浑的色与木雅的董相关。哲(或查,sbra,dbra),与色人关系密切,有"色琼哲"之说,他们居于彭域。彭域却并非像后世藏史所说的那样,只指拉萨东北地区,而是在康区,即所谓"彭域色木岗"。在这里与"哲族"错居的还有"董族"和"东族"。哲族居于金川或嘉戎。董族(ldong)分布在民族走廊辽阔的疆域上,南至今西藏昌都,北至青海湖地区,有十八部之说,主要指党项人即董木雅。东族(stong)即苏毗人,他们居于雅砻江流域,也与木雅人混居。珠族(vbru)住在邓柯一带地区。此外还有葛族(lga)、玛族(rma)、木族(dmu,rmu)、白族(dpav)和高族

---

① 陈炳应:《西夏文物研究》,宁夏人民出版社 1985 年版,第 346—347 页。
②《拉达克史》(藏文),西藏人民出版社 1986 年版,第 5 页。
③ 石泰安著,耿昇译:《川甘青藏走廊古部族》,四川民族出版社 1992 年版。

(sgo)等。①

石泰安教授说:"尽管我们所研究过的全部地名或人种名称都经历过反复变化,而且考证的也并不确切,但它们肯定都位于西藏的东北部。这些部落之间的关系是十分微妙和难测的,而且还屡经变迁,有过多次迁徙,这就是我们在不同地方会发现同一名称的原因之所在。"②

在安多的传说中,朵甘思才是猕猴与岩魔女成婚传人的地方,猴子玩耍的索塘或泽当在多思麻的厄(ngas)之索塘(zo-thang);古代典籍在把祖先世系起源地点确定在雅隆河谷一带的同时(甚至在此之前),也有把它们确定在西藏东部或东北部的说法。在有关聂墀赞普的传说中,木族的舅父和赞普升天的能力确实是羌人形成的一个基础。羌语中的"天"字可以说明木族(dmu)与恰族(phya)人之间的联系;另外,有关聂墀赞普传说与有关鹘提悉补野(vo-lde-spu-rgyal)、鹘提巩甲(vo-lde gung-rgyal)的传说密不可分。而神山鹘提巩甲位于俄卡(volkha),娘氏和工布氏则居住在距雅隆河很远的地方。在古典传说中,倾向于把聂墀赞普下凡的神山(降神山或神山之幕)与雅拉香波山相等同,而这两座山都矗立在川西北的雅砻江畔,只是后世才把这些神山雅拉香波山、神水雅砻江移到了山南地区。③

石泰安先生的考证是严谨而引人入胜的。他的结论是:西藏传说中的六个"原始部落"都位于中部藏区之外,在东部藏区的边缘地区。在那里发现了许多地名、民族名或其他与这些神话传说中的部落有关系的名词。其中有些名称或名词是由于杂居的背景所造成的,尤其是羌族人中更为明显,他们与西藏中部的古老藏人有近缘关系,但又具有明显的不同之处。"因此,汉人在把中藏的吐蕃人与东藏的羌人联系起来的作法并没有错。这两个人种集团并不完全一致,但后者曾是形成前一个民族的重要组成部分"。西藏的传说中更注重民族走廊地区的部落是很有道

---

①②③ 石泰安著,耿昇译:《川甘青藏走廊古部族》,四川民族出版社1992年版,第135—146页。

理的。来自西藏东北部的民族或家庭的迁移,对历史上吐蕃复杂的民族和文化的形成曾作出过重大贡献。①

我们可以为石泰安先生的观点提供两点补充证据,一是《汉藏史集》等书所说,并为我们上文赞同的吐蕃王族来自西藏昌都波密地方的说法;一是羌人的原始宗教对雅隆吐蕃人原始信仰及中原地区道教的影响,都说明了民族走廊地区文化的悠久与深厚,以及影响吐蕃文化的客观可能。

(三) 唐蕃战争中的走廊民族

民族走廊地区由于地理上的原因,造成了休养生息有余,而扩张伸展不足的局面,事实上已是周邻诸多民族逃避厄运的渊薮。而一旦具有发展欲望,则须走出走廊。民族走廊各族分散居住、各自为政又不断流徙的状况,决定了他们在吐蕃王朝崛起并与唐朝对峙中的夹心饼地位。

民族走廊地区长期以来为中原中央王朝所统治,汉武帝天汉四年(公元前 97 年)在这一带"置两都尉,一居旄牛,主缴外夷;一居青衣,主汉人"②。汉族也是这里的居民之一。嗣后,或密或疏一直与中原王朝保持隶属或通使关系。唐蕃战争主要在三个地区展开,一是西域即今新疆天山南部地区;一是青海地区;一是民族走廊地区。在后一地区,吐蕃主要是与唐朝争夺南诏、东女国、西山八国及其他氐羌部落。这些战争在唐诗中多有反映,如杜甫《西山三首》之一说:"彝界荒山顶,蕃州积雪边。筑城依白帝,转粟上青天。蜀将分旗鼓,羌兵助井泉。西戎背和好,杀气日相缠。"

唐蕃战争使民族走廊地区的各族处于两难之中,吐蕃强时他们归

---

① 石泰安著,耿昇译:《川甘青藏走廊古部族》,四川民族出版社 1992 年版,第 147 页。
②《后汉书·南蛮西南夷传》。

蕃,唐朝盛时他们归唐,处于相对被动的地位。但是他们的向背却直接影响到这一地区的局势。吐蕃屡次向这一带的部落首领封官、授铁券印信,甚至称南诏主为东帝,以之为兄弟(钟),与之联姻,可谓费尽心机。《旧唐书·李德裕传》说,吐蕃在攻陷唐朝河西陇右之后,大批州县纳入吐蕃治下,但是位于今四川理县北部的维州城,因地势险要而难以攻克。吐蕃竟将一位女子嫁给守门人,二十年后,妇人生子长大,当吐蕃军攻城时,两子为内应,使吐蕃攻陷维州。吐蕃人筑城以居,号为无忧城。

由于吐蕃军事扩张的需要,对民族走廊各族各部搜刮无度,引起了他们的不满和反抗。唐贞元九年(793 年),东女国与西山八国首领不满吐蕃统治,请求内附。"其种散居西山、弱水,虽自谓王,盖小小部落耳。自失河、陇,悉为吐蕃羁属,部数千户,辄置令,岁督丝絮"。归唐后,唐朝授以刺史,皆许其世袭。但他们也不敢完全与吐蕃对抗,于是暗中仍保持联络,唐人称之为"两面羌"。同样,唐朝的贪官污吏也会产生较大的负面效果。驻守南诏的唐朝都督张虔陀,利令智昏,经常借势奸污南诏王妻女,引起仇怨而被杀,唐剑南节度使鲜于仲通既不察实情,又不顾南诏王一再申辩,进兵南诏,终使南诏臣服吐蕃,联合攻唐。

吐蕃对民族走廊的数十年统治,以吐蕃王朝的瓦解而告终。民族走廊地区各族又纷纷转归唐朝治下,但是,吐蕃的政治与文化影响却无法抹去,大批的吐蕃士兵及家属也在这里定居下来,成为后来民族走廊地区藏族的重要来源之一。于是在甘青川滇四省区,尤其是民族走廊地区的藏族中,广泛流传着先祖来自吐蕃本部即今西藏地方的传说,甚至有直接是藏军后裔的记载,如嘉戎、白马、道孚、舟曲、卓尼等地藏族,莫不如此。后世元代的藏族(吐蕃)人宰相桑哥,就是藏军(吐蕃军)遗民的后裔。《汉藏史集》称他是出自噶玛洛部落的青年。噶玛洛,藏语作"bkav-ma-log",意即"没有命令不得返回"。正是这些没有返回吐蕃本部的吐蕃军人及其奴部,与当地各族相互融合,并在后来不断地吸收新的民族血液,形成了青、甘、川、滇地区的藏族。10世纪开始的佛教"后弘",以及藏传佛教的形成与传播,对上述地区藏族的形成起到十分积极而重要的强化作用。

第四章　辉煌于高原的吐蕃王朝

活跃在青藏高原上的古代羌人和其他外来民族,以他们所建立的部落邦国和文化为核心,已在辽阔的青藏地区点燃一盏盏闪烁的明灯。吐蕃王朝不是在文明的荒漠中建立起来的,不是无源之水、无本之木。然而,却是吐蕃王朝将青藏高原地区的历史推向了崭新的高度,引向一片灿烂辉煌,这正是雅隆河谷吐蕃人不朽的功勋。

第一节　松赞干布的统一事业

(一) 迁都逻些(拉萨)

雅隆吐蕃人原来主要活动于雅鲁藏布江南岸的泽当一带,其中心就是泽当西北面的雍布拉岗,即历代赞普及其家属生活居住的宫堡,它由巨大的石块堆砌而成。嗣后向南发展,占领琼结平原,将泽当与琼结联结起来,并在琼结修建了新的王宫琼(秦)瓦达孜。

到松赞干布的祖父达日年塞时,不断向外扩张,开拓疆土,使吐蕃成为青藏高原上的一个强部。其时,吐蕃的境域北至雅鲁藏布江,与森波为界;东至康区,与位于川西的附国相临;西至羊卓雍湖,与苏毗的三鲁雅下部为界;南邻泥婆罗和布丹;已领有西藏高原南部的大部分,从而与取代羊同(象雄)而雄踞于西藏高原北部的苏毗分庭抗礼。森波即森波小王国,有两王分知政事,森波王达甲吾以今拉萨堆龙德庆县德庆区为主要居地,从事耕牧;赤邦松驻守于今拉萨林周县澎波农场一带,部人主要从事畜牧。今拉萨、日喀则等重要地区均在其辖境之内,依当时实力,森波远较吐蕃有能力完成统一青藏高原地区的大业。但内争使之软弱,如《敦煌本吐蕃历史文书》所载,先有小王达甲吾被大臣念·几松所杀并拥戴另一个森波王墀邦松为王事件,后则有墀邦松臣下纷纷背叛而暗中投靠吐蕃达日年塞之事发生。到松赞干布的父亲南日伦赞时,终于击败森波杰,初步统一亚藏高原腹心地区,故而,吐蕃的"赞普"之号自他而始。

629年,当松赞干布13岁时,吐蕃王朝内部发生叛乱,被征服的达布、苏毗、羊同等纷纷发动武装反抗,南日伦赞也被臣下所杀(一说下毒致死),连亲密的父王六臣和母后三臣也参预叛乱活动。松赞干布就在这种危难时机开始了他艰难而辉煌的人生。

松赞干布,即弃宗弄赞、弃苏农赞、弄赞、弃苏农。他利用当时的部落矛盾,笼络势力,扩大队伍,逐渐平息了贵族的叛乱。参与叛乱的父族和母族势力也随之退出历史舞台,汉文史书称吐蕃"国法不呼本姓,但王族则曰论,宦族则曰尚"。① 在重要的历史关头,松赞干布首先做出迁都的动议。这主要是基于三种原因:其一,他深深感到要发展事业,偏居泽当、琼结一隅难于伸展,远远不及位处西藏高原中心的拉萨河谷地区,后者作为政治中心有地理位置和自然环境等方面的突出优势。其二,拉萨河谷地区是森波的故有中心,为森波贵族的聚居地,人口稠密,土地肥沃,据之既可以控制稳定政治局势的基本势力,又可以西取羊同、北逐苏毗,进一步完成青藏高原的统一,可谓一举多得。其三,父族、母族的叛

---

① 《通鉴考异》卷二一引《补国史》。

乱,使松赞干布感到他们的不足依恃和祖先故地的不复稳固,迁都可以摆脱旧贵族的影响与掣肘。大约在 633 年前后,松赞干布迁都逻些(今拉萨),拉萨河谷水草丰美,良田肥沃,景色秀丽。河谷两岸有布达拉山与药王山遥相对峙,形势险要,堪为兴隆王业的佳土宝地。但是,对所谓迁都之说也有不同意见,史书称松赞干布出生在今拉萨墨竹工卡甲玛地方,也就是说在南日伦赞时期已将重心转移至今拉萨地区,因此迁都并非从琼瓦达孜迁至拉萨,而是在今拉萨不同地区间的转移。

松赞干布率王室贵族将王都迁至拉萨后,即请泥婆罗等地工匠在布达拉山修建雄伟壮丽的宫殿,同时铺设道路,筑起宫墙,使吐蕃王朝的政治与文化中心获得崭新的面貌。只可惜,这一时期的布达拉宫先毁于墀松德赞时的雷击火灾,后毁于王朝末年的兵燹。今天的布达拉宫已非昔日红宫的原貌,而是五世达赖喇嘛时的建筑。

(二)统一青藏高原

当松赞干布"对进毒者断然尽行诛灭,令其绝嗣",以泄杀父之仇的怨恨时,即已开始了征服各部、统一高原的武装战争。松赞干布在使用武力的同时,对苏毗采取以招降为主的办法,派已担任吐蕃大论的琳·尚囊前往说服,于是"对苏毗一切部落不用发兵征讨,有如种羊领群羊之方法,以舌剑唇枪服之。不损失户数,悉归真正之编氓"。[①] 苏毗的归服,使吐蕃人统一青藏高原的事业迈开关键性的一步。故《新唐书》说,苏毗为吐蕃所并,号孙波,"在诸部最大,东与多弥接,西距鹘莽硖"。[②] 另一部分则向东迁徙,在川西北地区建立东女国。苏毗归吐蕃后,与后来归于吐蕃的吐谷浑人成为吐蕃的坚强后盾,"军粮匹马,半出其中"。《敦煌本吐蕃历史文书》记 692 年收苏毗部关卡税事,即与此相关。

---

① 《敦煌本吐蕃历史文书》,增订本第 165 页。
② 《新唐书·西域·苏毗传》。

　　在重新征服苏毗部落的前后，松赞干布也重新使归而复叛的外戚部落羊同（象雄）归于治下，象雄地区纳于吐蕃辖下在南日伦赞时，即随琼保邦色（即苏孜）所献藏博二万户而转归吐蕃。随后，达布首先反抗吐蕃统治，南日伦赞与诸大论商议平乱人选，有一名叫参哥米钦的人毛遂自荐，前往征讨，"米钦乃克达布王，收抚达布全境"①。南日伦赞死后至松赞干布重新征服叛乱各部之间，象雄对吐蕃同样经历了由叛到归服的过程。因此，当松赞干布率军北攻吐谷浑时，羊同（象雄）也在随从者之列。② 其时，双方还以婚姻稳固政治上的同盟关系。到644年，象雄再次出现反抗活动，松赞干布出兵"灭李聂秀（li-snya-shur，又作李迷夏、李迷聂），将一切象雄部落均收归治下，列为编氓"。他的做象雄王妃的妹妹，在其中起到一定的作用。《敦煌文书》称，其妹赛玛噶就象雄内政一直与松赞干布保持磋商与联系，最后托人向他送上三十颗大粒松耳石，暗示"若敢于攻打李迷夏则佩带此松耳石，若不敢进击则懦怯如妇人"。松赞干布乃下令，君臣火急发兵，由东赞域宋率军灭李迷夏。③ 象雄位于吐蕃西部高地，两者之间只有玛旁雍错一湖之隔，吞并象雄就彻底解除了西防上的威胁，使吐蕃得以安心东侵。诚如上文所言，象雄（羊同）直至8世纪上半叶仍牢固地掌握在吐蕃王朝的控制之下，羊同的军队，还是吐蕃扩大战争的先锋主力之一。吐蕃在象雄设有军政机构，653年，"以布金赞、玛穷任象雄之'岸本'（mngan-pon，财政总管）"。④ 在此后的662年和675年曾两次对象雄进行大清查。也许是出于对吐蕃无休止的经济勒索与抽调人员出征的不满，677年，象雄地区发生了反抗吐蕃的武装暴动。719年，又有征集羊同青壮兵丁之事。

　　吐蕃在吞并苏毗本部并稳定象雄之后，即发兵北攻党项、白兰诸羌，

————————
① 《敦煌本吐蕃历史文书》，增订本第162页。
② 《新唐书·吐蕃传》。
③ 《敦煌本吐蕃历史文书》，增订本第145页。
④ 同上书，第167—169页。

破之。其地归吐蕃治下，其民很大一部分为吐蕃役属，被称作"弥药"，即木雅（mi-nyag）。另一部分人则在吐蕃攻据党项本部前后，内徙唐境。"贞观三年，南会州（治今四川茂汶）都督郑元璹遣使招谕，其（党项——引者）酋长细封步赖举部内附，太宗降玺书慰抚之。步赖因来朝，宴赐甚厚，列其地为轨州，拜步赖为刺史，仍请率所部讨吐谷浑。其后，诸姓酋民相次率部落皆来内属，请同编户，太宗厚加抚慰，列其地为崌、奉、岩、远四州，各拜其首领为刺史"。① 唐高宗龙朔（661—663 年）以后，吐蕃扩大东侵规模，又有黑党项及白狗、春桑、白兰等羌部为吐蕃臣服。在吐蕃占领河西、陇右以后，党项人迁到今宁夏、陕北地区，后来建立了西夏政权。在他的诗歌与其他文学作品中常常追忆其先祖故地——青藏高原，其中有一首写道："黔首石城漠水畔，红脸祖坟白河上，高弥药国在彼方。"②

与党项和白兰同时被征服的还有吐谷浑。其时，吐蕃使者向唐朝请婚，被太宗皇帝拒绝，遂归其咎于吐谷浑，以为与唐结亲的吐谷浑从中挑拨使然，"弄赞（松赞干布）怒，率羊同共击吐谷浑，吐谷浑不能亢，走青海之阴，尽取其赀畜"。③《敦煌本吐蕃历史文书》赞普传记也说："其后赞普亲自出巡，在北道，既未发一兵抵御，亦未发一兵进击，迫使唐人及吐谷浑人，岁输贡赋。由此，首次将吐谷浑人收归辖下。"使唐人输赋之说夸张不实，而将吐谷浑故地与部分人民纳入治下则不虚。嗣后，吐蕃军攻唐军失败，松赞干布遣使谢罪，复请婚，太宗许之，遂有文成公主出嫁吐蕃之事发生。吐蕃军撤回高原，与吐谷浑也言归于好。松赞干布去世后，吐蕃贵族噶尔家族掌权，唐蕃战争扩大，吐蕃军竟在龙朔三年（663年）灭亡吐谷浑。《敦煌本吐蕃历史文书》较明确地记载了吐蕃大论

①《旧唐书·西戎·党项羌传》。
② 聂历山：《西夏语文学》，莫斯科，1960 年；陈炳应：《西夏文物研究》，宁夏人民出版社 1985 年版，第 346 页。
③《新唐书·吐蕃传》。

(blon chen)视察吐谷浑地区的史事,其中大论噶尔·东赞域宋(即禄东赞)从659年到666年的8年中,每年皆去阿柴域(va zha yul,即吐谷浑)视察①,足知对该地区的重视。

松赞干布时期,还将毗邻东部的附国纳入辖区之内。附国在蜀郡西北二千余里地方,为汉代的西南夷。其国南北400公里,东西750公里。② 附国可能即是藏文spo-yul(波隅),它位于西藏东部的尼洋河流域,即尼洋波(nyang-po)地区。吐蕃时代,这里有娘布(nyang-po)、工布(kong-po)、波布(spo-po)和达布(spo-po),均与附国相关,而波布(spo-po)所在的今西藏波密县地区,或是附国的本地。"附"与spo音相近,如我们前文所说,吐蕃的王族祖先聂墀赞普是来自波沃地区的王,故被称为布结(spu-rgyal,或spo-rgyal,汉文作宝髻、悉补野等),那么,附国即可能是吐蕃王族的原始故地。③ 也有说法认为附国在今西藏昌都一带。南日伦赞被毒死后,各部叛乱,其中就有聂尼达布、工布和娘布等地部落参加。这些叛乱后来被松赞干布相继平息,附国也就随之复归吐蕃王朝治下。此事大约在630年前后。与之同时被征服的,当有接连附国的嘉良夷、薄缘夷等。于是,附国在隋炀帝大业中(605—618年)朝贡之后,不见来朝,而《旧唐书》作者,也不复为之立传。《新唐书》虽列有"附国",显然毫无新意地袭自《隋书》与《北史》。因此,可以确认,附国也在吐蕃的统治之下。

松赞干布还对南部的泥婆罗(今尼泊尔)等国用兵,开拓疆土。泥婆罗,梵文作Nep āla,俗语称Nev āla,指今尼泊尔加德满都河谷地区。其时,统治该地的是塔库里人王朝,其王号鸯输伐摩(意为光胄),即尼史中的阿姆苏·瓦尔马(Amshu-Varma)。松赞干布在击败雅隆河谷西南部的象雄(羊同),开辟出西进道路以后,即从西南进入喜马拉雅山地区。

---

① 《敦煌本吐蕃历史文书》,增订本第146页。
② 《北史·附国》;《隋书·西域·附国》。
③ 此问题涉及吐蕃王族来源,有待进一步探讨。

慑于吐蕃军事压力,泥婆罗王向吐蕃纳女请和,嗣后遂有墀尊(尼名布里库蒂,Bhrikuti)公主北嫁松赞干布的联姻佳话。《新唐书·西域传》称,泥婆罗"直吐蕃之西乐陵川。初,王那陵提婆之父为其叔所杀。提婆出奔,吐蕃纳之,遂臣吐蕃"。《敦煌本吐蕃历史文书》也记此事,谓噶尔·东赞域宋将文成公主迎至蕃地,"杀泥婆罗之'宇那孤地',立'那日巴巴'为(泥)王"。① 此后,作为属地之一,泥婆罗成为吐蕃赞普南游的驻足之地。《敦煌本吐蕃历史文书》大事纪年中,就记有675—723年赞普13次驻泥婆罗的史实。704年,泥婆罗起来反抗,吐蕃赞普墀都松(676—704年)丧身于此,故《旧唐书·郭元振传》记其事上疏云:"……今吐蕃不相侵扰者,不是顾国家和信不来,直是其国中诸豪及泥婆罗门等属国自有携贰,故赞普躬往南征,身殒寇庭,国中大乱。"藏文史书也记载了此事。②

松赞干布的南征北讨,把青藏高原地区统一起来,从此结束了邦国对立、互不统属的时代,也奠定了吐蕃王朝的基业。为了管理这一广大的地区和人口众多、文化发达的各个部落与民族,吐蕃统治者采取了一系列措施并逐渐建立起一整套行之有效的制度,为吐蕃政权的稳固提供了有力的保障。

第二节　吐蕃王朝的军政区划

吐蕃的辖区有一个由小到大,不断扩张的过程。吐蕃王朝是由南日伦赞和松赞干布父子建立起来的,它的军政区划也有一个不断完善的过程。简单地说,作为青藏高原上的一个统一王朝,它的军政制度创立于松赞干布时期,而完成于墀松德赞时期(754—797年)。

吐蕃的军政区划带有其自身特征,这就是军政与民政不分,地缘与血缘(氏族、部落)一体。它既是当时社会发展状况的必然产物,又与以

---

① 《敦煌本吐蕃历史文书》,增订本第145页。
② 《敦煌本吐蕃历史文书》,增订本第149页记:龙年(704)"冬,赞普牙帐赴蛮地,薨"。

军事掠夺为基础的经济生活相适应。我们看到的吐蕃王朝即是在以部落组织为根基,以军事掠夺为宗旨的长期战争中建立起来、发展壮大,并最后走向崩溃的。它的军政区划也没有脱离这个核心。因此,有必要追述一下吐蕃军政区划赖以建政的基础。

(一) 十二小邦

吐蕃是以青藏高原上的古邦国为基础来建立其强大王朝的,各个邦国以及它的统治者——部落贵族,以同样的方式进入吐蕃的军政区划之列和官僚贵族队伍。在松赞干布统一青藏高原以前,曾是所谓十二小邦并存的局面,藏史详记其姓氏名称与辖地,今引述于下[1]:

> 象雄阿尔巴之王为李聂秀,其家臣为"琼保·若桑杰"与"东弄木玛孜"二氏。
>
> 娘若切喀尔之王为藏王兑噶尔,其家臣为"苏"与"囊"氏。
>
> 努布境内林古之王为努布王斯巴,其家臣"苗乌"与"卓"二氏。
>
> 娘若香波之地,以弄玛之仲木察为王,其家臣为"聂"与"哲"二氏。
>
> 几若江恩之地以几杰芒保为王,其家臣"谢乌"与"索"二氏。
>
> 岩波查松之地,王为古止森波杰,其家臣为"噶尔"与"年"二氏。
>
> 雅茹玉西之地以雅杰喀尔巴为王,其家臣为"包"与"都"二氏。
>
> 俄玉邦噶之地,以俄杰新章察为王,其家臣为"翱"与"韦"二氏。
>
> 埃玉朱西之地,以埃杰拉章为王,其家臣为"赛巴"与"娘耐"二氏。
>
> 龙木若雅松之地,以南巴之子森弟为王,其家臣为"娘"与"白兰"二氏。
>
> 悉布玉若木贡之地,以张杰内南木为王,其家臣为"秀琛"与"热

---

[1]《敦煌本吐蕃历史文书》,增订本第173页。

德"二氏。

工布哲那之地,以工杰噶波为王,其家臣为"喀尔"与"帕珠"二氏。

娘玉达松之地,以娘宗朗杰为王,其家臣为"乌如"与"扎克"二氏。

达布朱西之地,以达杰竹森为王,其家臣为"泡古"与"卜若"二氏。

琛玉古玉之地,以琛杰内乌为王,其家臣为"当"与"丁蒂"二氏。

苏毗之雅松之地,以末计芒茹帝为王,其家臣为"郎"与"甘木"二氏。

卓木南木松之地,以斯日赤为王,其家臣为"江日那"。

从上述看,已不是十二小邦了,其数已达十七个。不过十二小邦是就地区而言的,在某一个地区存在或者分出若干个部落团体是不足为奇的。这里已包括了被认为是十二小邦的诸国,如琛玉古玉、象雄阿尔巴、娘若切喀尔、努布林古、娘若香波、几若江恩、岩波查松、俄玉邦噶、悉布玉若木贡、工布哲那、娘玉达松和达布朱西等,它们都成为吐蕃王朝建立军政体系的基础。从后来的事实看,吐蕃并没有拆散或改变这种制度。

松赞干布的建政是以十二小邦的原有组织为基础的,但是,把它们贯穿起来的却是获得赞普倚重的贵族,这一点保证了组织上的统一与政权的稳固。而促成他们与赞普联结的既是共同的利益,又有一定的传统习惯,此即会盟与盟誓制度。在松赞干布以后,除了盟誓之外,更主要的是依靠以王权为宗旨的法律制度来约束。因此,松赞干布统一青藏高原后所建立的,是赞普领导下的部落首领联盟体制。尊重拥有巨大军事势力的部落首领的权力与利益,十分重要。在松赞干布统一青藏高原以后,即扩大施政范围,逐渐建立起一套军政区划体系,更全面地体现包括赞普本人在内的贵族们的利益。

(二) 五茹六十一东岱

吐蕃将全体属民纳入军事体制下的部落组织之中,并将所有辖区划分为五茹六十一东岱。茹(ru)即"翼",分支。东岱(stong-sde)即"干部"、"千户"。茹和东岱是吐蕃军政体制的两个基本单位。

据《贤者喜宴》记载,松赞干布的主要大臣噶尔·东赞域宋和达杰建立了吐蕃军政体制与区划的根基(khod)①,《敦煌本吐蕃历史文书》记:"及至虎年(654年),赞普驻于美尔盖。大论东赞于蒙布赛拉集会。区分'桂'(rgod)、'庸'(g·yong),为大料集(征发户丁、粮草劳役等)而始作户口清查。是为一年。"②桂(武士)、庸(属户)的划分是五茹六十一东岱体制的重要内容,而括户又恰是建政的根本依据。因此,654年应是吐蕃全面确立军政体制与区划的开端。

噶尔东赞等首先划定茹界,确定四茹。在征服苏毗后,又增设苏毗茹,形成五茹:

伍茹(dbu-ru):东至沃卡秀巴本顿,南至马拉山系,西至休尼莫,北至扎朗玛古普,中心是拉萨的小昭寺。

约茹(g·yo-ru):东至工域哲那,南至夏吴虎门,西至卡热雪峰,北至马拉山系,以雅隆昌珠为中心。

叶茹(g·yas-ru):东至扎朗玛古普,南至聂拉木牦牛鼻山,西至沙碛九山,北至迷底黑水,以香之雄巴园为中心。

茹拉(ru-lag):东至绛尼扎,南至泥婆罗之牛鼻山,西至拉金牦牛眼,北至沙碛青山,以哲之都尔巴纳为中心。

苏毗茹(sum-pavi-ru):东至涅域黑瓶山,南至迷底黑水,西至叶尔山脚大高台,北至那雪斯柴,仓甲雪虎园是其中心。

---

① 《贤者喜宴》藏文本,民族出版社1986年版,第186页。
② 《敦煌本吐蕃历史文书》,增订本第145页。

在五茹之中,叶茹和茹拉位于藏地即今日喀则地区,伍茹和约茹位于卫地,即今拉萨地区,苏毗茹是作为附属茹,位于藏北。

吐蕃王朝采用贵族采邑制,将各茹辖土划归各主要贵族和部落首领领属,就形成军政合一的十八采邑,据《贤者喜宴》记载:"伍茹雪钦(dbu-ru-shod-chen)为赞普直辖之地,颇章奈且(pho-brang-sne-che)为赞普王属民之地,雅隆索卡(yar-lungs-sogs-kha)为库氏(khu)、尼雅氏(gnyags)之地,雅卓(ya-vbrog)为雪家古仁五部之地,秦昂秦域(vching-nga-vching-yul)为管氏(mgos)和努氏(snubs)之地,恰乌关隘(bya-vug-sa-tshigs)为昌王五父之地,哲和雄巴(brad-dang-zhong-pa)为那囊氏(sna-nam)之地,上下查绒(brag-rum-stod-smad)为蔡邦氏之地,上藏下藏(gtsang-stod-gtsang-smad)为没庐氏和琼保氏之地,隆雪南布(klongs-shod-nam-po)为朱氏和曲仓氏之地,彭域千部为卓氏和玛氏之地,娘若仲巴为折氏和杰氏之地,象与列为齐日和列氏之地,大小雍瓦为勃阑伽氏之地,夏克三部为论布贝氏(sbas)之地,南热恰贡为称氏和恰氏之地,当雪噶莫为洽氏和惹氏之地,多甘思和多钦为八个军士千部之地。"[1]这种采邑分封,成为赞普联系各个氏族贵族的一条纽带,形成两个层次的关系:即赞普与豪门贵族的领属与盟誓关系;豪门贵族首领与其属民之间的领属与血缘纽带关系。这种关系在战斗中具有团结一体、灵活,以及便于直接统领等优点,成为吐蕃军的一条制胜之道。但在军事中,发挥主导作用的却是"武士之六十一东岱"。

《贤者喜宴》记载,"桂东岱"是构成"茹"的基本单位,每茹有八个"东岱"、一个小东岱和一个近卫东岱,合为十个东岱。

伍茹的十个东岱是:朵岱、岱界两部,曲界、昌界两部,觉巴、支(必力)界两部,上几下几两部,叶尔热卜小东岱和东部近卫东岱。

约茹的十个东岱是:雅隆、秦隆两部,雅界、玉邦两部,达保与尼雅涅

---

① 《贤者喜宴》藏文本,民族出版社 1986 年版,第 186—187 页。

两部,聂和洛扎两部,洛若小东岱和北部近卫东岱。

叶茹十东岱:东钦、象钦两部,朗迷、泊噶尔两部,年噶尔、章界两部,波热、松岱两部,香小东岱和西部近卫东岱。

茹拉十东岱:茫噶尔、赤松两部,仲巴、拉孜两部,娘若、赤塘两部,康萨、开扎木两部,错俄小东岱和南部近卫东岱。

此外还有象雄(羊同)十东岱,又分上下:上象雄位于吐蕃与突厥边界地区,有窝角、芒玛两部,聂玛、杂莫两部和帕噶小东岱五个。下象雄位于吐蕃与苏毗边界,有古格、角拉两部,吉藏、亚藏两部和几提小东岱五个。

苏毗茹十东岱是:孜屯、布屯两部,上下桂仓两部,上炯、下炯两部,上哲下哲两部,卡若、卡桑两部和纳雪小东岱。

以上共计六十东岱,外加一个由汉人组成的"通巧汉户东岱",即构成六十一东岱,各设东本(千户长)统领。

据称,卫藏四茹各设茹本与副将,各茹皆有自己的旗帜和特色性的马匹:上下伍茹的茹马为白鬃灰白马和赤色豹纹马,茹旗为花边红旗和红色吉祥旗;上下约茹的茹马为棕黄花斑马和白蹄赤色马,茹旗是红色狮子旗及白色黑心旗;上下茹拉的茹马为鹅黄红鬃马及棕色黑鬃马,茹旗为白狮悬天旗及黑色吉祥旗;上下叶茹的茹马为赤色火花马和青骢马,茹旗为黑旗白心,上画鹏鸟之旗和淡黄花斑旗。[①]

吐蕃王朝将属民首先区分为"桂"和"庸"两种,"桂"被视为高等属民,他们主要从事军事征讨。"庸"则是为战争服务的勤杂和后方支援人员,地位低下。同时,又按职业将社会各阶层划分为不同类别,即有所谓"九头领"、"七牧者"、"六匠人"、"五商贾"、"三执者"等。并对他们之间以地位高低加以区别,分为"更"(kheng,奴隶)、"扬更"(yang-kheng,奴

---

① 《贤者喜宴》藏文本,民族出版社1986年版,第188页;参阅黄颢译文,见《西藏民族学院学报》1981年第1期。

隶之奴隶)和"宁更"(nying-kheng),后者地位最低。他们在整体上是与武士阶层的"桂"相对应的,是吐蕃王朝这台军事机器的附属零件。

第三节 吐蕃王朝的官制系统

把吐蕃王朝辖区组织起来的,是它的军政体系与行政区划,而使吐蕃王朝各辖区得以向心运转的,却是它的官制系统。在吐蕃王朝成立以前,这一系统的核心就是军事民主制式的部落首领议事制度。吐蕃王朝建立以后,旧的传统仍保存下来,但比重减轻了,发挥巨大作用的是新的官制系统。

(一)赞普王权

从部落议会中首先突出的,是盟主的权力,由此形成王权,它是应统一政权的需要而产生的。《新唐书·吐蕃传》说:"其俗谓雄强曰赞,丈夫曰普,故号君长曰赞普。""赞普"一名,自南日伦赞时产生,在其出现时已具有"王"的含义,逐渐成为"王"的专称,为悉补野家族所独有,并且被神化,藏史多称其为"圣神赞普"和"天赞普"等。赞普虽然与臣下一样享有采邑,通过定期举行联盟会议,充分吸收各贵族的意见,并通过实际措施来体现他们的利益,但地位已非同往昔。《旧唐书·吐蕃传》记,赞普"与其臣下一年一小盟,刑羊、狗、猕猴,先折其足而杀之,继裂其肠而屠之,令巫者告于天地山川日月星辰之神云:'若心迁变,怀奸反复,神明鉴之,同于羊狗。'三年一大盟,夜于坛埠之上与众陈设肴馔,杀犬马牛驴以为牲,咒曰:'尔等咸须同心戮力,共保我家,惟天神地祇,共知尔志。有负此盟,使尔身体屠裂,同于此牲。'"。明显反映出赞普王权的特殊地位,它已把会盟这种相互承诺的古老形式,变成了单方面即赞普对臣下的绝对要求。在统一的王权之下,即是一个以军事需要为核心的庞大的官制系统。

(二) 吐蕃的官制系统

吐蕃王朝建立以前,由于部落规模相对较小,辖区不广,社会制度也较为落后,母系氏族制残余相当浓厚,雅隆吐蕃人的职官制度十分简单:官员以与赞普血缘上的亲疏而分为两种,即"尚"和"论"。"尚"(zhang),意为舅氏或母族;"论"(blon)为父氏或父族。这是母系过渡到父系氏族社会时期较为突出的特征。及至父系代替母系氏族社会,血缘关系按父系计算,母族相对疏远,尚、论的含义也为之一变。故《补国史》称:"吐蕃国法不呼本姓,但王族则曰论,官(宦)族则曰尚。"①异族部落首领不断加入吐蕃贵族之列,逐渐改变了尚、论所具有的内涵,一方面存在旧的残余,另一方面又纳入新的统一的职官系统之中。

《新唐书·吐蕃传》记:"其官有大相曰论茝,副相曰论茝扈莽,各一人,亦号大论、小论,都护一人,曰悉编掣逋;又有内大相曰曩论掣逋,亦曰论莽热,副相曰曩论觅零逋,小相曰曩论充,各一人;又有整事大相曰喻寒波掣逋,副整事曰喻寒觅零逋,小整事曰喻寒波充,皆任国事,总号曰尚论掣逋突瞿。"据此,吐蕃王朝的中央官员可以分为三个职官系统:

1. 贡论系统:即大相、论茝(大论)、论茝扈莽(小论)、悉编掣逋等。论茝,藏文作"blon-che",即"blon-chen-po"。或"gung-blon-chen-po",为大相或大论。初设一人,入将出相,权倾一时,后则增至数人,以分其势。论茝扈莽,藏文作"blo-che-vog-dpon"或"gung-blon-chen-vog-dpon",为副相或小论。悉编掣逋,藏文作"spyan-chen-po",为都护。他们三人主要任务是处理军国大事,即负责军事征讨。下属官员也以军职为主,如天下兵马都元帅、天下兵马副元帅、统兵元帅、将军、茹本、千户(夫)长、五百夫长、部落使、守土官等。

---

① 《通鉴考异》卷二一引《补国史》;韩儒林:《吐蕃之王族与宦族》,华西大学《中国文化研究所集刊》1940 年 1 卷 1 期。

2. 曩论系统：即内大相（曩论掣逋或论莽热）、副相（曩论觅零逋）和小相（曩论充）三人。曩论掣逋，藏文作"nang-blon-chen-po"；曩论觅零逋，即"nang-blon-vbring-po"；曩论充即"nang-blon-chung"。他们的职权主要在于负责内政事务。属官有噶禁论（给事中）、悉南纰波（近侍）、岸本（度支官）、仲巴、土地官、大孜巴（审计官）、税务官、宫廷总管等。

3. 喻寒波系统：即整事大相（喻寒波掣逋）、副整事（喻寒觅零逋）和小整事（喻寒波充）三人。喻寒波掣逋，藏文作 yo-gal-vchos-pa-chen-po；喻寒觅零逋，即 yo-gal-vchos-pa-vbring-po；喻寒波充，即 yo-gal-vchos-pa-chung-ba。他们主要负责监察与司法。属官有协杰巴（刑部尚书）等官。

贡论、曩论和喻寒波三大系统的大、中、小三位首领官，合称九大尚论（即尚论掣逋突瞿，藏文作 zhang-blon-chen-po-dgu）。在这一方面，藏汉文的记载相一致。《贤者喜宴》说："贡论之大中小三者，曩论之三者，整事之三者，合为九种，此即九大论。而贡论行事犹如丈夫，以威力决断外务；曩论如同贤妇操持家政；整事之官，对贤者，虽有仇隙，也当奖赏，对恶人，即是亲子也当处刑。"

吐蕃的官制系统是继承其旧有传统，并吸收唐朝职官中的某些有用部分形成的。部落贵族的地位和作用并未因此而被取消，他们依然扮演着举足轻重的角色，《贤者喜宴》明载："上部之没庐氏（vbro）、下部之琳氏（mchims）、中部之那囊氏（sna-nam）及大臣贝（blon-po-sbas），此即'三尚四论'，他们行使尚和大论的权力。"可见，贵族控制军政大权的局面依然如故，它是和部落组织在社会生活，尤其是军事中的作用相一致的。

在佛教传入吐蕃并在王室及上层获得传播以后，吐蕃的职官中还出现了僧官系统。最为突出的就是位列诸大论之上的僧相"钵阐布"，藏文作"dpal-chen-po"。藏汉史书对此均多有记载。此职实际上古已有之，只不过部落时代为本教徒所把持，而今为佛教徒掌握而已。此外，还有为赞普王室子弟教授佛教知识的格瓦协年(dge-bavi-bshes-gnyen,善知识)等。

在吐蕃的职官中没有妇女的地位。《贤者喜宴》记,其时"女不参政"。《新唐书·吐蕃传》也说,吐蕃"妇人无及政"。赞普王后(赞蒙)的权力和对王朝政治的影响,主要体现在她是否能生养一个嫡裔王子,并对王子而后的施政产生多大的作用。因此,吐蕃后宫也就免不了要发生一些惊心动魄的宫闱故事。墀松德赞赞普的生母之争,即金城公主与那囊妃之争和末代赞普达磨死后那囊氏和蔡邦氏二妃的亲子之争,都是例证。

吐蕃职官吸收唐朝者,多是为了便于对应交往,从实质上,较难纳入以高原地区经济与社会状况为基础的"吐蕃职官系统"之中。地方官员,藏文史料将其划分为七种:域本(地方官)的职责是以法规治理小地区;玛本(军官)的职责是克敌制胜;齐本(司马官)的职责是(为尊者)引路;岸本(度支官)的职责是掌管粮食与金银财物;楚本管理母牦牛、犏牛及安营设帐等事;昌本行使审判职责。[①]

(三) 告身制度

在吐蕃王朝时期区别职官大小等级的不仅有职官名称,更有告身制度,后者类似于近现代的军衔制。《册府元龟》说:"其官章饰有五等:一谓瑟瑟,二谓金,三谓金饰银上,四谓银,五谓熟铜。各以方圆三寸褐上装之,安膊前,以别贵贱。"[②]藏文史书记之较详,《贤者喜宴》说:所谓告身(yig-tshangs),最上等者有金、银两种,次之者是银和颇罗弥,再次为铜和铁,共计六种。告身可分为大小两类,十二个等级。大贡论赐以大玉石文字告身,副贡论和内大相赐以小玉石文字告身;小贡论、内副相、整

①《贤者喜宴》藏文本,民族出版社1986年版,第189页;参阅黄颢译文,见《西藏民族学院学报》1981年第1期。
②《册府元龟·外臣部·土风三》;《新唐书·吐蕃传》有类似记载。

事大相三者,赐以大金文字告身;小相和副噶论,赐以小金文字告身;小噶论赐以颇罗弥告身。寺院的阿阇黎、持咒者和上下权臣等,赐以大银文字告身。对于保护王臣的本教徒、侍寝官员、管理坐骑者、羌塘向导、边哨守护者、宫廷侍卫之首领官,均授以小银文字告身。对父系六族等授以青铜告身,对东本(千夫长)、茹本(翼长)授以铜文字告身,对作战勇敢者,赐以铁质文字告身。灰白色硬木并画有水纹的文字告身,授予一般属民。①

告身制度是社会等级制度的直接反映,它是和军事活动密切相关的,既是身份的标志,又是荣誉的象征。

第四节　吐蕃王朝的法律制度

655 年,吐蕃大相噶尔·东赞域宋于高尔地(vgor-ti)写定法律条文②,吐蕃王朝开始有了自己的法律。《新唐书·吐蕃传》称:"其刑,虽小罪必抉目,或刖、劓,以皮为鞭抶之,从喜怒,无常算。其狱,窟地深数丈,内因于中,二三岁乃出。"简单而残酷。藏文史书记载,松赞干布从突厥人和回鹘人那里借鉴了不少的法律制度。吐蕃的法律条文中有以下内容:对争者罚款。杀人者,以大小论抵。窃盗者,罚偿八倍,并原物九倍。通奸者,断其肢体,流之异方。谎言者,断其舌。③ 以及用当事人女儿和妹妹抵作赔偿等。这与突厥法中"谋反叛,杀人者死。淫者割其势而腰斩之。斗伤人目者偿之以女,无女则输妇财,折支体者输马,盗者则偿赃十倍"④等内容,十分近似。

藏史中把法律制度的建立完全归功于松赞干布时期,是不恰当的,

---

① 《贤者喜宴》藏文本,民族出版社 1986 年版,第 190—191 页;参阅黄颢译文,《西藏民族学院学报》1981 年第 1 期。
② 《敦煌本吐蕃历史文书》,增订本第 145 页。
③ 陈庆英等译:《王统世系明鉴》,辽宁人民出版社 1985 年版,第 61 页。
④ 《隋书·突厥传》。

但从此时开始了法律的全面建置却是可信的。据说,这时吐蕃已有:
(一)"六决议大法"即:供养王者、献纳赋税;"桂"(武士)履行镇压职能,
使"扬更"(奴之奴)有所依恃,"更"(奴隶)不被派作"桂";女不参政;保卫
边境,克敌保民;骑乘不得穿行田园;行十善,杜绝十不善。(二)"十六
法",即佛教的十戒:不杀生、不偷、不淫、不妄语、不离间、不恶口、不绮
语、不贪、不嗔、不邪见。加上善待父、母,恭敬沙门、尊者(婆罗门),尊敬
族中长辈,知恩有报,不欺骗他人,合为纯正世俗大法十六条。(三)"六
大法典"即:规定贡论、曩论、整事大相三大系统官职责范围与权力的《以
一万当十万之法》,据此法,松赞干布任命噶尔东赞域宋为吐蕃之奎本
(Khos-dpon,即执政官),琼保邦色为象雄之奎本,霍尔恰秀仁为苏毗之
奎本,韦赞桑贝勒为齐布之奎本,觉若坚赞扬贡为同乔(通颊)之奎本;规
定升、两、合、勺、钱、分、厘、毫等度量衡的《十万金顶具鹿之法》;规定行
为准则、褒奖和应诅咒者内容等的《王朝准则之法》;《扼要决断之法》,其
宗旨是,尊卑双方发生争执,察其真伪,对尊贵豪强者不能有所羞辱,而
对卑位贱弱者不令其沮丧怨恨;《权威判决之总法》,这是依据一个印度
的案例而制订的。据说从前有一个婆罗门叫优巴坚,他向某户主借了一
头黄牛使用,当交还时,牛主不在而驱牛入圈,并不言而返。牛主已见所
还之牛却未加拴缚,牛自后门逃逸亡失。双方诉之于国王,请求判决。
国王宣布:婆罗门送牛而不语,应割去其舌;牛主见而不拴,当断其手,此
即所谓"优巴坚法"。《内府之法》,也即《决断双方有理三方欢喜内府之
法》,它所依据的案例是:有一位户主生下一子,不久溺水为鱼吞入腹中。
另有一渔夫捕而剖开鱼腹,得子养之。后来,生父知此事上诉于国王,要
求归还亲子。国王判决如下:双方轮流抚养此子,并为其各娶一妻,所生
之子双方各自领去,此即"两姓之子"。后来此人出家,名为"两姓比丘"。

　　当时,还有所谓"六标志"、"六褒贬"、"六勇饰"之说。"六标志"即宣
布命令的标志是印信;军队的标志是军旗;地方的标志是宫堡;佛教的标
志是寺院;勇者的标志是虎皮袍;贤者的标志是告身。"六褒贬"即勇士

褒以草豹与虎皮,懦夫贬以狐帽;显贵褒以佛法,贱民贬为纺织工与本教徒;贤者褒以告身,歹徒贬为盗贼。"六勇饰"即虎皮褂、虎皮裙、缎鞍鞯、缎制马镫垫、项巾及虎皮袍等。另有所谓二十法之说①。既反映了整个吐蕃王朝时期全部法律的不同划分方法,又明显存在后世作者美化先人的内容。

吐蕃王朝还有严整的军法,"其举兵,以七寸金箭为契。百里一驿,有急兵,驿人臆(膊)前加银鹘,甚急,鹘益多。告寇举烽"。"每战,前队尽死,后队乃进"。②

吐蕃法律中的残酷肉刑颇具特点。藏史称,违法者若被刽子手捕到,即将其头、四肢、手足砍断剁碎,往舌和眼睛里灌以熔化之铜汁,还要剥其皮。其时,被砍下的头、四肢和被挖出的眼珠堆积如山。③ 至于吐蕃的监狱,则是掘地为牢,深可数丈,置犯人于其中,二三年才释放出来。唐人严怀志被俘后,即在这种地牢中备受苦楚,最后他用手挖出旁洞得以逃出,可谓壮举。

吐蕃法律中以罚代刑的色彩相当浓厚,如《狩猎伤人赔偿律》、《纵犬伤人赔偿律》和《盗窃追赔律》等,即是这一方面的例证,而且它明确维护等级制度和贵族上层的根本利益。如大论、大曩论等命价可达银1万两,而普通平民只有50两。双方的身份也十分重要,下犯上者多被处以极刑与重刑,而上凌下者多以从轻处置。"若盗窃价值四两(黄金)以下,三两以上之实物,为首者诛,次者驱至近郊,其余一般盗窃者分别赔偿"。"赞蒙、夫人、小姐、女主人之财物和尚论以下,平民以上之财物被盗,对窃者惩治之法是:戴上一小栲,系一厚颈枷,刑官盖印加封,抽以大板,罚劳役修城堡一个月……劳役未满死去,由其长兄戴枷代役……"。④ 在

① 《贤者喜宴》、《王统世系明鉴》等均有记载。
② 《新唐书·吐蕃传》。
③ 《贤者喜宴·吐蕃王统》,参阅黄颢译文,见《西藏民族学院学报》1981年第2期。
④ 王尧、陈践编译:《敦煌吐蕃文献选》,四川民族出版社1983年版。

《狩猎伤人赔偿律》中规定：大尚论本人和与大尚论命价相同之人，被尚论银告身以下、铜告身以上，或者其命价相同者，因狩猎而射中，无论丧命与否，放箭人发誓非因挟仇有意射杀，可由担保人十二名，加上事主本人共十三人共同起誓，如誓词属实，其处罚与《血亲复仇律》同，不必以命相抵。否则，被害人身亡，则将杀人者处死，并绝其后嗣；其全部奴户、库物、牲畜，均由受害人与告密人平分；若无告密人，奴户、库物、牲畜全归受害人。绝嗣之家，其妻室有父归其父，无父归其兄弟近亲。如中箭人未亡，则赔偿银五千两，交受害人与告密人平分。若无告密人则全归受害人。[①]

第五节　吐蕃王朝的扩张与武功

吐蕃王朝的各项制度是在不断进行的军事扩张之中建立起来并不断完善的，这些制度又转而推动了王朝的扩张活动。最能显示吐蕃王朝荣耀的就是它的武功。

松赞干布在吞并象雄（羊同）、苏毗等部以后，即于唐太宗贞观八年（634年）遣使通贡。太宗皇帝也派行人冯德遐前往抚慰，以示回报，松赞干布十分高兴。他听说突厥、吐谷浑皆添列唐朝驸马之位，得尚公主，于是便派使者随冯德遐一起，带着珍宝来长安请婚，太宗未许。使者返回后，告诉松赞干布说："初至大国，待我甚厚，许嫁公主。会吐谷浑王入朝，有相离间，由是礼薄，遂不许嫁。"松赞干布怒，遂派兵击吐谷浑，吐谷浑难以抵挡，便逃至青海湖一带，其国人畜皆为吐蕃所掠。于是，吐蕃军攻破党项、白兰诸羌，率其众20余万，屯兵于松州（治今四川松潘）西境[②]，直接面对唐王朝，并声言要来迎娶公主，不允即当入寇。随即进攻松州。松州都督韩威轻骑夜袭，反被打败。唐太宗认为事情非同小可，

---

① 王尧、陈践：《敦煌本吐蕃法律文献译解》，1983年兰州敦煌吐鲁番会议论文。
②《旧唐书·吐蕃传》。

即遣吏部尚书侯君集为当弥道行军大总管,右领军大将军执失思力为白兰道行军总管,左武卫将军牛进达为阔水道行军总管,右领军将军刘兰为洮河道行军总管,率步骑 5 万人同时进击。牛进达的先遣部队从松州夜袭吐蕃军营地,斩首千余级。松赞干布畏惧,引兵而退。然后遣使谢罪,再次请婚,唐太宗许以宗室女文成公主嫁之。唐蕃双方相安无事。唐太宗、松赞干布去世以后,吐蕃对唐的关系开始发生变化,吐蕃的军事扩张与掠夺进入新的阶段。

(一) 噶尔家族专权

噶尔家族本居今西藏堆垅地方,为森波王国中的一个贵族。松赞干布父祖时,吞并羊同、森波,相继启用新贵为重臣,如森波贵族娘·莽布支尚囊和羊同贵族琼保·邦色,都曾先后担任大论(宰相)之职,噶尔家族也有赤扎孜门、芒相松囊两人列居相位。及松赞干布时期,担任大论的琼保·邦色欲加害赞普,此事为噶尔东赞域宋侦知,并告之于赞普。琼保·邦色因事泄而自杀。噶尔东赞域宋继其大相之位。噶尔东赞在松赞干布重新兼并森波、羊同,建立军政制度与区划,完善法律,以及向外扩张的过程中,显示了非凡的才能,并立下了卓著的功勋。噶尔为松赞干布先期迎娶了尼泊尔墀尊公主。当唐太宗许嫁文成公主后,松赞干布命禄东赞(即噶尔东赞)前往迎亲,“召见顾问,进对合旨,太宗礼之,有异诸蕃,乃拜禄东赞为右卫大将军,又以琅邪长公主外孙女段氏妻之。禄东赞辞曰:‘臣本国有妇,父母所聘,情不忍乖。且赞普未谒公主,陪臣安敢辄取。’太宗嘉之,欲抚以厚恩,虽奇其答而不遂其请”。[①] 藏文史书记之甚详,并演绎出许多生动有趣的故事,如“五难婚使”即是一则反映噶尔东赞杰出智慧的故事。噶尔东赞的显赫功绩为他的家族权倾吐蕃打下了基础。

---

① 《新唐书·吐蕃传》;《旧唐书·吐蕃传》。

《旧唐书》称："禄东（赞）姓薤（即薛，音 ngat，藏文 mgar），虽不识文记，而性明毅严重，讲兵训师，雅有节制，吐蕃之并诸羌，雄霸本土，多其谋也。"①650 年，松赞干布去世，其子早死，其孙芒松芒赞即位，年纪尚幼，国事皆委禄东赞。噶尔东赞（禄东赞）专权时，向南征服了珞地（即珞巴人居地），向北出兵于阗，并亲赴视察。在东北部，最突出的战绩是攻灭白兰、党项羌，吞并吐谷浑，威胁唐朝与西方交往的命脉——丝绸之路。其时，唐朝刚打败西突厥，疏通了丝路，夹在唐蕃之间、扼守青海路和且末、婼羌等丝路南道要隘的吐谷浑，成为唐蕃争夺的一个焦点。吐蕃吞并白兰以后，曾在 657 年和 658 年连续向唐朝遣使，为年轻的赞普芒松芒赞请婚，并探听唐朝的意旨。659 年，噶尔东赞亲自统兵进攻吐谷浑，达延莽布支于乌海之"东岱"与唐将苏定方交战，被打败，达延莽布支本人也战死。但从 659 年以后，噶尔东赞每年要前往吐谷浑视察，为自己培养出以素和贵为首的亲蕃势力。663 年，噶尔东赞再发大兵进攻吐谷浑并灭之。吐谷浑王诸曷钵和唐弘化公主率数千帐人马逃至唐境凉州。唐朝虽然诏凉州都督郑仁泰为青海道行军大总管，率将军独孤卿云等屯凉、鄯，左武侯大将军苏定方为安集大使，为诸军节度以定其乱。但是，只是防御性的，立国 350 年的吐谷浑就这样被吐蕃吞并了，吐蕃直接与唐朝的西域、河西及陇右相邻，丝绸之路自此开始不宁。

噶尔东赞也把目光瞄向了北方和东北方，直到他 667 年去世为止，每年要前往吐谷浑视察。其中 665 年还派人至唐朝请和修好，并乞赐赤水之地以供畜牧，被唐朝拒绝。667 年，吐蕃又攻破唐朝设置的"生羌"十二州，控制了青海大部分地区。

噶尔东赞有五个儿子，长曰赞悉若（赞聂）；次钦陵，次赞婆，次悉多干（应为"于"），次勃论。噶尔东赞去世后，钦陵兄弟复专其国。首先是

---

① 《敦煌本吐蕃历史文书》，增订本第 146 页。

赞悉若(藏文为 Btsan-snya)被赞普与众论相商议后,任为大相,继其父职。这一时期吐蕃的军事扩张进一步加剧,突出的战绩是攻陷唐朝西域四镇和在青海大败唐军。670 年四月,在西域屡次攻掠的吐蕃军终于得势,攻陷西域十八州,"又与于阗袭龟兹拔换城(今新疆阿克苏),陷之。(唐朝)罢龟兹、于阗、焉耆、疏勒四镇"①。为了摆脱这一危局,吸引西域蕃军并夺回吐谷浑故地,唐朝于同年(670 年)同月(四月)"诏以右威卫大将军薛仁贵为逻娑道行军大总管,左卫员外大将军阿史那道真、右卫将军郭待封为副,率众十余万以讨之"。由于将帅不和,举止不协,唐军在大非川为钦陵所部吐蕃军打败。② 唐朝牵制西域蕃军和使吐谷浑复国的愿望同时落空。嗣后,唐蕃双方战斗不绝,使者往还不绝。但总的来看,唐朝虽有小胜,却未能遏制住吐蕃内侵的趋势。吐蕃还在其东境征服各个部落,兼并西洱河诸蛮。其时,"吐蕃尽收羊同、党项及诸羌之地,东与凉、松、茂、巂等州相接,南至婆罗门,西又攻陷龟兹、疏勒等四镇,北抵突厥,地方万余里,自汉魏以来,西戎之盛,未之有也"。③

赞悉若在做了 18 年大相之后,于 685 年去世。噶尔东赞次子钦陵(Khri-vbring)继任大相,继续进行军事扩张事业。这一时期,唐朝抵御吐蕃的战争一度出现转机,武则天如意元年(692 年),吐蕃大首领曷苏率其所属贵川部落请降,则天皇帝令右玉钤卫大将军张玄遇率精兵 2 万人充安抚使以接纳之。师进大渡河,曷苏事泄,为本国所擒。又有大首领昝捶率羌蛮部落 8 000 余人至张玄遇管地,请求内附,张玄遇以其部落置叶川州,以昝捶为刺史,并在大度西山刻石纪功而还。更为重要的是,长寿元年(693 年),唐武威军总管王孝杰大破吐蕃之众,收复龟兹、于阗、疏勒、碎叶等四镇,并在龟兹置安西都护府,发兵以镇守。

噶尔家族的专权既导致了不堪兵戎之苦的人民的怨忧,也引起吐蕃

①《资治通鉴》卷二〇一;《新唐书·吐蕃传》。
②《新唐书·吐蕃传》;《旧唐书·吐蕃传》。
③ 同上。

贵族上层的不满,尤其是赞普的仇视。《旧唐书·吐蕃传》说,吐蕃自论钦陵兄弟专统兵马,钦陵每居中用事,诸弟分据各方,赞婆则专在东境,与唐朝为邻,三十余年,常为边患。噶尔氏诸兄弟皆有才略,诸蕃惧之。则天皇帝圣历二年(699年),年及成人的赞普墀都松(器弩悉弄)遂与大臣论岩等密图之。当时钦陵在外,赞普假称要打猎,召兵逮捕钦陵亲党2000余人杀之,派遣使者召钦陵和赞婆,钦陵举兵抗击,赞普亲自征讨,钦陵部下按兵不动,钦陵无奈自杀,其亲信同日自杀者百余人。赞婆率数千人及其兄莽布支投归唐朝。武则天遣羽林飞骑到郊外迎接,授赞婆辅国大将军、行右卫大将军,封归德郡王。死后赠特进、安西大都护。噶尔氏在吐蕃的专权由此结束。

(二) 吐蕃的再度扩张

噶尔家族的覆灭并没有结束唐蕃之间的军事纷争,吐蕃依然与唐朝在西域、河西和南诏三个要害地区展开拉锯战。在中亚、西域,吐蕃与大食、突厥诸部联合起来,与唐朝对抗,企图控制丝绸之路。751年,唐将高仙芝与大食军在怛罗斯(今哈萨克斯坦东南的江布尔)进行了在中西交通与文化关系史上具有历史意义的著名战役,唐朝势力退出中亚西部,而大食的阿拔斯王朝由此振兴,开始了中亚的伊斯兰化,唐朝则走上了更曲折的道路。755年,安禄山反唐,使大唐王朝已衰弱的根基产生动摇。唐朝调兵平叛,吐蕃趁势进击,收罗党项、白兰、沙陀、吐谷浑各部,向唐朝内地大举逼进。唐代宗广德元年(763年)七月,吐蕃入大震关,陷兰、廓、河、鄯、洮、岷、秦、成、渭等州,尽取河西、陇右之地。《资治通鉴》记曰:大唐王朝自高祖武德以来,开拓边境,地连西域,皆置都督、府、州县。开元中,又置朔方、陇右、河西、安西、北庭诸节度使以统之,岁发山东丁壮为戍卒,缯帛为军资,开屯田,供粮糗,设监牧,畜马牛,军城戍逻,万里相望。及安禄山反,边兵精锐者皆征发入援,谓之行营,所留兵单弱,吐蕃、党项各部相继内侵;数年之间,西北数十州纷纷沦没,自凤翔以西、邠州以北,皆为各部占据。①

在西域地区,由于唐朝的退出,天山南部即为吐蕃控制,原属唐朝辖下的部落民族相继投归吐蕃。留在西域的唐朝守军,只能依赖于从东部天山地方,通过漠北鄂尔浑河流域的"回鹘路"来求得活路。回鹘的地位由此加强,以北庭与西州(吐鲁番)为中心的天山东部及东北部地方进入了回鹘的势力范围,帕米尔至西域南道及河西地区成为吐蕃的领土,而包括焉耆、龟兹在内的西域北道则成为夹在两者之间的缓冲地带或相互争夺地区。吐蕃在789—792年与回鹘的北庭争夺中以失败告终,从而为回鹘人在西域站稳脚跟奠定了基础。

在南诏地区,唐朝的苦心经营也付诸东流。在松赞干布时,吐蕃已把军事势力伸进云南洱海地区,当地分裂的五诏均受吐蕃控制,唯有南诏与唐朝保持良好关系。唐朝一直派兵支持南诏的统一战争和与吐蕃的抗争。738年,唐朝封已统一六诏的南诏王皮罗阁为云南王、西南大酋、特进越国公。南诏在唐朝抵御吐蕃东侵的战斗中,起到十分积极的作用。751年,唐将鲜于仲通因南诏王阁罗凤杀死唐云南太守张虔陀而出兵云南,阁罗凤陈明张虔陀劣迹,并请求给予"自新"机会,鲜于仲通不听,阁罗凤又言:"今吐蕃大兵压境,若不许我,我将归命吐蕃,云南非唐有也。"唐兵仍进,南诏投归吐蕃。吐蕃封之为"东帝",与唐对峙。

进入内地的吐蕃辖下各族军队,大肆劫掠人户、财物,焚烧庐舍,抢夺耕牛,动辄数以万计。广德元年(763年),东侵的吐蕃军还攻陷长安,迫使代宗皇帝仓皇出逃陕州(河南三门峡),吐蕃大将马重英(达札路恭)立金城公主之侄广武王承宏为帝,立年号,署置官员,以司封崔环(一作于可封)等为相。停留十五日后,引兵西退。吐蕃军事扩张直接导致了对西域(天山南部)和河西陇右长达百余年的统治。吐蕃把本土的部落组织制度搬到新占领地区,结合当地实际,形成颇具特色的一套制度。

---

① 《资治通鉴》卷二二三"广德元年"条。

敦煌吐蕃文献和新疆米兰出土的简牍文书,较全面地反映了这一时期的历史与文化景观。

842年,吐蕃末代赞普达磨因灭佛被僧人刺死,吐蕃贵族分为两派,一支拥立达磨王妃遗腹子沃松(意为光护),一支拥立王后买来乞人之子永丹(意为母坚),两派展开争夺。这一斗争也直接影响到吐蕃统治下的河陇地区。洛门川(甘肃武山)讨击使论恐热与鄯州节度使尚婢婢激烈混战,各地反抗吐蕃统治的运动也不断掀起。吐蕃本部地区的奴隶起义气势凶猛,他们杀贵族,挖王陵,动摇了吐蕃王朝的基础。而河陇地区的吐蕃属下各部奴户还形成了嗢末军(部),被奴役的河陇地区汉人纷纷归唐。848年,沙州人张议潮率众起义,沙州吐蕃守将西逃。849年,吐蕃秦、原、安乐三州及原州所辖石门、驿藏、制胜、石峡、木靖、木峡、六盘等七关守将降唐。851年,张议潮以瓜、沙、伊(哈密)、肃、鄯、甘、河、西、兰、岷、廓等十一州图籍归唐。河陇唐人"解胡服,袭冠带",欢呼雀跃。唐朝置归义军于沙州,以张议潮为节度使[1],结束了吐蕃扩张与统治的历史。

第六节　唐蕃双方的会盟与划界

唐蕃之间的战争并没有影响双方的交往,据统计,自贞观八年(634年)至会昌六年(846年)的213年中,双方往来190余次,其中唐朝使蕃60余次,而吐蕃使唐120余次。这反映了唐蕃双方在经济文化交流中的地位与趋势,表现了吐蕃内倾唐朝的动向和唐王朝经济文化的无穷魅力。初唐时期,唐蕃双方虽为两国,但在事实上并未处在一个平等的位置上,这正如唐朝两嫁公主给吐蕃赞普所要展示的那样,唐蕃是"舅甥关系",吐蕃赞普上书唐朝也自称"子婿",并尽子婿之礼。高宗即位后,封授松赞干布的也是"驸马都尉"、"西海郡王",后来晋升为"賨王"。及金

---

① 《新唐书·吐蕃传》;《旧唐书·吐蕃传》;《资治通鉴》卷二四八、二四九。

城公主下嫁,更加强了这种舅甥关系。只是到后来,吐蕃强盛时才"每通表疏,求敌国之礼,言词悖慢"。① 这是一大变化,吐蕃希望与唐朝平等相待,但这在唐朝天子看来是不可能的。直到唐德宗建中二年(781年),唐朝入蕃使判官常鲁与崔汉衡见到吐蕃赞普墀松德赞时,赞普又提出这个问题。他将常、崔两人叫到一边,先命取国信敕,继而使谓汉衡曰:"来敕云:'所贡献物,并领讫;今赐外甥少信物,至领取。'我大蕃与唐舅甥国耳,何得以臣礼见处? 又所欲定界,云州之西,请以贺兰山为界。其盟约,请依景龙二年敕书云:'唐使到彼,外甥先与盟誓;蕃使到此,阿舅亦亲与盟。'"于是请崔汉衡遣使奏定。后来德宗皇帝同意改"贡献"为"进","赐"改为"寄","领取"改为"领之"。② 吐蕃争取平等的努力总算取得了成功。唐蕃之间事实上的君臣之礼改为舅甥之礼。

与唐蕃双方频仍的战争相伴随的,还有会盟与划界。

(一) 会盟

会盟制度是吐蕃王朝建立以前,各部落之间相互协调利益的、行之有效的固有制度,它在吐蕃王朝的兴起与壮大过程中,发挥了很大的作用,并作为传统被保留下来。《新唐书·吐蕃传》称:"赞普与其臣岁一小盟,用羊、犬、猴为牲;三岁一大盟,夜肴诸坛,用人、马、牛、间(驴)为牲。凡牲必折足裂肠陈于前,使巫告神曰:'渝盟者有如牲。'"③ 在吐蕃控制河西、陇右以后,也把这种制度施行于新占地区。为此,在多思麻地区设立盟会,每至冬、夏,各行会盟,加强各地首领与赞普的从属关系。

会盟制度同样适应于同邻邦的交往。据史书记载,在706—822年的百余年中,唐蕃双方的重要会盟就有9次之多。第一次是在唐中宗神龙二年(706年),并有边界划分,双方以黄河为界。及金城公主出嫁吐蕃赞普(709年),吐蕃厚贿鄯州都督杨矩,表请皇帝以河西九曲为金城公主

---

① ② ③《新唐书·吐蕃传》;《旧唐书·吐蕃传》。

汤沐地,唐中宗许之。九曲者,水甘草良,宜畜牧,又近唐境,吐蕃越过黄河建桥筑城,并设独山、九曲二军,使唐军无险可守,常受寇掠。714 年,吐蕃提出新的划界会盟要求,与唐朝约定在河源(青海西宁东南)会盟。未定盟,吐蕃军首领坌达延将兵 10 万进攻唐临洮,入掠兰、渭监马,会盟未能举行。唐蕃第二次会盟是在唐玄宗开元二年(714 年),划分界限。第三次会盟是在开元二十一年(733 年)。729 年,唐朝攻克吐蕃建立的石堡城(青海湟源南)。次年,吐蕃请和,唐朝许以会盟。733 年,双方会盟约和,并以赤岭(湟源西日月山)划界。第四次会盟是在唐肃宗至德元年(756 年),地点是唐长安鸿胪寺。第五次在唐代宗永泰元年(765 年),也在京城长安,于兴唐寺中举行。第六次会盟在唐代宗大历二年(767 年),地点在长安兴唐寺。第七次在唐德宗建中四年(783 年),建中二年(781 年)双方确定以贺兰山为界。次年欲盟未果。783 年正月双方盟于清水(甘肃清水西)。第八次为德宗贞元三年(787 年),双方盟于平凉,此盟为吐蕃所劫。第九次是在唐穆宗长庆二年(822 年),分别盟于长安与拉萨,并立碑铭文为证。拉萨的唐蕃长庆会盟碑至今仍存。

唐蕃双方会盟多由宰臣将相参与施行,按照一定的仪式,如筑坛所,双方官员列队升坛与盟,杀牲饮血,并宣读誓文。在长庆会盟中,唐朝参加的即有宰相及右仆射、六曹尚书、中执法、太常、司农卿、京兆尹、金吾大将军等。其誓词先颂唐室德业,再述盟誓缘由:"越岁在癸丑冬十月癸酉,文武孝德皇帝诏丞相臣(崔)植、臣(王)播、臣(杜)元颖等,与大蕃和使礼部尚书论讷罗等,会盟于京师,坛于城之西郊,坎于坛北。凡读誓、刑牲、加书,复壤、陟降、周旋之礼,动无违者,盖所以偃兵息人,崇姻继好,懋建远略,规恢长利故也。原夫昊穹上临,黄祇下载,茫茫蠢蠢之类,必资官司,为厥宰臣,苟无统纪,则相灭绝。中夏见管,维唐是君;西裔一方,大蕃为主。自今而后,屏去兵革,宿忿旧恶,廓焉消除,追崇舅甥,曩昔结援。边堠撤警,戍烽韬烟,患难相恤,暴掠不作,亭障瓯脱,绝其交侵。襟带要害,谨守如故,彼无此诈,此无彼虞。呜呼!爱人为仁,保境为信,畏天为智,事神为礼,有一不至,构灾于躬。塞山崇崇,河水汤汤,日吉辰良,莫其两疆,西为大蕃,东实巨唐。大臣执简,播告秋方。"吐蕃赞普及宰相钵阐布、尚绮心儿等,先寄盟文要节云:"蕃汉两邦,各守见管本界,彼此不得征,不得讨,不得相为寇仇,不得侵谋境土。若有所疑,或要捉生问事,便给衣粮放还。"今并依从,更无添改。预盟官员有 17 人,皆署其名。嗣后,刘元鼎等与论讷罗同赴吐蕃就盟,也让吐蕃宰相以下官员各于盟文后自书姓名为证。① 这些都得以保存下来。

(二) 划界

划界是唐蕃会盟中十分重要的一项内容。墀都松(676—704 年)时,吐蕃已经很强盛。"其地东与松、茂、嶲接,南极婆罗门,西取四镇,北抵突厥,幅员万余里,汉魏诸戎所无也"。② 神龙盟誓时,唐朝有宰相豆卢钦望、魏元忠、李峤、纪处讷等凡 22 人和吐蕃君臣同誓,并刻石以记其事,双方约以黄河为界。及金城公主下嫁及吐蕃为公主请得河西九曲之地为汤沐邑,吐蕃已经在事实上越过了边界(黄河)。又筑城,设立独山、九曲二军,唐朝以其负约遂毁桥,"复守河为约"。714 年双方拟在河源划界盟誓,因吐蕃入侵唐境而作罢。唐蕃双方第一次明确而见诸记载的划界发生在 734 年,即赤岭划界。这是在唐朝攻克吐蕃石堡城(铁刃城)之后,吐蕃被迫请和并由金城公主从中劝说而形成的。由唐将李佺与吐蕃守将在今青海湟源县西日月山的赤岭分界立碑。碑有两方,分别用汉蕃文字记述修好经过。又各派使者同往碛西(龟兹)、河西、剑南及吐蕃边境,告知边将"两国和好,无相侵掠"。赤岭之外的边界,仍依其旧。于是唐蕃双方各树栅为界,置守捉使以护之。③ 736 年吐蕃攻勃律,玄宗大怒。唐河西节度使崔希逸觉得双方敌对无益,即对吐蕃守将乞力徐说:

① 《旧唐书·吐蕃传》。
② 《新唐书·吐蕃传》;《旧唐书·吐蕃传》。
③ 《新唐书·吐蕃传》;《旧唐书·吐蕃传》。

"两国和好,何须守捉,妨人耕种。请皆罢之,以成一家,岂不善也?"乞力徐说:"常侍忠厚,必是诚言。但恐朝廷未必皆相信任。万一有人交构,掩吾不备,后悔无益也。"崔希逸坚持请之,双方遂杀白狗为盟,各去守备。此时,恰值朝中内给事赵惠琮与孙海前来视察,见此情景,即矫传圣旨,令崔希逸掩击吐蕃部众,崔氏不得已而从之,大破吐蕃于青海湖地区,吐蕃由此不朝。事后,孙海因矫诏被处死,赵惠琮与崔希逸常常梦见白狗作祟,受惊而死。唐蕃反目,唐朝分别任命新的河西节度使、陇右节度使和剑南节度使,分道与吐蕃对峙。双方所立界碑遂也拆毁。

安史之乱后,吐蕃内侵,占领河西陇右,双方划界便有了新的内容。较明确的有783年的清水会盟和822年的长庆会盟。清水会盟,由唐陇右节度使张镒与吐蕃大相尚结赞盟于清水(今甘肃清水西)。双方各以2000人赴坛所,双方均有7名官员"朝服"登坛与盟,杀牲饮血约定:"今国家所守界:泾州西至弹筝峡(甘肃平凉西)西口,陇州西至清水县,凤州西至同谷县,暨剑南西山大渡河东,为汉界。蕃国守镇在兰、渭、原、会,西至临洮,东至成州,抵剑南西界磨些诸蛮,大渡水西南,为蕃界。其兵马镇守之处,州县见有居人,彼此两边见属汉诸蛮,以今所分见住处,依前为定。其黄河以北,从故新泉军(甘肃景泰西北),直北至大碛,直南至贺兰山骆驼岭为界,中间悉为闲田。盟文有所不载者,蕃有兵马处蕃守,汉有兵马处汉守,并依见守,不得侵越。其先未有兵马处,不得新置,并筑城堡耕种。今二国将相受辞而会,斋戒将事,告天地山川之神,惟神照临,无得愆坠。其盟文藏于宗庙,副在有司,二国之成,其永保之。"[1]唐将读完盟文后,尚结赞也出示盟文,埋掉被杀牲畜,然后请张镒一起在坛之西南隅佛幄中,焚香为誓。接着,登坛饮酒,行献酬之礼,各用其物。礼仪完毕以后,双方分别在吐蕃和唐

①《旧唐书·吐蕃传》。

朝的京城举行盟誓仪式。

长庆会盟如上文所说,是唐蕃最后一次会盟,在今存于拉萨的"唐蕃会盟碑"的藏文铭文中说到,吐蕃可黎可足(墀祖德赞)赞普与唐穆宗皇帝"甥舅和叶社稷如一统,情谊绵长,结此千秋万世福乐大和盟约于唐京师西隅兴唐寺前。时在大蕃彝泰七年,大唐长庆元年(821年),即阴铁牛年(辛丑)冬十月十日,双方登坛,唐廷主盟;又盟于拉萨(逻些)东哲雄园,时大蕃彝泰八年,大唐长庆二年,即阳水虎年(壬寅)夏五月六日也。双方登坛,吐蕃主盟;其立石镌碑于此,为大蕃彝泰九年,大唐长庆三年,即阴水兔年(癸卯)春二月十四日事也。树碑之日,观察使为唐之御史中丞杜载与赞善大夫高口口等参与告成之礼。同一盟文之碑亦树于唐之京师云"。[1] 这次会盟主要是表示唐蕃和好的愿望。边界划分也是重要内容,汉碑说:"彼此驿骑一往一来悉遵曩昔旧路,蕃汉并于将军谷交马,其绥戎栅已东,大唐祗应;清水县已西,大蕃供应。"基本依从清水会盟之旧。

唐蕃双方的会盟与划界十分频繁,这是不断战争与和好努力相交织的产物。会盟要求主要由吐蕃提出,而首先渝盟的也以吐蕃为多,这是由吐蕃掠夺性经济与内倾中原文化的本质特征所决定的。唐朝方面无论在军事上,还是对待会盟的态度上,都是相对消极的,中唐以后尤其如此。唐玄宗时,有吐蕃7次遣使至唐请和会盟而未被许可的说法[2],可见其一斑。

吐蕃的军事扩张虽然以吐蕃王朝的瓦解和吐蕃军退出河陇、西域等地而终结,但是,正是这一王朝的建立与扩张,为今天藏族的形成以及藏族居住区的格局奠定了基础。

---

[1] 王尧编著:《吐蕃金石录》,文物出版社1982年版,第41—44页。
[2]《新唐书·吐蕃传》。

第七节　贯穿于高原上的婚姻红线

青藏高原各邦国的文明,由于吐蕃王朝的崛起与不断向外扩张而连接起来。与此同时,青藏高原地区的各族及其文化,也与唐朝的中原文化密切地结合在一起,这一格局确定了吐蕃日后纳入中国中央王朝版图的大势。而唐朝时期,展示这种联系的,不仅是政治上的战和往来、经济上的丝绸贸易,而且也有贯穿于高原的政治联姻。

(一) 外嫁的吐蕃公主

联姻对统治者来说是不可或缺的政治手段。在吐蕃王朝统一青藏高原和向外扩张的过程中,通过政治联姻而建立起来的利益同盟,发挥了十分重要的作用。吐蕃外嫁公主给邻邦首领是其途径之一。据粗略统计,依此与吐蕃建立联系的就有苏毗、象雄、吐谷浑、苏禄和小勃律等。在松赞干布的祖父达日年塞时,他的妹妹即在森波杰国王宫侍奉,她作为内应,积极参与了雅隆吐蕃人灭亡苏毗的活动。[1] 据《敦煌本吐蕃历史文书》记载,吐蕃在武力进攻象雄后,松赞干布即将王妹萨玛噶(sad-mar-kar)嫁给了象雄的统治者李迷夏。这位公主初至象雄并未得宠幸,可能是象雄王对吐蕃军事征服的消极抵抗之故。萨玛噶心中不平,于是"既不理内务,又不养育子女,另居于别室"。松赞干布知悉此事,即派人规劝任性的御妹,"令其整治李迷夏的内务并养育子女"。从此,萨玛噶积极为其兄刺探情报,设计攻灭象雄方案,最终还用大松耳石或妇人之衣刺激其兄斗志,终使吐蕃吞并了象雄。

吐蕃与吐谷浑的联姻也有类似的作用。吐蕃曾两嫁公主给吐谷浑王,一是在松赞干布时期,这就是墀邦公主,她所生的儿子是莫贺吐浑可

---

[1]《敦煌本吐蕃历史文书》,增订本第 161 页。

汗（诺曷钵）。在文成公主入藏行经吐谷浑地方时，该公主还与莫贺吐浑可汗等一起热情欢迎并为之送行。[①] 另一位公主也叫墀邦，在 689 年嫁给吐谷浑王（应为慕容忠）为妻。[②] 她们的下嫁，与吐谷浑内部形成亲吐蕃势力，以及最后被吞灭不能没有关系。

为了打开进入中亚、西域的通道，吐蕃也把婚姻红线牵到了地处交通要道的小勃律和苏禄。小勃律在今克什米尔吉尔吉特，地处青藏高原通中亚要塞。"国迫吐蕃，数为所困，吐蕃曰：'我非谋尔国，假道攻四镇尔。'久之，吐蕃夺其九城"。后来为唐将收复。至其王苏失利立，"为吐蕃阴诱，妻以女，故西北二十余国皆臣吐蕃，贡献不入，安西都护三讨之无功"。[③] 根据敦煌藏文历史文书，吐蕃这位公主名叫杰娃墀玛类（Je-ba-khri-ma-lod），她出嫁的时间是在 740 年。不过，这位公主在不久后的 747 年（天宝六年），与夫君一起被唐将高仙芝俘虏，并在唐朝京师长安度过了她此后的余生。苏禄（su-lu，716—739 年在位）为突厥诸部中的突骑施人（dur-gyis）的首领，曾娶唐朝、突厥和吐蕃公主为可敦（皇后），分立数子为叶护，暗地里遣使南通吐蕃。[④] 他们活动在今吉尔吉斯共和国的楚河流域一带。吐蕃嫁女苏禄，是为了进入中亚，控制东西丝路交通与贸易，而苏禄的态度对唐蕃双方在西域的争夺具有一定的影响。

（二）外来的吐蕃王妃

吐蕃王室娶邻邦公主为王妃，则是联姻的另一个重要途径。在这一方面最突出的就是松赞干布，他娶有 6 位王妃：即泥婆罗（尼泊尔）的墀尊公主，唐朝的文成公主，她们在吐蕃历史上十分有名，藏文文献对迎娶

① 托玛斯：《新疆藏文文书》1—4 卷，伦敦，1935—1963 年；张琨：《敦煌本吐蕃纪年分析》，香港大学《东方研究》1959—1962 年。
②《敦煌本吐蕃历史文书》，增订本第 148 页。
③《新唐书·西域·小勃律传》。
④《旧唐书·突厥·苏禄传》。

这两位公主尤其是文成公主有详尽的记述和丰富的传说,她们最大的影响是把佛教传入吐蕃,文成公主还为吐蕃引来了辉煌灿烂的中原文明。文成公主被吐蕃人尊为绿度母,墀尊公主被尊为白度母。她们又分别在拉萨修建了小昭寺和大昭寺。松赞干布的第三位妃子来自象雄,名叫李提芒(lig-thig-smang),她是与吐蕃嫁公主给象雄王密切相关的。① 第四位妃子是乳容妃。第五位是木雅妃,即来自党项的王妃。第六位是来自堆垅的孟氏家族,她生下了王子贡松贡赞,此妃很可能出自森波部落或门巴部落。据说,她们都分别建立了佛教寺庙。②

吐蕃墀德祖丹赞普时,先娶南诏公主为王妃,生子绛察拉本。后又与唐朝结亲,迎娶金城公主。金城公主下嫁,为唐朝文化再度大规模影响吐蕃提供了契机。据藏史说,她所生下的儿子即是吐蕃王朝著名的赞普之一墀松德赞。吐蕃在嫁女给吐谷浑王的同时,也从吐谷浑迎娶公主以为王妃。藏史说,松赞干布的儿子贡松贡赞娶吐谷浑公主芒杰赤噶蒂霞为妻,生下王子芒松芒赞。③ 又据《菩提树》记载,墀德祖丹赞普还曾娶过一位康国(撒马尔罕)的公主为妻。④

(三) 其他红线

青藏高原上的政治婚姻红线是由吐蕃王朝贯穿起来的,从而吐蕃也成为红线的同心结。但是,在青藏高原地区,以及它与周邻地区,还有许多其他的相互交错的红线,也在发生着政治、经济和文化上的联系作用。如唐朝太宗皇帝于贞观十三年(639年)以宗室女弘化公主嫁吐谷浑王诺曷钵(即莫贺吐浑可汗),它直接促成了该王的内倾唐朝和反对吐蕃势力北上。唐高宗时又以诺曷钵尚公主故,封其为驸马都尉。永徽三年(652年),唐高宗以会稽郡王道恩第三女封为金城县主,许嫁诺曷钵长子慕容

①② 萨迦·索南坚赞:《王统世系明鉴》汉译本,第127页。
③ 释迦仁钦德著,汤池安译:《雅隆尊者教法史》,西藏人民出版社1989年版,第38页。
④ J.巴考:《吐蕃王朝政治史》,见《西藏史导论》第1章,巴黎,1962年。

忠,使唐朝与吐谷浑亲上加亲。唐朝还与中亚的突骑施部首领和南诏王结亲:唐玄宗时以阿史那怀道之女为金河公主嫁给突骑施王苏禄;唐僖宗时以宗室女为安化长公主嫁南诏王,结为姻亲。唐朝与各部联姻,既是保境安民、维持丝路交通的有力举措,同时也是与吐蕃争夺势力的客观需要。

在青藏高原各部落之间,也有婚姻红线联系,具有代表性的是吐谷浑与党项的王族结亲。《旧唐书·党项传》说,党项羌首领拓跋赤辞,"初臣属吐谷浑,甚为浑主伏允所昵,与之结姻。及贞观初,诸羌归附,而赤辞不至。李靖之击吐谷浑,赤辞屯狼道坡以抗官军。廓州刺史久且洛生遣使谕以祸福,赤辞曰:'我被(吐谷)浑主亲戚之恩,腹心相寄,生死不贰,焉知其他。汝可速去,无令污我刀也。'"足见这种婚姻关系有多么大的政治意义。此外,活动在青海玉树一带的多弥(难磨)王族还与于阗王室建立了婚姻关系。毫无疑问,政治婚姻网络,是青藏高原上的吐蕃王国自身以及它与外界保持文化联系的另一个巨大的信息纽带。

第八节 吐蕃王朝的经济生活与技术实力

吐蕃王朝的崛起与向外扩张,有政治的和文化的因素,同时也有更为重要的经济因素。当吐蕃王朝建立并统一青藏高原地区时,它的经济生活类型已呈现出多样化的局面,这是由不同地区的自然环境和不同民族的生活方式所决定的。但是,在这些经济生活类型中,起决定作用的首先是游牧经济,其次是农业经济。青藏高原地区除河谷地带外,主要是适宜牧业的高原。而世居于此的羌人和他们的后代,包括羊同(象雄)、苏毗、党项、白兰、多弥、吐谷浑,甚至吐蕃人,皆以游牧经济为主,这一状况直接影响了吐蕃王朝的经济生活特色。故史书称"其赞普居跋布川,或逻娑(拉萨)川,有城郭庐舍不肯处,联毳帐以居,号大拂庐,容数百人。其卫候严,而牙甚隘。部人处小拂庐"①。前来唐朝通聘的吐蕃使者仲琮也说:"赞府(即赞普)春夏每随水草,秋冬始入城隍。"②这是生活在拉萨河谷的吐蕃赞普的状况,那么生活在更广大的高原上的部落首领之依赖游牧,更不言而喻了。吐蕃人所牧养的牲畜有牦牛、名马、犬、羊、猪,还有一种天鼠,状如雀鼠,其大如猫,皮可为裘。又有独峰驼,日行可达千里。其中牦牛是青藏高原最具特色的牲畜,而羊更是羌人所赖以为生的牲畜。马则是吐蕃军队得以扩张、强大的主要工具。

承认游牧业的主导地位并不是否认吐蕃农业生活的存在。如我们前文说,吐蕃的河谷农业有着悠久的历史传统,吐蕃王朝时期又有新的发展。新旧《唐书·吐蕃传》称,其地气候大寒,不生粳稻,有青稞麦、豌豆、小麦、荞麦。居民也有过定居生活者,其屋皆平顶,高者可至数十尺。农民不知节候,以麦熟为岁首,其中青稞为高原农民的特色作物。

以游牧经济为主的生活有两个特征:一是它的流动性,或不稳定性;一是它与农业文明地区的互补性,或者是对后者的依赖性。这两个特点再加上对先进文明的倾慕,就造成一种强烈的沟通欲望。当这种沟通的渠道不能畅通时(这是经常发生的),就导致了掠夺战争的发生。在这个意义上可以说,游牧经济,尤其是以军事民主制为主体的游牧国家的经济,具有掠夺性。从吐蕃向外扩张的整个历史来看,它的前后有变化,存在差异,但是最根本的一点没有变,这就是它的经济掠夺性。吐蕃王朝是依此崛起,依此强大并走向繁荣,也依此走向衰亡与崩溃的。《新唐书·吐蕃传》说,吐蕃人兵法严而无馈粮,以虏获为资,正是这一状况的一个反映。吐蕃军队每入唐境,首先掠取的一是财富,一是青壮年男女,尤其是有技术的工匠,对此唐代史书有大量记载。如唐德宗贞元三年

---

① 《新唐书·吐蕃传》。
② 《册府元龟·外臣部·才智》。

（787年）八月,吐蕃在宝鸡北部一带"焚烧庐舍,驱掠人畜"。九月,又大掠汧阳、吴山、华亭等界人庶男女万余人,连日收丁壮弃（或杀）老弱而去。次年五月,攻泾、邠、宁、庆、麟等州,"所至烧庐舍,人畜没者约二三万,计二旬而退"。① 掠夺壮大了吐蕃的军事势力,充实了它的宝库,维持了它的繁荣。河西走廊的瓜州还成为堆积吐蕃所劫唐朝财宝的贮存地,并从那里源源不断地运往本土。唐朝的繁荣支持了吐蕃的繁荣,而唐朝的衰亡也与吐蕃的衰亡同时发生,这种现象固然有各种原因,但是贯穿其中的掠夺经济与反掠夺线索,有其重要作用。所以,我们可以说,唐朝经济与社会的衰退,影响了在某种程度上赖之为生的吐蕃王朝的衰亡。

吐蕃王朝的手工业和商业也达到前所未有的地步。汉文史书对此记载较少,新、旧《唐书·吐蕃传》只言其地多出金、银、锡、铜。但是,我们从吐蕃使者向唐朝奉献的用黄金铸成、"高七尺,中可实酒三斛"的金鹅来看,它的制作工艺及冶炼技术应当是相当高超的。而且,吐蕃还不断从唐朝和西域、中亚引进新的工艺与技术,应有一个不断发展的过程。另一个重要史实是,吐蕃数十万军队的武器装备,它的制作,以及由此而引起的金属来源、加工和改进技术等,都会在社会经济中直接地反映出来。新旧《唐书》特别提到吐蕃的铠甲,说"其铠胄精良,衣之周身,窍两目,劲弓利刃不能甚伤"。《通典》也说,其"人马俱披镙子甲,其制甚精,周体皆遍,唯开两眼,非劲弓利刃之所能伤也"。②

吐蕃人的造桥技术也值得称道,吐蕃在东攻云南大理诸部时,即以粗铁索跨过漾濞水为桥,以通西洱蛮,并筑城戍之。后来,又在今云南丽江县与中甸县之间修筑著名的"神川铁桥",横跨金沙江,以征服南诏地区各部。同时,吐蕃还在黄河上建桥,并过桥筑城,设九曲、独山二军。

①《旧唐书·吐蕃传》。
②《通典·边防六·吐蕃》。

事实上，此前的吐谷浑人已经在黄河上建过桥，有这一方面的技术。吐蕃统辖各部以后，直接继承了辖下各族各部的故有技术，这是了解吐蕃生产与工艺技术时不容忽视的一个因素。

由于吐蕃统一青藏高原，业已存在的丝路交通开始进入新的阶段，并迅速出现繁荣，下文我们将专门予以论述。

第五章　高原血脉——吐蕃丝路

吐蕃王朝的崛起与统一,串起了高原地区的各个邦国文明,它使业已存在的高原地区的交通联系、商业贸易和文化交流走向繁荣,从而也为青藏高原地区与外界的交流,展开一个辉煌的前景。

第一节　中原文化西上高原

中原地区与青藏高原地区的文化交流,从石器时代业已开始,此后未曾断绝,到隋唐时期,进入了一个崭新的顶峰时期。

(一) 隋炀帝西巡

581 年,北周隋国公杨坚废静帝自立,建立隋朝。589 年灭陈统一全国。经过十余年的休养生息,社会经济有了极大的发展。到隋炀帝即位时,已有资本可供挥霍。604 年杨广杀父自立,号隋炀帝。此君好大喜功,营建东都洛阳,修筑长城,开运河,下江南,并西巡中亚。直接促成隋炀帝西巡的,有两件事和一个人。这两年事是密切相连的:一是为了最后解除吐谷浑的骚扰,保证长安及迤西的安定;一是排除一切障碍,维护东西方丝路贸易畅通。顾祖禹《读史方舆纪要》说:"昔人言:欲保秦陇,必固河西;欲固河西,必斥西域。"西域固则边地安而丝道通。然而,当时的实情却是"突厥、吐谷浑分领羌胡之国,为其拥遏,故朝贡不通"。①通过隋文帝多年对突厥和吐谷浑恩威并施,既和亲又动武的努力,局势有所好转。吐谷浑虽仍劫掠丝路商品,但已显露衰落之势。隋朝有可能在西部一呈武功。此时,出现了一个人,他怂恿隋炀帝御驾西行。这人就是裴矩。

裴矩是今山西人,受炀帝之命在河西走廊的张掖主管西域互市,并向各国使者采访政教文化风俗,以及山川、物产、交通等情况,著有三卷本的《西域图志》一书,叙述44国风土形胜,并诱导西域各族使者、首领入隋朝贡。他在该书序言中,谈到了丝路交通,"发自敦煌,至于西海,凡为三道,各有襟带。……其三道诸国,亦各自有路,南北交通。其东女国、南婆罗门国等,并随其所往,诸处得达。故知伊吾、高昌、鄯善,并西域之门户也,总凑敦煌,是其咽喉之地"。裴矩深知隋炀帝"方勤远略",故上是书,并说:"臣闻禹定九州,导河不逾积石;秦兼六国,设防止于临洮。"②刺激其攀比大禹、秦始皇,建立不朽懋绩的欲望。"(炀)帝于是慨然慕秦皇、汉武之功,甘心将通西域"。③遂决定御驾西行。

隋炀帝西巡方针既定,便让裴矩先行开拓西部交通。实际上,裴矩的任务主要是解决突厥和吐谷浑的问题。大业三年(607年),他讽令居于今新疆巴里坤、哈密一带的铁勒部击吐谷浑以显示忠诚。次年,劝说欲见母亲(中原公主)的西突厥处罗可汗与隋合攻吐谷浑,开通道路,前来见母。又以义成公主妻东突厥启民可汗。这一系列活动收到成效,既使吐谷浑失去同盟,又使其东西两面受到夹攻。吐谷浑伏允可汗无奈,南奔雪山。大业五年(609年)三月二日,隋炀帝从长安出发,随带后妃、公主及数十万军队逶迤西行。沿途经过武功、扶风(凤翔)、天水、陇西、

①《隋书·裴矩传》。
②《隋书·裴矩传》。
③《资治通鉴》卷一八〇"大业三年"条。

狄道(临洮)、临津关(青海循化东)、长宁谷(西宁北川)、金山(西宁西)、浩门川(大通河),并派大军追击吐谷浑主力。六月八日过大斗拔谷(扁斗口),在这里遇到雨雪之灾,士卒冻死者十之一二,"后宫妃、(公)主或狼狈相失,与军士杂宿山间",大失尊严。度过这次磨难后,隋炀帝一行进入河西,十一日至张掖,十六日诏诸郡才艺优异者为四科举人。十七日至燕支山(山丹大黄山),接受高昌王麴伯雅、伊吾吐屯设等西域 27 国使者、国王朝谒,奉献西域数千里之地。十八日,置西海(治伏俟城)、河源(治赤水城)、鄯善(今若羌)、且末(今且末南)四郡,谪罪犯为戍卒以守之。二十一日,在观风行殿宴高昌王、伊吾吐屯设和西域各国来使。七月八日,置马牧于青海湖渚,欲求龙种驹,未果而止。九月二十五日,车驾返回长安。①

隋炀帝西巡虽备受旅途之辛劳,却在西域大出了风头。史书记炀帝会见各国王侯使者盛状时说,六月壬子,炀帝至燕支山,高昌王、伊吾吐屯设等西域 27 国使者、国王谒于道左,皆令佩金玉、被锦罽,焚香奏乐,歌舞喧噪。复令武威、张掖士女盛饰纵观,衣服车马不鲜丽者,郡县督课之。骑乘填咽,周围数十里,以显示中国之盛。丙辰,炀帝御观风行殿,大备文物,引高昌王、吐屯设升殿宴饮,各国陪列者 30 余人,奏九部乐,设鱼龙珠以娱之,并大行赏赐,盛况空前。炀帝西巡及四郡之设,廓清了丝路青海道及西域南道交通上的障碍,直接与青藏高原的党项、吐谷浑和女国联系起来。吐谷浑向南朝、北魏进贡的物品中,有善马、牦牛,也有乌丸帽、女国金酒器、胡王金钏和玉石。② 东女国也有道连接东西丝路主干线,既加入国际文化交流,又由此而倾慕繁荣的中原文明。

(二) 文成、金城两公主远嫁

雅隆吐蕃人与中原地区发生联系很早。藏文史籍记载,在松赞干布

---

① 以上分见于《隋书·裴矩传》、《隋书·炀帝纪》、《资治通鉴》卷一八一、《册府元龟》等。
②《魏书·吐谷浑传》;《南齐书·河南传》等。

祖父达日年塞时,即与中原发生过武装冲突,并从中原传入了医药与历算等书籍与技术。松赞干布统一高原诸部后,又一次面对中原的唐王朝。贞观八年(634年),松赞干布主动遣使入朝。当唐太宗派冯德遐前往抚慰时,吐蕃再次遣使至唐,并带来大批金银礼物,奉表请婚,希望能像突厥和吐谷浑一样,尚公主,与唐结亲,却被唐朝拒绝。松赞干布遂迁怒于吐谷浑,率兵击之,吐谷浑力不能支,逃于青海湖,其国人畜并为吐蕃所掠。吐蕃又进攻唐朝松州,先胜后败,遣使谢罪,再次请婚,太宗许之。松赞干布遣其大相禄东赞(东赞域宋、噶尔东赞)献金5 000两和其他宝玩数百件迎亲。641年,太宗皇帝以宗室女文成公主妻之,并命礼部尚书、江夏郡王道宗主婚,持节送公主至吐蕃。松赞干布率兵来到柏海,亲迎于河源,吐谷浑的王公贵族也都前来奉迎。松赞干布见太宗,行子婿之礼,惊叹唐朝服饰礼仪之美,遂亦自释毡裘,袭纨绮,渐慕华风。自言"我父祖未有通上国者,今我得尚大唐公主,为幸实多。当为公主筑一城,以夸示后代"。遂筑城邑,立栋宇以居之。公主不喜欢吐蕃人赭面之俗,松赞干布下令国中暂时罢除,从而掀起了学习借鉴唐文化的潮流。

藏文史书对禄东赞迎请文成公主有详尽的记载,并加以文学化。据说,当时迎请唐朝公主的使者除吐蕃人之外,还有印度、格萨尔、大食和霍尔诸国人。唐太宗决定以才智定高下,于是出现"五难婚使"。结果禄东赞技高一筹,赢得太宗皇帝欢心,遂出色完成婚使任务。他用蚂蚁拴丝线,穿过了玉珠的小孔;用酒糟诱引饿鸡法,辨认出100只母鸡与它们的鸡雏;用顺流放木法,区别出百根圆木的根与梢;用轮流食作并行法,吃完羊肉、饮完酒并揉搓好羊皮;还暗借宫女之助使自己赴夜宴不迷失归途,找到下榻处,并从300名美女中,辨认出文成公主。[①] 文成公主出嫁的文化意义,远远大于统治者所期望的政治作用,故吐蕃人视文成公主为绿度母,并演为八大藏戏之一《文成公主》加以歌颂。680年,文成公

---

① 萨迦·索南坚赞:《王统世系明鉴·迎娶汉地文成公主》。

主在吐蕃去世。

唐中宗时，吐蕃的屡次请婚得到允准。神龙元年（705年），吐蕃赞普之祖母遣其大臣悉熏热来献方物，为其孙请婚，中宗以所养雍王守礼女为金城公主许嫁。709年（景龙三年），吐蕃大臣尚赞吐等来迎亲，中宗宴之于苑内球场，命驸马都尉杨慎交与吐蕃使者打马球。次年降诏，由左卫大将军杨矩护送西行，中宗亲自送到始平县（陕西兴平），改县名为金城，并命从臣赋诗饯别。修文馆学士李适诗说："绛河从远聘，青海赴和亲。月作临边晓，花为度陇春。主歌悲顾鹤，帝策重安人。独有琼箫去，悠悠思锦轮。"兵部尚书同中书门下三品李峤诗为："汉帝抚戎臣，丝言命锦轮。还将弄机女，远嫁织皮人。曲怨关山月，妆消道路尘。所嗟秾李树，空对小榆春。"这些诗句都写出了中宗皇帝和亲与割慈的复杂情怀。著作郎阎朝隐的诗，还包含了对金城公主的叮嘱，诗曰："甥舅重亲地，君臣厚义乡。还将贵公主，嫁与耨檀王。卤簿山河暗，琵琶道路长。回瞻父母国，日出在东方。"①金城公主出嫁吐蕃赞普，吐蕃借机请河西九曲之地为金城公主"汤沐"之所，修黄河桥，筑城，以后成为侵唐的基地。

金城公主出嫁吐蕃后，为唐蕃和好作出了重要努力，更为吐蕃引进唐朝的文化与科技作出卓越贡献。据藏文史书说，金城公主是吐蕃著名赞普墀松德赞的生母。吐蕃后宫还曾发生了谁是王子生母之争，故事说，金城公主生下墀松德赞后，那囊妃前来看望，借机夺去王子，声言王子为自己所生，并用药物涂敷乳房，流下乳汁，使诸大臣难辨真伪。金城公主极为悲愤，以泪度日。在王子周岁时，赞普请来了那囊氏和汉人，让王子辨认舅氏。他将盛满米酒的金杯交给王子，告诉他："两位母亲都说是你的生母，你身体幼小但聪慧如同天神，这只盛满美酒的金杯，愿儿献给你的亲舅，以此辨别谁是你的生身母亲。"尽管那囊氏用衣物、花朵招引，但王子依然走向了汉人并献上金杯，说道："我墀松德赞是汉人的外

---

① 《全唐诗》上册，上海古籍出版社1986年版。

甥,那囊家岂能是我的阿舅家。"金城公主激动万分。① 史实并非如此,但所要表达的情感确实如此。

(三) 传入高原的经籍、物种与技术

　　文成、金城两公主的出嫁吐蕃,给青藏高原地区带来了灿烂的唐朝文化。首先是汉地佛教。据说,文成公主来吐蕃,带来了释迦牟尼佛像和 360 部佛经,亲自设计建造了小昭寺,还参与了大昭寺的勘察与设计。据《玛尼宝训》说,文成公主还传来汉地的 14 种寺院法规。她还与尼泊尔墀尊公主一起影响了吐蕃王室,尤其是松赞干布本人的信佛活动。大小昭寺依然存在,小昭寺后来成为黄教的下密院。据说,文成公主又积极参与佛经翻译,担任施主,参加译经(《玛尼宝训》)。《释迦牟尼如来像法灭尽之记》说:"(文成公主)将六百侍从带至赤面国(吐蕃),此公主极信佛法,大具福德,赤面国王敬信佛法逾其先祖,吐蕃地方于是广兴正法。"《于阗教法史》也说:"公主在吐蕃建大寺院一座,鉴于此因,所有僧侣亦来此地,公主均予以资助,乃于吐蕃广宏大乘佛法。十二年间,僧侣与一般俗人均奉行佛法。"②

　　金城公主在吐蕃开创了两种佛事活动,即"谒佛之供"与"七期祭祀"。前者是将灭佛时藏于大昭寺南门中的文成公主所带佛像迎供于大昭寺,成为拉萨大昭寺朝佛活动之始;后者是在吐蕃推行追悼亡臣的佛事活动。金城公主还在吐蕃建立佛寺,弘扬中原佛教。

　　其次,两位公主为吐蕃带来大批经籍,除了佛经 360 卷之外,文成公主还携来汉地卜算书籍 300 卷和 60 种工艺技术论著、诸种医书。为此,松赞干布还特请中原文人前来"典其表疏"。金城公主下嫁后,吐蕃对唐朝书籍的渴求已不止于佛经及医学、工艺、历算等技术方面,而是上升到

① 萨迦·索南坚赞:《王统世系明鉴》,第 161—162 页。
② 敦煌古藏文写卷 P.T. 960 号文书,王尧、陈践译文载《西北史地》1982 年第 3 期。

经国之书的层次。开元十九年(731年),吐蕃借金城公主之名遣使至唐,求赐《毛诗》、《礼记》、《左传》、《文选》各一部。朝臣就此展开争论,反对赐书的于休烈说:"臣闻戎狄,国之寇也;经籍,国之典也。戎之生心,不可以无备;典有恒制,不可以假人。……臣闻吐蕃之性,慓悍果决,敏情持锐,善学不回。著达于书,必能知战。深于诗,则知武夫有师干之试;深于礼,则知月令有兴废之兵;深于传,则知用师多诡诈之计;深于文,则知往来有书檄之制。"应该赐之锦绮,厚以玉帛,而不能假人以名与器。而主张赐书的裴光庭则认为:"吐蕃聋昧顽嚣,久叛新服,因其有请,赐以诗、书,庶使渐陶声教,化流无外。(于)休烈徒知书有权略变诈之语,不知忠、信、礼、义,皆从书出也。"玄宗皇帝采纳了后者的意见,并命秘书省书写赐之。①

　　唐朝的历算对吐蕃的影响十分著名。藏史记载达日年塞、南日伦赞和松赞干布三位赞普时期,均曾传入中原历算。文成公主入蕃时所带书籍中即有历算书。松赞干布还特别派出吐蕃之聪慧者查达甸、朗措多来、恰嘎冬衮及达米达卡等四人前往中原,学习有益于吐蕃之经典以及生死之卜算、年月四时之计算等知识。中原学者贾墀摩诃衍,将《明灯续》、《无上大无畏》和《天地寻踪》三部历算书赠给吐蕃学生,他们受赞普之命,将这些书籍图表等译为藏文。其中恰嘎冬衮最为突出,将其所学传给后代,使其子孙世掌赞普御前占卜历算。据《汉藏史集》记载,传入吐蕃的历算还有所谓五部大续,即《集诸根本续》、《神灯火续》、《隐藏幻轮土续》、《黑犀铁续》及《甘露瓶水续》,此即金、木、水、火、土五行。吐蕃纪年的十二生肖、十二生肖配以五行和阴阳,如"阴金牛年"、"阳火虎年"等,还有赞普年号纪年的"彝泰",均受到唐朝的影响。中原的占卜术、八卦算命术等也传入吐蕃,如"金火不合、木火不合"、"土水相遇合"等,即是此例。此外,中原的勘舆学也传入吐蕃,文成公主本人即精通此术,主

---

① 《旧唐书·吐蕃传》;《资治通鉴》卷二一三等。

持了大、小昭寺的寺址勘定。桑耶寺址也是由汉地占卜者确定,勘舆的"四象法"即青龙、白虎、朱雀、玄武均为吐蕃采用。①

中原医学传入吐蕃的历史与历算一样悠久。《松赞干布遗训》说,文成公主带到吐蕃的,有"治疗四百零八种疾病的药物、一百种医疗法、五种诊断法、六件医疗器械、四种配药法"。她还带去了《汉公主大医典》,包括中医的各种主要原理,这些直接影响了藏医的发展。汉族和尚玛哈德哇与达玛果夏将公主所带医书合译为藏文。据统计,吐蕃时期有27部重要医典传入吐蕃,有 10 余位汉族医生为此付出了辛勤劳动。松赞干布时的汉族医生韩文海将《汉地大小杂病疗法》译成藏文,又与印度、大食医生合编《无畏武器》一书。②

金城公主入藏带来了五台山僧人江伯阳编撰的医书《月王药诊》(藏名),由汉族、吐蕃学者合译为藏文。汉地《珍宝七十品甲》等 25 部医书经由汉族、吐蕃专家注释为藏文。墀松德赞时(754—797 年在位),两名汉族医生驰名于吐蕃,一是编撰了《配药十二品》的名医玛哈雅纳(摩诃衍);一是在墀松德赞迎请的"四方九名医"中列居首位的东松康哇,后者两次进藏为赞普祛除疑难病,向吐蕃医生讲授《四方医理四讲》,医术高超,医德高尚。他在吐蕃娶妻生子,他的后代即为藏医的北方学派。他将所著《医治中风生命轮》等传给后来的吐蕃名医老玉妥云丹贡布,后者编写的藏医名著《四部医典》,被学者认为即出自汉地医书《月王药诊》等。③ 而前述的吐蕃"四方九名医",中原医生占了 3 名,他们为吐蕃翻译了十余部汉地医书,如《验毒火焰论》、《大小病辨证》、《杂病特诊》、《洞察体腔内脏幻化汉镜》等。

---

① 伯希和编:《敦煌文献选》,第 127 号、986 号、1288 号、454 号;参阅黄颢《唐代汉藏文化交流》,载《藏学研究文集》,民族出版社 1985 年版。

②《医学总纲》第 78 页;参阅黄颢《唐代汉藏文化交流》,载《藏学研究文集》,民族出版社 1985 年版,韩文海,有学者认为非真实人名,而是"轩辕黄帝"的谐音,见蔡景峰《西藏传统医学概述》,中国藏学出版社 1992 年版,第 6 页。

③ 张怡荪主编:《藏汉大辞典》,民族出版社 1986 年版,第 2166 页。

汉地医学的传入，相应地为吐蕃增加了一系列汉语医学名词，如《四部医典》所借用的切脉用语"寸"、"关"、"尺"。《汉藏史集》明言"火（灸）与脉（络）则出自汉地"。

随文成、金城两公主传入吐蕃的有碾、水磨、纸、墨、制陶、冶炼、建筑、种茶和酿酒等技术。文成公主进入吐蕃途中，行经康地朗珠堆塘，教当地人建造水磨。在今青海玉树结古镇南约 7.5 公里的巴塘，有"白南巴"沟，仍存以文成公主石刻像为主的寺院，据传公主在这里曾教当地藏民种植。[①] 敦煌藏文文献伯希和编第 1287 号卷子记噶尔东赞语说："青稞稻麦长坝上，入于水磨即成粉。"《王统世系明鉴》、《拉达克王统记》等书皆说文成公主首次将陶土制为陶器。纸张的大量传入与吐蕃文字的完善时代相及，它为藏文迅速地推广和普遍使用，以及吐蕃文献走向繁荣产生重大影响，它使吐蕃人的文化传播手段，在短时期内由"刻木结绳"转为文物昌盛。今存敦煌吐蕃文书及佛经、阿里古格王宫写经用纸等，经科学鉴定皆为唐纸，而吐蕃的手工造纸工艺与汉地业已类同。[②] 小昭寺，据记载是由文成公主从中原运来四根柱子，并从汉地带来的木匠及塑匠建成的。此外，昌珠寺的铜钟是由汉人比丘大宝所铸，敦煌石窟更有吐蕃统治时期的绘画和造型艺术。李肇《国史补》下卷记，常鲁公使西蕃，烹茶帐中。赞普问曰："此为何物？"鲁公曰："涤烦疗渴，所谓茶也。"赞普说："我此亦有。"遂命人出之，指着说："此寿州者，此舒州者，此顾渚者，此蕲门者，此昌明者，此澶湖者。"这些茶皆来自内地，藏文称茶为"ja"即译自汉音。

由唐朝传入吐蕃的当然不仅仅是物品、物种（如蔓菁、茶叶）和技术，更主要的是大批有技术的工匠涌入吐蕃，他们主要是通过三个途径来吐蕃的：一是随唐朝两公主下嫁而入蕃者；一是吐蕃请唐朝相继派入者；一

---

① 赵生琛调查认为文成公主经玉树进藏，见《文物参考资料》1957 年第 5 期。
② 潘吉星：《敦煌石室与经纸的研究》，《文物》1966 年第 3 期。

是为吐蕃掠夺去者。文成公主出嫁时随行的,除20名美女外,还有工匠仆役五六百人。高宗即位后,吐蕃派人"请蚕种及造酒、碾、硙、纸、墨之匠"并获许可。① 金城公主出嫁时,中宗皇帝"赐锦缯别数万,杂伎诸工悉从,给龟兹乐"。② 吐蕃每次入掠内地,均要掳掠大批青壮年男女,尤其是有技术的工匠,《旧唐书·崔宁传》记,(779年)十月,南蛮大下,与吐蕃三道合进。……戎酋诚其众曰:"吾要蜀川为东府,凡伎巧之工皆送逻娑(拉萨),平岁赋一缣而已。"这些工匠直接推动了吐蕃手工艺的发展与技术进步。《汉藏史集》记述了汉地陶工为吐蕃制作出画有鸟衔茶枝、鱼游水中和鹿行草山等图案的绝妙器皿之事,即是此类例证。

(四) 丝绸贸易的繁荣

丝绸是中国享誉世界的产品,也是连接和维系古代中国与世界各国人民友谊与文化的重要纽带,在中国境内各民族不断走向统一的历史进程中,它也发挥了积极的作用。通过青藏高原和吐蕃地方的交通,即是以丝绸为主而兴起的经济文化交流之途。藏语称"丝"为 sil,"绸子"为 gru-tsi,皆为汉语音译;"缎子"称为 gos-chen,意为大衣服,均是明证。吐蕃赠给唐朝的是黄金与其他方物,唐朝所回赠者主要是丝绸。这种朝贡贸易是丝绸织物走上高原的重要途径。文成公主出嫁时,带着特制的狮子锦缎八鸟绸和足以享用一世的绫罗绸缎、各色衣服。当松赞干布见到唐朝公主、贵人时就不免自惭形秽,遂自褫毡罽,袭纨绮,渐慕华风。于是,唐朝的丝绸织品就成为吐蕃历代赞普和贵族的上等衣料和华贵装束。金城公主出嫁时,中宗赐"锦缯别数万"。唐蕃双方每有往来均有赏赐贸易,其中都有丝绸。开元七年(719年)六月"吐蕃遣使请和,唐朝大享其使,因赐其束帛,修用前好。以杂彩二千段赐赞普,五百段赐赞普祖

---

① 《旧唐书·吐蕃传》。
② 《新唐书·吐蕃传》。

母,四百段赐赞普母,二百段赐可敦(即赞普妃),一百五十段赐仝达延,一百三十段赐论乞力徐,一百段赐尚赞咄及大将军,大首领各有差。皇后亦以杂彩一千段赐赞普,七百段赐赞普祖母,五百段赐赞普母,二百段赐可敦"。① 733 年正月,唐玄宗又命工部尚书李暠持节使于吐蕃,"以国信物一万匹,私觌物二千匹,皆杂以五彩遣之"。② 这样庞大的数字自然不只是满足赞普王室和贵族需要,吐蕃王室也有可能从事了唐朝丝绸的转手贸易。独孤及所撰《与吐蕃赞普敕书》称,唐蕃之间"金玉绮绣,问遗往来,道路相望,欢好不绝"③,正是这种写照。当时,唐朝除大量向吐蕃输出丝绸外,为了应付吐蕃的劫掠,加强军事实力,又与回鹘进行"丝马贸易"。这就使唐朝"不遑振旅四十余年,使伤耗遗氓,竭力蚕织,西输赂币"。④ 丝绸织物盛行于西部各族,所以唐朝诗人陈陶在他的《陇西行》中吟下了"自从贵主和亲后,一半胡风似汉家"的诗句。

吐蕃在攻陷唐河西、陇右之后,直接统治了这一广大地区的汉族百姓。对丝绸的搜括就可以直接以赋税形式来获得。敦煌汉文僧尼文书中有"丝绸部落",日本学者藤枝晃认为"丝绸部落"即是从事丝绸生产的部落,这是正确的。吐蕃还向民族走廊地区的西山八国和东女国等部"岁督丝絮"。吐蕃攻占瓜州后,唐朝贮于此的财宝"均在吐蕃攻陷之后被截获,是故,赞普得以获得大量财物,民庶黔首均能穿上唐人上好绢帛"。762 年,吐蕃赞普还将辖下唐人岁输之绢缯,分赐于各地千户长以上官员。⑤

吐蕃曾向唐朝请蚕种,但是没有下文,可能是高原地区寒冷不宜养蚕之故,藏史中并未留下养蚕缫丝的记载,丝绸贸易始终处于繁盛状态。《全唐文》卷一七二说,鸿胪寺中,吐蕃使人素知物情,羡慕这里的绫锦和

---

① 《册府元龟》卷九七四《外臣部·褒异一》。
② 《册府元龟》卷九八〇《外臣部·通好》;《唐会要》卷六。
③ 《全唐文》卷八三四。
④ 《旧唐书·陆贽传》。
⑤ 《敦煌本吐蕃历史文书·大事纪年》,见增订本第 156 页。

弓箭等物,想从事丝绸等物贸易。唐鸿胪丞张鷟撰文,建议朝廷允许通市,"观鹤绫之绚烂,彩映冰霜;睹凤锦之纷葩,光含日月。弯弧六合,犀角麋筋。劲箭三同,星流电激。听其市取,实可威于远夷;任以私收,不足损于中国。宜其顺性,勿阻蕃情"。说明除了大宗的朝贡贸易之外,民间的丝绸贸易也同时存在。藏史中形容美丽、珍贵时,多将丝绸锦缎和珠宝等并列,反映了他们的价值观和情趣。这些上等珍品首先是供王室贵族和寺院使用,同时也远销境外,《王统世系明鉴》记载,在大昭寺与小昭寺之间有丝绸布匹市场,其中就有迦湿弥罗(克什米尔)一位名叫阿南达的商人在这里做买卖,从事丝绸贸易,他还应邀参加了佛教徒与本教徒所展开的辩论。[①] 据此我们可以推知,当时通过吐蕃输往南亚和中亚的唐朝丝绸,很可能主要经由今克什米尔这条传统路线。斯坦因在所著《古代中亚文化遗迹》一书中说:"在吐蕃发现的遗物中,有很多具有花纹的丝织物,花纹中有些是印的,有些是织的,花鸟图案的变化很多,这一点很可以表示吐蕃商业的地位。吐蕃附近及其他许多地方在波斯萨珊王朝时期,大概是中国与西亚之间的贸易重点。"这种贸易给吐蕃带来巨大的利益,所以吐蕃内侵唐朝的战争,和战后的请和、通款,都是围绕着以丝绸贸易为主的经济文化交往这个核心。藏族英雄史诗《格萨尔王传》引用古谚语说:"来回汉藏两地的牦牛,背上什么东西也不愿驮,但遇到贸易有利,就连性命也不顾了。"贸易无疑加深了吐蕃与内地人民之间的友谊。西藏民谚说:"汉地的货物运到博(吐蕃),是我们这里不产这些东西吗?不是的,不过要把汉藏两地人民的心连在一起罢了。"[②] 与丝绸贸易相伴随的是茶马贸易,我们在下文将详述。

(五) 国子监中的吐蕃子弟

文成公主的出嫁和唐朝文化的传入,将青藏高原的吐蕃人引进一座

---

① 萨迦·索南坚赞著,陈庆英等译:《王统世系明鉴》,第164页。
② 转见王忠:《新唐书·吐蕃传笺证》,科学出版社1958年版,第34—35页。

文明灿烂的迷宫,这使得建立一世武功的松赞干布倍感兴奋与鼓舞,他积极主动地"遣诸豪子弟入国学,习诗书。又请儒者典书疏",沐浴唐文化的春风雨露。唐朝国子监是皇家学府,颇受皇帝重视,"太宗又数幸国学,令祭酒、司业、博士讲论毕,各赐以束帛,四方儒生负书而至者盖以千数。俄而,吐蕃及高昌、高丽、新罗等诸夷酋长亦遣子弟请入于学。于是国学之内,鼓箧升讲筵者几至万人。儒学之兴,古昔未有也"。① 吐蕃也加入到这个留学大军之内,屡次出使唐朝的仲琮,可以算是吐蕃留学生中的高材生。"仲琮年少时,尝充质入朝,诣太学生例读书,颇晓文字"。咸亨三年(672 年)入朝,唐高宗召入赐宴,十分礼重,问他:"汝国赞府(普)孰与其祖为贤?"对曰:"雄勇果断,不及其祖,然勤于听理,下不敢欺,亦令主也。""(吐蕃)文物器用岂当中夏万分之一!但其国法严整,上下齐力,议事则自下而起,因人所利而行之,斯所以能持久也。"他把唐蕃双方作了简明对比,说明了吐蕃的军事制度之优点。当高宗责问吐蕃为何招降纳叛,侵夺尚是甥舅之亲的吐谷浑时,仲琮机智而得体地回答:"臣受命贡献而已,攻战之事,非臣所得预闻也。"高宗嘉其才辩,厚赐而遣之。②

这些经过唐朝文化熏陶的边地诸族子弟,逐渐染有儒者气度,他们以及频频而来的吐蕃使者还担负着刺探情报的使命,直接为吐蕃侵唐服务。因此,朝廷中有各种禁止四夷子弟入侍的议论,《全唐文》卷六四五李绛延英论边事说:"今戎狄继来婚嫁,于国情实,巨细必知,边寨空虚、有无咸悉。"同书卷二八一载薛登《请止四夷入侍疏》说:"窃惟突厥、吐蕃、契丹等往因入贡,并叨殊奖,或执戟丹墀,策名戎秩;或曳裾庠序,高步黉门。服改毡裘,语兼中夏,明习汉法,目睹朝章,知经国之要,窥成败于国史,察安危于古今。"极不利于朝廷。唐蕃战争期间,蕃方名将论钦

---

① 吴兢:《贞观政要》卷七;《旧唐书·儒学传序》等。
② 《册府元龟》卷九六二《外臣部·才智》。

陵即在 696 年四夷多遣子弟入侍时,至唐充任侍子,"遂得遍观中国兵威礼乐",是为例证。但是,反对接纳侍子的议论并未获得实效。吐蕃等边地各族,依然不断遣使入学,接受唐朝文化。吐蕃借鉴唐朝的官制、兵制和其他制度,许多是由这些留学生和使者传入的。使者又多由这些"习闻华言"的留唐学生充任。迎请金城公主的吐蕃婚使名悉腊,"颇晓书记,先曾迎金城公主至长安,当时朝廷皆称其才辩"①。《唐诗纪事》记,710 年正月五日,名悉腊参与中宗等人的柏梁体联句,其诗云:"玉醴由来献寿觞。"唐中宗闻之大悦,赐其衣服。留唐吐蕃学生,不仅有充当使者、掌兵者,也有专门人才,如受松赞干布之命学习唐朝历算占卜之术的四人就是有力的例证。

吐蕃学习唐朝文化不只派遣学子入侍一途,同时也请唐朝文人前来典其表疏。而在战争中所俘获的有文化者,也多能予以重用,《因话录》记淮南裨将谭可则被掠入蕃,知吐蕃每得汉人,"䩄(抉)有文艺者则涅其臂,以候赞普之命,得华人补为吏者,则呼为舍人,(谭)可则以晓文学,将以为知汉书舍人"。"其旧舍人有姓崔者,本华人……其人大为蕃帅所信"。谭可则告诉吐蕃人有关宪宗驾崩消息,"其傍有知书者,(谭)可则因略记遗诏示之,乃信焉"。② 颇引入兴趣的是,因反对武则天秉政而起兵、最后失败的李敬业(即徐敬业)之后,也流落到吐蕃,称徐舍人。贞元十七年(801 年),吐蕃内侵盐州(治陕西定边),抓到呼延州僧人延素等 7人,前来见徐舍人。徐舍人是身长六尺余、赤髭大目的吐蕃少年。他命人为延素等解缚,坐帐中,说:"师勿惧,余本汉人,司空英国公(即李勣)五代孙也。属武后斫丧王室,高祖(徐敬业)建义中泯,子孙流播绝域,今三代矣。虽代居职位,世掌兵要,思本之心无涯,顾血族无由自拔耳。"随后被飞鸟使召回。③ 在吐蕃,传播唐文化和弘扬吐蕃文化的唐人是不胜

①《旧唐书·吐蕃传》。
②《因话录》,上海古籍出版社,第 96 页。
③《旧唐书·吐蕃传》。

枚举的。

(六) 译成藏文的汉地经典

唐代的僧人和学者随文成、金城公主出嫁，或受邀请、被收留而汇聚吐蕃，开始了他们卓有成效的文化传播活动。据说，文成公主入蕃后，唐大寿天和尚即应邀至吐蕃，与蕃僧译经。金城公主时，在吐蕃的汉人之子桑希，受墀德祖赞之嘱与 3 名吐蕃人一同前往唐朝迎请佛经，唐朝皇帝将用金汁书写在瓷青纸上的 1 000 部佛经赐给桑希等人。此后，还从中原传入了汉文佛经《金光明经》和《律差别论》等。[①] 墀松德赞自幼由两名汉人相伴，并为他讲授汉文《十善经》、《能断金刚般若波罗蜜多经》、《佛说稻竿经》，使赞普信仰、笃从佛法。[②] 桑希穿梭于唐蕃之间，为吐蕃引入并弘扬唐朝佛教文化作出了卓越贡献。他既受命延请汉僧入蕃，又多次到内地请经。其中一次就有包括桑希、拔赛囊等 30 人之多的庞大使团，抵达内地，从汉僧学到"修行教诫"，并获得皇帝赏赐的一百秤唐纸、五百匹丝绸等物。[③] 在桑耶寺修成后，吐蕃第一批出家的 7 人（即"七试人"）中，就有汉人桑希。汉地禅宗大师摩诃衍在吐蕃的活动也十分著名（详后）。781 年，唐朝应吐蕃的多次请求，"遣僧良琇、文素，二人行，每岁一更之"。[④]《旧唐书·吐蕃传》记次年（782 年）四月，吐蕃放还的没蕃将士与僧尼就有 800 人之多。824 年，吐蕃还派人至唐请五台山图。吐蕃乞赐唐朝儒家经典及医学、历算等专科文献的史实已如上文所述。

在大批输入经典文献和文化人才的同时，吐蕃王朝也开始组织人力将这些汉文典籍翻译为藏文。中原的纸张和造纸术为藏文的推广和

---

① 《西藏王臣记》，民族出版社 1957 年版，第 67 页。
② 《贤者喜宴·吐蕃王统》。
③ 巴·赛囊《巴协》、巴卧祖拉陈瓦《贤者喜宴》等对此均有记载。
④ 《唐会要·吐蕃》。

佛经的藏译提供了客观上的保证。翻译典籍内容大致可分为三类：一是汉传佛经，一是儒家经典与重要文献，一是专业书籍，主要是医学和历法、占卜等方面的文献。对于后者，前文已经提到，这里主要叙述前两者。

佛经的翻译，据说自文成公主到吐蕃后即已开始。唐大寿天和尚受命与吐蕃人拉垅多吉贝一起负责汉经译藏工作。文成公主还是他们的施主，有时也直接参与译经。墀松德赞时，佛经的翻译全面展开，由唐朝、吐蕃和天竺（印度）的僧人协力完成。首先翻译汉文佛经。据《五部遗教》说，仅唐僧摩诃衍所译的佛经即有 12 箱之多。最后将所译各经汇编为《丹噶尔目录》，在该目录所存六七百部佛经中，译自汉文的有 31 种。[①] 在敦煌佛经中，中原汉文佛经的影响和比重就更大了。

汉文经典的藏译是中原文化影响吐蕃的又一个重要内容。金城公主所请并获赐的《毛诗》、《礼记》、《左传》、《文选》等典籍之汉译，是可以想见的。敦煌藏文文献中，还发现了《尚书》中的《泰誓》中、下及《牧誓》和《武成》四篇、《春秋后语》六篇、《孔子项托相问书》等先秦古籍，翻译并崇尚这种古文化，反映了吐蕃人的素养与文化情趣。

为适应汉蕃文翻译的需要，也出现了汉蕃对照的《千字文》、《汉藏对照辞语》、《汉蕃对照辞汇》等辞书。

吐蕃从唐朝汲取文化营养远不止以上几点，而是包括了各个方面。如音乐方面，《拉达克王统记》说，都松芒布结时（676—704 年），从唐朝获得了多达曼、笛子、布桂、唢呐等。822 年，唐大理寺卿刘元鼎出使吐蕃，赞普"大享于牙右，饭举酒行，与华制略等，乐奏《秦王破阵曲》，又奏《凉州》、《胡渭》、《录要》（即绿腰）、杂曲，百伎皆中国人"。[②] 吐蕃王朝就这样

---

① 《丹噶尔目录》卷一四五，日本影印藏文大藏经，第 146—149 页。
② 《新唐书·吐蕃传》。

历史研究系列·吐蕃丝绸之路

全方位地接受了唐朝的文明。

第二节　南亚文化北入雪域

喜马拉雅山脉高耸于青藏高原与南亚次大陆之间,挡住了北上的印度洋潮湿气流,却没有阻挡住北上渗透的南亚文化潜流。7世纪初,松赞干布统一青藏高原以后,即敞开胸襟,迎接了色彩明丽的天竺(印度)和泥婆罗(尼泊尔)文明。

(一) 天降玄秘经典

佛教是今天藏族人民广泛信仰的一个宗教,而佛教文化则是藏族文化的核心。可是,若要说到佛教如何传入吐蕃,恐怕没有人能讲得清楚,因为在这个问题上,我们的藏族先贤们已经堕入迷雾当中了。如1283年成书的《奈巴教法史》说,当拉脱脱日年赞秉政时,李天子与吐火罗译师罗森措两人从天竺(印度)请来班智达李敬,向国王讲经,由于当时吐蕃没有文字,无法领受,李敬便将《佛说大乘庄严宝王经》书于黄纸之上,用金粉写下梵文六字真言,盖印交于国王,嘱以"致礼诸圣物,转经、献供",如此必获功德。然后,便前往汉地。该赞普如嘱行之,年逾百岁,且使其盲子复明。[①] 1322年成书的《布顿佛教史》说:"拉脱脱日年赞赞普在位之时,年达六十,居于雍布拉岗宫顶,自天空降下一宝箧,启视之,有《宝箧经》、《百拜忏悔经》及金塔一座。无人能识,名之为'宁保桑瓦'(gnyan-po-gsang-ba),即'玄秘神物'以供奉之。此王获世寿一百二十岁。此为正法之始也。"[②]后世的《红史》(1346年成书)、《王统世系明鉴》(1388年成书)、《汉藏史集》(1434年成书)、《贤者喜宴》(1564年成书)、《西藏王臣记》(1642年成书)、《宗派源流晶镜史》(1801年成书)等,皆持

---

① 札巴孟兰洛卓著,王尧、陈践译:《奈巴教法史——古谭花鬘》,载《中国藏学》1990年第1期。
② 布顿著,郭和卿译:《佛教史大宝藏论》,民族出版社1986年版,第169页。

大致相同的说法,即5世纪,佛经已被人带到吐蕃。但是,我们发现,《奈巴教法史》较合理的印僧携入说,在后世诸史中被神化为"天降宝物"了,而"天降说"又恰恰是前者所极力反对并斥之为"本教徒的蓄意伪托"。这种谜一般的说法是要告诉人们:印度佛教的影子已经印在了雪域这块净土上。

至于拉脱脱日年赞以前的27位赞普时的信仰状况,布顿大师说,其时"皆以本教护持国政";而《王统世系明鉴》作者萨迦·索南坚赞说,这27代,500余年间"诸王皆与佛法无缘"。拉脱脱日年赞以后的四代赞普期间,这些神秘宝物依然沉睡不醒。据说,当松赞干布派吞米桑布札前往印度学习梵文,创制藏文字母以后,才知悉这些神秘宝物原是一些佛教经典,而且主要是密宗的东西。随后译之为吐蕃文字,为吐蕃传来了印度的佛教,而天降玄秘经典的故事,似乎还要告诉人们,吐蕃人未来要皈依佛教(尤其是印度密宗)的命运。

(二)泥婆罗墀尊公主出嫁

松赞干布在统一青藏高原、借鉴四方文化时,也把目光注视到了吐蕃的南邻,而羊同的归附又为吐蕃与泥婆罗加强联系扫清了障碍。633年左右,年方16岁的松赞干布,派噶尔东赞前往请婚。噶尔东赞(即禄东赞)带上赞普手书泥文三封,五枚金币,金粉,朱砂宝石的琉璃盔一顶及途中用品,启程西行来到泥婆罗。

当时的泥婆罗是以今尼泊尔加德满都谷地为核心的统一政权。其王名字汉文译作鸯输伐摩,意为光胄,是泥婆罗名 Amshu Varma(阿姆苏·瓦尔马)的音译。噶尔一行来到王宫前,奉上金币礼物请婚。该王并未爽快允诺,而是找各种理由进行推托,实际上是卑视吐蕃的文明。据尼泊尔史书说:"阿姆苏·瓦尔马本人是一个很有学问的人,酷爱艺术和文学。他写了一本文法书。在他的宫廷里,文人学士都受到敬重。他以一个公正的、不偏不倚的统治者而闻名。"①可是,松赞干布动辄要率5万军队前来踏平王宫的威胁,以及印度戒日王日益紧迫的扩张形势,使他胸无御敌良策,只能答应将女儿布里库蒂(Bhrikuti)即墀尊公主嫁给松赞干布,化干戈为玉帛。

墀尊公主听从父王之命,带着释迦牟尼8岁身铸像、尊胜弥勒法轮、度母旃檀像、吠琉璃宝钵、金银财物,以及大量珍贵药材和珍衣美食、10名侍女等,辞别父王前往吐蕃。泥婆罗的送亲臣民送至芒域而还。芒域指今西藏阿里普兰至后藏昂仁、吉隆等县一带。据此,我们知道,蕃泥联姻与交往的道路是吉隆南入尼泊尔道。墀尊公主至逻些(拉萨)时,吐蕃的大臣、百姓击鼓奏乐隆重欢迎。松赞干布在众人的庆贺声中,与墀尊公主交杯饮酒、互系彩线,结为夫妻。松赞干布下令建立王宫。墀尊公主的寝宫有9层,与赞普寝宫以铁桥连接,桥上悬挂绫幔、拂尘、铃铛,壮丽无比。②

墀尊公主在吐蕃的活动,最著名的是修建大昭寺。据说,起初屡建屡毁,墀尊公主请文成公主为其勘察地形,确定建寺地点。638年,大昭寺奠基,次年修神殿。主要由泥婆罗工匠负责建筑工程。在殿堂中部用蓝琉璃色彩,绘有水纹图,内有鱼、水妖、水鸟等。所有柱子均作金刚橛状。墙壁每隔一肘长即砌有五彩砖,内外共建5层,盖顶后再砌彩砖。殿上有砖、珍珠、宝石装饰的青蓝色女墙檐,围以系铃铁索。柱上、墙上多依泥婆罗体制,画以佛教人物、故事和本教图案。松赞干布命之为"幻显"寺(即朱囊,vphrul-snang)。③

墀尊公主出嫁吐蕃,不仅带来了泥婆罗的佛像、法器及佛教影响,而且带来了色彩斑斓的泥婆罗建筑和绘画艺术。据《松赞干布遗训》记载,

① I. R. 阿里亚尔、T. P. 顿格亚尔著,四川外语学院翻译:《新编尼泊尔史》,四川人民出版社1973年版,第35页。
② 萨迦·索南坚赞:《王统世系明鉴》,第70—77页。
③《贤者喜宴》《王统世系明鉴》等书均有记载。

松赞干布请四方学者前来吐蕃译经,其中也迎请来泥婆罗的锡拉曼殊大师,并由泥妃墀尊公主担任翻译,译出了《经藏》、《华严经》、《观世音菩萨经咒》等。[①] 在吐蕃医学的 13 种医疗法中,即有泥婆罗疗法;而墀松德赞迎请的四方九名医中,也有泥婆罗一人。泥婆罗的建筑艺术与绘画艺术,在吐蕃地区自成流派,享有较高声誉,这是泥婆罗文化魅力与影响的明证。

(三) 佛法自天竺传入

南亚文化对吐蕃的影响以印度为最大,印度文化对吐蕃文化的影响以佛教最突出,而印度佛教的影响主要是密宗。传说中,拉脱脱日年赞时由天竺高僧李敬带入的梵文佛经《宝箧经咒》、《百拜忏悔经》和《十善法经嘛呢陀罗尼咒》、舍利宝塔、六字真言,多为密教内容。《松赞干布遗训》记松赞干布迎请四方译师译经,也迎请来印度的鸠摩罗大师,由吞米桑布札为翻译,译出《阿毗达磨藏》的广、中、略三种文本,印度的婆罗门夏迦罗(Sha-Ka-ra),由阿札雅达磨郭夏担任翻译,译出了《律藏》、《迦陵迦光明律》、《止雅经咒》等。[②] 吞米桑布札从印度学者李敬学习了吐蕃文字的创制方法后,也掌握了梵蕃文翻译技能,将《宝云经》、《宝箧经》、《大悲莲花经》等迎回吐蕃。吞米在印度时,据说还拜会了印度(天竺)王郭贝拉,因国王支持而把印度大学者李敬和班智达阿难达请到吐蕃,翻译了以上诸经。墀德祖赞时,派人迎请正在冈底斯山修法的印度高僧吉祥佛密和吉祥佛静,虽未请来,却获得其所赠《分别经》、《金光妙贤经》、《行密》、《事密》等经。

墀松德赞时,派韦·意希旺波(即韦·色朗)等前往印度北部的萨贺尔国,迎请堪布菩提萨埵(Bodhisattra,菩萨)即静命大师(也即希瓦措,

①《汉藏史集》,第 100 页。
②《汉藏史集》,第 89 页,第 100—101 页。

寂护,约700—760年)前来传法建寺,但遭到本教势力的反对。静命曾任那烂陀寺首座,是印度大乘佛教中观派衍化出的瑜伽中观派创始人。他的学说固然博大,可是却很难赢得信众,战胜讲究法术仪轨的本教。所以,他建议墀松德赞派人迎请正在泥婆罗雪山岩洞中修行的邬仗那密宗大师莲花生(寂护妹夫),从而为吐蕃接受印度密教、建寺、译经,开辟一个崭新的前景。

(四)桑耶寺的修建与译经

莲花生是天竺邬仗那(今巴基斯坦境内)人,所传为印度"因陀罗部底"系密教。他的卓越法术令吐蕃本教徒为之叹服,从而,为佛教这个外来文化在吐蕃立足争得一席之地。这也让谋欲弘法的墀松德赞感到心花怒放,竟将自己的一名爱妃赐给莲花生,作为"明妃"供其修法,对佛教的支持与信心也更加坚定。

774年(一说763年),吐蕃第一座正规的寺院桑耶寺开始破土动工。这座为吐蕃佛教兴起与发展颇著功业的寺院,至今仍坐落在拉萨市东南100公里的扎囊县境。桑耶寺的兴建借鉴了中原建筑的特点,但主要是印度文化的结晶。藏文史书说,该寺是仿照印度阿丹达布日寺(意为能飞的城)式样。后者与那烂陀、超戒寺、婆耆罗沙纳寺并称印度四大寺。以桑耶大屋顶殿为密教三部之须弥山,以大殿的内外基石为七金山,建立大日如来佛拯救恶趣众生之坛城。大殿顶上,按律藏修建,外围14种经续、78座塑像,均合于经藏与密咒。整个佛殿有1 002根柱子、36座大门、42座小门、6架圆木梯、8口大钟。又依《俱舍论》建四大洲、八中洲、日月坛。东面东胜身洲三殿为半月形,南面南赡部洲三殿为肩胛骨形,西面西牛货洲三殿为圆形,北面北俱庐洲三殿为正方形,其外围墙拐角按金刚舞步修建,象征108座佛塔,尖端各有佛舍利一个。四方各有一座护法殿,大门前有四通石碑,各有一只铜铸母狗。桑耶寺历时6年至779年全部完工,举行了声势浩大、隆重庄严的庆祝活动。①

　　桑耶寺建成后,墀松德赞即请四方名僧到吐蕃译经。派 5 名吐蕃僧人前往印度寻求现世获得成就的大手印教法,毗卢遮那取回了有关经典,此后不断传入印度教法。及印度僧与中原禅宗辩论获胜,印度教法更源源不断地拥入吐蕃,参与辩论的印僧噶玛拉锡拉(莲花戒)还为墀松德赞写了《修定三次第》献上。僧迦罗国的大师达那锡拉等众多大学者也纷沓而至,说法讲经,由毗卢遮那和噶、觉、尚三位译师和精通天竺与吐蕃文的译师,将其所说所著译为吐蕃文,使印度教法大为流行。②

　　墀德松赞时,迎请来印度班智达毕玛拉迷札、噶玛拉锡拉、札那色那和泥婆罗人呼迦罗等,由昆·鲁易旺布松等人担任译师,把印度作为佛法产生之地,将从前由各种文字翻译的所有经典,以印度的 41 种语文进行校译,并厘订了翻译佛经时新出现的藏语词汇。热巴坚执政期间,吐蕃又从印度请来堪布支那米札、苏连札沃底、巴拉札德哇、辛底迦巴等大学者,由班第意希德等人担任译师,对所译佛经进行了认真整理,并新译出大批佛经。③

　　桑耶寺的修建和印度佛经的大规模翻译成吐蕃文,为印度宗教文化影响吐蕃、密宗一统教坛奠定了基础。与此相伴,或以此为契机也推动了世俗文化影响吐蕃的潮流。桑耶寺仿自印度寺院,由此传入了印度的建筑与绘画艺术,而吐蕃在文字的创立及医学、历算等专科与技术方面都借鉴了印度文化。

(五) 吐蕃文字取自天竺

　　文字是记录人类文明的工具,也是社会文明的主要体现。吐蕃文字系统的产生,是吐蕃文化史上的重大事件。据藏文史书的一般说法,它

---

① 《汉藏史集》,第 109—110 页。
② 《汉藏史集》,第 112—114 页。
③ 《汉藏史集》,第 120—121 页。

与松赞干布时的文臣吞米桑布札相关,同时又与印度文明息息相关。

关于吞米桑布札从印度学习并借鉴梵文字母,创制吐蕃文字母系统的情况,藏史多有记载。第五世达赖喇嘛在其所著《西藏王臣记》中说,松赞干布为了发展吐蕃文字,特命聪慧的吞米桑布札携带一升金沙及金钵,前往天竺拜访名师,学习文字之学。吞米肩负重任,来到婆罗门李敬座前,学习了 364 种文字,又随班智达拉日巴生格(智师子)学习声律学《巴尼毗耶迦尔那论》和其他经典,其中易学的有《王者道论迦罗波经》,难学的有《班智达道论旃陀罗字经》、《邬拿地经》及《观世音二十一种经续》。学完后,在婆罗门上师座前,呈上一首颂词,然后离开天竺返回吐蕃。闭关三年,从梵文 16 个元音字母中取出 4 个(即 i、u、e、o);从梵文34 个辅音字母中去掉 5 个反体字、5 个重叠字及 1 个重叠加反书字,给辅音加阿(a),再补充 6 个字母,形成 4 个元音 30 个辅音的吐蕃文(藏文)字母系统。接着又仿照梵文"兰查"字体,创造出吐蕃文有头字——楷书;仿梵文"乌尔都"字体创制出吐蕃文无头字——草书①,使吐蕃文明史迈上一个新的台阶。

很久以来,学者们对吐蕃文字的来历即存在分歧,主要有于阗说和天竺(印度)说,而以后者为众。元代藏族佛教大师布顿说,吞米桑布札所依蓝本是"那迦罗"文字。更多学者则持"兰查"字和"乌尔都"字说。近世藏族学者根敦群培在《白史》中说,吞米是印度笈多王朝时人,而印度"哈罗王"、"鸠摩罗笈多王"、"苏罗亚瓦门王"等时代所铸之铜牌在印度多有遗物,"彼上所刻之文字,与藏文极其相像。稍远望之,竟似一手不熟练之人所书之藏文。即未学此种文字者,亦能多分读识"②,说明吐蕃文字借自印度是于史有征的。

吐蕃文字的创制与完善,使佛经的翻译与传播有了可能。而中原的

①《西藏王臣记》藏文本,民族出版社 1988 年版,第 20—21 页。
② 根敦群培著,法尊大师译:《白史》,西北民族学院 1981 年印,第 55 页。

唐朝文化和南亚印度文化的传入,直接促进了吐蕃文字的充实与形成。《汉藏史集》记吐蕃王朝时的"两种翻译是,由印度文译成汉文,由汉文译成印度文"。说明吐蕃早期翻译活动的主要内容,不是在吐蕃文与汉文或印度文(梵文)之间进行,而是在汉、印文字之间进行。同时也说明这两种翻译充实了新形成的吐蕃文的内容,使之在短时期内跨过一个遥远的历史进程,进入繁荣阶段。

(六) 天竺医学、历算的传入

影响吐蕃医学与历算的主要是唐朝的中原文化,但同时也有青藏高原周围各国各民族文化的因素。作为具有悠久文明传统的天竺(印度)医学与历算,自然有其独到之处。

据说,在拉脱脱日年赞时,有两名医生从天竺来到吐蕃,他们把医学知识教给老百姓,让他们知道如何诊断疾病。此前,吐蕃人只知道一点食疗知识和用酥油止血的方法。[①] 松赞干布时,被邀至宫中参加医学文献翻译的三位医生,除唐朝和波斯各一人之外,还有天竺人巴拉达札。他与其他两位合作编译唐朝医书为《无畏武器》。墀松德赞时,入蕃传法的密教大师莲花生同时也是一位深通医术的人,他还著有《甘露要素》一书。诞生于年楚河流域的毗卢遮那,是当时的一名大翻译家,他的医术是从天竺学来的,他还把天竺的医学经典带回吐蕃,译为蕃文。墀松德赞迎请的四方九名医,即有天竺人辛达迦巴,他翻译了天竺医书《药师佛所说续部》等文献。在吐蕃的 13 种医疗法中,天竺医疗法也是其中之一。[②]

天竺历算传入吐蕃,同样是有案可稽的。《汉藏史集》说,松赞干布时,吐蕃只有文成公主带来的占卜历算书籍 60 种,还有从印度翻译而来

---

① 日琼仁波且・甲贝衮桑著,蔡景峰译:《西藏医学》,西藏人民出版社 1982 年版,第 33 页。
②《汉藏史集》,第 115—116 页。

的《十二缘起》、《六日轮转》等。① 中原历算无疑是吐蕃接受外来文化的核心,此外即是来自天竺的影响。后世西藏地方使用的时轮历法就来源于印度。印度古代的宇宙观,以小乘佛教的名著《俱舍论》流传最广,影响最大。可见历法的传入,与印度佛经的传入及翻译相关联。后世的藏文历法书,如《白琉璃论》和《隆多喇嘛全集》,对时轮历中的十二宫命名有所解释,文说:"弓僵硬之时(指人马宫),水兽张口向阳之时(指摩羯宫),瓶内酒味醇厚之时(指宝瓶宫),鱼类活泼游行之时(指双鱼宫),羊产羔之时(指白羊宫),牛耕地之时(指金牛宫),畜牲发情之时(指宿曜经做淫宫,即双子宫),龟鸣之时(指巨蟹宫),狮子交媾之时(指狮子宫),少女容颜焕发之时(指室女宫),秤衡茶油等物之时(指天秤宫),蝎子潜入洞穴之时(指天蝎宫)。"其中"龟"字,梵语作 Karakata,藏语为蛙、骨蛙、硬壳蛙。这些物候与青藏高原情况不尽相符,"龟"则径用梵语原词,其来自印度是毫无疑问的。进而还可以与巴比伦和埃及的命名相互印证,说明印度文化的中间联系作用。

第三节　唐朝与印度文化在高原上交流

古代中国与印度的文化往来历史悠久。佛教的东来,道教的南传,以及绵延不断的使者、商旅往还,紧紧联结着两地人民的友情。这种交流首先是通过丝绸之路主干道——沙漠丝路,即出阳关西行,越葱岭(帕米尔),经克什米尔入印;其次是中印滇缅道;此外还有海上通道。通过青藏高原地区的往来,由于受到自然地理及邦国分立的政治局势的影响,只能是小型的和间接的。当吐蕃王朝崛起并虚怀若谷地接纳四方文化时,中、印文化交流的历史发生了重大的变化,即能够通过青藏高原或吐蕃丝路展开交流。吐蕃的军事扩张和文化引进,提高了它在与周邻地

---

① 《汉藏史集》,第 99 页。

区交往中的地位,这一点促使吐蕃不仅成为国际文化交流的中介者,而且成为一个新的中心,并据此产生了青藏高原文化圈,这一文化圈的核心是以本教和藏传佛教为基点的吐蕃文明。由于吐蕃的这一地位和文化上的后进状态,就造成这样一种局面:文化交流一方面是吐蕃本土文化与外来文化的交流,另一方面则是外来文化之间的互相交流,最后又纳入新的吐蕃文化之中。

(一) 宗教的乐土

青藏高原独特的地理特征,以及所处的三大文明地区中的夹心地位,给它的文化发展造成一种定势:吸收外来文化与外来文化地方化均具鲜明特征。苯教与佛教结合,而以佛教为文化核心的现状,恰是其最具体的说明。世界三大宗教皆起源于东方,东方以神秘主义驰名于世界,这一基本特点也制约了吐蕃文明。在错综复杂的历史时代,各种文明、各种宗教都会面对挑战,甚至是面对灭顶之灾的厄运。无论是它的极盛时代的扩张与渗透,还是衰颓时期的逃难与挣扎,他们都会想到周邻的文化与宗教薄弱地区,而青藏高原则是一块宗教乐土。吐蕃王朝的虚心学习与欢迎态度,使外来的宗教文化如坐春风,如沐甘露。原始的自然崇拜抵挡不住波斯的琐罗亚斯德教,而苯教的原始色彩也同样要让位于博大精深的佛教。宗教在这块土地上总有旺盛的生命力,人们依靠精神力量来适应自然,创造文明。各种宗教势力为争夺精神领袖地位却又要展开斗争,适应统治者统治和普通群众信仰的需要。

(二) 佛苯之争

佛教自印度和唐朝纷纷传入青藏高原后,逐渐形成一股势力,它在宗教上直接威胁到一向占统治地位的本教。在政治上则关系到是用统一的赞普王权来统辖各部贵族,形成"纵"的隶属关系,还是把赞普作为各部贵族利益的体现者,形成"横"的联盟关系。由于松赞干布时佛教的传播只限于王妃贵族之间,主要是一种个人行为,而且当时及此后的军事扩张掩盖和淡化了这种矛盾,佛苯两教尚能相安,苯教居于统治地位。

墀德祖赞时(704—754 年在位),据说发现了松赞干布藏于钦浦库中、由噶尔东赞书写的铜牌遗书,上面写着"从今往后再传五代,在我的王孙中,名字中有'德'字者当政时,吐蕃将出现佛法。接着有僧人、寺院等"。[1] 墀德祖赞自认为这"德"字即指自己,遂行动起来,派人前往印度和唐朝请师取经,弘传佛教。这一切遭到信奉苯教的大臣们的激烈反对。墀德祖赞被害身死,王子墀松德赞年幼,信奉苯教的大臣玛尚仲巴杰秉持国政,大肆毁灭佛教,将拉萨的喀扎和金桑两寺拆毁,寺钟送往山南钦浦岩洞。把大昭寺、小昭寺改为屠宰场,将血淋淋的动物肠子和内脏挂在佛像和佛臂上,把文成公主和墀尊公主所带来的佛像运往阿里的吉仲地方,把管理寺院的汉地僧人驱赶回内地。同时宣布:"所谓来世报应都是虚假的,今生要避免神鬼的危害只有信奉苯教,谁若信奉佛教就没收他的财产,并流放到边远地区。今后除信奉苯教外不准信奉佛教,人死后不准做佛事,把小昭寺里汉人的佛像运回汉地去。"他们还处死了信奉佛教的大臣朗·迈色和末·东则布。先前被分别派往汉地与印度的桑希和巴·赛囊,虽然取回了佛经,却不敢回到拉萨弘传。[2] 原来因动乱而逃往吐蕃避难的于阗僧人,又被驱赶到吐蕃西部的乾陀罗国(今巴基斯坦境)。佛教和赞普王权遭到极大灾难。

墀松德赞成年后,大力发展佛教,抑制苯教。他积极重用信佛大臣,通过桑希和巴·赛囊组织高僧译经,为兴佛做准备。嗣后,墀松德赞采取了一系列果断措施兴佛抑本,首先是除掉了信本大臣玛尚仲巴杰。据说,当时桂·赤桑与尚列桑等信佛大臣用重金密贿赞普信使、卦师、卜者,宣称赞普国政今年有灾,须有一名主政大臣前往坟墓中安住方可祛

---

① 见巴·赛囊著,段克兴译:《巴协》。

② 巴·赛囊著,段克兴译:《巴协》;东噶·洛桑赤烈著,陈庆英译:《论西藏的政教合一制度》,民族出版社 1985 年版。

除。桂·赤桑伴称自己位居众臣之首,自当前往,而玛尚仲巴杰自然不甘落后,要求同往,可是当他们两人刚刚走进坟墓时,赤桑遽然转身退出,坟墓关闭,玛尚被活埋。为了巩固已有成就,墀松德赞派人请来印度高僧菩提萨埵静命大师(寂护),宣讲十善法与十二缘起,但遭到苯教徒的反对。当时发生了洪水冲击桑耶旁塘宫及雷击拉萨红山顶的灾害,苯教徒宣称是复兴佛法所致。静命大师不得不返回印度,但他建议迎请其妹夫密宗大师莲花生入蕃"降魔"。

莲花生的密教法术果然技高一筹,易为信奉苯教的吐蕃群众所接受。他一路施法降魔,与静命大师的说法相配合,来到桑耶,当众向吐蕃青年男女传授鬼神附体的圆光法术,让人们大开眼界。随后兴建桑耶寺,吐蕃"七试人"出家,佛教渐趋兴盛。但苯教势力的反抗依然十分强烈,在赞普的后宫中,即有一位王妃蔡邦氏玛杰抑佛崇本,攻击密教的法术与仪轨,说:"所谓噶甘拉(kapāla),就是人的颅骨;所谓巴苏达(basuta),就是掏出来的人肠;所谓岗林(rkang-gling),就是人胫骨做成的号角;所谓兴且央西(zhing-che-g·yang-gzhi),就是一张铺开的人皮;所谓罗克多(rakta),就是在供物上喷洒人血;所谓曼陀罗(mandra,或 dkyil-vkhor),就是像虹一样的一团彩色;所谓金刚舞士(rdo-rje-gar-pa),就是带着人骨花鬘者……这不是什么教法,而是从印度传入吐蕃的罪恶。"①这些无疑是切中当时印度密宗要害的。

墀松德赞曾试图在两教之间寻求妥协方案。在延请印度、汉地僧人译经的同时,也从象雄请来苯教徒,翻译苯教经籍,但是信仰的悬殊,终于导致两者的火并。据说,双方的争端因本教徒在桑耶寺内宰杀牲畜举行祭祀引起,佛教徒要求墀松德赞废除苯教,否则他们将启程离开吐蕃。墀松德赞遂决定以宗教辩论的方式定优劣。于是,佛教方面以寂护、莲花生、无垢友等人为首,苯教方面以香日乌金、塘纳苯波、黎希达绒等为

---

① 《莲花遗教》第 79 品;王森:《西藏佛教发展史略》,中国社会科学出版社 1987 年版,第 13 页。

首,在东嘎尔展开辩论,结果以苯教徒失败而告终。墀松德赞下令吐蕃全区尊奉佛法,并两次与大臣贵族在神像前发誓证盟,扶持佛教。对僧人提供衣食日用,并拨属民200户供养桑耶寺。把苯教徒逐往阿里象雄地方,苯教经籍弃于水中,或压于塔下,但保留了苯教的祈祷吉祥、禳解、火葬、煨桑祭天、焚魔等仪轨。[①]

苯教与佛教之争在吐蕃王朝时期是旷日持久的,墀松德赞时两教争论的结局,并没有使苯教彻底消亡,它仍顽强地存在着,在经历热巴坚的极端礼佛之后,终于有朗达玛灭佛崇苯事件发生。吐蕃王朝瓦解后,苯教即与佛教密宗进一步融合,形成藏传佛教,而苯教徒则远离本部,逃往安多和康区。佛教吸收苯教仪轨增加了自身的适应能力和生命力,从而赢得信奉苯教的广大群众的改宗。

(三) 汉印僧净

来自印度和唐朝的佛教,在赞普王室的极力支持下逐渐战胜了吐蕃的苯教,取得了政治上的胜利,从而使佛教这个外来文化,在青藏高原上站稳了脚跟。然而,门户之见使佛教徒们无法共享胜利成果,正统地位之争又导致了教内的干戈相向,此即汉僧摩诃衍传入吐蕃的禅宗顿悟派,与印僧寂护及其弟子莲花戒传入的渐悟派之间的论争。

顿悟派,吐蕃人音译称为"顿门巴"(ston-men-pa)或意译作 gcig-car-ba;渐悟派相应地音译为"渐门巴"(rtsen-men-pa)或意译作 rin-gris-pa。顿悟派主张无须长期修习,一旦把握佛教真理即可顿然觉悟。而渐悟派与之相对,认为只有通过长期修习方能达到佛教的觉悟。顿、渐之争,在唐朝禅宗内部业已发生。据说,禅宗五祖弘忍(602—675年)选择法嗣时,令门人各作一偈,神秀(约606—706年)作偈说:"身是菩提树,心如

[①] 参见王森:《西藏佛教发展史略》,中国社会科学出版社1987年版;东嘎·洛桑赤烈著,陈庆英译:《论西藏的政教合一制度》,民族出版社1985年版。

明镜台,时时勤拂拭,勿使惹尘埃。"弘忍不满意,未嗣。另一个弟子慧能(638—713年)作偈说:"菩提本无树,明镜亦非台,本来无一物,何处惹尘埃。"弘忍心满意足,密授法衣,慧能遂为禅宗六祖。神秀在北方的荆州当阳山玉泉寺传授渐门禅法,而慧能则为保法衣,远至今广东韶关,传授"直指人心,见性成佛"的顿门禅法。于是,史有"南顿北渐"、"南能北秀"之谓。

把禅宗顿悟派学说传入吐蕃的,是大禅师摩诃衍(māhayan,大乘僧)。他入蕃时间约在781年或稍后。前河西观察判官、朝散大夫、殿中侍御史王锡在792—794年所撰《顿悟大乘正理诀》叙中说:"我大师(摩诃衍)密授禅门,明标法印,皇后没卢氏一自虔诚,划然开悟,剃除绀发,披挂缁衣,朗戒珠于情田,洞禅宗于定水。虽莲花不染,犹未足为喻也!善能为方便,化诱生灵;常为赞普姨母悉囊南氏及诸大臣夫人三十余人说大乘法,皆一时出家矣……又有僧苏毗王嗣子须伽提,节操精修,戒珠明朗;身披百衲,心契三空,谓我大师曰:'恨大师来晚,不得早闻此法耳。'"[1]没卢氏是吐蕃时期的大家贵族,墀松德赞、墀德松赞、墀祖德赞和达磨都是没卢氏皇后们的丈夫或儿子。墀松德赞皇后没卢氏的信奉禅宗顿门派,自然会有非同一般的影响,故《布顿佛教史》说,"吐蕃大多数人均喜其所说,并学其道",其门徒日增。从而,使以印度佛法为宗旨的桑耶寺断了香火供应。这势必引起矛盾与纷争。

当时,在吐蕃传法的五天竺婆罗门僧30人,以寂护弟子莲花戒为首,不满禅宗广为流行,遂奏请赞普,说:"汉僧所教授顿悟禅宗,并非金口所说,请即停废。"摩诃衍"悲愍含灵,泫然流泪",奏明佛陀像前,愿与印僧商榷是非。于是,佛教顿、渐两派,大、小两乘的门派之间,展开了一场辩论。

在辩论前,摩诃衍专门撰写了《修定禅法可卧论》、《修定者参禅问

---

[1] 戴密微著,耿昇译:《吐蕃僧诤记》,甘肃人民出版社1984年版,第3—29页。

答》等论著。莲花戒也撰写了《修行次第》等。双方辩论由墀松德赞主持，延续三年才结束。

最后，墀松德赞宣布汉僧失败，并命禅僧向莲花戒献上花环，表示认输。接着，宣布禅宗为外道，禁止流行，确立印度佛教中观戒律的正统地位。顿门派禅僧忧愤欲绝，"或头燃炽火，或身解霜刀"，或以石击身，或自搦阴囊，以死殉其法。[1]

汉印僧净表面上公平进行，实际上胜负早有定数。第一，印僧所传为渐悟，汉僧所传为顿悟。渐悟讲究长期修行与循序渐进，事实上承认等级藩篱；而顿悟则否认长期修养，讲究"直指人心，见性成佛"，打破了神秘与等级的界限，把佛性从彼岸拉到人的内心世界，变佛性为人性，降低了佛的尊严，也否认了社会的等级。第二，印僧所持为小乘，汉僧所弘为大乘。小乘视释迦为教主，大乘则提倡三世十方有无数佛，并将佛神化；前者追求个人自我解脱，把"灰身灭智"、证得阿罗汉作为最高目标，后者宣扬大慈大悲、普渡众生，把成佛济世、建立佛国净土作为最高目标；在义学上，前者只否定人我的实在性，后者还否定法我的实在性；在修习上，前者重三十七道品的宗教道德修养，而后者倡导以六度为内容的菩萨行。这些特点决定了印僧的渐门、小乘，主张社会秩序与等级，承认佛的至高无上权威，相应地有利于赞普王权。而让人们做顺民，重修行，最后也只能证得阿罗汉，无缘成佛。汉僧禅宗的顿门、大乘则与之相反，强调三世十方诸佛的地位，普渡众生，顿悟成佛，既否定等级，又降低佛性的神圣，自然有悖于赞普王权的加强。第三，印度佛教本身带有浓厚的密教色彩，与吐蕃苯教相近似，又与本教经过融合混杂，更易于为群众所接受并用以控制普通百姓，而刚刚传入的禅宗则不具有这一特征。第四，墀松德赞明确支持印僧所传。莲花戒到吐蕃后，追随印僧所说的巴·赛囊不仅受到重用，被视为赞普本人的"轨范师"，而且带倾向性地

---

[1] 戴密微:《吐蕃僧诤记》第 32 页。

向墀松德赞介绍了两派的主张与分歧。辩论对赞普来说,只是流于形式,以渐门压制迅速传播的顿门派。十分有趣的是,作为贵族出身的没卢氏和被吐蕃灭其国的苏毗王子,敬信顿门派,也许这并不是一种偶然的巧合。此外,唐蕃双方的战争与对峙,也影响到墀松德赞对待汉地禅宗在吐蕃弘传的态度。但汉印僧净在客观上却起到了社会启蒙的作用,为吐蕃人认识佛教,乃至促进文化繁荣产生了积极的推动作用。

第四节　吐蕃丝路与南北交往

青藏高原地区在吐蕃王朝的武力扩张下统一起来,从而也连接起一条条纵横交错的丝路交通,对外政治交往与经济文化交流的增强使丝路更加繁荣,源源不断地为高原文明输入新鲜血液,并让周边地区人民了解了高原人民的智慧与聪明。唐代的青藏高原有一个发达的丝路网络,南北交通是其主干道。

(一) 王玄策、李义表出使天竺

641年,文成公主出嫁吐蕃,唐蕃交往步入新的历史时期。在南亚次大陆,北天竺王尸罗逸多(606—648年在位)借东、西、南、北、中五天竺国大乱之机,"象不解鞍,人不释甲,居六载而四天竺之君,皆北面以臣之,威势远振,刑政甚肃"。[①] 贞观十五年(641年),正当文成公主前往吐蕃时,尸罗逸多王自称摩伽陀王,遣使至唐。唐太宗遣使臣梁怀璥持书回报。尸罗逸多以与唐朝通使为幸事,再遣使者至唐。贞观十七年(643年)三月,唐太宗令朝散大夫行卫尉寺丞上护军李义表为使,前融州黄水县令王玄策为副使,率领一个22人的使团送天竺使者还国并出使该国,首次取道吐蕃丝路。在经过泥婆罗国时,业已臣服吐蕃的泥王那陵提婆

---

① 《旧唐书·天竺传》。

大喜,延请李义表一行同观阿耆婆冰池。这一年十二月使团至摩伽陀国,巡省佛乡。"尸罗逸多遣大臣郊迎,倾城邑以纵观,焚香夹道"。645年正月二十七日至王舍城,登耆阇崛山,刻石铭文。二月十一日,奉太宗敕谕,在摩诃菩提寺菩提树下塔西立碑,使典司门令史魏才书之。① 随行画匠宋法智临摹了菩提树下的佛像,带回京师,大家竞相临摹学习。李义表至东天竺迦摩缕波国(今阿萨密),童子王请赐道教经典译文。647年,玄奘与道士蔡晃、成英等 30 余人受诏,认真译校《道德经》为梵文,后由王玄策送给童子王,它直接影响了印度密宗在迦摩缕波等地的形成。李义表、王玄策一行于同年(645 年)返回。中印吐蕃道由此畅通。

647 年,唐朝又派出以右率府长史王玄策为使、蒋师仁为副使的使团,取道吐蕃丝路前往天竺。四天竺国王遣使朝贡,其时正值尸罗逸多身死,国内大乱。其属臣那伏帝阿罗那顺篡权自立,发兵拒绝王玄策等入境。王玄策率从骑 30 人迎战,失败被擒,诸国奉来的供物也被洗劫一空。王玄策趁天黑逃脱,来到吐蕃。吐蕃发精兵 1200 人,泥婆罗国调出 7000 多名骑兵从行。王玄策、蒋师仁率两地兵至中天竺国城,连战 3 日,斩首 3000 余级,赴水溺死者 1.2 万人,掠其牛马 3 万余。648 年,阿罗那顺被押送至长安。太宗死后葬昭陵,"刻石像阿罗那顺之形,列于玄阙之下"。同时还带回了一名叫那罗迩娑婆寐的天竺方士,此君自称年已 200岁,有长生之术。太宗重加礼敬,让他住在金飙门内,造延年之药。又让兵部尚书崔敦礼监主其事,采天下奇药异石为之,药成,服之无效,又将此方士放还天竺。王玄策来到迦摩缕波,送去所译《道德经》,其王十分高兴,献异物,并上地图,请老子像。②

王玄策第三次出使天竺是在 657 年初,任务是送佛袈裟。仍然取道吐蕃丝路,过泥婆罗,游胜地,然后南入天竺。659 年,至婆栗阇国(即弗

---

① 《法苑珠林》卷三八、三九引《王玄策传》;《新唐书·西域传·天竺国》等。
② 《旧唐书·天竺国》;《通典》卷一九三"天竺"等。

栗恃国,在今印度北部达尔彭加县 Darbhanga 北部地区),受到盛情款待,"王为汉人设五女戏"娱之。660 年九月二十七日,菩提寺主戒龙为汉使王玄策等设大会欢迎,王玄策再于寺中立碑记其事。十月一日离寺西行,途经罽宾(即迦毕试,今克什米尔),并在该国古王寺带上佛骨一片,于 661 年春返回长安。[①]

1990 年,霍巍教授在西藏高原所进行的考古调查中,在今西藏自治区日喀则市吉隆县县城(旧称"宗喀")以北大约 4.5 公里处的阿瓦呷英山嘴发现一通《大唐天竺使之铭》石碑。该石碑所在位置北面为宗喀山口,系过去进入吉隆盆地的古道入口,其东、西两面为起伏的群山环抱,南面为通向县城所在地宗喀的公路。由宗喀再向南行约 70 公里,即可达今中尼边境界桥——热索桥,由此出境至尼泊尔。碑文记载:大唐显庆三年(公元 658 年)六月,大唐国势强盛,高宗皇帝继承太宗皇帝所开创的宏伟功业,一统天下之威,教化所致,达于四海。故派遣使节左骁卫长使王玄策等"选关内良家之子"数人,经过一年多的艰难跋涉,越雪山,过栈道,经"小杨同之西"出使天竺,因感征程多艰辛,边境风光之壮美,联想到东汉破匈奴于稽落山之后,尚有"刻石勒功,记汉威德"之举,而此行动倍于往,更应当在此建碑刻铭,以记功德。这通碑铭是迄今为止在西藏高原所发现的汉文石刻碑铭中年代最早的一通,比现存于拉萨大昭寺前的著名的《唐蕃会盟碑》早 165 年,对于研究当时的唐蕃关系、西藏历史地理等问题也提供了新的重要线索。[②]

王玄策三次经吐蕃丝路前往天竺,对于该道的畅通具有卓著功勋,他还将沿途所见撰为《西国行传》一书,可惜已佚,零散资料保存在《法苑珠林》等史书中。通过李义表、王玄策的出使,印度佛教进一步传入唐朝,而中国的道教经典与文化也更全面地传入印度,加深了两国间的文

---

① 《法苑珠林》卷六、卷二四、卷五二等。
② 霍巍:《从考古材料看吐蕃与中亚、西亚的古代交通——兼论西藏西部在佛教传入吐蕃过程中的历史地位》,《中国藏学》1995 年第 4 期。

化交流。

《新会要·杂录》记载,西蕃胡国出石蜜(古时蔗糖的名称),中国贵之,太宗遣使至摩伽陀国取其法,令扬州煎蔗之汁,于中厨自造焉,色味逾于西域所出者。贞观二十二年(647年)前中国已经知道印度有制石蜜(糖)法,唐太宗派王玄策出使印度求取其法,这是他第二次出使印度。王玄策此行遭到叛王阿罗顺那阻拦,但是他借兵击败阿罗顺那后,取得制石蜜(糖)法。[①] 而皇帝敕命王玄策等二十余人,随往大夏,并赠绫帛千有余段,赠给国王和僧人等数各有差。同时还要在菩提寺僧中召请石蜜匠,于是天竺派遣石蜜匠二人、僧八人,一起来到唐朝。不久又遵照皇帝敕令前往越州(浙江省绍兴市),成功用甘蔗制成蔗糖。[②]《唐会要》记载:"西蕃胡国出石蜜,中国贵之,太宗遣使至摩伽陀国取其法,命扬川煎蔗之汁,色味愈西域所出者。"[③]在《新唐书》也记载:"太宗遣使至摩揭陀国,取熬糖法,即诏扬州上诸蔗,柞沸如其剂,色味愈西域远甚。"[④]唐朝的改进使制糖法比印度有了较大的提高。[⑤] 伯希和3303号写经残卷保存了印度制糖法的部分工艺,颇为难得和珍贵。[⑥]

王玄策还带来了许多佛教圣物,第二次出使时拓来印度佛足石图,陕西省耀县文化馆现存唐、宋、明石刻铭文、文献里记载山西五台山的佛足迹铭文,都源于王玄策带来的印度佛足石图。日本奈良市药师寺的佛足石刻铭文,是日本昭智努王于天平胜宝五年(753年)刻制的,上面明确记载此佛足是从唐长安普光寺拓得,并说最初是由王玄策从印度拓获的。

---

① 孙修身:《唐朝杰出外交活动家王玄策史迹研究》,《敦煌研究》1994年第3期。
② 释道宣:《续高僧传》卷第四玄奘传。
③《唐会要》卷一〇〇。
④《新唐书》卷二二一上《西域列传·摩揭它国》。
⑤ 季羡林:《唐太宗与摩揭陀国———唐代印度制糖术传进中国问题(下)》,《文献》1988年第3期,第245—246页。
⑥ 季羡林:《一张有关印度制糖法传入中国的敦煌残卷》,《历史研究》1982年第1期。

此后唐朝与天竺使者往还不断。天竺进献唐朝的方物有:火珠、郁金、菩提树、五色能言鸟(鹦鹉)、质汗药、波罗树、龙脑香、问日鸟等。唐朝赠送的物品以丝绸为主。开元八年(720年),南天竺国王尸利那罗僧伽请以战象及兵马讨击与唐朝对抗的大食及吐蕃,并请命其军名,唐玄宗嘉其诚,赠以锦袍、金革带、鱼袋等,赐其军为"怀德军"。737年四月,东天竺国三藏大德僧达摩战来献胡药、阜斯比支等及新咒法、梵本杂经论、持国论、占星记梵本诸方,唐朝也以礼相待。唐德宗时,还将御制钟铭赐给天竺名寺那烂陀祠①,可见中印文化交往十分繁荣。这也与唐蕃丝路的畅通有密切的关系。

(二) 唐蕃丝道的畅通

唐蕃丝路是在青藏高原古邦国之间,以及他们与外界联系的文化古道基础上发展起来的。因此,它的产生并非始自唐朝。《隋书·裴矩传》记丝绸之路三道后说:"其三道诸国,亦各自有路,南北交通。其东女国、南婆罗门国等,并随其所往,诸处得达。"隋以前,青藏高原的南北交通业已通达,其中最有名的商道即是女国与天竺间的"食盐之路"。藏文史书把吐蕃人初次取得湖盐的地点定位于藏北的羌塘,时间为南日伦赞时期。如《汉藏史集》说,南日伦赞在查松丁玛湖边得到一匹宝马,杀死了一匹长角野牛,还在羌塘建筑了一座托巴(thod-pa)城。"在返回途中,将野牛肉驮在马鞍上,因牛肉拖地而发现了湖盐。此前吐蕃只有少量岩盐,此后吐蕃人即食用羌塘的湖盐"。②而居住在葱岭(帕米尔)以南吐蕃本部西北部的女国"尤多盐,恒将盐向天竺兴贩,其利数倍"。③又曾多次对天竺、党项发动战争,这也许与利润巨大的食盐贸易有关。据此可知,当时已存在着连接党项——女国——天竺三地的食盐之路,由东北向西

①《新唐书》卷一二一、卷二二一;《册府元龟》卷九七一。
②《汉藏史集》,汉译本第87页,藏文本第139—140页,四川民族出版社1985年版。
③《隋书·女国传》。

南贯穿青藏高原。

唐代吐蕃丝路的主干道却是由文成公主出嫁，李义表、王玄策出使天竺而繁盛的唐蕃古道。具体路线略有差异，总体上与今天的陇海线铁路及青藏公路类同。

唐代的丝绸之路以名闻世界的东方文化中心长安（今西安）为出发点，西北行 6.5 公里，至临皋驿，当时迎往送来多在此宴享饯行。西经三桥、望贤宫，历 15 公里至咸阳市东 2.5 公里的陶化驿。西行经温泉驿历 22.5 公里至始平县郭下槐里驿。唐中宗送金城公主至此，设宴赋诗饯行，并改县名为金城，757 年再改为兴平。往西 10 公里至马嵬驿。安史之乱时，唐玄宗宠妃杨贵妃因"六军不发无奈何，宛转蛾眉马前死"于此。唐诗有"绿野扶风道，黄尘马嵬驿，路边杨贵人，坟高三四尺"。西经望苑驿 22.5 公里至武功驿。西 35 公里至扶风驿。西 15 公里有龙尾驿。西至岐山县渭水北 15 公里石猪驿。西至凤翔府驿。此地为军事要隘，府南有道通汉中剑南。西北行至汧源驿（今甘肃陇县）。西经安戎关、大震关，至小陇山分水驿，为陇坻（或陇坂）。《元和志》说："每山（陇）东人西役，升此瞻望，莫不悲思"，行人歌曰："陇山流水，鸣声幽咽，遥望秦川，肝肠断绝。"此地为古时华戎分界地。

自陇山西经唐蕃会盟的清水县，至秦州治所上邽县（今甘肃天水市）驿馆。唐蕃对峙与会盟时曾相约："彼此驿骑，……蕃汉并于将军谷交马，其绥戎栅以东，大唐祗应；清水县以西，大蕃供应。"①由陇坻西北出华亭县至弹筝，接泾、原道，交通发达。自天水西行至伏羌县（甘谷县）、落门川、陇西县、襄武县。襄武为渭州治所，向西南行经八驿至岷州，又西南经洮、叠至松州。渭州西北行经渭源镇至狄道（今临洮），又西至河州，经炳灵寺、青海民和，再至鄯州。从狄道北行沿洮水河谷而下，过长城堡，越沃干岭，入阿干河谷，至兰州（金城镇、临河驿）。由兰州西行可至

---

① 《册府元龟》卷九八一《外臣部·盟誓》。

河西走廊,西南行至鄯州。①

从鄯州(今青海乐都)起,进入吐蕃丝路的核心地段。最早记载此道的是唐初僧人道宣(596—667 年),他在所著《释迦方志》遗迹篇中,述说通印三道,中道从鄯州东出,北道从西州出:"其东道者,从河州(今甘肃临夏市)西北渡大河(即黄河),上曼天岭(小积石山),减四百里,至鄯州(乐都)。又西,减百里至鄯城镇(今西宁市),古州地也。又西南减百里,至故承风戍(今湟源县境),是隋互市地也。又西减二百里,至青海(即青海湖),海中有小山,海有七百余里。海西南至吐谷浑牙帐(即伏俟城,今共和县铁卜卡)。又西南至国界,名曰白兰羌,北界至积鱼城(四川石渠),西北至多弥国(玉树通天河一带),又西南至苏毗国(在怒江、金沙江上游一带)。又西南至敢国(即藏文 kam 之音译,在今西藏拉萨西北),又南少东至吐蕃国。又西南至小羊同国,又西南度呾仓法关(在拉达克岭东),吐蕃南界也。又东少南,度末上加三鼻关(在 Marsyangdi 河上游)。东南入谷,经十三飞梯,十九栈道。又东南或西南,缘葛攀藤,野行四十余日至北印度、泥婆罗国(原注:此国去吐蕃约为九千里)。"②

道宣的记载,大致描述了唐蕃丝道的概貌,并述及吐蕃西通中亚,南通南亚的道路。但是,它并不确切,而且这条道路与后来繁荣的丝道存在差异。现根据《新唐书·地理志》中有关陇右道鄯州鄯城条下注文及相关资料勾勒如下③:

鄯城西行 30 公里至临蕃城(西宁市西),又西 30 公里有白水军、绥戎城(湟源县西),又西南 30 公里有定戎城。又南隔涧 3.5 公里有天威

① 参阅严耕望:《唐代长安西通凉州两道驿程考》,香港中文大学《中国文化研究所学报》第 4 卷第 1 期。

② 参阅足立喜六:《唐代的吐蕃道》,《支那佛教史学》第 3 卷第 1 期昭和 14 年(1939 年);范祥雍:《唐代中印交通吐蕃一道考》,《中华文史论丛》1982 年第 4 期,上海古籍出版社 1982 年版。

③ 可参阅佐藤长:《唐代青海湖到拉萨的路线》,《亚洲学报》(Acta Asiatica)第 29 期,1975 年,东京;吴景敖:《西陲史地研究》,中华书局 1948 年版;陈小平:《唐蕃古道》,三秦出版社 1989 年版。

军,军故地为石堡城,吐蕃号为铁刃城(mker-lcags-rce),地在今西宁南80公里哈喇库图城附近石城山。西行10公里至赤岭,唐蕃曾于此交马划界,地在今青海湟源县西南的日月山。往西过尉迟川(倒淌河)、苦拔海(尕海)、王孝杰米栅即军粮屯地,45公里至莫离驿(共和县恰卜恰),经公主佛堂,即文成公主所经过而留下传说的纪念地大非川(切吉旷原),140公里至那禄驿(大河坝)。经暖泉(今温泉)、烈谟海(苦海),220公里渡黄河(黄河沿)。又235公里至众龙驿(移多崇陇岾)。又渡西月河(细曲)、105公里至多弥国西界,经牦牛河(即通天河)、渡藤桥,50公里至列驿(结隆)。又经过食堂吐蕃村(年吉措)、截支桥(子曲河给沙扁)。又经截支川,220公里至婆驿(子云松多)。渡大月河(扎阿河)、罗桥,经潭池、渔池,265公里至悉诺罗驿(苏毗王子悉诺罗故居地)。又经乞量宁水桥,又经大速水桥,160公里至鹘莽驿,唐朝使者入蕃,公主派人至此迎接。过鹘莽峡百里至野马驿,经吐蕃垦田。经乐桥汤,200公里至合川驿(那曲)。

过那曲的合川驿之后,开始接近吐蕃本部地区。经恕谌海,65公里至蛤不烂驿(桑雄),旁有三罗骨山。行30公里至突录济驿。唐朝使者至吐蕃,赞普每遣使慰劳于此。又经柳谷、莽布支庄,有温泉(羊八井),可以煮米做饭。经汤罗叶遗山和赞普祭神所,125公里至农歌驿,东南100公里至逻些(拉萨),吐蕃宰相在此迎候唐朝使者,经盐池、暖泉、江布灵河,55公里渡姜济河,经吐蕃垦田,130公里至卒歌驿,乃渡藏河,经佛堂(大、小昭寺)。90公里至勃令驿(麋谷)、鸿胪馆,至赞布牙帐跋布川(琼结县境)。计1885公里,加上长安到鄯城路程,全长2900余公里。在这条数千里长的古道上,留下了无数佳话与动人的故事,还有待于人们继续追寻。

(三) 穿梭于高原上的使者与囚客

唐蕃双方的密切联系,吐蕃丝路的繁盛,集中地体现在使者的往还方面。据初步统计,自634年至842年的209年间,唐入蕃使者有52次,蕃使来唐有100次,平均一年零四个月唐蕃间即有一次使臣往来。其中贞观二十三年(649年)、天宝十三年(754年)、贞元三年(787年)、长庆二年(822年),皆一年之内蕃使来唐两次;开元十八年(730年)、宝应元年(762年)、长庆四年(824年),皆一年之中来唐三次,长庆元年则有四次之多。使者的任务有和亲、告哀、吊祭、修好、议盟、盟会、封赠、朝贡、求请、报聘、求和、慰问、约和等①,涵盖政治、经济、军事、文化等各个方面。这些活动都具体由使者来完成。吐蕃请婚使禄东赞、名悉猎的机智、博雅,以及仲琮的聪慧与儒者风度,都给唐人留下深刻印象。

　　入蕃唐使则表现出迥然不同的气概。雍容尊贵的送亲使命毕竟只有两次,而远涉数千里高原险途,自然需要一种博望侯一样的无畏精神,并非瞻念私利者能为之。因此,金城公主出嫁时,中宗召侍中纪处讷,先赞其"雅识蕃情,有安边之略",再命其充任送亲使者,结果仍被其以"不练边事"而"固辞"。皇上再请中书侍郎赵彦昭充使,后者则担心既充外使,便会内失权宠,极不高兴。有一位叫赵履温的司农卿,又私下递话给这位侍郎:以您这样一位国家的宰辅之臣去充当一介之使,不是太卑贱了吗?还暗中请求安乐公主密奏皇上,代其说情。中宗遂改以左卫大将军杨矩充任使者。可见,在业已腐败的唐朝宫廷里,出使吐蕃是被视为一项苦差事的。但也正是在这一事业中,出现了文成、金城两位身许雪域、流传千古的公主和一大批视死如归的七尺须眉。他们固然是唐朝或皇室政治策略的贯彻者或牺牲品,但他们用行动所展示出的卓越人格却真切而感人,他们为加强唐蕃两地人民的友谊与文化交流作出了突出的贡献。

　　唐代的入蕃使多为皇命钦差,但《全唐文》留下的御制委任诏书却寥寥无几。由皇帝亲笔手书的只有"命李暠使吐蕃制"和"命崔琳使吐蕃

---

① 王忠:《新唐书吐蕃传笺证》,科学出版社1958年版,第41页。

诏"两条,皆唐玄宗一人所书。由臣下代撰的制诰也只有元稹、白居易等留下的数条。相比之下,还是诗人多情,为这些奉使吐蕃的远行人,写下了一行行感人的诗句。张说《送郭大夫元振再使吐蕃》诗中说:"犬戎废东献,汉使驰西极。长策问酋渠,携阻自夷殗。容发徂边岁,旌裘敝海色,五年一见家,妻子不相识。"刘禹锡《送工部侍郎入蕃吊祭》诗谓:"月窟宾诸夏,云官向九天。饰终邻好重,锡命礼容全。水咽犹登陇,沙鸣稍极边。路因乘驿近,志为饮水坚。毳帐差池见,乌旗摇曳前。归来赐金石,荣耀自编年。"在入蕃唐使中,以唐穆宗时的大理寺卿刘元鼎较为知名,这不仅因为他前往拉萨参加了著名的"长庆会盟"立碑,而且还因为他为后人留下了极珍贵的旅行纪实片断。其中述及吐蕃统治下的河陇唐人状况一节,凄切感人。《新唐书·吐蕃传》说:"元鼎逾成纪、武川,抵河广武梁,故时城郭未隳,兰州地皆粳稻,桃李榆柳岑蔚,户皆唐人,见使者麾盖,夹道观。至龙支城(青海化隆南),耆老千人拜且泣,问天子安否,言:'顷从军没于此,今子孙未忍忘唐服,朝廷尚念之乎?兵何日来?'言已皆呜咽。密问之,丰州(内蒙古临河)人也。"

唐蕃战争是双方发生联系的一项重要内容。战俘和被掠居民则是丝道上的另一种过客。唐代的咏战诗,很大一部分是针对唐蕃战争的,如杜甫的《兵车行》、《天边行》等都是由此而发的,前者谓:"车辚辚,马萧萧,行人弓箭各在腰。耶(爷)娘妻子走相送,尘埃不见咸阳桥。牵衣顿足阑道哭,哭声直上干云霄。道旁过者问行人,行人但云点行频。或从十五北防河,便至四十西营田。去时里正与裹头,归来头白还戍边。边亭流血成海水,武皇开边意未已。君不闻,汉家山东二百州,千村万落生荆杞。纵有健妇把锄犁,禾生陇亩无东西。况复秦兵耐苦战,被驱不异犬与鸡。……信知生男恶,反是生女好。生女犹得嫁比邻,生男埋没随百草。君不见,青海头,古来白骨无人收,新鬼烦冤旧鬼哭,天阴雨湿声啾啾。"把这场战争的消极影响和普通百姓的不幸命运,刻画得淋漓尽致。白居易的《城盐州》也是一篇写实之作,内有"城盐州,城盐州,城在五原原上头。蕃东节度钵阐布，忽见新城当要路。金鸟飞传赞普闻，建牙传箭集群臣。君臣赪面有忧色，皆言勿谓唐无人……"等句，写出了吐蕃的军事制度。

至于唐蕃双方战俘的情况，相比之下，被俘吐蕃人为数较少，境遇也稍好一些。他们除极个别被处死以外，大多被流放到江南地区。战争末期，朝廷依其志愿，或留居内地，或给资遣回。这与唐代的施政有关，元和十四年（819 年），吐蕃使者论矩立藏等使唐，正值双方反目，臣下有诛杀吐蕃使者之议，唐宪宗断然予以否决，并明辩其是非，谓："其国失信，其使何罪？"仍予放还。① 唐诗中对蕃囚寄予同情者很多，韩愈还将自己因上书奏事被谪贬到潮州的身世，与蕃囚的命运联系起来，写下了《武关西逢配流吐蕃》一诗："嗟尔戎人莫惨然，湖南地近保生全。我今罪至无归望，直去长安路八千。"

被俘唐人境遇要差一些。787 年，吐蕃率羌、浑诸部掠劫汧阳、吴山、华亭男女万人，携裹出塞，让他们东向辞国，"众恸哭，投堑谷死者千数"。这些被劫百姓，"既已面缚，各以一木自领至趾（脚）约于身，以毛绳三束之，又以毛绳连其发而牵之。夜皆蹯于地，以发绳各系一橛，又以毛罽（毡）都覆之，守卫者卧其上，以防其亡逸也"。② 被掳到吐蕃后，有技艺的被分作工匠，有文化的则也有受优待的机会，而普通平民只有役作奴隶的份了。至于平凉会盟被劫的唐朝使臣，如崔汉衡、吕温等，至吐蕃后，或遁迹于佛门，或老死于雪域。8 世纪初，唐蕃和好，方始返回。当皇帝嘉奖没蕃持节使者时，有些人却不仅未获此殊荣，反倒再入唐朝囚室之中。吕温即是其中之一，当吐蕃在平凉劫盟时，他以身受刃，救出了兵部尚书崔汉衡，自己受伤被掳入吐蕃，在蕃地遁迹释门。后来，历尽磨难归唐，朝廷以其"习吐蕃事"而囚之，到唐顺宗即位（805 年）才获释放。

①《册府元龟》卷一七〇《帝王部·来远》。
②《旧唐书·吐蕃传》；《册府元龟》卷九八一《外臣部·盟誓》。

与吕温同时，较之更为不幸的是严怀志，他原是泾原裨将，随浑瑊参加平凉会盟，被掠入吐蕃，在那里生活了十余年，逃入南亚地区，被人掠卖为奴，后又乘机逃走。经十余国，至天竺、占婆国，泛海而归。798 年来到温州(今浙江温州)后，受诏被带到京师长安。德宗皇帝以其在吐蕃待得太久，不让他外出，"囚之仗内"。顺宗皇帝时(805 年)才与吕温一同被释放。当他回到家里时，"父母皆没，妻嫁他人"①。正是这样一些荡人心魄、感人肺腑的事实，让大诗人白居易写下了名篇《缚戎人》：

缚戎人，缚戎人，耳穿面破驱入秦。天子矜怜不忍杀，诏徙东西(南)吴与越。

黄衣小使录姓名，领出长安乘递行。身被金创面多瘰，扶病徒行日一驿。

朝餐饥渴费杯盘，夜卧腥臊污床席。忽逢江水忆交河，垂手齐声呜咽歌。

其中一虏语诸虏："尔苦非多我苦多。"同伴行人因借问，欲说喉中气愤愤。

自云乡贯本凉原，大历年中没落蕃。一落蕃中四十载，身着皮裘系毛带。

唯许正朔服汉仪，敛衣整巾潜泪垂。誓心密定归乡计，不使蕃中妻子知。

暗思幸有残筋力，更恐年衰归不得。蕃候严兵鸟不飞，脱身冒死奔逃归。

昼伏宵行经大漠，云阴月黑风沙恶。惊藏青冢寒草疏，偷渡黄河夜冰薄。

忽闻汉军鼙鼓声，路傍走出再拜迎。游骑不听能汉语，将军遂缚作蕃生。

---

① 《册府元龟》卷九四〇《总录部·患难》。

配向东南卑湿地,定无存恤空防备。念此吞声仰诉天,若为辛
苦度残年。

凉原乡井不得见,胡地妻儿虚弃捐。没蕃被囚思汉土,归汉被
劫为蕃虏。

早知如此悔归来,两地宁如一处苦。缚戎人,缚戎人,戎人之中
我苦辛。

自古此冤应未有,汉心汉语吐蕃身。

(四) 往来于丝道上的高僧

吐蕃丝路的畅通,为僧人前往天竺取经开辟了一条新的捷径。据唐
代僧人义净(635—713 年)所著《大唐西域求法高僧传》记载,至少有以下
几位高僧取道吐蕃丝路进入南亚:

(1) 玄照,太州仙掌人,梵名般迦舍末底(昭慧)。贞观年间,在长安
城大兴善寺玄证法师处初学梵语,于是杖锡西行,背金府(兰州)而出流
沙,践铁门而登雪岭,沿丝路沙漠道至中亚,过吐火罗,由罽宾道进入吐
蕃。蒙新嫁吐蕃不久的文成公主周济,前往北天竺,至阇阑陀国,经四
年,南下至中天竺摩揭陀国之菩提树。又过四年,来到那烂陀寺留住三
年,再至弶伽河(恒河),受国王苦部供养,住信者等寺三年。后来,王玄
策使天竺归乡,表奏皇帝。皇帝降旨令其回京。途经泥婆罗国,泥王遣
人护送玄照至吐蕃,使其得以再见文成公主,深受礼遇,资给归唐。后来
玄照在 664—665 年再次往天竺取经,因病在中印度去世,年 60 余岁。

(2) 道希,齐州历城人。梵名室利提婆(吉祥天)。贞观年间,沿丝路
沙漠道西行,约略也取罽宾道入吐蕃,由于吐蕃未行佛法,只好改装俗人
前行。后在中天竺病逝。

(3) 玄太,新罗人。梵名萨婆慎若提婆(一切智天)。唐高宗永徽年
间(650—655 年)取吐蕃道,经泥婆罗到中印度。礼菩提树,详检经论,后
仍由吐蕃道返回。在吐谷浑故地遇见道希法师,复相引致,还向大觉寺,

后归长安。

（4）玄恪，新罗人，与玄照一起经历吐蕃道至天竺。

（5）道方，并州人。出沙碛，到泥婆罗，至大觉寺住锡，得为主人。经数年，还向泥婆罗。

（6）道生，并州人，梵名旃达罗提婆（月天）。贞观末年，从吐蕃路往游中天竺，到菩提寺、那烂陀寺，又东行十二驿，在一所王寺学小乘三藏精顺正理。多携经像，言归唐朝，行至泥婆罗，遇病而亡。

（7）末底僧诃，长安人。俗姓皇甫。与师鞭同游至中天竺，住信者寺，少闲梵语，未详经论。思还故里，路过泥婆罗国遇患身死，年40余岁。

（8）玄会，长安人。从北印度入羯湿弥罗国（今克什米尔），曾为该国王赏识，乘王象、奏王乐。后失意，南游印度，少携经教，思归故居，到泥婆罗，不幸而卒。

（9）复有二人，在泥婆罗国，是吐蕃文成公主奶妈的儿子。起初二人同时出家，后来一人还俗，住天王寺，懂梵语梵书。[①]

唐代僧人至印度取经可取四道：丝路沙漠道、海上道、滇缅道和吐蕃道。从以上看，吐蕃道相对便捷，但要受到唐蕃关系的影响，当双方全面展开军事对峙时，这条道路几乎是封闭了。史载往来的僧人主要是在唐太宗与唐高宗年间，便是明证。至于泥婆罗一段，尤称险阻，许多高僧在那里付出了生命的代价。

据《宋高僧传》卷二记载，取道吐蕃丝路的，也有来华的印度高僧，这就是中印度人善无畏，梵名戍婆揭罗僧诃（净师子），父为佛手王。他10岁统戎，13岁嗣位，后让位于其兄，遁身佛门。路出吐蕃，与商旅同行，至大唐西境，以驼负经，至西州（吐鲁番），716年到长安。735年去世，年99岁。

---

① 义净：《大唐西域求法高僧传》，王邦维校注本，中华书局1988年版。

（五）造纸法与熬糖术的南北对传

　　贯穿中印两国间的南北向吐蕃丝路,为青藏高原上的吐蕃传来了唐朝和天竺的文明,并使这两大文明在吐蕃相互切磋,融合于吐蕃文化之中。吐蕃丝路在加强中印两地科技文化的直接交流方面,也起到积极的作用,其中,中国纸和造纸法的南入印度和印度熬糖术之传入中国,尤为著名。

　　纸是中国古代的四大科技发明之一,对全人类的文明产生过巨大影响。吐蕃王朝崛起时,"无文字,刻木结绳为约",尚没有使用纸的强烈要求,文成公主出嫁吐蕃,尤其是吞米桑布札创制文字以后,吐蕃对唐文化的渴求增强。650 年,吐蕃遣使献金银珠宝 15 种,"因请蚕种及造酒、碾、硙、纸、墨之匠,并许焉"。[①] 唐朝的工匠直接带去了中原的造纸技术,它对吐蕃文化的发展与繁荣具有巨大促进作用。在新疆和田等地发现的古藏文残卷经文,所用纸是瑞香科纤维,而瑞香科不产于新疆却产于今西藏,可知是吐蕃军携入西域地区的原料或纸张。这一技术还经泥婆罗南传天竺。今天西藏与尼泊尔造纸仍依旧法,用瑞香科植物纤维制成。650 年,造纸术传入吐蕃,20 年后天竺用纸已很普遍,而此前他们并不懂得中国的造纸术,而且没有纸。[②] 古代中国纸和造纸术南传南亚实为一件盛事,它所经过的路线正是吐蕃丝路。7 世纪末,梵文中出现"纸"的称谓,作 kākali,kakari,saya。[③]

　　《新唐书》卷二二一记,贞观二十一年(647 年)摩伽陀(摩揭陀),始遣使者自通于天子,献波罗树,树类白杨。唐太宗遣使取熬糖法,即诏扬州上诸甘蔗"拃沸如其剂,色味愈西域远甚"。它的特点就是用牛乳熬炼为黄白色结晶体"石蜜"。659 年苏敬所著《新修本草》说:"石蜜用水、牛乳、

① 《旧唐书·吐蕃传》。
② 黄盛璋:《中国纸和造纸法输入印度的时间与空间问题再探讨》。
③ 季羡林:《中国纸和造纸法输入印度的时间和地点问题》,《历史研究》1954 年第 4 期。

米粉和煎成块,作饼坚重。西域来者佳,江左亦有,殆胜于蜀。"8 世纪初的孟诜在《食疗本草》中说:"石蜜自蜀中、波斯来者良,东吴亦有,不及两处者。皆煎蔗汁、牛乳,则易细白。"它传入的时间在 647 年或稍后,传入的路线有沙漠道、滇缅道,也有可能是正在兴盛的吐蕃道。《新唐书》卷二二一记,这一年(647 年),泥婆罗的使者入献波棱(即菠菜)、酢菜、浑提葱。在王玄策取吐蕃道过其国之后,有可能循吐蕃丝路而来。

第五节　吐蕃丝路与东西交通

唐代的吐蕃丝路无疑以南北向通道为骨干,但东西向的丝道也有独特功能。在青藏高原北部,很早即存在一条由祁连山南,沿湟水至青海湖、柴达木盆地,至昆仑山北麓西域地区的中西交通要道。汉以前的西羌人即沿这条路东西迁徙,东至中原,西出葱岭(帕米尔)。它还是北方民族由河西走廊南下再转向东南入蜀的必经之地。4 至 5 世纪,柔然到南朝宋的使者即沿居延路或蒙古草原南下,经据守河西的北凉,至吐谷浑所在的河南浇河,沿西倾山北麓至龙涸,再顺岷江而下入蜀。北凉、吐谷浑也取此道至宋。意义重大的自然是经吐谷浑西通西域的"青海路"。经柴达木盆地吐谷浑居地,及白兰所在的今青海都兰、巴隆一带,东南可入民族走廊;东北可通河州(临夏),或经西宁到兰州;北可入河西走廊上的敦煌;西北经茫崖镇通新疆;往西可接通南入阿里、北至和阗的游牧人迁徙大道;往南则为吐蕃丝路主干道。在东西方文化交流的大潮中,也起到积极的作用,在河西走廊壅阻时尤显突出。吐谷浑因丝道而获得强盛,中国僧人慧览、景云及玄太,印度僧人阇那崛多等行经此地,以及波斯银币的发现,都是不足为奇的,但由今四川、云南进入西藏的古代丝路却别有一番景象。

(一) 川藏道与丝茶入藏

今川西地区,自古以来存在着民族走廊,并通过这个走廊与吐蕃本部发生着联系。民族的往来迁徙即是经济文化交往最直接的一种形式。吐蕃王朝崛起后,在这条道路上呈现的是全新的景象。吐蕃军队的东侵是第一股巨大的波流。新旧《唐书·吐蕃传》记,松赞干布在向唐朝求婚未成后,即率兵而北,先击破吐谷浑,然后破党项与白兰诸羌,将20余万众屯于松州西境,进攻松州。松州在川西,618年置,628年称都督府,统辖诸羌部落25个羁縻州(后增至104个州),治所在今四川松潘(嘉诚)。松州地处岷江上游,循江而西北上可通青海,为四川西北门户,东南下可入成都平原。吐蕃侵唐,首攻该州,说明这里与吐蕃本部存在着相对方便的交通路线。往南有茂州,治汶山即今茂汶;维州,治薛城,今理县东北;雅州,治严道,即今雅安;黎州,治汉源,即今汉源县北;巂州,治越巂,即今西昌。这些地区都与吐蕃有交通道路相连接。① 安史之乱后,上述各地均纷纷落入吐蕃治下,吐蕃在松州设有五道节度使。维州为蜀西门户要地,吐蕃久攻不克,乃以妇人嫁维州城门卫,"二十年中,生二子。及蕃兵攻城,二子内应,城遂陷。吐蕃得之,号无忧城。累入兵寇扰西川"。②

吐蕃占领川西民族走廊后,在这些羌族聚居区,"辄置令,岁督丝絮"。其掠夺财富,以"丝絮"为主。据《新唐书》记载,巂州越巂郡的土贡有蜀马、丝布、花布、麸金、麝香、刀靶;雅州卢山郡特产是麸金、茶、石菖蒲、落雁木;黎州洪源郡是升麻、椒、麝香、牛黄;茂州通化郡有麸金、丹砂、麝香、狐尾、羌活、当归、干酪;冀州临冀郡有牦牛尾、麝香、白蜜;维州维川郡有麝香、牦牛尾、羌活、当归;松州交川郡有蜡、朴硝、麝香、狐尾、当归、羌活等,临近诸州物产相类。③ 但吐蕃最感兴趣的是丝絮,即丝绸织物或原料,这种贸易大概是掠夺性的。但是,民族走廊地区各部大多都不从事丝绸的生产,主要是与四川地区的汉族进行贸易获得的。唐蕃

① 参阅严耕望:《唐代茂州西通吐蕃两道考》,《中国文化研究所学报》第1卷,香港大学,1968年9月。
②《旧唐书·地理四·剑南道》。
③《新唐书·地理六·剑南道》。

双方通过川藏道进行丝绸贸易的重要中转地,应在是以"丝布、花布"为土贡的嶲州,也即今四川西昌地区。

　　与丝绸同时入蕃的还有茶叶。文成公主入藏后,茶叶从今青藏道与川藏道两条路线传入吐蕃。因此,吐蕃赞普能详细分辨出寿州(今安徽寿县)、舒州(今安徽庐江县)、顾渚(今浙江长兴县)、蕲门(今湖北蕲春)、昌明(今四川盐边县)、湜湖(江西境内)等地茶的异同。据《汉藏史集》记载,在都松莽布支时(676—704年),传入了"犹如天界甘露般的茶叶和茶碗"。① 而且出现了鉴别茶叶好坏的《甘露之海》一书,详述各种茶叶的性能、特点与制作方法,最后说道:当时吐蕃"买茶叶的、卖茶叶的以及喝茶叶的人均很多,但是对饮茶最为精通的是汉地和尚"。有叫噶米王者,向和尚学会此技,并收徒相传。丝茶是传统贸易物品,吐蕃王朝时期,主要以朝贡贸易与民间自由贸易两种形式出现,留下的资料并不太多。而在元代吐蕃纳入中国中央政府管理之下以后,这种贸易就成为一项制度,丝、茶两物稳定地从青海与四川或云南进入今西藏地区。但是,依据四川盛产茶叶,且与湖、广、皖、江、浙等茶叶产地连接相对便捷的情况,唐代茶叶入藏以川藏道最为繁盛。《新唐书·地理六·剑南道》记雅州卢山郡特产,很重要的即是茶叶。而吐蕃赞普引以为自豪的熟知诸茶种中,至少有出自今四川盐边等地的"昌明茶"。丝茶由川藏道入藏信实不伪。

　　唐代史籍对四川入吐蕃的道路未有明确记载。但川西各州郡要地皆有交通,北与青海、甘肃,南与云南,乃至缅甸相通;西与吐蕃保持密切往来,沿着或者穿过大渡河、雅砻江、金沙江,经今西藏昌都进入吐蕃本部地区。但主要路线有两条,即南北两道,北道由维州、松州,南道由雅州、黎州、嶲州②,约当今川藏公路南北两道,在昌都会合,然后北取那曲(黑河)或南取林芝,同样历南北两道至拉萨。这条丝道的地位,也相当

---

① 《汉藏史集》,第145页。
② 任乃强:《民族研究文集》,民族出版社1990年版,第460页。

重要,吐蕃军队攻灭民族走廊各部,多取此道。也有学者认为文成公主入藏,在抵达玉树后进入川西,经康区到拉萨。[①]

(二)南诏与吐蕃的交通

南诏是唐代以活动在今云南西部大理地区(即洱海地区)的乌蛮为主,包括白蛮等族而建立的地方政权。《新唐书·南诏传》说:"南诏,或曰鹤拓,曰龙尾,曰苴咩,曰阳剑,本哀劳夷后,乌蛮别种也。夷语王为诏。其先渠帅有六,自号六诏:曰蒙巂诏、浪穹诏、越析诏、邆睒诏、施浪诏、蒙舍诏。……蒙舍诏在诸部南,故称南诏。"唐玄宗开元年间,在唐朝的支持下蒙舍诏统一各部,建立了南诏政权。在六诏中,越析诏是由磨些即今天的纳西族为主而组成的,其余五诏皆以乌蛮,即今天的彝族为主。南诏位于民族走廊和滇缅入印大道上,是唐朝在西南地区与吐蕃交往的中间地带,文化颇为繁荣,地理位置极其重要。作为吐蕃丝路的一个组成部分,南诏与吐蕃的交通与经济文化联系也引人注目。

南诏与吐蕃的交通沿南北向的金沙江、澜沧江、怒江等流域均可通行。释慧琳在《一切经音义》卷八一还记载了蜀川经哀牢历吐蕃而抵天竺道。该道即由今四川西昌南下,至接近缅甸的云南盈江一带,西行经缅甸北部进入吐蕃南界,再西行至吐蕃与东天竺交界,南入天竺。以盈江、保山等地为核心的永昌郡,自东汉以来即与掸国(缅甸)、天竺(印度)、大秦(罗马)等进行铜、铁、毛织物、象牙、犀角、珠宝等贸易。吐蕃接通此道,即意味着加入了繁荣的国际贸易大潮,自然不会轻易放过。这样,与南诏地区的交通,对吐蕃还有更重大的经济意义。

南诏通吐蕃道主要有东、西两条,西道由永昌(保山)过怒江至越睒(腾冲),过高黎贡山,进入今缅甸境内,然后沿恩梅开江(或由迈立开江)北上,至今西藏察隅地区。唐人樊绰所著《蛮书》说:"高黎共山在永昌西,下临怒

---

① 黄显铭:《文成公主入藏路线再探》,《西藏研究》1984年第1期。

江。左右平川,谓之穹赕,汤浪、加萌所居也。草木不枯,有瘴气。自永昌之越赕,途经此山,一驿在山之半,一驿在山之巅。朝济怒江登山,暮方至山顶。"同书又说,该山脉高处造天,"往往有吐蕃至赕贸易,云此山有路,去赞普牙帐不远"。可见,这道路是沿大盈江南入缅甸后,又沿缅甸境内的伊洛瓦底江北上,经过金宝城(密支那),北至广荡城(今达杭丹),进入吐蕃境内的今察隅,再转入拉萨。这是吐蕃加入国际贸易的一条通道。

比西道更为重要的是东道。东道沿漾濞江、金沙江东岸溯江而上,至今云南中甸县过金沙江,至丽江县塔城关,北行进入吐蕃。这是吐蕃军事势力向东南进入南诏地区,向东、东北进入唐朝辖境的重要关口。《新唐书·吐蕃传》记:唐高宗调露二年(680年),吐蕃兼并西洱河诸蛮。然后,在漾濞水上筑铁索桥,置城以守。[①] 该铁索桥在今云南漾濞县境,更有名的则是上述架设在金沙江上,连接今丽江县塔城关与中甸两地的神川铁桥。该桥遗址已由云南中甸、丽江两县文物工作者考察发掘出来,其地址即在塔城关与中甸县五境春浪之间。吐蕃占领该地后,在塔城关设立神川节度使以镇其地。《南诏德化碑》记吐蕃神川都知兵马使在这一带的军事活动。《敦煌本吐蕃历史文书》则记述了703年赞普亲赴南诏指挥作战的事实。吐蕃占据南诏地方后,以南诏王为"钟"(弟),给金印,称之为"东帝",并联合攻唐。唐德宗贞元十年(794年),是一个大转折,据樊绰《蛮书》卷六记载,此年,南诏王异牟寻率军破东西两城,斩断铁索桥,吐蕃大笼官以下投水死者以万计。南诏向唐朝遣使献捷。

由南诏入吐蕃东道,自然不以军事活动为限,更包括着经济文化交流的内容。《新唐书·南诏传》记其特产有铎鞘(投击武器)、浪人剑、郁刃(涂毒剑)、生金、瑟瑟(玉石)、牛黄、琥珀、毡、纺丝、象、犀、越赕统伦马等。同书说,吐蕃对南诏"责赋重数",而异牟寻在与吐蕃连兵攻唐时,令其下曰:"为我取蜀为东府,工伎悉送逻娑(拉萨城),岁赋一缣。"说明南

---

① 又见刘肃:《大唐新语》卷一一记唐九征建铁桥事。

诏的特产和劫获品照例是要上交吐蕃的,这是一种掠夺贸易。同时也有频繁的民间贸易。《蛮书》卷七记南诏"大羊多从西羌、铁桥接吐蕃界三千、二千口将来博易",神川铁桥又是双方的贸易关口。

　　南诏进入吐蕃的最主要物品是丝绸。樊绰《蛮书》卷七说:"蛮地无桑,悉养柘(即柘树,叶可喂蚕),蚕绕树。村邑人家,柘林多者数顷,耸干数丈。正月初蚕生,三月中茧出。抽丝法稍异中土。精者纺丝绫,亦织为锦及绢。其纺丝入朱紫以为上服。锦文颇有密致奇采,蛮及家口悉不许为衣服。其绢极粗,原绌不入色,制如衾被,庶贱男女许以披之。亦有刺绣,蛮王并清平官礼衣悉服锦绣,皆上缀波罗皮(大虫,即虎皮)。"①南诏人原来是不懂得织丝为衣的。唐文宗大和三年(829 年),南诏抄掠唐朝西川,即今成都平原和它的西部、雅砻江以东的剑南西川地区,掳掠了大批的蜀地"巧儿及女工",于是悉知织绫罗的技术,而且水平很高。② 南诏"本土不用钱。凡交易缯、帛、毡、罽、金、银、瑟瑟、牛、羊之属,以缯帛幂数计之,云某物色值若干幂"。丝绸不仅是特产,而且也是一种货币。那么,说南诏与吐蕃之间存在一条畅达的丝绸之路,应是顺理成章的结论。

　　吐蕃王朝时期,出吐蕃本土通四方的丝路网络已经最后形成:(1) 南下路线:自西而东有:出察隅至东天竺、缅甸道;出亚东至噶伦堡、孟加拉道;出聂拉木至尼泊尔加德满都道;出吉隆南下入尼道;出普兰南入尼泊尔道。(2) 西进路线主要为经克什米尔的罽宾道,此道极为繁荣。(3) 北通西域中亚:经青藏高原西北至中亚的勃律道;穿越夹在昆仑山与喀喇昆仑山之间阿克赛钦的今青藏公路至新疆叶城等地的道路;由羌塘经昆仑山口与河谷入于阗道;由羌塘经穆兹塔克山喀拉米兰山口入新疆且末道。翻唐古拉山北至格尔木,沿青新公路支线至茫崖入青新交通主

---

① 樊绰:《云南志》(即《蛮书》),赵吕甫校释本,中国社会科学出版社 1985 年版,第 258—259 页;又见《旧唐书・南诏传》。
② 同上。

干道,经茫崖镇至若羌道。(4) 东北、东部路线:经格尔木,过柴达木盆地,出当金山口(甘肃阿克塞)至敦煌道;北越祁连山扁都口至张掖道;由西宁入兰州道;由西宁经甘肃临夏(古河州)至临洮道;然后即是川藏道;滇藏道等。

上述已谈到了吐蕃丝路在中印文化交流中的地位与影响,吐蕃丝路连接中亚与西域文化的内容将在下文中论述。

第六章　来自中亚的和风

如果说唐朝和印度文化为吐蕃的外来文化影响提供了底色，那么中亚文化则使它更加多姿多彩。不了解中亚文化的作用，就无法给吐蕃丝路文化画出一个完整的面貌。这种影响还得从很久以前说起。

第一节　塞种人的影子

塞种人是古代分布在中亚、西亚广大地区的游牧民族，汉文史籍称作"塞人"，希腊、罗马史家称作"斯基泰"（或作西徐亚），波斯人称之为"塞卡"或"萨迦"人。塞人属于欧罗巴人种，语言主要为伊朗语族。很可能起源于西部西伯利亚，后迁徙至南俄草原、黑海、里海、巴尔干、美索不达米亚等欧亚内陆西部地区，并东迁至中亚及中国境内。他们对古代中亚地区民族与语言的形成及发展，产生过重要的影响，与青藏高原地区也有密切的联系。

（一）西方著作家的记载

塞人在辽阔的欧亚中部地区迁徙与活动，引起了东西方史家们的注意。尤其是从公元前 6 世纪起，部分塞人被纳入波斯帝国居鲁士二世

（公元前 558—前 529 年在位）所建立的阿赫门尼德王朝治下，更引起西方作家们的兴趣，留下极繁杂的记载。自从希罗多德（约公元前 484—前 425 年）在他的《历史》中提到了斯基泰人和印度北部"蚂蚁掘金"的故事之后，西方史家一直在试图深入地了解东方。对青藏高原地区，最让他们不能忘怀的，自然是高大的喜马拉雅雪山了。因此，公元前 4 世纪的亚里士多德已知道印度北部的大雪山。亚历山大东征时，还命士兵北伐喜马拉雅山上的树木，造船渡河。不过，在此前后的史家们分称喜马拉雅山东西各段和西部南北各段为：帕罗帕米修斯（Paropamisus）和埃冒都斯（Emodus），又统称为"印度的高加索山"。也有称之为"陶鲁斯"（Taurus）、喜莫都斯（Hemodus）。[①] 伊冒斯（帕米尔）山有时也包括了喜马拉雅山的一部分。

希腊地理学家托勒密（约公元 90—168 年）说，伊冒斯山与其他山脉的接壤处，始自石塔（塔什干），而在伊冒斯山的内外侧均有斯基泰人居住。"伊麻奥斯（即伊冒斯）山斯基泰人的四至如下：在西部与伊麻奥斯山内侧的斯基泰及塞种人地区，以沿北向山脉的弯道为界；北部是一片未知之地；东部是赛里斯国（即中国）……在南部是内恒河流域印度的一部分……"说明在喜马拉雅山西北部居住着斯基泰人。下文还提到卡西亚（Kasia，即昆仑山）的西段与埃冒达山脉的西段，和天山（奥扎基亚山，Auzakia）。"这一斯基泰地区北部，居住有阿比亚斯基泰人（Scythes Abioi），在他们以南是食马肉的斯基泰人；然后是奥扎基提斯地区，在其南方，上述城堡附近，便是卡西亚地区；再往南便是凯特斯基泰人（Scythes Khaitai），再接着是阿卡萨（Akhasa）地区，再往南埃冒达地区，便是科拉纳斯基泰人（Scythes Khauranaioi）"。这一地区的城镇有：奥扎基亚，在 144°，49°40′；斯基泰伊塞顿（Issêdôn Scythigue），在 150°，

[①] 参阅伍昆明：《早期传教士进藏活动史》，中国藏学出版社 1992 年版，第 17—18 页。

48°30′;科拉纳（Khaurana），在 150°,37°15′;苏瓦塔（Soita），在 145°,35°20′。[①]

从引文看,位于卡西亚(昆仑山)地区之南的"凯特斯基泰人"、阿卡萨地区、科拉纳斯基泰人,已是青藏高原地区的斯基泰人了,而科拉纳和苏瓦塔镇也应该在高原上。

更为重要的是,托勒密在提到斯基泰人活动地区之后,还相关地提到了吐蕃和雅鲁藏布江。他说,赛里斯国的绝大部分地区,由两条河流经过,其中一条叫做"博提索斯(Bautisos)的大江,在卡西亚山附近,有一个发源地,位于116°和43°地方;在奥托罗拉斯附近有另一发源处,位于176°和39°地方;在埃冒达山脉附近,位于168°和39°有一拐弯处;在这一山脉中还有一发源处,位于160°和39°地方".[②] "Bautisos"中的"Bauti"即吐蕃人自称的"博"(bod)的译音,Bautisos疑即"蕃曲"(吐蕃河)之意,而"埃冒达"即喜马拉雅山。虽然以"Bautisos"有一支发源于昆仑山南有误、但说另一支源于埃冒达山却是无误的,文中还谈到该河在流向东方中有一个"拐弯处"。据此可推知,该河应是雅鲁藏布江。托勒密提到昆仑山(卡西亚)山区的人数众多的伊塞顿种人,其南是阿斯巴卡拉人(Aspakarai),"再往南便是博塔人(Bautai);在最南部的埃冒达和赛里斯山附近,是奥托罗科拉人(Ottorokorrhai)".[③] 托勒密反复提到与印度、赛里斯(中国)相接的斯基泰人居地和分布于昆仑山与喜马拉雅山之间、与吐蕃人杂居的斯基泰人。4世纪的阿米安·马尔塞林(Ammien marcelin)在他的《事业》一书中提到博提斯河(Bautis),并说:"博塔人(Baetae)居住在南部的高山上。此地的城市确实不稠密,但城市既大又富饶,其中最为豪华和著名的城市有:阿什米拉、埃塞顿、阿斯巴卡拉和

---

① 戈岱司著,耿昇译:《希腊拉丁作家远东古文献辑录》,中华书局1987年版,第30—31页。
② 同上书,第32—33页。
③ 同上书,第33页。

赛拉。"①这些都充分说明,斯基泰人是青藏高原的古代居民中的一分子。

(二) 塞人在河西、西域与中亚的活动

把塞人在青藏高原活动的历史变得更加真实的,还有汉文史籍的记载。从文献与考古资料看,塞人的活动范围广大,迁徙频繁。今新疆天山南北,甘肃河西走廊,甚至接近中原地区,都留下塞人的足迹。公元前2世纪,以河西走廊为舞台,发生了一幕幕颇具戏剧性的民族纷争与迁徙事件,对后世中亚历史的发展产生了出人意料的影响。

公元前2世纪初,具有浓重塞人成分的乌孙人和同是欧洲人种的月氏人,都在河西走廊的敦煌、祁连山一带游牧,他们的北面是日渐强大的匈奴人。在月氏与乌孙的争斗中,乌孙王难兜靡被杀,其子猎骄靡年幼,匈奴冒顿单于(公元前209—前174年在位)养其成人,并支持其复国。公元前177—前176年间(一说在公元前174—前161年匈奴老上单于当政时),冒顿攻月氏,月氏人西奔,逃到今天山北部的伊犁河地区,又赶走了世居于此的塞种人。《汉书·张骞传》说:"月氏已为匈奴所破,西击塞王。塞王南走远徙,月氏居其地。"而这些塞人则向西南迁徙,过锡尔河,至索格底亚那地方,与当地的塞人再度融合。匈奴老上单于又与乌孙联合西进伊犁河流域,"杀月氏(王),以其头为饮器,月氏乃远去,过大宛,西击大夏而臣之,都妫水北为王庭"②,从而掀起一层层部族迁徙和由东向西拥进的波浪。公元前125年,南下的塞人在今阿富汗西南部建立了塞卡(萨迦)斯坦王国。前90年左右,部分东迁的塞人占领印度河地区。嗣后,塞人还在喜马拉雅山脉边地的罽宾南面称王。

塞人在河西、西域地区的活动,导致了他们在中国境内的定居与建立城邦国家。《汉书·西域传》说:"昔匈奴破大月氏,大月氏西君大夏,

---

① 戈岱司著,耿昇译:《希腊拉丁作家远东古文献辑录》,中华书局1987年版,第72页。
②《汉书·西域传·大月氏国》。

而塞王南君罽宾。塞种分散,往往为数国。自疏勒西北,休循、捐毒之属,皆故塞种也。"休循国,王治鸟飞谷,在葱岭西。民俗衣服类乌孙,因畜随水草,本故塞种人。捐毒国,王治衍敦谷,南与葱岭属。衣服类乌孙,随水草,依葱岭,本塞种也。它们都位于青藏高原西北部山区,这与西方著作的记载相近似。考古学家黄文弼先生说:"楼兰土人与塞种人不无关系。"①英国于阗史专家 H. W. 贝利教授说:"在公元前二世纪以前,有一支塞克部落来到于阗定居下来,并形成他们的统治阶级。瞿萨旦那,就是塞人在和田地区所建立的王国。"②于阗人、楼兰人中都有众多的塞人,他们的居地与青藏高原相连相通,很自然地把自己的民族成分和文化带入青藏高原地区,影响那里的文化风貌。而居住在青藏高原的塞人也有西迁中亚,与活动在阿赫门尼德王朝治下的各部塞人相融合者。③

　　活动在中国境内的塞人,大多是所谓戴高顶尖帽子的游牧人。他们有自己的文化习俗,塞人崇拜太阳,崇拜火,重占卜,好巫术。金属器物发达,图案以猫科类动物为代表。他们珍视黄金及其制品,"塞西安人的艺术品,多数是附加于衣服上或马具上的金饰"。④ 依据其活动于青藏高原北部、西部地区的状况,我们可推知,其与青藏高原古代邦国象雄、女国均有极密切的民族与文化关系。在业已消亡 1 500 余年的新疆所出佉卢文中,有女国王姓"苏毗"的记载,作"supiya",女王夫号"金聚"即梵文"suvarna-gotra"意译,玄奘《大唐西域记》说"有苏伐剌拏瞿呾罗国,唐言金氏"即指此,说明女国的古老及其与中亚民族联系的久远,塞种人在其中发挥了积极作用。青藏高原与其北部、西北部和西部地区的交通联系,在游牧的塞人活动时期已经频繁地开始了,高原上的古邦国文明建

---

① 黄文弼:《罗布淖尔考古记》,国立北平研究院史学研究所,1948 年,第 57 页。
② H. W. 贝利:《于阗语文书集》引言,剑桥,1960 年。
③ 赖斯:《中亚古代艺术》,美国,1965 年,第 42 页。
④ W. M. 麦高文著,章巽译:《中亚古国史》,中华书局 1958 年版,第 58 页。

设,包括了塞人的参与与贡献。

第二节　月氏人与吐火罗文化的渗入

塞人之后,在中亚及西域地区叱咤风云并与青藏高原地区发生密切文化关系的,主要是月氏人、大夏人和吐火罗人。他们族类相近,历史联系密切,文化上也呈现一定程度的类似性,共同影响了青藏高原的吐蕃文化。

(一) 大月氏的迁徙与大夏、吐火罗

关于月氏(音肉支)人的族属,目前学术界尚无定论,有突厥说、窣利族说、印欧族说、伊朗族说,也有藏族说。但依据其风俗文化及体质特征,似以印欧人种(包括伊朗族在内)更具可能性。月氏人何时迁入今中国境内,尚有待考察,但至迟在战国以前,已活动在河西走廊地区。《逸周书·王会解》谓:"禺氏騊駼,大夏兹白牛,犬戎文马。"《山海经·海外东经》说:"国在流沙外者,大夏、竖沙、居繇、月支","禺氏"、"月支"即"月氏",且与大夏同时。月氏的活动地区在中原西部,是所谓允姓之戎。这就使它与同样活动在这一地区的羌、氐密切结合起来,月氏与羌人同有拜火、火葬习俗,同样以游牧为生。在中原史家的眼中,既不能明确地分辨出氐与羌的族属异同,也无法说清楚月氏与氐、羌的相互关系。《魏略》称月氏为羌,由此,后世有月氏为藏族说;《旧唐书》称其为戎;《通典》说,"氐者,西戎之别种",史书又有写"月氏"为"月氐","大月氏"为"大月氐"者,两者古音类同,人们也有理由认为月氏是氐人。但是,我们认为这是文化交流与民族融合的产物,也就是说,在与吐蕃民族有直接血缘关系的羌人中,包括着月氏人的文化与民族成分。青藏高原的吐蕃文化就这样第一次吸收了异民族的月氏文化。

《汉书·西域传·大月氏国》记载:"大月氏本行国也,随畜移徙,与

匈奴同俗。……本居敦煌、祁连间,至冒顿单于攻破月氏,而老上单于杀月氏(王),以其头为饮器,月氏乃远去,过大宛,西击大夏而臣之,都妫水北为王庭。"月氏人在河西地区的活动,史书多有记载,唐人张守节《史记正义》引《括地志》说:"凉、甘、肃、沙等州地,本月氏国。"《旧唐书》卷四〇记:"敦煌,汉郡县名,月氏戎之地。"《西域图记》称:"允姓之戎居瓜州,远徙大夏。"这些都表明,西汉以前,月氏人在中原西部活动,它的中心在敦煌或河西走廊一带,介于匈奴与西羌之间,且与羌人杂居。公元前174至前161年匈奴老上单于当国时,击月氏,迫使其西迁中亚,开辟新的生活领域。

月氏人西迁,步塞人后尘,来到妫水即阿姆河流域,征服了"本无大君长,城邑往往置小长"的大夏人。公元前129至前128年,张骞第一次出使西域的"凿空"之举,即是为了联络与匈奴有仇隙的大月氏人,促其返回故地共击匈奴。然而,大月氏在中亚已占据很大一片土地,过得安逸而快乐,不再想返回故地并报被逐之仇了,张骞遂不得已而返。这时的大月氏国,治监氏城,下设五翕侯(Yabghu):休密翕侯,治和墨城;双靡翕侯,治双靡城;贵霜翕侯,治护澡城;肸顿翕侯,治薄茅城;高附翕侯,治高附城(Kabul,今阿富汗喀布尔)。公元1世纪中,贵霜翕侯丘就兼并其他四翕侯,统一各地,史称贵霜王朝,汉文史籍仍称其为大月氏国。①

大月氏统治之下的贵霜境内,民族十分复杂,这里有散居的塞人(即塞迦、斯基泰、西徐亚人),故西方研究者称月氏人为印度西徐亚(斯基泰)人。但主要居民则是所谓大夏人,大夏即巴克特里亚(Bactria)的音译,也称希腊·巴克特里亚,汉文史书称之为吐火罗,属印欧语系伊朗语族的一支。原为割据王国,后在大月氏人贵霜朝治下。5世纪中期,活动在今阿尔泰山一带、由匈奴与大月氏融合而形成的嚈哒(滑国)人,西移中亚,攻灭贵霜王朝,统治该地各族。567年,嚈哒人政权又在波斯(伊

---

① 《史记·大宛列传》;《汉书·西域传》;《后汉书·西域传》等。

朗)萨珊王朝和突厥人的夹攻下灭亡,领土被两者瓜分。唐朝时期,这一地区又是唐朝与大食争夺的前沿阵地。贵霜王朝以繁荣的佛教与"犍陀罗艺术"而知名。但活动在这一地区的民族和政权,毫无例外地以从事丝绸之路上的商业贸易而著称,为东西方文化传播发挥了积极的作用。

西迁的大月氏及其所建贵霜政权,都与青藏高原地区存在着时疏时密的关系。大月氏、大夏或吐火罗人,长期活动在青藏高原北部、西北部和西部地区,新疆南部发现的吐火罗文书即是他们在这一带活动的真切证据。大月氏及其后的贵霜王朝,均曾统治印度西北部地区,占据了青藏高原进入中亚的几乎所有出口,如罽宾(克什米尔)、勃律(博罗尔)等。通过这种通道把文化直接带入或间接传入青藏高原是毫无疑义的。《魏略》说:"罽宾国、大夏国、高附国、天竺国皆并属大月氏。"《梁书》说:天竺数十国,"汉时羁属月氏,其俗土著与月支同,而卑湿暑热,民弱畏战,弱于月氏"。大月氏对天竺的统治,把它的文化传入南亚地区,也传给了喜马拉雅山地区。

据《魏书》记载,大月氏在定居监氏城后,北部与蠕蠕(即柔然或阿瓦尔)人相临,数为所侵,遂西徙,定都薄罗城,薄罗即 Bolor,也即唐代的勃律,今天克什米尔西北部的巴尔提斯坦。也就是说,大月氏人已经进入青藏高原地区。不但如此,勇武的大月氏王寄多罗"遂兴师越大山,南侵北天竺,自乾陀罗以北五国,尽役属之"。该大山即兴都库什山和喜马拉雅山西段。据此我们认为,古代青藏高原西部有大月氏人活动,其在后来参加吐蕃的建国活动,是可能的。

在大月氏之后,与大月氏有密切的民族与文化联系的小月氏、嚈哒、吐火罗及康居(包括粟特)等昭武九姓,均通过中亚与南亚地区,与青藏高原发生密切联系。《魏书·西域传》记载:"小月氏国,都富楼沙城(今巴基斯坦北部白沙瓦)。其王本大月氏王寄多罗子也,寄多罗为匈奴所逐,西徙后,令其子守此城,因号小月氏焉。……先居西平、张掖之间,被服与羌同。"4 世纪末,嚈哒人西迁南下,迫使小月氏人次第南下,进入北印度,再次退却,进入青藏地区是可能的。嚈哒国,大月氏之种类也,亦曰高车之别种,其原出于塞北。迁入中亚后,继续南进,征服西域康居、于阗、沙勒、安息、朱俱、渴槃陀、钵和、波知、赊弥等 30 余国,势力已进入青藏高原。昭武九姓,是隋唐时期活动在中亚的康、安、曹、石、米、何、火寻、戊地、史等九个国家的合称。据《北史·西域传》记载,诸国王族始祖姓温,原为月氏人,居于中国祁连山北的昭武城(今甘肃临泽县境内),后为匈奴所破,西迁中亚,多从事商业,在丝绸之路上坐享其利。康国人在吐蕃的活动,最显明者莫过于吐蕃军中的康国兵。《新唐书·南诏传》记,康国兵在今云南地区参与了对南诏和唐朝的战斗,失败后投降。至于吐蕃后来占领西域,统辖当地粟特(康国)人,更是为藏文简牍文书和波斯文史籍所明载的史实。①

吐火罗与青藏高原的联系更为直接,可能已有吐蕃人在其统治之下,《魏书·西域传》记:"吐呼罗(即吐火罗)国,去代一万二千里。东至范阳(即帆延国),西至悉万斤国。中间相去二千里。……国中有薄提城,周匝六十里。城南有西流大水,名汉楼河。"这里的"薄提"一般认为是"巴里赫",我们怀疑即藏文 Bod,薄提城即"吐蕃城",位置约在今阿富汗首都喀布尔西部。可与此参证的是,661 年唐朝在吐火罗故地设立十六府、七十二州。月支都督府中有"伏卢州,以播萨城置"②,应与上述"薄提城"相同。"播萨"疑即藏文 Bod-sa(蕃人地方),播萨城即蕃人所居城镇。我们看到,在中亚七十二州中有许多是以民族名州者,如大夏州、粟特州;也有以居民族属名城者,如突厥施怛駛城等。③ 那么,以聚居吐火罗故地的吐蕃人命名其城,也应是自然的。可以进一步为我们这种推断提供证据的,则是古藏文史料对吐火罗的记载,《敦煌本吐蕃历史文书》

---

①《世界境域志》,密诺尔斯基英译本,王治来等汉译本(打印本);王尧、陈践:《吐蕃简牍综录》,文物出版社 1986 年版。
②《新唐书·地理志》。
③ 同上。

记,狗年(662年),赞普在工布地方巡行,大论东赞在吐火罗(dugul)地方征收象雄人的赋税。[①] 象雄与吐火罗故地相接,这里有吐火罗人活动是在情理之中的。据此可知,两地人民的来回迁居是存在的。

据本教文献记载,在大食苯教的传播中,有吐火罗人辛布巴瓦参与其事。[②] 又据《奈巴教法史》说,在拉脱脱日年赞时,李天子与吐火罗的译师罗森错两人,从天竺请来班智达李敬,为吐蕃留下了神秘的佛教经典。如果此说不误,则两地佛教文化早有接触。

(二) 小月氏与湟中月氏胡

活动在中国敦煌、祁连间的月氏人主力西迁以后,还有一部分人未能随行,留居河西走廊,并迁入青藏高原,被称为"小月氏"。《史记·大宛列传》记载,月氏西迁中亚后,被称为大月氏,"其余小众不能去者,保南山羌,号小月氏"。南山即沙州(敦煌)以南的祁连山。这里原为羌人居住地,小月氏人为匈奴所迫逐来到羌人居地,开始了进一步的民族融合。对此,《后汉书·西羌传》的记载更为明确:"湟中月氏胡,其先大月氏之别种也,旧在张掖、酒泉地。月氏王为匈奴冒顿所杀,余众分散,西逾葱岭,其羸弱者南入山阻,依诸羌居止,遂与共婚姻。"小月氏的迁徙方向是向南、向西。南迁者径入青藏,西徙者进入西域,也有东进入居湟中、令居,甚至陇右地区者。这与西汉对这一带的经营有关,但主要趋势是与高原羌人融合。《魏书·西戎传》说:"敦煌西之南山中,从婼羌至葱岭数千里,有月氏余种曰:葱茈羌、白马、黄牛羌,各有酋豪",皆以"羌"名之。一方面说明了月氏人在众羌之中的被同化,另一方面也告诉人们:后来融合于吐蕃民族的诸部中,有为数不少的小月氏人和他们的文化。

这些留居中国境内的小月氏人的命运,并不是单一的。大部分人与

---

① 王尧、陈践译注:《敦煌本吐蕃历史文书》,增订本第14页。笔者重译该句藏文。
② 噶尔梅著,王尧、陈观胜译:《苯教史》,载《国外藏学研究译文集》(一)。

青藏高原羌人融合,另外一部分人与陇右汉族或其他民族融合,还有为数不少的一部分人,与活动在今新疆境内的羌族和突厥各部融合。后者在五代时依然存在,居于敦煌以西至哈密(伊吾)、米兰(大屯城)一带,号称仲云。在吐蕃统治西域时,他们成为吐蕃属民,已包含了突厥诸部成分,如沙陀人成分等。五代时,高居诲著《使于阗记》说:"沙州西曰仲云,其牙帐居胡卢碛,云仲云者,小月氏之遗种也,其人勇而好战,瓜、沙之人皆惮之。""甘州……其南山百余里,汉小月氏之故地也,有别号鹿角山沙陀,云朱耶氏之遗族也。"朱邪即沙陀首领姓氏。

南入羌中的小月氏人,还与羌人邦国"多弥"有密切关系。史称:多弥,号南磨(难磨),为西羌人。难磨应即藏文"nam-pa"即"南人",系指敦煌(沙州)或河西走廊以南的祁连山南地区,这里也是难磨人的活动地区之一。敦煌所出伯希和藏文卷子1089号文书中的lho-bal(南人),与斯坦因汉文卷子542号中的"南波",即是吐蕃统治下的南山部族①,它就是羌族化的小月氏人部落,最后逐渐融入吐蕃民族之中,成为今天藏族多种来源中的一个。民族迁徙直接导致地区与民族间的文化交流。

(三)月氏及吐火罗文化传入吐蕃

波斯的琐罗亚斯德教(即火祆教、祆教)传入象雄,影响吐蕃,我们上文已有专门探讨。后世,祆教及其文化继续通过民族相互迁徙、经济文化往来而进入青藏高原,影响吐蕃人的精神生活,与之相伴的还有风俗习惯。据我们的最新研究,有这样两个方面的内容:一是埋葬习俗;一是婚姻习俗。这种影响给吐蕃,乃至后世的藏族人,带来两个特征性的文化习俗:天葬和一妻多夫。

天葬,是今天中国藏族普遍采用的一种葬俗,不丹、锡金、尼泊尔、拉达克等地藏族,以及部分裕固、门巴人均实行天葬。天葬,也称"鸟葬"。

---

① 杨铭:《敦煌文书中的lho-bal与南波》,《敦煌研究》1993年第3期。

其具体操作过程是：先将死者尸体放置屋内角落停尸数日，请喇嘛为之念经。葬时不从房门，而从窗口运出（或吊下），由专司天葬的人将尸体驮或背至专设的山上天葬场。裸体碎尸时，焚柏枝引诱秃鹫前来争食。食尽为吉祥，余者焚化。今天的天葬被藏传佛教徒认为是源于释迦牟尼所倡导的"舍身饲虎"、"割肉贸鸽"的精神，并认为如此可使死者的灵魂随鹰升天。我们认为，它无疑包括着这方面的内容，但是，它的基本内容却是更早的苯教思想的反映。主持其事的原来并不是喇嘛，而是苯教徒。而且，天葬习俗并非吐蕃旧俗，而是来自中亚信仰祆教的民族，尤其是波斯人，它随波斯苯教（即祆教）的传入而传入。祆教经典《阿维斯塔》称其教祖为琐罗亚斯德，故称琐罗亚斯德教。该教主张二元论，即洁净的自然元素——土、水，特别是火，是由阿胡拉·玛兹达创造的；而疾病、死亡、不育，则出自安格拉·曼纽。因此，死亡是和不洁相联系的，重视死亡是其重要特色。举凡尸骸等与"死"有关者，均视为不洁，切忌触及被奉为圣洁元素的土、水，尤其是火。据此，祆教奉行独特的天葬习俗。

波斯人的天葬，在汉文史籍中有所记载，但是不够详尽，如《魏书》、《北史》、《通典》等均记波斯国"死者多弃尸于山，一月著服"。唐代的劫国，也与此相同，"死亡弃于山"。[①] 这实际上就是一种天葬，为祆教信众的葬俗。祆教的葬法也正好与后世藏族的天葬相同，即由专管此事者将尸体移置于特制葬台上，赤裸尸体，任鹰隼啄尽尸肉，然后将余骨投入特设的井穴中。天葬架是一个圆塔式的建筑，称为"达赫玛"，顶层呈凹状，四周有台阶，中央为井穴。塔顶分为三层，以放置尸体，外层置男尸，中层置女尸，内层置童尸。依教义，"达赫玛"为众提婆汇集、嬉戏之所，信仰者将力戒涉足这一凶域。诸如此类的塔式建筑，人称为"寂没塔"，在当代祆教信徒帕西人居地，迄今犹存。[②] 这与汉文史书所记弃之山上，让

---

① 《通典·边防九》。

② 谢·亚·托卡列夫：《世界各民族历史上的宗教》，第 378 页。

鹫鹰啄食的波斯葬俗是一致的。据此,我们断定天葬来自波斯,是随袄教传入吐蕃的,与袄教影响象雄苯教是同期或稍后发生的。但它成为吐蕃的通行葬俗,则要晚得多。

可以进一步为此做证的是,吐蕃的"活死人守墓"制度,也来自波斯。藏文史书《五部遗教》中的《国王遗教》一章,记载了被认为是奇特的一种吐蕃人的丧葬制度,内称,墓内分九格,中间放置赞普的尸体,以金涂饰,实以财物。令所有内臣守护其冢。彼及亲属,皆佩带亡者标志,不准与王嗣生者相遇。如果有牛羊跑到墓边,被他们捉获,亦系以亡者标志,不再归还它的主人。每当祭祀时,先鸣号,告诉这些活死人,他们立即逃往深谷隐蔽。待赞普等祭祀完毕离开后,他们再来到墓畔,收集祭品大加享用。[1] 这种很难让人理解的风俗,也来自波斯,应是与天葬同时传入的,但又比天葬更早地被赞普王室所接受。在吐蕃,它是一种苯教的葬俗与制度。前引诸种汉文史籍记载了该制度的波斯蓝本,文说波斯人,"死者多弃尸于山,一月著服。城外有人别居,唯知丧葬之事,号为不净人,若入城市,摇铃自别"。[2] 当然,在波斯及中亚地区,天葬自然不是唯一的,土葬、石棺葬和火葬均很流行,吐蕃情况也如此,当时的赞普死后,即取土葬制度,这与天葬传入及影响吐蕃并不矛盾。

过去曾流行于吐蕃及藏区的一妻多夫制婚俗,依我们研究,也来自中亚民族,这就是受嚈哒和吐火罗的影响而形成的婚俗。它是通过嚈哒和吐火罗与青藏高原地区文化交往、民族往来,尤其是对青藏高原部分地区的控制而传入的。居住在喜马拉雅山地区的印度图达人及青藏高原地区的一妻多夫制,有两种形式,即兄弟同妻和朋友同妻,以妇女为核心组成家庭。据调查,兄弟共妻,是先由长兄娶妻,嗣后,成年的弟弟也加入其中,生子归长兄。若一人与妻同居,则门外挂其标志物,以便提

---

[1] 参阅根敦群培著,法尊大师译:《白史》,西北民族学院 1981 年印,第 32 页。
[2] 《魏书·西域传·波斯国》。

醒。朋友共妻也如此,一人先娶,友人加入其中,组成一妻多夫家庭。它有一个发展过程,在后世,主要是为了防止财产分化。《魏书·西域传》说,嚈哒国,大月氏之种类也,亦曰高车之别种,"其俗兄弟共一妻,夫无兄弟者,其妻戴一角帽;若有兄弟者,依其多少之数,更加角焉"。《梁书·诸夷传》说:"滑国(即嚈哒)者,车师之别种也。……女人被裘,头上刻木为角,长六尺(寸),以金银饰之。少女子,兄弟共妻。"后世唐、宋各代史籍对此均有记述。

由于嚈哒进入中亚,并对吐火罗等地区的统治,这一风俗也流行于吐火罗人当中。《隋书》卷八三记载:"吐火罗国,在葱岭西五百里,与挹怛(即嚈哒)杂居。……其俗奉佛,兄弟同一妻,迭寝焉。每一人入房,户外挂其衣以为志。生子,属其长兄。"郑樵《通志》也说,吐火罗"多男子少妇人,故兄弟通室。妇人五夫则首饰戴五角,十夫戴十角。男子无兄弟者,则与他人结为昆弟,方始得妻,不然终身无妇矣"。

女少男多的说法是一种误会,这是一种婚姻习俗,当与母系氏族社会松弛的婚姻或性关系遗风有关。饶有兴味的是,不独青藏高原地区,就在今浙江温州地区,古代也曾存在过一妻多夫的婚姻习俗。明代人陆容记其事说:"温州乐清县近海有村落,曰三山黄渡,其民兄弟共娶一妻。无兄弟者,女家多不乐与,以其孤立,恐不能养也。既娶后,兄弟各以手巾为记,日暮,兄先悬巾,则弟不敢入。或弟先悬之,则兄不入。故又名其地为手巾呑。"成化间(1465—1487 年),朝廷在台州府增设太平县,该地也在其管内。著者陆容,起初并不相信有此风俗。后来亲履太平县访之,果然如此,而且此风"自前代以来,因袭久矣"。弘治四年(1491 年),陆容奏请朝廷,下令禁止。"有弗悛者,徙诸化外。法司议,拟先令所司出榜禁约,后有犯者,论如奸兄弟之妻者律,(皇)上可之,有例见行"。①通过强制性的法律手段,才消除了这里的一妻多夫风俗。

---

① 陆容:《菽园杂记》,元明史料笔记丛刊,中华书局 1985 年版,第 141—142 页。

青藏高原上的珍贵药物麝香传入波斯地区,成为吐蕃与波斯文化交流的另一股波流。6 世纪波斯的文献已反映了"吐蕃麝香"在其王室"珍品"中的地位。《唐会要》称"其事神,以麝香和苏涂须点额,及于耳鼻,用以为敬"。"俗事天地水火诸神,西域诸胡事火祆者,皆诣波斯受法焉"。[①]麝香的药用价值很高,可以止血、镇痛、消毒、祛痰、化积等,其浓郁的香气更使王宫后妃迷之不倦,既清神益智,又能增加性诱惑色彩。波斯诗人为麝香留下了许多美丽的诗篇。鲁达基《迷人的女王》一诗说:"鲜花、苹果、麝香、龙涎香,雪白的茉莉和玉兰也用来装潢。这一切竟都相形见绌——面对着你这令人痴迷的女王。……两颊红艳得多么像那成熟的苹果,而'苹果'上的痣点便是麝香。"[②]波斯姑娘风行在秀发中喷洒麝香,以增添魅力。

第三节 罽宾、勃律与吐蕃丝路

罽宾(Kasmira),又作迦湿弥罗、迦毕试、箇失密等,即今天的克什米尔。勃律(Bolor),又作钵卢勒、波路等。唐代有大、小勃律之分,大勃律即今克什米尔西北部的巴尔提斯坦(Baltistan);小勃律在今巴基斯坦东北部雅辛(Yasin)河流域。罽宾和大、小勃律,是青藏高原地区的古邦国和吐蕃与中亚、西亚、南亚等地相互交往的重要关口,在民族往来与经济文化交流方面,发挥了极其巨大的作用。

(一) 罽宾对吐蕃的意义

据《汉书》卷九六记载,罽宾,王治循鲜城,在今斯利那伽附近,西北与大月氏连接,西南与乌弋山离为邻。匈奴人击败在河西驻牧的月氏人后,西迁的大月氏在大夏地方南面称君,原在这里活动的塞人被迫南下,

---

① 《唐会要·波斯国》。
② 张晖译:《鲁达基诗集》,新疆人民出版社 1982 年版,第 41 页。

在罽宾国称王,此时的罽宾是塞人政权。西汉时期,罽宾国包括迦湿弥罗、犍陀罗等地。后来,大月氏又南进,"罽宾国、大夏国、高附国、天竺国皆并属大月氏"①,是所谓贵霜王朝。罽宾不断接受新的统治者与新的文化成分。3世纪后,贵霜王国渐衰并分裂为若干小国。此后,萨珊王朝兴于西亚,笈多王朝统一北部印度。5世纪,嚈哒人又从北方袭来。484年,击败入侵的萨珊王朝军队,杀其王菲罗兹(Firuz,458—484年),迫使萨珊王朝纳贡。5世纪中叶,嚈哒人侵入印度,占领印度西北部。533年,嚈哒在印度的统治被推翻。567年,嚈哒人在突厥和萨珊王朝的夹攻下失去统治地位。突厥与萨珊王朝以阿姆河为界,东、西瓜分了嚈哒的全部辖土。罽宾、勃律等地又在突厥的政治势力与文化影响之下。

唐朝把势力向西推进,尤其是击败突厥以后,中亚地区纷纷转归唐朝治下,唐朝在这里设立十六府、七十二州。其中管理罽宾的是修鲜都督府,658年设置。661年,唐朝授其王修鲜等十一州诸军事、兼修鲜都督。开元年间,吐蕃侵逼,箇失密王木多(即木多必塔,muktopida)遣使至唐,声称:"有国以来,并臣天可汗,受调发。国有象、马、步三种兵。臣身与中天竺王扼吐蕃五大道,禁出入,战辄胜。有如天可汗兵至勃律者,虽众二十万,能输粮以助。又国有摩诃波多磨龙池,愿为天可汗祠。"玄宗册其为王,"自是职贡有常"。② 罽宾自汉代以来,一直与中国保持着密切的以丝绸贸易为主的经济文化交流。唐朝赐与的主要是丝绸,罽宾所进也为方物。620年,还进天文经、秘方、蕃药等。③ 罽宾高僧在中国的传教活动,为佛教传入中国并在中国流行起到促进作用,而中国高僧西至天竺取经,几乎没有例外地要到罽宾访学习经。④

罽宾的商业与文化上的特殊地位,及其独特的地理位置,使它成为

---

① 《三国志·魏书》卷三〇引《魏略》。
② 《新唐书·箇失密传》。
③ 《册府元龟》卷九七一。
④ 慧皎:《高僧传》;义净:《大唐西域求法高僧传》等。

青藏高原汲取外来文化的重要窗口。曾经在这里南面称君的塞人、大月氏人、嚈哒人、突厥人和唐朝,都通过罽宾直接或间接把自己的文化输入高原地区。吐蕃人中的欧洲人种成分,包括塞人、月氏人、嚈哒人,很大程度上都是通过罽宾进入青藏地区的。我们的研究结论是,波斯祆教传入象雄、波斯的天葬习俗和嚈哒、吐火罗的一妻多夫制度,乃至突厥的风俗与法律,对青藏高原古邦国和后世吐蕃文明的影响,主要是通过罽宾,即今克什米尔地区传入的。

藏文史书说,南日伦赞时从突厥传来了法律制度。那时吐蕃尚未与今新疆邻接,中间尚隔着女国和大、小羊同。我们认为,它正是从统治罽宾的突厥人那里学习了它的法律制度,而此一时期,突厥势力正好控制着中亚东部地区,包括通向吐蕃的重要关口罽宾,传入文化制度是在情理之中的。唐代僧人慧超记述中亚形势说,波斯国被大食打败以后,在大食以东就是胡国,即安国、曹国、史国、石国(石骡国)、米国、康国。"总事火祆,不识佛法。唯康国有一寺,有一僧,又不解敬也。……极恶风俗,婚姻交杂,纳母及姊妹为妻。波斯国亦纳母为妻。其吐火罗国乃至罽宾国、犯引国、谢䫻国等,兄弟十人、五人、三人、两人,共娶一妻,不许各娶一妇,恐破家计"。[1] 据此可知,火祆教和天葬、一妻多夫制等,是嚈哒人和吐火罗人控制青藏高原西北部地区的直接产物,而且通过罽宾道传入青藏高原,影响了吐蕃的文明。

(二) 麝香之路

青藏高原地区通往中亚、西亚与南亚的重要交通要道——罽宾道,为高原人吸收了新的民族成分、祆教(或波斯苯教)、丧葬习俗与制度、一妻多夫习俗,甚至突厥的法律制度。同时,如我们上文所言,它还是吐蕃

---

[1]《敦煌石室遗书·慧超往五天竺国传》;慧超原著,张毅笺释《往五竺国传笺释》,见《往五竺国传笺释·经行记笺注》,中华书局2000年版,第118页。

从唐朝获得丝绸,大量转销波斯、大食等地的重要出口地,罽宾丝绸商人在拉萨丝绸市场的频繁活动即是明证。由于罽宾道在经济、文化交流等方面发挥了巨大的作用,在青藏高原邻接这里的一侧,才形成了既具浓厚的中亚民族文化色彩,又有鲜明地方特征的、繁荣的象雄文明,了解了这一点,就容易解开象雄文明产生之谜的绳结。

对于罽宾道的经济文化意义,藏文史书中也有所揭示。《汉藏史集》在"吐蕃王统"一节中说:"父王止贡赞普在位之时,由象雄和勃律的本波传来了辛吉都(gshin-gyi-vdu)的苯教。"①这里的辛吉都即"辛之都",也即辛派之"都"教法。松赞干布时,在邀请汉印高僧入蕃并在宫廷翻译佛经的同时,又从象雄召来苯教大学者象雄拉典,让吐蕃本波拉沃南巴从他学习苯教理论和防病、驱灾的仪轨,使苯教获得弘传。作为吐蕃的苯教圣地——象雄,事实上却时常通过罽宾来汲取波斯祆教的营养。在佛教兴起后,罽宾又是佛教的繁盛地。墀松德赞时,为兴佛法,派人专程前往克什米尔迎请密宗大师毕玛拉米扎。据说,他的法力和地位竟与密宗至尊神大日如来不相上下,自然也不能向赞普行礼,以免消受不了。吐蕃王朝时期,克什米尔人贡钦杰布所撰鉴别器皿好坏的专著《宝器甘露》一书,已传入境内,这应是与器皿等物质文化的传入相适应的。在吐蕃的13种医疗法中,有克什米尔医疗法;墀松德赞的"四方九名医"中也有克什米尔人,说明它的医学对吐蕃产生了影响。

罽宾道的重要输出物品,除丝绸之外,即是麝香,后者是该道上的特色物品,而且持续输往中亚、西亚及欧洲,故可称该段丝道为"麝香之路"。据《世界境域志》第24节"关于呼罗珊诸边境地区"第24条记载:"巴达克山(Badhakhshān),是一个很令人喜爱的国家和商人常去之地。其地有银、金、石榴石、青金石诸矿。其麝香是从吐蕃输入的。"青藏高原的特色商品是麝香。女国出麝香。吐蕃东侵后,辖下的成州同谷郡、文

①《汉藏史集》,第134页。

州阴平郡、扶州同昌郡、河州安昌郡、渭州陇西郡、兰州金城郡、阶州武都郡、洮州临洮郡以及岷州、廓州、叠州、岩州、甘州，剑南道下巂、黎、茂、维、姚、松、当、悉、静、恭、保、真诸州皆以产麝香闻名①，而且须向吐蕃交纳。早在 1 世纪，青藏高原的麝香已被运往罗马帝国，主要是通过该道。

　　麝香是雄麝的麝香腺中分泌物干燥而成的香料，色黄味苦，在我国很早即充作药用，《神农本草经》说：“麝香，味辛，温，主辟恶气，杀鬼精物、温疟、蛊毒、痫痉，去三虫，久服除邪，不梦寤魇寐。”相传吐蕃名医宇妥·云丹贡布所著《四部医典》也说：“一切炎症用安息香、麝香施治。”但传入波斯、阿拉伯、印度及西方后，人们更重视它的馨香作用和增进性欲的功能。6 世纪的波斯文献《科斯洛埃斯二世及其侍从官》记，侍从霍萨尔朱克回答科斯洛埃斯二世：“最香的香精”中有“麝香”，“天空的香味”是“科斯洛埃斯的仙露、波斯的玫瑰、撒马尔罕的罗勒、塔布拉斯坦的拘橼、伊斯法罕的堇莱、科姆的红花、谢尔宛的睡莲、印度的龙涎香、芦荟等一系列香料，吐蕃的麝香和希赫尔的琥珀。这就是真福者在天空闻到的香味”。② 从今阿富汗的巴达克山省经“吐蕃之门”有商路直通吐蕃，而阿拔斯王朝首都巴格达有从事直接贩运吐蕃麝香的批发商人，他们所行经的道路主要应是罽宾道。

(三) 勃律与吐蕃的交往

　　勃律的活动，见于史书的最早记载是《魏书·西域传》，文说：“波路国，在阿钩羌西北，去代(北魏)一万三千九百里。其地湿热，有蜀马，土平。物产国俗与阿钩羌同。”同书说：“阿钩羌国”，在莎车(今新疆莎车)西南，“土有五谷诸果。市用钱为货。居止立宫室。有兵器。土出金珠”。勃律，西部以险途、铁索桥与赊弥国相通，南部为罽宾国，是青藏高

---

① 《新唐书·地理四·山南道、陇右道》；《新唐书·地理六·剑南道》。
② 阿里·玛扎海里著，耿昇译：《丝绸之路——中国—波斯文化交流史》，中华书局 1993 年版。

原通往中亚地区的重要关口,位置险要。唐代时,勃律有大小之分,均与吐蕃有密切关系。

吐蕃王朝崛起后,向西北部扩张,吞并羊同与女国,并占领了大勃律。《新唐书》说,大勃律或称作布露(即 Bolor),在吐蕃西,与小勃律接,西邻北天竺乌苌(即乌仗那,越底延,Ud-diyana,在今印度河上游及斯瓦特地区)。地产郁金,役属吐蕃。在武则天到唐玄宗当政期间,曾三次遣使至唐。慧超行经中亚时,大勃律国、羊同国、娑播慈国并属吐蕃,而小勃律则在唐朝治下。

又据唐僧慧超《往五天竺国行记》载:"大勃律原是小勃律王所住之所,为吐蕃来逼,走入小勃律国坐。首领百姓在彼,大勃律不来。"知勃律原无大小之分,因吐蕃吞并部分辖地而有差。小勃律在大勃律西北,其南部是箇失密,往北五百里至护密之娑勒城(即帕米尔的撒尔哈德城,sarhad),此即通中亚道路。王居孽多城(即今吉尔吉特,gilgit),临娑夷水(即吉尔吉特河),西面是今阿富汗首都喀布尔(迦布罗)。吐蕃在占领勃律的部分土地即大勃律后,便不断发动攻势,企图使小勃律臣服就范,并明确告诉小勃律人:"我非谋尔国,假道攻四镇尔。"[1]后来,吐蕃终于攻入小勃律,占据九座城池,小勃律王没谨忙向唐朝求救。北庭节度使张孝嵩遣疏勒副使张思礼率精兵四千,昼夜兼行,前往应援。并与小勃律一起击败吐蕃军,夺回九城。据藏文吐蕃历史文书记载,737 年,论结桑东察进攻小勃律,唐人灭小勃律国,即是指张思礼助小勃律收复九城一事。同书载,740 年嫁王姐墀玛禄与勃律王。汉文史籍记:"小勃律国王为吐蕃所招,妻以公主,西北二十余国,皆为吐蕃所制,贡献不通。"[2]

吐蕃攻占小勃律后,很快把势力推进到西域地区,20 余国均在其治下。《新唐书》载,唐朝曾设立鸟飞州的护密地方,"地当四镇入吐火罗

---

[1]《新唐书·西域传》。
[2]《旧唐书·高仙芝传》;《新唐书·西域传》。

道,故役属吐蕃"。勃律—护密道的失控,对唐在西域的统治造成极大威胁。747 年,唐朝在屡次用兵攻夺失败后,派安西副都护、四镇都知兵马使高仙芝前往收复。高仙芝分三道兵齐进,并遣将军席元庆先至小勃律,向其王苏失利"借道"攻大勃律。席元庆率 1000 名骑兵入小勃律,处死五六名铁心归服吐蕃的首领,小勃律王苏失利和吐蕃公主逃往山中。唐军斩断吐蕃先前为北进而修筑的藤桥,使自大勃律应援而来的吐蕃军无力相救。唐朝取得战争的胜利后,小勃律王和吐蕃公主经招降出山,被押解到京师长安。安史之乱以后,吐蕃又重新从勃律道和高原东北的吐谷浑道(或青海道)进入西域,开始了近百年的统治。

勃律道是吐蕃通西域、中亚的军事要道,在文化交往上,与罽宾道占据同等重要的位置。法国学者沙畹说:"中国欲维持其与箇失密、乌苌、罽宾、谢䫻等国之交际,则应维持从护密及小勃律赴诸国之通道。顾此道又为吐蕃入四镇之天然路途。"[①]吐蕃在占领这一地区后,设立了"勃律节度衙",管理该区军政事务。对吐蕃而言,该道的经济与文化交流更加畅通。中亚地区的祆教,也曾经由勃律传入吐蕃。据说,原来吐蕃地方的苯教徒不知道如何为被刀剑杀死的人举行葬仪,于是,便请来了三名外地本教徒,一位来自迦湿弥罗(克什米尔),一位来自象雄,一位来自勃律(吉尔吉特)。前者可以骑鼓飞行空中,习咒语,并能用鸟羽割断铁器;第二位能驱邪与安慰亡灵;第三位精占卜,有秘诀,口授神意并能用肩胛骨占卜。[②] 墀松德赞时兴佛证盟,把盟文分送吐蕃各地,其中一份即送到勃律地区。唐代大食史家所著《世界境域志》第 26 章,记"河中边境诸地及城镇"谓:"哈姆达德(khamdadh),其地有瓦罕人的偶像寺。寺中发现有少数的吐蕃人。其左边有一个城堡,为吐蕃人所占据。"同书又说:"撒马尔罕达克(即 Sarhad),是一个大村庄,其中住着印度人、吐蕃人、瓦罕

---

① 沙畹:《西突厥史料》,中华书局 1958 年版,第 272 页。
② 石泰安著,耿昇译:《西藏的文明》,第 242 页;藏文原文见土观:《宗教流派镜史》等书。

人和穆斯林。……安德拉恩(?)是一个城镇,其中住有吐蕃人和印度人,从其地到克什米尔是两天的旅程。"①吐蕃人对勃律的统治及吐蕃人移入,不仅开始直接的文化交流,而且也开始民族融合。

吐蕃通过勃律与今阿富汗等地的经济贸易也十分频繁。《世界境域志》记:"(当时)所有印度的产品皆输入吐蕃,再从吐蕃输出到穆斯林各国。……博洛尔藏(B. Luri 即大勃律),是吐蕃的一个省,与博洛尔(小勃律)边境相接。当地人主要是商人,住在帐篷与毡房中。"②勃律人是以商业为主,充当了吐蕃与中亚地区的中间贸易人,在繁荣的印度—吐蕃—勃律—中亚的贸易大循环中,扮演了一个举足轻重的角色。

勃律道与罽宾道,把青藏高原与中亚、西亚和南亚,以及欧洲联系起来,这种连接东西方丝道主干线的良好的商业和文化交往条件,使青藏高原西部的象雄地区最早出现灿烂的文明,诚如我们上文所言,这正是象雄文明产生的谜底,同时也是女国文明产生的重要条件。因此,青藏高原西部地区,对吐蕃文明的形成发生过重大的作用。有的学者说:"那里既与犍陀罗和乌苌(斯瓦特)接壤,又与该地区的其他小国毗邻,希腊、伊朗和印度诸文明中的古老成分都经由这里传入吐蕃。在拉达克的卡拉泽发掘出的贵霜帝国(印度斯基泰人种,公元 1—2 世纪)皇帝阎膏珍(Vima Kadphises)的碑文。在更靠东部的地方,即在班公湖附近的昌孜,还有一些用藏文、龟兹文和粟特文书写的景教碑文,其时间肯定为 9 世纪。勃律地区和勃律语,如同象雄地区和大食语(伊朗、阿拉伯语)一样,它们在有关苯教和莲花生大师的传说中,扮演过极为重要的角色,莲花生是来自乌苌地区的喇嘛教大师祖。"③可以说,青藏高原地区早期的最繁荣的象雄文明和女国文明,都位于高原西部,都与南亚、中亚的商业贸易,以及接连东西方丝绸之路主干线,并不断吸收中亚、西亚地区的古

---

① 佚名著,王治来译注:《世界境域志》,上海古籍出版社 2010 年版,第 121—122 页。
② 同上书,第 66 页。
③ 石泰安:《西藏的文明》,第 23 页。

老文明有关,甚至是这种影响的直接产物。而象雄与女国文明,又直接影响了此后出现的吐蕃文明。高原文明就是这样由多种民族文化共同组成的。

第四节　于阗、突厥与吐蕃文化

于阗是西域古国名,又作于寘,在今新疆和田一带。居民从事农牧,多桑麻,中原蚕种被公主带至于阗,有一则美丽的传说,而于阗的玉石更驰名天下。于阗有文字。西汉时传入佛教,曾为佛教繁盛地,北宋时改信伊斯兰教。突厥是中国境内一个古代民族,6世纪时,游牧于金山(阿尔泰山)一带,首领姓阿史那,曾为柔然人锻奴(工)。546年,击败铁勒,收其众5万余落。552年,破柔然,建政权于鄂尔浑河流域。强盛时,西达里海(一说咸海),南至阿姆河,北过贝加尔湖。有文字、官制、刑法等。隋唐时期,于阗、突厥以西域或中亚为基地,与青藏高原地区发生了较密切的联系,也影响了吐蕃文化的面貌。

(一) 于阗对吐蕃文化的影响

于阗与青藏高原地区的联系,早在塞人主持中亚历史舞台时代即已开始了,它们都在塞人民族与文化的影响之下。根据考古、历史和语言材料研究,和田地区的早期居民和新疆其他某些地区一样,主要是操印欧语的塞人,具体说,是操印欧语系中伊朗语东支的塞语。[1] 他们在11世纪中叶以后,逐渐融合到突厥、回鹘诸族之中。于阗地处东西方丝路要道,曾有月氏、印度、大夏(吐火罗)、羌人等定居与融合,成分复杂,文化繁盛。在玄奘《大唐西域记》、敦煌古藏文写卷 P. T. 960 号文书等著作中,有关于于阗建国的传说,称于阗是由来自印度的阿育王王子和中原

---

[1] 张广达、荣新江:《上古于阗的塞种居民》,见《西北民族研究》1989年第1期。

王子联合建立的。《汉藏史集》在《圣地于阗国之王统》一章说,汉印两地王子联合建政后,"于阗下玉河以下、朵洛墨格尔和干木襄以上,分给地乳王的汉人随从;从上玉河以上,分给亚迦夏的印度随从;玉河的中间,由王子及他的印度和汉地的臣民联合掌管。于是,在此安居,建立城堡,这是印度和汉地(在这里)接触的开始。于阗的语言,与印度和汉地两种语言相通。……于阗的文字、宗教多数与印度相同,而世俗的习惯礼仪,大多数与汉地相同"。[1]

吐蕃王朝兴起后,与于阗地区直接发生了政治、宗教、经济与文化交流。《汉藏史集》记载,在于阗第七代国王尉迟圭时,受龙王之劝请,建立达瓦涅的寺院。"此时吐蕃之王将于阗收归治下,此寺是在吐蕃大臣噶尔东赞来到时修建的"。[2] 吐蕃的入侵迫使于阗王父子逃往唐朝。汉文史籍记,665 年三月,"疏勒、弓月引吐蕃侵于阗,敕西州都督崔知辩、左武卫将军曹继叔将兵救之"。到 670 年夏四月,"吐蕃陷西域十八州,又与于阗袭龟兹拔换城,陷之,罢龟兹、于阗、焉耆、疏勒四镇"。[3] 吐蕃统治于阗时,也正值于阗佛教走向衰落之时,于阗的一位年轻国王迫害佛教徒。众比丘依次经过察尔玛、蚌、墨格尔、工涅等寺院,逃往吐蕃。他们由驮载物品的牦牛商队领路,到达吐蕃蔡吉地方。当时信奉佛教的唐文成公主担任施主,礼请于阗僧人至吐蕃避难,并弘传佛法。公主还派人请来逃往安西、疏勒、勃律、克什米尔等地的于阗僧人,将他们安置在小昭寺中,供养了三四年。680 年,文成公主染上痘症去世,同染此病而丧命者很多。吐蕃的苯教徒宣称是因收留于阗僧人所致,遂设法驱逐这些避难的僧人,他们又纷纷逃往勃律地方。[4]

于阗僧人暂时离开了吐蕃,但他们对吐蕃的佛教影响却或多或少地

---

[1]《汉藏史集》,第 56 页。
[2]《汉藏史集》,第 57—58 页。
[3]《资治通鉴》,卷二〇一"咸亨元年"条。
[4]《汉藏史集》,第 59—60 页。

保留下来。藏文史书说,当时有两位于阗僧人来到吐蕃昌珠地方,看到砍下的人头、四肢和挖出的眼珠堆积如山,十分厌恶,声言吐蕃地方有魔鬼作祟。松赞干布即接受劝解,放弃某些酷刑。[1] 在吐蕃的佛教弘传中,于阗僧人也起到重要作用。《贤者喜宴》说,在修建昌珠寺时,于阗工匠依其本地佛像塑造了菩萨形象,由此也传入了于阗的雕塑艺术。墀松德赞时翻译佛经,迎请名僧入蕃,既有于阗僧人参加,又将于阗文佛经译为藏文,接受于阗地区佛教文化的洗礼。

吐蕃占领西域以后,在吐蕃治下的于阗文化与吐蕃文化开始新的交流。藏语文成为吐蕃治下西域地区的官方语言,并在西域各地,包括于阗地区保留下大量木牍、文书。藏语文影响了于阗语词,而于阗语不仅与印度语(梵文)相近,被有些学者认为是吐蕃文字的蓝本,而且在吐蕃统治于阗时,再次丰富了藏语的词汇内容。[2]

吐蕃与于阗的交往,以玉石贸易最为著名,故可称为"玉石之路"。据《汉藏史集》载,在南日伦赞时,曾征服突厥人,并用十八头骡子驮载来自西域(即玉田)的玉石。在热巴坚(即墀祖德赞,815—836 年在位)时,吐蕃又从突厥地方运来了用 18 头骡子驮载的上等玉石。[3] 玉石是吐蕃人十分喜爱的珍贵佩饰,还是吐蕃告身制度的重要一级,对此,汉藏文史书均有记载。《贤者喜宴》说:"所谓告身,最上者为金、玉两种,次为银和颇罗弥,再次为铜和铁,均勒有铭文,共分六种,各有大小之别,合六种十二级。"《册府元龟》卷九六一记吐蕃:"爵位则以宝珠、大瑟瑟、小瑟瑟、大银、小银、大石、小石、大铜等为告身,以别高下。"瑟瑟即上等美玉,可见玉石是位于金、银之上的珍品,足知吐蕃人的珍视程度。

麝香是经过于阗道输出高原的重要商品,以此之故,于阗还成为吐

---

① 《贤者喜宴·吐蕃王统》。
② 埃默瑞克:《于阗语中的藏语借词和藏语中的于阗文借词》,参阅荣新江译文,见《国外藏学研究译文集》第 6 集,西藏人民出版社 1989 年版。
③ 《汉藏史集》,第 87、123 页。

蕃与中亚地区进行麝香贸易的中转中心。波斯诗人萨迪《果园》一诗中有："我的诗在法尔斯(即波斯)我的故乡，像麝香在和田本属寻常。"诗人哈菲兹说："闺中的佳人，收起你装满香料的绣囊，麝从远方来了，从和田的原野上，带来了它那迷人的芬芳。"波斯学者萨米在《突厥名物词典》一书中说："和田是东突厥斯坦的一座名城，……自古以来，这个地区就以输出麝香闻名于世，由于和田位于古代中国与伊朗贸易交通要道上，故以商业繁荣而闻名。"①波斯有谚说："带上麝香去和田，多此一举。"于阗麝香自然以来自吐蕃者为主，即取自于阗道，同时也有输自青海道或河西道者。

吐蕃通于阗道，既可从今拉达克北越喀喇昆仑山口，向北至桑珠达坂，然后东往于阗(今和田)，又可从藏北羌塘沿玉龙喀什河或喀拉喀什河，北抵于阗，此类道路多为游牧人所利用，还可以从青海道或米兰道先至若羌或且末，然后西至于阗。这些同时也是吐蕃进入西域的重要通道。

(二) 突厥文化传入吐蕃

突厥与青藏高原地区的联系，在它向南扩张，进攻吐谷浑时已经开始了。据《北史·吐谷浑传》记载，吐谷浑占领青海湖及柴达木盆地后，西进把势力伸入今新疆南部、昆仑山北麓地区，控制了东西方丝路的南道要镇若羌、且末等地。然后西进，"入于阗，杀其王，死者数万人，南征罽宾，遣使通宋"。556年，突厥木杆可汗与西魏大将史宁联合夹攻吐谷浑，木杆破贺真，史宁克树敦城，大败吐谷浑。突厥入据吐谷浑所占于阗等地，扼守了青藏高原的北部门户。

突厥再向西南扩张，进入中亚地区，征服嚈哒后，就与青藏高原西部、西北部接连起来，控制了吐蕃西进的要路。嚈哒即厌带夷栗陀之简

---

① 转见王一丹：《波斯、和田与中国的麝香》，《北京大学学报》1993年第2期。

称,一作白匈奴,为大月氏之别种,希腊人称之为 Aptolits 或 Ephtais,波斯、阿拉伯人称之为 Haytal。据《梁书》称,其部"后稍强大,征其旁国波斯、盘盘、罽宾、焉耆、龟兹、疏勒、姑墨、于阗、句盘等国,开地千余里"。《宋云行记》称:"西域康居、于阗、沙勒、安息及诸小国三十余,皆役属之。"突厥采取联合波斯的策略,东西夹攻嚈哒,并嫁女给波斯王,以固联盟,终于在 563—568 年攻杀其王,以阿姆河为界,瓜分其地。突厥控制石国、拔汗那、康、安、史等国,与青藏高原西北部地区交错接壤。据慧超《往五天竺国传》记载,此时,中亚形势虽已有变化,但突厥的影响依然存在。跋贺那(即拔汗那),河南一王,属大实(食);河北一王,属突厥所管。"又跋贺那国东有一国,名骨咄国(即 khotl,或 kutl,khottal)。此王元(原)是突厥种族,当土百姓,半胡半突厥。言音半吐火罗,半突厥,半当土。王及首领百姓,大敬信三宝,有寺有僧,行小乘法。此国属大实所管。从此胡国以北,北至北海,西至西海,东至汉国以北,总是突厥所住境界"。①

　　吐蕃崛起后,向西部扩张,与据守中亚的突厥发生密切的联系。藏文史书《王统世系明鉴》、《贤者喜宴》、《拉达克王统记》等书称,南日伦赞时,"征服天竺、突厥及西方尼雅秀(即象雄)等诸王"。嗣后,诸部又叛。松赞干布时,重新统一,"东方之咱米、兴米,南方之洛与门,西方之香雄及突厥,北方之霍尔及回纥等均被收为属民"。② 据《敦煌本吐蕃历史文书》记载,南日伦赞率兵万人攻打苏毗时,苏毗王子芒波结逃往突厥地区避难。吐蕃王朝建政立制,划分五茹六十一东岱,其中上象雄五个东岱,即窝角、芒玛、聂玛、札莫及帕夏小东岱皆在吐蕃与突厥的边界地区。吐蕃强盛时,直接统治了突厥人活动地区。《敦煌本吐蕃历史文书》记,675年,论赞悉若去突厥当约地方,次年再去。686 年,论钦陵(禄东赞子)在

---

① 《敦煌石室遗书·慧超往五天竺国传》。
② 《贤者喜宴·吐蕃王统》。

突厥章地召开夏季会议于雄纳;次年,再往突厥固山地方;689年又从突厥归来。此后的729年有大论琼桑前往突厥,736年有烛龙莽布支弃仲前往突厥。

吐蕃还与突厥联合进攻唐朝设在西域地区的四镇。西突厥东叶护可汗(即阿史那俟子)竟在700年亲至拉萨访问,离开时吐蕃赞普为之送行。而突厥各部均与吐蕃有密切往还。新旧《唐书·吐蕃传》记突骑施别种苏禄,娶唐朝金河公主(阿史那怀道女),受封忠顺可汗,同时"潜又遣使南通吐蕃,东附突厥。突厥及吐蕃亦嫁女与苏禄"。以三国女为可敦(皇后),分立数子为叶护。720年,派使者向吐蕃赞普进贡的布觉尔,也是突厥之一部。至于葛逻禄、回鹘、沙陀等,都与吐蕃有密切往还。敦煌古藏文写卷P. T. 1283号《北方若干国君之王统叙记》,即是回鹘使者侦察突厥诸部、葛逻禄、契丹、奚等族情况的报告,既是吐蕃与突厥联系的产物,又反映了吐蕃人对北方诸族的认识。吐蕃与突厥诸部的联系,起初主要通过罽宾道和勃律道。在势力扩大到今新疆天山南路之后,则进一步利用于阗道及米兰道、青海道等,与西域突厥各部进行交往。

吐蕃与突厥的毗邻、军事征服和直接统治,导致了文化上的频繁交流。突厥文化纷纷传入吐蕃地区,影响了正在兴起的吐蕃文明。这主要有四个方面的内容:其一,丧葬制度与习俗。突厥人曾实行树葬与火葬习俗,《新唐书》卷二一九记契丹风俗与突厥大抵略侔,死不墓,以马车载尸入山,置于树巅。《太平寰宇记》卷一九八记:"都波,铁勒之别种也……死亡,以木柜盛尸山中,或悬于树上,送葬哭泣,略与突厥相类。"《隋书·突厥传》说,突厥人"有死者,停尸帐中,家人亲属多杀牛马祭之,绕帐号呼,以刀划面,血泪交下,七度而止。于是择日置尸马上而焚之,取灰而葬"。这与吐蕃乃至古羌人葬俗类似,进而也影响了吐蕃葬俗。《旧唐书·吐蕃传》记吐蕃人"居父母丧,截发,青黛涂面,衣服皆黑,既葬即吉。其赞普死,以人殉葬,衣服珍玩及尝所乘马、弓剑之类,皆悉埋之。仍于墓上起大室,立土堆,插杂木为祠祭之所"。这与突厥"表木为茔,立屋其中"的墓制与习俗是相同的。《贤者喜宴》还记载了霍尔人为吐蕃赞普都松莽布支（即墀都松）建造陵墓，"以墙围之"的史实。这里的霍尔人很可能即指突厥诸部之一。

其二，突厥的佛教和僧人，对吐蕃佛教的兴起曾经发生过影响。突厥进入中亚地区，尤其是今印度西北地区后，曾广泛信奉佛教。慧超《往五天竺国传》说犍陀罗国（都城在今巴基斯坦西北之白沙瓦），"此王虽是突厥，甚敬信三宝，王、王妃、王子、首领等，各各造寺，供养三宝"。此王每年要进行两次重大施舍活动，将所爱之物，包括妻子、大象、马匹、金银财宝，并皆施舍，只有妻子和大象，令僧人定价，由王出资自赎，其儿女亦如此，大肆设斋施舍。与其相接的拘卫国、览波国、罽宾、谢颶（颭）、骨咄等国，皆为突厥人主政，信奉佛教。西突厥控制下的诸国皆信奉佛教，尤其是罽宾、谢颶等，直接与吐蕃邻接，是青藏高原吸收中亚文化的入口，这些地区中的一部分，后来又在吐蕃人治下。作为统治民族的突厥人，他们的佛教信仰自然会影响到正欲发展佛教的吐蕃人。据《贤者喜宴》和《莲花生传》等书记载，在墀松德赞时众多的译师中，就有突厥人埃巴；而传播密法的著名六位僧人中，也有突厥人吾比夏。[1] 对吐蕃密宗产生重大影响的乌仗那、罽宾等地的佛教，不免掺杂有突厥人的某些因素。

其三，突厥法律影响了吐蕃法律的制订。《王统世系明鉴》及《贤者喜宴》等书均说，松赞干布时，从北方霍尔和回鹘（纥）引进法律与职事制度，明言突厥诸部法律对吐蕃的影响。从内容看，此说也实有根据。吐蕃法律有斗伤人者罚款；杀人者，以大小论抵；窃盗者，罚偿八倍，并原物九倍；奸淫者，断其肢体，流之他方；谎言者，割其舌等。[2] 敦煌藏文法律文书 P. T. 1071 号等记："若从牦牛身下救人，被救者要将其女作为礼物相酬，无女则以妹，无妹无女，或酬而不受时，则须赠银一百两。"《隋书·

---

[1]《汉藏史集》，第 113 页。
[2]《王统世系明鉴》，第 61 页。

突厥传》记其法:"谋反叛、杀人者死;淫者,割其势而腰斩之;斗伤人目者,偿之以女,无女则输妇财;折支(肢)体者输马;盗者则偿赃十倍。"二者何其相似!

其四,突厥医学对吐蕃医学产生与发展,曾作出贡献。据《汉藏史集》记载,墀松德赞时,由译师毗卢遮那迎请各方医师,并翻译医学名著,由突厥人森却钦波把金刚手菩萨所说续部译为藏文。在吐蕃的 13 种医疗法中,有"突厥医疗法"和"葛逻禄医疗法",此外的"索波(粟特)医疗法"和"冲木医疗法",也与突厥有某种联系。可见,突厥医学在吐蕃医学文化中占有一席之地。在吐蕃统治西域后,两地两族文化的交流就更为直接和密切了。

第五节　粟特、大食与吐蕃

粟特(Sogd)是一个中亚古国,又作粟弋等。属伊朗语族,活动在阿姆河、锡尔河之间的泽拉夫善河流域。首都在今乌兹别克共和国的撒马尔罕(马拉坎达),先后依附塞琉西、大夏、贵霜、嚈哒、突厥和唐朝,其地即隋唐时的康国一带。大食,即波斯文 Tazi 或 Taziks 的音译,原指波斯。唐朝初年,伊斯兰教在阿拉伯半岛兴起,第一任哈里发阿布·伯克尔统治时期(632—634 年),在统一阿拉伯半岛后,向外扩张,历时百余年,至 8 世纪中期,建立起强大的阿拉伯帝国,版图包括阿拉伯半岛、叙利亚、巴勒斯坦、伊拉克、伊朗、中亚、亚美尼亚、埃及、北非和西班牙等地,横跨亚、非、欧三大洲。唐代汉文文献仍称其为大食,并有所谓"黑衣大食"和"白衣大食"之分,粟特和大食,均与吐蕃发生了较密切的交往,不过,前者以商业贸易为主,而后者以军事争锋或联盟为主。

(一) 粟特与吐蕃的文化往来

粟特源自昭武九姓,即康、安、曹、石、米、何、火寻、戊地、史等。他们的王族姓温,系月氏人。大约在公元前 4—前 3 世纪,从中亚的萨马尔汗等地因经商需要沿丝绸之路迁居中国,定居于商路要地河西走廊地区,以凉州昭武九姓城(今甘肃临泽县境)为核心。后为匈奴所逼,主力西迁中亚地区,但河西仍有余众。公元 3—4 世纪的一份粟特文文书(发现于敦煌西北),是敦煌的粟特商人发往萨马尔汗的信件①,证明了他们的活动。粟特人的命运是和商业联系在一起的,从而也和丝路贸易密不可分。《旧唐书·西戎传》说粟特人"男子年二十,即远之旁国,来适中夏,利之所在,无所不到"。他们以河西和中亚作为两个重要的聚落点和商品转运基地,从事以丝绸为主的奢侈商品国际贸易。这些物品体积小,携带方便,价高,利润大,是丝道上的特色商品。

隋唐时期,随着东西方丝绸之路走向繁荣,粟特人的活动也更加频繁,除了中亚的九姓胡国之外,在葱岭(帕米尔)以东有蒲昌海(罗布泊)、播仙镇(且末)、西州(吐鲁番)、伊州(哈密)、沙州(敦煌)、肃州(酒泉)、甘州(张掖)、凉州(武威)等地,皆有粟特人居住。630 年,东突厥汗国灭亡,唐太宗自幽州(治今北京市境)至灵州(宁夏灵武)设诸州以处降众。在灵州、夏州(陕西靖边)南部设鲁、丽、含、塞、依、契六州,称"六胡州",安置大量粟特人。721 年,康待宾叛唐,参加者 7 万余人。被镇压后,唐朝徙之于今河南地区,粟特人广布中国境内。吐鲁番的粟特文书,记述了 9 至 10 世纪粟特人所历经的商路为:拂林(东罗马)、波斯、安国、吐火罗、石国、粟特、石汗那、汉盘陀(新疆塔什库尔干)、佉沙(新疆喀什)、于阗、龟兹、焉耆(喀拉沙尔)、高昌、萨毗、吐蕃、吐浑、弥药(党项)和薄骨律(宁夏灵武)。这里涉及到的萨毗、吐蕃、吐浑,均与青藏高原的吐蕃王朝辖区有关。

吐蕃与粟特人发生联系,既可以通过本土北部的丝路主干道或青海

---

① W. B. Henning：The Date of the Sogdian Ancient letters,included in W. B. Henning Selected Papers Ⅱ (Acta Iranica 15),Leiden,1977,p. 322.

道,也可以通过罽宾或勃律,与其中亚本部连结。吐蕃占领西域、河西以后,辖下即有粟特人部落。《世界境域志》记述今新疆境内有"伯克·特勤等村,包括五个粟特人的村子。村中住着基督徒、祆教徒和不信教的人"。① 新疆藏文简牍文书第 10 条记"粟特处军官",第 297、379 条记粟特人生活及其为吐蕃巡边戍卫的情况②。聚居敦煌等河西地区的粟特人,还为吐蕃统治者当差纳贡。如前文所说,康国(即粟特)人军队曾参加了吐蕃在南诏地区与唐朝的武力争锋。《敦煌本吐蕃历史文书》大事记事,称 694 年"噶尔·达古为粟特人俘去",可见粟特人与吐蕃也有过战争接触。

粟特人的性格和他们所从事职业的特点,突出了他们在文化交流中的地位。中国的造纸术西传和佛教、祆教、摩尼教、景教的东传,在很大程度上应归功于奔波于商道上的粟特人。在青藏高原的吐蕃丝路上,也有他们跋涉的踪影。粟特,藏文称作"索波"(sog-po),《汉藏史集》记述"刀剑在吐蕃传播情况"时,提到了索波剑,该剑分为索波和索孜两类,索波又可分为索钦、索加、索参三种,索孜可分为甲勒、特查两种,均锋利无比。据称,它是在索波边区由老铁匠打制成的,削铁如泥。③ 粟特人以制作、加工和贩运金银器而知名,而这些又恰恰是吐蕃向唐朝赠送的主要礼物。据《通典》、新旧《唐书》、《册府元龟》、《资治通鉴》等书记载,吐蕃赠予唐朝的金银器有:金城、金狮子、金象、金马、金羊、金瓮、金颇罗、金胡瓶、金盘、金碗、玛瑙杯、金鸭、金盏,银铸犀牛、羊、麂等。这些物品大多非吐蕃土产,而是通过贸易获得的,其中包含粟特人的产品及贩运之功是毫无疑义的。青海都兰吐蕃墓中出土的粟特镀金银器,为此提供了旁证。④

---

① 佚名著,王治来译注:《世界境域志》,上海古籍出版社 2010 年版,第 121 页。
② 王尧、陈践编:《吐蕃简牍综录》,文物出版社 1986 年版。
③《汉藏史集》,第 138—141 页。
④ 参见许新国:《都兰吐蕃墓中镀金银器属粟特系统的推定》,《中国藏学》1994 年第 4 期。

《汉藏史集》在记述吐蕃医学发展史时,提到当时的 13 种医疗法,其中就有"索波医疗法",至于基督教传入吐蕃,很可能也有粟特人的一份贡献。

(二) 吐蕃与强邻大食

以伊斯兰教文化为宗旨的阿拉伯帝国控制波斯人居地以后,汉文史书仍以大食称之,藏文史书也一仍其故,称作 stagzhis(大食)。阿拉伯帝国共历两个时期:倭马亚王朝统治时期(661—750 年),首都在大马士革;阿拔斯王朝统治时期(750—1258 年),首都在巴格达。1055年,塞尔柱突厥人占领巴格达,强迫阿拔斯王朝哈里发加封"苏丹"称号。1258 年,蒙古入侵,废哈里发,阿拉伯帝国灭亡。阿拉伯帝国科学文化繁荣,人才辈出,巴格达成为当时世界商业和贸易中心之一。从 8世纪起,进行大量古典文献的翻译工作,对东西方文化的交流和世界文化的发展作出了贡献。大食的东向扩张就与西进的唐王朝,西北推进的吐蕃,在中亚地区的丝道上展开了最为惊心动魄的争夺。大食与吐蕃有联盟对付唐朝的经历,也有干戈相向的一刻,三者之间的关系颇为繁杂。

据《旧唐书·高宗纪》和《旧唐书·大食传》记载,大食初次向唐朝遣使是在 651 年。这是一个预兆,展示出阿拉伯帝国对东方的兴趣。当大食侵扰中亚的波斯和吐火罗等国时,就已开始了与唐朝的间接对抗。唐朝于 658 年在吐火罗阿缓城置月氏都督府。661 年,卑路斯奏言频为大食所侵,高宗诏遣陇州南由县令王名远充使西域,分置州县,列其地疾陵城(今扎兰杰,zaranj)为波斯都督府,授卑路斯为都督。《新唐书·波斯传》说,波斯王"伊嗣俟不君,为大酋所逐,奔吐火罗,半道,大食击杀之。(其)子卑路斯入吐火罗以免。遣使者告难,高宗以远不可师,谢遣,会大食解而去,吐火罗纳之"。后大食再度东进,灭吐火罗,卑路斯投归唐朝。高宗曾以裴行俭为安抚大食使,673 年送卑路斯还居故地,最终无功而还。

据慧超《往五天竺国传》记载,在他从天竺返回的 727 年前后,中亚地区的政治局势是:大勃律国、羊同国、娑播慈国并属吐蕃所管;小勃律为唐朝所管;犍陀罗(今白沙瓦)国王及兵马皆是突厥。乌苌、拘卫、览彼(滥波)、罽宾、谢䫻皆属犍陀罗管辖,也即仍由突厥人统治。犯引国(即梵衍那,今巴米安)尚自独立。从犯引国北行 20 日至吐火罗国,"王住城名为缚底耶。见今大实(食)兵马在彼镇押,其王被逼,走向东一月程,在蒲持山(即拔特山,Badakhshān,今阿富汗巴达克山省)住。见属大食所管。从吐火罗西行一月至波斯国,也在大食管下。大食以东,并是胡国,即安国、曹国、史国、石国、米国、康国。虽各有王,并属大食管辖。康国以东为跋贺那国(拔汗那,费尔干纳),河南一王属大食,河北一王属突厥所管。其东为骨咄国,属大食所管"。护密也为大食所管,该地是丝道要地,每年还要向大食输税绢三千匹。护密往东过葱岭(帕米尔),喀什、疏勒、龟兹各地则在唐朝治下。

715 年,吐蕃与大食共立阿了达为王,发兵进攻归附唐朝的拔汗那。唐监察御史张孝嵩对都护吕休璟说:"不救则无以号令西域",后者遂率旁侧戎落兵 1 万余人,出龟兹(库车)西数千里,下数百城,长驱而进,攻克阿了达数城。张孝嵩传檄诸国,威振西域,大食、康居、大宛、罽宾等八国皆遣使请降。[1] 唐代的强盛,导致了吐蕃与突骑施,或者与大食联合谋唐的局面。数十年后,大食军还参加了吐蕃在南诏地区的军事扩张活动。801 年,韦皋与南诏大破吐蕃,"于时,康、黑衣大食等兵及吐蕃大酋皆降,获甲二万首"。[2]

750 年的怛罗斯战役,高仙芝所部唐朝及中亚部落军因葛逻禄的背叛而失败,使唐朝在中亚的经营大受挫折。而安史之乱,更把极盛的唐

[1]《资治通鉴》卷二一一"开元三年"条。
[2]《新唐书·南诏传》。

王朝推向衰落的道路。吐蕃趁势进入河西、陇右及西域地区,中亚形势为之一变,吐蕃与大食怒目而视,终于在 786 年展开武力争雄。《旧唐书·大食国传》说:"贞元中(785—805 年),与吐蕃为劲敌。蕃军太半西御大食,故鲜为边患,其力不足也。"唐臣李泌在 787 年上书称:"大食在西域为最强,自葱岭尽西海,地几半天下,与天竺皆慕中国,代与吐蕃为仇,臣故知其可招也。"提出联合回纥、大食、云南(南诏)、天竺,共图吐蕃的设想。[①]

　　在吐蕃与大食的边界地方,有所谓"大食之门"或"吐蕃之门",《世界境域志》第 24 节第 25 条提到拔特山地区的"大食之门",在第 26 节第 12 条又提到珂咄罗往箇失密之路上的"吐蕃之门"。该书英译者密诺尔斯基认为:"作者两次记述同一个地方是可能的……因此,书中的大食之门可与吐蕃之门相勘同",吐蕃之门"很可能是大食之门的另一面。至少有两座大门:一座在吉尔姆(Jirm)与泽巴克(zaykbāk)之间,靠近巴哈拉克(Bahārak);另一座在泽巴克与塞迦审之间,靠近孜尔汗(zirkhan),现今那里仍矗立着塞拉吉亚守捉城(sirajiya ribat)。"吉尔姆,据载是从缚喝(巴里赫)通往吐蕃地区的东方诸城镇中的最后一座城镇,此地应近吐蕃之门。吐蕃之门位于今阿富汗巴达克山省首府法扎巴德南,是"大食之门"的另一面,在吉尔姆与其东南方的泽巴克之间,位在交通冲要,西北可至吐火罗叶护阿缓城(今阿富汗东北境之昆都士,Kunduz);西出"昏磨山道",可抵中亚丝路重镇缚喝(即巴里赫,Balkh),此为大夏国都。[②] 藏史也记载,墀德祖赞(704—754 年在位)时,吐蕃西部与大食的交界哨所,抵达大夏螺贝的母螺之门[③],说明"大食之门"的存在及其地在大夏故地的史实。

---

① 《资治通鉴》卷二三三。
② 王小甫:《唐吐蕃大食政治关系史》,北京大学出版社 1992 年版,第 122 页。
③ 《汉藏史集》,藏文本第 204 页;《贤者喜宴·吐蕃王统》。

（三）基督教与伊斯兰教传入吐蕃

吐蕃与中亚地区突厥、粟特、大食等各族各部的频繁交往，也把基督教与伊斯兰教的某些成分带入吐蕃。对此，法国藏学家石泰安教授在他的名著《西藏的文明》中说，在佛教传入吐蕃的同时，"其他外来宗教的零乱观念也可能传到吐蕃：通过突厥人（回鹘人）、粟特人和汉人而传来了摩尼教，通过伊朗而传来了景教，通过大食而传来了伊斯兰教。吐蕃民间文学中也表现出了这类诸宗混合的某些特点。新年仪礼和有关狮子的民间文学也自伊朗传到了突厥斯坦（康国、龟兹、高昌），然后再经过那里中转而传到汉地和吐蕃"。[①] 石泰安先生的说法无疑是中肯的，虽然传播路线并不像他所说的那样迂回曲折。

汉文中所记载的景教，是基督教之一派，5 世纪产生于东罗马（拜占庭），创始人为叙利亚神甫聂斯托里。428—431 年，他担任君士坦丁堡总主教，因所说与基督教义不协，在 431 年"以弗所会议"上被斥为异端，遭放逐，其信徒逃往波斯。唐太宗贞观九年（635 年），由叙利亚人阿罗本将其教传入中国，汉文史书称之为"波斯景教"。贞观十二年（638 年），唐太宗下诏说："波斯僧阿罗本，远将经教，来献上京；详其教旨，玄妙无为，生成立要，济物利人，宜行天下。所司即于义宁坊建寺一所，度僧二十人。"[②]后在唐朝境内流行，至唐玄宗天宝四载（745 年），玄宗皇帝因知其来自大秦而非波斯，特下诏谕："波斯经教，出自大秦，传习而来，久行中国。爰初建寺，因以为名，将欲示人，必修其本。其两京波斯寺，宜改为大秦寺。天下诸府郡置者亦准此。"中国最知名的景教遗物，是发现于陕西周至楼观（一说出自西安即唐长安义宁坊大秦寺）的《大秦景教流行中国碑》。

---

① 石泰安著，耿昇译：《西藏的文明》，第 52—53 页。
②《唐会要》卷四九。

景教传入吐蕃地区也是在唐朝时期。从目前所见景教遗物看,主要分布在两个地区,一是敦煌或河西地区,大多是吐蕃统治该地区时期的遗物,伯希和编藏文写卷 P. T. 1182 号正面有一个十字架图形,十字架各翼等长,翼端又各有小十字架,有"出自 na-rje-bo(内相)、zhang-lon-chen-bo(尚论掣逋,大尚论)之手"字样。伯希和编藏文写卷 P. T. 1676 号卷子《广本般若经》上,有一十字架,各翼等长。P. T. 351 号卷子,收存于《巴黎国家图书馆东方手稿部所藏伯希和搜集藏文写本选集》第一集第 177页,该文是吸收佛教诸神参加,向吐蕃信众布道的文书,其词说:"人啊!你的朋友名叫夷施弥施诃(Jesus Messiah,耶稣),也称作持金刚吉祥释迦能仁,当七重大(天堂)之门开启之后,在天神的右手,奉行瑜伽成就。你一切所想,不要羞怯,不要惧怕,不要畏怖呀! 你将获得胜利,无任何魔障! 此卦所卜任何事均上上大吉!"[①]

另一个地区则是青藏高原西北的拉达克等地,即唐代的罽宾和勃律地区。人们在今吉尔吉特(小勃律)和拉达克藏族居地岩石上,发现了有十字架图案的岩画。在拉达克夏约克河谷的章孜地方还发现了三个有十字架的碑刻。而在下拉达克朵噶尔地方的岩石上也有类似耶稣受难形象的十字架,下边还有藏文猪年字样。[②]此外,据《世界境域志》记载,在吐蕃统治下的西域地区粟特人部落中,也有信仰景教的人。景教迦尔底教会首领提摩太一世(780—823 年)的书信集第 41 号和 47 号,提到吐蕃及突厥人与景教的有关资料,在后者中,提摩太告诉友人塞吉厄斯,"最近他已为突厥地区委任了一位大主教,还准备为吐蕃地区也指派一位"。此事在 794—795 年或 795—798 年间。意大利著名藏学家图齐教授在西藏考察,也发现了十字架和属于景教的鸽子形十字架。[②] 肯定基督教

---

① G. Uray: Tibet's Connections with Nestorianism and Manicheism in the 8th—10th Centuries, Contributions on Tibetan Language, History and Culture, pp. 399 - 430, 1983. 王尧:《吐蕃景教文书及其它》,《明报》月刊,1991 年第 1 期,香港。

② 图齐著,向红笳译:《西藏考古》,西藏人民出版社 1987 年版,第 10 页。

曾进入吐蕃,看来是无误的。

景教传入吐蕃的路线,主要也是三条,西道即由罽宾和勃律直接从波斯传入。波斯是景教活动的核心基地,又据今存西安碑林的《大秦景教流行中国碑》末叙利亚文说:"希腊纪元 1092 年(公元 781 年),吐火罗(Tahuristan)巴尔赫城(Balkh)长老米利斯之子克姆丹京都区主教耶质蒲吉长老立此石碑。"①可知,巴里赫(巴尔赫)是该教的一个中心。而巴里赫经"吐蕃之门"有丝道与吐蕃相连,拉达克等地的景教遗物,正是该道传播的有力证据。北道是通过吐蕃对西域粟特、突厥等信奉景教民族的统治而传播的,粟特商人的活动也有重要意义。东北道即通过敦煌地区传入景教,这些主要来自唐人信仰景教的影响,敦煌出土的藏文和汉文景教文献,证明了此道的存在。此外,还有学者研究认为,摩尼教对西藏本教中的恰本理论的形成产生了重要影响。②

伊斯兰教的传入则是吐蕃与大食人发生联系的产物。倭马亚王朝的呼罗珊总督屈底波(670—715 年)武力东征,705 年占据吐火罗。遂后多次出兵,征服布哈拉、撒马尔罕和花剌子模等地,摧毁佛教和袄教寺院,改建清真寺。他们大批屠杀僧人,强制推行伊斯兰教。甚至采取物质奖励的办法,鼓励星期五去清真寺做礼拜的人。在哈里发奥马尔二世(717—720 年)时进一步规定,信奉伊斯兰教的人可以免交人丁税,促使大批居民改宗伊斯兰教。这种活动势必影响到与之邻接的吐蕃地区。

公元 717 年,吐蕃、大食和突骑施协同进攻唐朝控制下的塔里木盆地西北境地区。接着在 717—718 年,吐蕃的使者来到呼罗珊新总督的面前,请求向吐蕃派遣一名传播伊斯兰教的人。这一要求立即获得支持,一位名叫萨里特·布·阿巴德·阿尔拉赫·阿尔·哈那菲的伊斯兰

---

① 阿·克·穆尔著,郝镇华译:《一五五〇年前的中国基督教史》,中华书局 1984 年版,第 48 页。
② 仲布·次仁多杰:《恰苯与摩尼教关系初探》,《西藏研究》2000 年第 3 期。

传教士,被派往吐蕃。[①]

　　穆斯林古文献《世界境域志》记:"拉萨(Lhāsā),[是]一个小城镇
(shakrak),有大批的偶像神殿和一座穆斯林清真寺(mazgit),在清真寺
里住有少数穆斯林。"英译注释者密诺尔斯基认为,藏文 Lhasa,在阿拉伯
文中拼作 Lhāsā 准确无误,这则有关拉萨清真寺的报道,十分意外,而
M. 巴考(Bacot)怀疑它的真实性。[②] 我们认为,吐蕃境内有黑衣大食人
活动,同时存在一座清真寺,似也在情理之中,不足为奇。

(四) 麝香输入西亚

　　麝香从吐蕃输入阿拉伯帝国,带动了青藏高原与大食的文化交流。
阿拉伯史家对吐蕃麝香持有极浓烈的兴趣。巴格达的麝香批发商直接
从吐蕃输入麝香,从事这一奢侈品的国际贸易。雅库比的《阿巴斯人史》
(872 年成书)说:"最好的麝香是吐蕃麝香,其次是粟特麝香,再次是中国
麝香。"马苏第《黄金草原与珠玑宝藏》(943 年)说:"有麝香羊生存的吐蕃
地区和中国地区相互毗邻,构成一个不可分割的整体,然而吐蕃麝香比
中国麝香质量好。""吐蕃(麝香)羊食芳香甘松茅和其他芳香植物,而中
国(麝香)羊吃各种普通草"[③],故而质量有别。埃德里奇《诸国风土志》
(1154 年)中说:"麝香热三度,介于湿性与燥性之间。用作涂剂,有使脓
肿干燥之功用,并可镇痛。呼吸麝香气可治疗鼻炎。取一德拉克马量之
麝香,再取同等量的藏红花,放入肥鸡肠中,让产妇喝下,是为助产良
药。"伊本·马萨赫书说:"阿瓦士和波斯的大多数医生认为麝香里含有
性激素,将少量的麝香和丁香子油混合剂涂于龟头,可连续交媾数次,将

---

① 森安孝夫:《中亚历史中的吐蕃》,见长野泰彦、立川武藏编《西藏的语言与文化》,第 44—68
　　页,冬树社,昭和 62 年 4 月。
② Hudūd al-Alam,tr. & ed. by Minorsky, The Regions of the World, London,1937.
③ 费瑯编,耿昇等译:《阿拉伯波斯突厥人东方文献辑注》,中华书局 1989 年版。

促使迅速射精。"①

　　10世纪末的阿拉伯旅行家穆罕默德·伊本·艾哈迈德·塔米米在《未婚妻的怀抱和灵魂的香味》一书中提到一种宫廷良方:"先取一百米特喀勒的珍贵的吐蕃麝香,在清除掉来自贮存麝香的阴囊的杂质和附着其上的纤毛之后,将之研碎。然后再用厚厚的中国丝绸过滤,接着重新研磨并筛滤,直至成为粉末为止。然后用一个麦加玻璃杯或一件中国容器盛上足量的高级辣木油,再加五十米特喀勒的西赫尔产并切成小块的带油脂蓝琥珀,将盛物器皿置木炭微火上,使之不冒烟,不释放气味,⋯⋯一直用金匙或银匙不断搅动,到琥珀溶解时取出。冷却后,注入麝香,用手搅动,使之混合均匀,再放入金质或银质容器中。用中国丝绸包上棉花做塞子封住容器口部,不使气味冒出。"由此制成佳品。据说阿拔斯(黑衣大食)哈里发马蒙(813—833年在位)即为其宠妃媪姆·贾法尔制成此药②,看来是用作刺激性欲的。吐蕃麝香如此受到重视,也许即包括有吐蕃制作麝香的工艺与技术。麝香是神奇的,所以阿拉伯人丹尼尔才说:"在梦中拆开一个麝香囊者,就会与一位富贵的女子结婚。"③吐蕃文化对阿拉伯人也像麝香一样充满馨香与神奇的魅力。

---

① 费琅编,耿昇等译:《阿拉伯波斯突厥人东方文献辑注》,中华书局1989年版。
② 同上。
③ 阿里·玛扎海里著,耿昇译:《丝绸之路——中国—波斯文化交流史》,中华书局1993年版。

第七章　兼容并蓄的吐蕃文化

吐蕃王朝的军事扩张,经济开放,思想意识与文化上的兼容并蓄,为其"速成式"迈进文明世界,创造了良好的环境。外来文化给吐蕃王朝带来了无穷的活力和旺盛的生命力。象雄苯教,乃至波斯的"苯教";印度和中原的佛教及其思想;中原的科技与工艺,印度的语言文字;儒家经典和丝绸织物,佛家智慧与中亚异俗……像八面来风,滋润着雪域高原这块土地。20世纪初期,美籍德裔学者劳费尔(Berthold Laufer,1874—1934年)著有《藏语中的借词》一书,罗列了藏语中所借用的外来语词汇:包括印度语、波斯语、阿拉伯语、回鹘语、突厥语、蒙古语、满语、汉语(古汉语和现代汉语)、葡萄牙语、英印混合语、英语、俄语等。[①] 他虽然是从现代藏语的意义上着力的,但对我们说明吐蕃文化接受外来影响也颇有裨益。唐代(也即吐蕃王朝时期),青藏高原周边各国各部的语言与文化,均曾传入并影响了正在发育的吐蕃文明,劳费尔的课题同样可以在吐蕃王朝这个层面上展开,同时也可以在所有的物质与精神文化方面展开。但是,吐蕃人并不是简单的拿来主义者,他们一直在超负荷地消化

---

① 劳费尔著,赵衍荪译:《藏语中的借词》,中国社会科学院民族研究所1981年印。

着,改造着,并成功地形成了自己的特色,创造出独具魅力的吐蕃文化,从中可以窥视到在此所进行的中外文化交流。

第一节　吐蕃苯教文化

原始的自然与神灵崇拜是世界各民族历史上所共有的思想经历,中原汉族的山神、水神、土地神,以及北方游牧各族的萨满教,均是这一历史体验的生动例证。吐蕃人也有这样的经历,并通过象雄人用波斯的琐罗亚斯德教或祆教来系统化自己的思想,增加它的社会功能。象雄苯教源自于波斯,但它与琐罗亚斯德教或祆教并不能相互等同,它融入了青藏高原上的山水风土,更融进了高原人的情感与希冀,是吐蕃文化的有机组成部分。对于读者,与其原原本本地展示它的全貌与脉络,不如简介一下它的神灵、仪轨与法器,苯教的精义也许会在这里表现得淋漓尽致,生动具体。但是,要找到苯教神灵、仪轨等的原型,已经十分困难了。

苯教经籍《白琉璃书》有诀说:"为欲化象雄,变现喜饶身,示十二本行,说九乘教法,为生者开天门,为亡者断死门,度生者雍仲道。"说明来自大食(即波斯)的本教祖师辛饶米沃是为教化象雄而来。九乘是指本教的九个门类,即卡辛(主占卜吉凶)、朗辛(主祭祀祈祷)、楚辛(呼风唤雨、咒害仇敌)、斯辛(主丧葬、超荐亡灵),称为"四因乘";格涅(在家修行)、阿迦(纯善地)、仗松(大仙)、耶辛(至圣)和最上一乘,超出生死轮回,证得成就,称五果本。这些显然已掺杂了佛教的学说。

18世纪的土观活佛著《宗教流派镜史》,将吐蕃苯教分为三个阶段:自聂墀赞普至其后六世德墀赞普时的"笃苯"(brdul-bon),是所谓自在苯教,即由卫地(dbus)的辛氏家族童子在13岁时为鬼牵引(中魔),行遍吐蕃地方,26岁醒悟,自言何处有何鬼神,制造何种祸福,人们应如何禳除等,是第一阶段。第二阶段始自止贡赞普时,为超荐凶煞,从吐蕃西北部的克什米尔(罽宾)、勃律、象雄三地请来了三位苯教徒,形成所谓"洽苯"

(vkhyar-bon)。据说融合了外道大自在天派的许多内容。第三阶段是"觉本"(bsgyar-bon)，即翻译之苯教，又分为前中后三期，前期据说是由绿裙班智达将邪法与苯法相杂形成；中期是墀松德赞时下令苯教徒改宗佛教，有叫坚贝绛曲者，不愿从命，与一班苯教徒擅自篡改佛经为苯经，为此受诛杀者很多，苯教徒藏经于地下，后世掘出，也名"伏藏法"；后期译本，是藏地娘兑(今江孜等地)的辛古鲁迦，在末代赞普朗达玛灭佛时，在卫地达域卓拉地方将大量佛经改为苯经，将《广品波若》改为《康钦》，《二万五千颂》改为《康穹》，《瑜伽师地论》改为《苯经》，《五部大陀罗尼》改为《白黑等龙经》等。看来，佛苯相互对立的结局，是相互适应。尽管如此，我们仍可以从佛教化了的神灵、仪轨与法器中，看到苯教的影子。

(一) 苯教的神灵鬼怪

在吐蕃古代传说中，有龙神(klu)、年神(g·nyan)和赞神(btsan)，分别住在地下(水中)、世间和天空，影响人们的生存。同时，在土中、林中、家里、帐篷中都有神灵主之。但是在苯教的神坛里，女神、山神声势显赫，倍受礼敬。

在女神众系统中，最著名的有两组：长寿五姐妹和十二丹玛女神。长寿五姐妹是喜马拉雅山上的五位女山神，翠颜仙女是珠穆朗玛峰主神，掌管人间先知神通；吉寿仙女掌管人间福寿；贞惠仙女执掌农田耕作；施仁仙女执掌畜牧生产；冠咏仙女掌管人间财宝。她们右手持占卜神箭，分别乘着白狮子、白鼻野驴、母虎、红色雌鹿、龙。祭祀她们需要在树木茂密、鲜花盛开的地方进行，供品除一般护法神必备饮品与食品外，还有青铜镜、水晶石、孔雀羽毛、绿松石、海螺骰子等。十二丹玛女神是长寿五姐妹女神的属神。多吉贡查玛，密名藏北纳木错牧女；多吉雅玛迥，密名贡域觉莫神山；多吉贡都桑，密名镇日(地方)吉祥长寿；多吉玫吉卓，密名羊卓雍湖大湖女主；多吉欠吉玛，密名神子白雪女神；多吉贝吉玉，密名绒地觉莫卡热山；多吉鲁姆，密名上部红湖主；多吉查莫杰，密名阿尼玛卿山一姐;多吉博康迥,密名贡布贡尊第穆;多吉缅吉玛,密名俄娘热多贝那;多吉雅玛赛,密名后藏神女;多吉苏莱玛,密名秀普的觉莫。她们也多是山神,而且以四人一组,分别称作"大魔女"、"大夜叉女"、"大勉莫女"。[①] 这些女神,在密宗大师莲花生入蕃传法后,大多被"收服",成为佛教的护法神,从而成为佛教家族中的成员,而且在藏传佛教各教派中扮演大致相同的角色,作为男性山神的"明妃",助其修法。十二丹玛女神皆有神灵标志,如橛、五棱雷石、恶疾口袋、箭等。也有坐骑,如松耳石色龙、黄色野驴、狮子、金鹿等。

在青藏高原上,几乎每一座山都有神灵。其中较大的四位山神是:居于东方的雅拉香波山神,居于南方的固拉卡日山神,居于西方的诺金康瓦桑布山神和居于北方的念青唐古拉山神。其中雅拉香波也叫斯巴大神,在创世纪的传说中占有重要地位。而念青唐古拉山神则是"众有誓愿者之神"和"拒绝成护法神之众精怪死神",后来也被莲花生收服,作为佛教护法神。给山神供献的物品有丝绢、焚香、黄金、珍宝、水果、山岩水和雪山冰河的净水。阿尼玛卿山是今青海地区的著名苯教山神,其他各地也都有自己顶礼的地方性苯教山神,后来也大多被纳入佛教的山神之列。

在被佛教收服的庞大神灵鬼怪中,还有战神、厉神、八仇凶神、八魔女神等,又各有细致的分类。如战神,即有三战神、五战神、七战神、九战神、十三战神和二十一战神等。各类神灵也有统领:众神之主是大自在天,众女神之主是乌玛女神,众阎王之主是阎罗,众阎王母之主是女神命主,众玛姆之主是世界女王(班丹拉姆),众密乘护法神之主是女神,众魔之主是贡杰章嘎,众女魔之主是女魔那莫查莱,众王系之主是大王白哈尔,众骷髅鬼卒之主是命主梵天,众战神之主是居拉桑瓦,众曜之主是曜

---

① 勒内·德·内贝斯基·沃杰科维茨著,谢继胜译:《西藏的神灵和鬼怪》上,西藏人民出版社1993年版。

魔罗睺罗,众罗刹之主是罗刹洛成,众罗刹女之主是女魔蛙头血眼,众夜叉之主是夜叉梅巴,众夜叉女之主是黑门巴女人,众护法之主是大黑护法,众暴风神(rudra)之主是金刚主魔,众穆魔之主是那布查梅,众外道徒之主是大自在天罗刹,众地方神之主是大神香波,众天勉之主是女神托吉普玉,众玛桑之主是九族众魔主,众赞之主是红色索森,众独脚鬼之主是白色结布南台,众厉鬼之主是红色羊须,众魔障之主是钦雅嘎,众空行母之主是黑女觉切,众龙魔之主是九头黑,众龙女之主是黑罗刹女。① 这些神灵鬼怪,在纳入佛教诸护法神之中后,大多以威怖狰狞的面目出现,具有残忍、怪诞的性情,为数众多的女神被佛教密宗派做诸神的性伴侣或助缘,如伴随法王弃珠的十二大玛姆、丹玛等,大多被描绘成黑色的、既丑陋又暴戾的妇人,身体半裸或赤裸,乳房干瘪。她们最有力的兵器是疫病口袋、拘鬼牌、黑绳套和魔线球,手上常常拿着小孩尸体、人头盖骨、人心等。这是在佛教战胜苯教以后,女性和苯教地位降低的具体说明。

(二) 苯教的修行仪轨

人类生途多艰、灾难深重,如果要摆脱或减弱自然界的灾害与疫病的折磨,在苯教看来,有效的方法是通过一定的仪轨进行禳除。土观《宗教流派镜史》说苯教有《黑病书》、《华寿书》、《白医书》、《黑禳解法》等经典,同时有三百六十种禳解法、八万四千种观察法、四歌赞法、八祈祷法、三百六十种超荐亡灵法、八十一种镇邪法。② 解除疾病困扰与重视亡灵超荐占有重要地位,又以后者为尤。对死亡的恐惧,无疑是人类最普遍、最根深蒂固的一种本能。人对尸体的第一个反应本应是让它丢在那里并十分惊慌地离去,但是这种反应是极罕见的。它大多被相反的做法所

---

① 勒内·德·内贝斯基·沃杰科维茨著,谢继胜译:《西藏的神灵和鬼怪》上,西藏人民出版社1993年版。
② 刘立千译:《土观宗教源流》(即《宗教流派镜史》),西藏人民出版社1984年版,第195页。

代替,即希望死者的灵魂能保留下来或得到恢复。[①] 于是,重视丧葬仪轨就变得十分重要了,"死法"和"葬法"是本教巫师最重要的任务。由苯教徒主持,进行杀牲献祭则是其不可缺少的组成部分。藏文史书《后妃三园》(Jo-mo-gling-gsum)记载了墀松德赞时的一次动物献祭活动:"献供助手(mchod-g-yog)举着小刀,浴苯(khru-bon)用金质长柄勺为动物沐浴,祈祷苯(zhu-bon)问答吟诵祈愿文,辛苯(gshen-bon)抓住动物(牴)角割断其喉管,解剖苯(bshig-bon)将献祭动物支解为小块,然后由坟场苯(bse-bon)安排肉块分配,数计苯(grang-bon)清点肉块,并盛血入铜罐,并将铜罐和肉块置于皮张之上。"[②]

《通典》卷一九〇记大羊同(即象雄)风俗说:"其酋豪死,抉去其脑,实以珠玉。剖其五脏,易以黄金。假造金鼻银齿,以人为殉,卜以吉辰,藏诸岩穴,他人莫知其所。多杀牸(母)牛、羊、马以充祭祀,葬毕服除。"《隋书》卷八三记女国,"贵人死,剥取皮,以金屑和骨肉置于瓶内而埋之。经一年,又以其皮内(纳)于铁器埋之"。牲殉极为普遍,有时甚至用人殉。《通典》卷一九〇年记吐蕃,"人死杀牛马以殉,取牛马,积累于墓上。其墓正方,累石为之,状若平头屋。其臣与君自为友,号曰'共命人',其数不过五人。君死之日,共命人皆日夜纵酒;葬日,于脚下针,血尽乃死,便以殉葬。又有亲信人,用刀当脑缝锯。亦有将四尺木大如指刺两肋下,死者十有四五,亦殉葬焉"。敦煌吐蕃文书伯希和编第1042号,是一份记述实施苯教丧葬仪轨的文书,内记三天活动大要,如致礼仪式,坟场哭丧仪式,献盔甲、分权势,母舅活动,献供,三瓢酒仪式,埋葬谷物仪式,尸魂相合仪式,苯波在墓地念经,施行还阳术、献牺牲供品等。[③]《土观宗派源流》记止贡赞普时,分别从罽宾、勃律和象雄三地请来苯教徒,为吐

---

① 恩斯特·卡西尔著,甘阳译:《人论》,上海译文出版社1985年版。

② 霍夫曼:《西藏宗教和萨满教的特征》,斯图加特,1967年,第83页。

③ 拉露:《王室葬礼中的本波仪轨》;参阅褚俊杰:《吐蕃苯教丧葬仪轨研究》(一),《中国藏学》1989年第3期。

蕃传来超荐凶煞的法术。其中一人能施除灾法术,修火神法,骑鼓上飞行于空中,并能开取秘藏,以鸟羽截断铁块;一人能以色线、神言、鲜血等作占卜,以判明祸福休咎;一人则可为死者除煞,镇压邪魔,精通各种超荐亡灵的法术。重视仪轨是苯教文化的一大特色。

(三) 卍符、转山神与祭祀献供

　　卍符号是十分有趣的一种文化现象,它最早出现在公元前 8 世纪的西亚女神肩上,两个世纪以后又出现在中国周原文化的蚌雕造型上。古代印度、古代波斯,以及古代希腊诸文化中,均有这一符号,且包含浓厚的宗教意义。它们很可能只有一个源头,即来自西亚。西藏苯教中也有这一符号,叫作"雍仲"(g·yung-drung),意思是"永恒不变"、"坚固"。苯教徒因此被称作"雍仲巴"。它来自苯教圣地倭摩隆仁,而倭摩隆仁则被认为是占天下三分之一土地,形如八瓣莲花,上饰八柄轮形天空,有九迭卍山俯临的圣土。卍符既代表本教,又成为驱邪纳祥的象征性符号,被人们画在殿堂或屋角,予以礼敬。佛教中则有卍字符,称万字,或德字,象征坚固不摧、永恒常在,与苯教的卍字具有相同的社会功能。用符号来说明或表示复杂、神秘的宗教文化,这是古人的创造发明,也凝结着他们深厚的精神寄托。

　　源自苯教并为佛教所继承的山神崇拜,蕴涵着浓厚的文化意义。在大大小小的"神山"周围,至今仍有不知疲倦的信众纷至沓来,为部落、为村寨、为家族或亲人祈福免灾,保佑平安。其中冈底斯神山尤受信徒重视,这里是冈底斯大赞神的居所,一年一度有为数众多的藏族群众和印度朝圣者来这里聚会。人们礼拜冈底斯山和它周围的玛法木湖。苯教徒按逆时针方向绕行,佛教徒按顺时针方向绕行,各得福祉。转山神和祭山神是隆重而庄严的宗教活动,同时也是藏区人民十分喜爱的经济、文化交流活动。届时,人们扶老携幼,带着自己的特产参加聚会,在诵经声中载歌载舞,骑马射箭,市易商货,其乐融融。印度人的朝圣活动,即包括着传统的经济文化交流的内容。与山神崇拜相关的文化现象是玛尼堆,它出现在山顶、道路岔口,具有路标的功能,又是神灵的安居处所,人们在上面垒石头,插着彩旗、经幡、彩箭,或放上牛头等,保佑旅人平安,祈求出征战士凯旋。苯教的这些古老仪式在莲花生施法降服本教神灵之后,大多为佛教所继承,后世更相沿不改,不断赋予新的生命。

向神灵顶礼的重要仪式有"煨桑"、制做"朵玛"和"彩箭"献供。煨桑,藏文称 bsang-mchod,即桑烟祭,分白桑烟(或素烟)祭与红桑烟(荤烟)祭两种,前者用柏枝、香草等焚烧,诵经祈祷,加上青稞炒面粉和三白(乳汁、奶渣和酥油)、清水、三甘(冰糖、蔗糖和蜂蜜),祭礼善相神灵。后者还要在上述诸物之后,加上肉类,如杀牛、羊、猕猴以为牲,用来祭祀战神或凶神恶煞。煨桑是期望通过袅袅升空的香烟来求媚于神灵,并达到人神沟通的目的。这是天神崇拜的直接产物,也是人们求助于神的一种手段。

"朵玛"和"彩箭"是本教徒和佛教徒施法常用供品。朵玛大部分用面团制做,据说有 108 个品种,有大小之别,有形状颜色的差异,有时还掺上酒、药水、血液、松脂、毒汁,调制颜色。朵玛可分为两大类:武朵玛主要是供奉怒相神灵;文朵玛主要供奉善相男女众神。一般来说,武朵玛形状多为直、尖形,边上饰以烟云与火焰状装饰;文朵玛多为圆形。其色彩多与享供神灵色彩一致,如赞神的朵玛多为红色,而魔妖的朵玛则为黑色。① 在宫殿等朵玛基座上,多塑有小人、妖魔头颅、脑盖骨,用箭串上,并饰有珠宝、旗帜、花朵、太阳、月亮等。新疆出土的简牍文书对此也有所反映,如一件说:"三份(堆)朵玛(中祭三宝,左祭神,右祭鬼)各堆前置圆饼、发面饼、煨桑树枝、旗杆、新麦……"另一件说:"……祭神用良种公山羊一只。饮用酒一扁壶,摆设酒一扁壶,糌粑一升,酥油一两,煨桑

---

① 勒内·德·内贝斯基·沃杰科维茨著,谢继胜译:《西藏的神灵和鬼怪》,西藏人民出版社1993年版。

树枝一根,带彩缯之箭一支。"①与朵玛类似的还有"神馐"(bshos)和"咒"(zur),也用于献供或施法。

彩箭是苯教占卜、献供等的又一个重要法器。原本是苯教的法器,后来被佛教所借用并赋予新的宗教内容。其修命箭,铁制箭头,红箭杆,尾系五色丝带和羽毛;兴福箭,箭杆上挂一只海螺;招财箭,悬有三个骰子、小镜子;召请火神箭;风神箭,上系经幡。均与修命箭相类,上系丝带与羽毛。藏医或民间巫士常用彩箭为患者治病,有所谓"箭筒吸法",源自苯教,用以治疗狂犬病。其法先由医生或巫士拿一小镜子在患者身上移动照耀,找出病灶,然后用彩箭头对准患部,并口吸箭尾,将吮吸出的脓血等物放置一碗内,最后由医生或巫士将此秽物吞下,治疗结束。人们信之不疑。② 至于苯教徒的御邪、魔胜、占卜、求雨驱雹等术,在上古的高原地区也影响颇深。

苯教神秘的众神、仪轨与供品、法器,是吐蕃文化神秘性的第一个源头;它又为佛教所吸收,并与密宗结合在一起,构成了青藏高原地区神秘文化的本质特色,人们很容易在藏族古代文化,乃至近代文化中的某一个方面,或青藏高原的某一个角落,找到它的影子。

第二节　藏文的创制与厘订

学术界对藏文的产生存在着各种说法,比如它来自天竺(印度),还是于阗;它与象雄语有何关系,以及它何时产生等等。但是,从大量的藏汉文史书记载来看,吐蕃文字(即藏文)系统的出现是在松赞干布时期,而且与他的文臣吞米桑布札有关。

---

① 王尧、陈践:《吐蕃简牍综录》,文物出版社 1986 年版,第 72 页。
② 勒内·德·内贝斯基·沃杰科维茨著,谢继胜译:《西藏的神灵和鬼怪》,西藏人民出版社 1993 年版,第 438—441 页。

(一) 吞米桑布札与藏文的创制

吞米桑布札(thon-mi-sam-bho-tra)是松赞干布的文臣。吞米是家族名,桑布札意为吐蕃贤哲,是印度人对他的尊称。本名阿努,生于今西藏隆子县境内(涅地)。奉赞普松赞干布之命,前往天竺从婆罗门李敬和班智达天智狮子(拉日比僧格)学习声律与文字之学。然后依梵文兰查字体创制正楷藏文,依乌尔都字母创制草书,并加以完善,创制出三十个辅音、四个元音的藏文字母系统。吞米桑布札成为吐蕃历史上的七贤臣之一,被尊为"字圣"。

据藏史记载,吞米桑布札在创制文字之后,还写下了八部文法著作。其中六部已经失传,余下的只有两部:《三十颂》(即《授记根本三十颂》)和《性入法》(即《字性缀联法》或《音势论》)。《三十颂》是文法总论,以偈颂体形式写成,四句一颂,共一百二十句,成"三十颂",由此得名。《三十颂》从后加字为中心的字母缀联出发,论述正字法和语法问题。分四部分,第一部分十八句,讲字母分类和文字结构;第二部分六十三句,介绍虚词的形式与意义;第三部分十七句,讲后加字的重要性;第四部分二十二句,讲述学习方法。后世文法学界皆以此书为蓝本,进行注释诠解。

《性入法》也以偈颂体写成,简述字母分类、缀联规则及其所表达的语法意义。正文有一百三十五句和一百三十七句等多种版本。可分三部分,第一部分十二句,为字性分类,按发音方法将藏文字母分为阴、阳、中性等类;第二部分九十七句,讲述前加字和后加字的字性分类、缀联规则及其作用。第三部分二十六句,论述字性分类与正确联缀的意义。相比之下,《性入法》偏重语音和正字法,而《三十颂》则重视语法虚词。前者从字性与缀联方面为后者作注释、疏补。① 两书相合,成为后世藏文文

---

① 瞿霭堂:《授记根本三十颂》、《性入法》,《中国大百科全书·民族》,中国大百科全书出版社1986年版。

法的基本模式,有如经书,后世难出其右。

学术界对吞米桑布札创造藏文及其与《三十颂》、《性入法》两部文法书的关系,存在着较大分歧。匈牙利藏学家乌瑞(G. Uray)在研究了这个专题后说,我们必须肯定:《三十颂》和《性入法》的成书晚于藏文的传入。因为我们假定藏文在西藏的使用早于吞米桑布札,那么他的作用就只是对藏文做了某些改进,首先是字母系统化,以及对文学语言进行了规范,但是,他的改进并未持续很久,世俗文字使用者继续使用古老的字母,并不把吞米的规范放在眼里。另一个可以接受的说法是藏文由吞米传入,但这两本书则是后世伪托。这个问题成为中古文字学和语言学研究的一个重要课题。美国的米勒在《吞米桑布札和他的语法著作》一文中提出了进一步的否定说法,认为不能说西藏的文法是吞米桑布札在印度学者帮助下于 7 世纪著成,而《三十颂》与《性入法》更是数十年文法研究和正字法规范的成果,前书稍早,后书直到文字厘订以后才完成,两书中还包含有依据 802 年或 814 年成书的《声明学》第二卷或与此相关的材料,因此,也不能说吞米桑布札撰写了此二书。至于"已佚"的其他六部书更是子虚乌有。① 还有学者认为这两部托名吞米桑布札的语法书,实际是公元 9 世纪的产物,甚至有认为是 13 世纪大学者萨迦班智达的著作。

松赞干布时,藏文字母系统业已产生,并且与当时的文臣吞米桑布札有关当是事实,不能轻易否定藏文史书中大量传称的有关吞米创制藏文的说法。但是,说吞米在创制藏文字母系统的同时,即撰有八部文法书,这既不符合历史实际,也有悖于语言文字发展的一般规律,应是后世臆造。《三十颂》和《性入法》是吐蕃王朝时期藏文字母系统产生、藏文的完善,尤其是为了译经的需要而长期积累的果实,是逐渐形成的。其中包括着吞米在完善字母系统中所付出的心血,但吞米并不是它们的作

---

① R. A. 米勒:《吞米桑布札和他的语法著作》,《美国东方学会杂志》第 83 号,1963 年。

者。它们的完成约在 9 世纪,这与吞米生活的 7 世纪之间有 200 年的距离。两书的真正作者应是为繁荣吐蕃文化呕心沥血的无数翻译家和语言文字工作者。

(二) 藏文的厘订

藏文字母系统的产生,是以青藏高原地区的古部族语言,尤其是古羌语为基础的,象雄的语言词汇无疑在其中起到十分突出的作用。而藏文产生的政治形势,如吐蕃王朝的统一与强大,不断向外扩张,和全面吸收外来文化的大政方针等,积极有效地促成了藏文的丰富与完善。具体而言,大量的译经加速了藏文的形成。现存最早的藏文文献大多是公元8—9 世纪的作品,此时也正是吐蕃大量翻译汉、印、于阗等地佛经的时代。在译经过程中,学者们发现大量的词汇与语法歧异,遂加以厘订,使之规范化。

据藏史记载,藏文厘订共有三次:第一次发生在墀松德赞时期(755—797 年在位)。当时迎请来班智达毕玛拉迷札、噶玛拉锡拉、札那色那、泥婆罗人呼迦罗等人,由昆·鲁易旺布松等人担任译师,以印度(天竺)为佛法产生之地,故尔将从前自各种语文翻译的所有经典,以印度的四十一种语文进行校译,并厘订了翻译佛经时藏语中新出现的词语。[1] 此次厘订是以印度语为标准进行的,但并没有解决印度四十一种语文之间的差异这一矛盾。

第二次厘订发生在墀德松赞时期(798—815 年在位),收存于藏文《大藏经·丹珠尔》中,并由敦煌古藏文写本(P. T. 845 号)的《语合》,详载了这次厘订的内容。时间是在藏历马年(即公元 814 年),由赞普墀德松赞与两位信佛大臣钵阐布贝吉云登和钵阐布定埃增等商议颁行。参加者有东天竺堪布阿阇黎支那米特罗(胜友)、苏然德罗菩提(天王觉)、

---

[1]《汉藏史集》,第 120 页。

西兰德罗菩提(戒王觉)、达那希拉(布施戒)、菩提米特罗(觉友)等,与吐蕃堪布热特那热格室多(宝护)、达磨达希拉(法性戒),熟练的译师(智慧军益西德)等人,他们对于先前自天竺、邬仗那、泥婆罗、汉地翻译而来佛经中的不达义词汇进行修订,规定了翻译原则,涉及梵译藏时的语序、音译与意译的使用,地名、动物、花草名的翻译,数目的译法,关联词、同义词的译法,以及敬语的使用等。① 形成了《翻译名义》大、中、小三集,并以命令形式颁布执行。

第三次厘订是在墀祖德赞(即热巴坚,815—836 年在位)时期。《汉藏史集》说,该王在位时,迎请天竺(印度)堪布支那米特罗、苏然德罗菩提、巴拉札德瓦、辛底迦巴等,由班智达益西德等人担任译师,对所译佛经进行认真整理,并翻译了从前未译出的佛经。这显然与第二次厘订同为一事。又据《雅隆尊者教法史》说,该王时,迎请天竺堪布支那米特罗等诸位班智达,翻译昔日未译之佛典多部;厘订新语,制订译例三条。由此可见,墀祖德赞时的厘订应是墀德松赞时厘订工作的继续。第二次厘订是在 814 年,次年墀德松赞去世,墀祖德赞继立,完成了这一艰巨的厘订工作。如此,藏文的厘订应是两次,而非三次。

后一次厘订工作主要是统一佛经译语和简化正字法,以适应语音变化、文字规范和佛典通俗的需要。在正字法上,取消了再后加字 da 和一些不必要的后加字如 va 等,从而划出了古今藏文的界线。其改革的成果一直持续至今。

第三节　佛光照耀吐蕃王室

史书中对吐蕃时代的佛教有大量的描述,松赞干布、墀松德赞和墀祖德赞(热巴坚)被誉为佛法三王。但是,经过学者们的深入探讨,尤其

①《汉藏史集》、《西藏王臣记》对此均有记载。

是吐蕃碑铭与敦煌吐蕃历史文书的利用,人们逐渐有了较清醒的认识:松赞干布时的佛教盛事,大多为后世伪托,佛教在吐蕃广泛推行并发生较大影响始自墀松德赞时期,而且大多局限于上层的范围,故与王室态度密切相关。

(一)"七试人"与兴佛证盟

墀松德赞时,为在吐蕃发展佛教,先后迎请寂护和莲花生入蕃传法,由于后者高超的密宗幻术与神功而击败苯教。墀松德赞再接再厉,在吐蕃建立起第一座正规的寺院桑耶寺,举行隆重的开光庆祝仪式。接着挑选出 7 名吐蕃青年落发入寺,成为佛教事业中的第一批有觉之士,称"七试人"或"七觉士"。

对于"七试人"的组成,自《巴协》一书起,即存在各种不同说法,该书记有六人,且有错讹。后世各史,各持一说,颇难厘订。1283 年成书的《奈巴教法史》记七人为:"巴芒息之长子(即巴赤斯)、琛阿努之子释迦札瓦、藏台伦札之子贲珠、巴贝扬、尚娘桑之子(即拉甫拉赞)、许布弘伦、巴赛囊(益西旺布)。"他们由静命大师(寂护)作为堪布,由来自印度超岩寺、"说一切有部"的十二位高僧作为轨范师,于羊年春正月上旬初八日,在赞普王宫受戒出家。接着,墀松德赞又鼓动尚论女儿出家,结果他的三位妃子卡钦萨、菩提主、琛氏拉姆赞及黎民百姓 300 余人同时出家。为解决他们的生活问题及其与政府差税的关系,赞普下令为其盖僧舍,免差役,并规定七户人家供养一僧。①

"七试人"随静命等出家的事迹被绘成壁画,保留在桑耶寺中。他们在出家前,均曾受到良好的梵文教育,出家后即开始佛教的译经与传法活动,推动了佛教在吐蕃的兴起。为了巩固这一重大成果,墀松德赞一则宣布大赦,对属民男子不挖眼,女人不割鼻,犯罪者不杀;一则命令属

---

① 参见《奈巴教法史》、《巴协》和《贤者喜宴·吐蕃王统》等。

民向僧人顶礼供奉,并让大臣以下所有首领均持剑发誓,立碑铭文,兴佛证盟。该碑铭今天仍存于桑耶寺,誓文说:

> 逻些(拉萨)及札玛(brag-mar)之诸神殿,建立三宝所依处,奉行缘觉之教法。此事,无论何时,均不离弃;所供养之资具,均不得减少,不得匮乏。自今迤后,每一代子孙,均需按照赞普父子所做之盟誓发愿。其咒誓书词,不得弃置,不得变更。祈请一切诸天、神祇、非人,来作盟证。赞普父子与小邦王子,诸论臣工,与盟申誓。此诏敕盟书之详细节目文字正本,存之于别室。[①]

墀松德赞是吐蕃王朝时期十分杰出的一位赞普,吐蕃佛教的兴起、文字的正式使用和各项制度的建立,都发生在这一时期。但这些功绩被后世史家们提前并记在松赞干布的功劳簿上了,这一点将随着学术研究的深入而获得澄清。

(二) 译经与佛经目录的编订

吐蕃的译经活动,据传说始自松赞干布时,但是被认为是当时翻译的《宝箧经》、《百拜忏悔经》等均无实例为之佐证。而且当时藏文字母系统刚刚创制,佛教更未兴起,缘何译经。因此,不可尽信。译经活动与藏文的正式使用应是密切相关的和相辅相成的,都始自墀松德赞时期。

据《巴协》和《贤者喜宴》记载,"七试人"在出家前均曾随静命学习梵文,并学习翻译知识,在"七试人"出家并建立僧伽教团的同时,迎请印度萨霍尔、迦湿弥罗、中印度和汉地高僧,将印度、汉地和于阗佛经相继译到吐蕃。因此,译经活动初期,主要是由外来高僧进行的,通过他们的传带和训练,为吐蕃培养出一批批自己的翻译人材。"七试人"都参加了译经活动,其中毗卢遮那尤为著名。

---

① 王尧编著:《吐蕃金石录》,文物出版社 1982 年版,第 169 页。

据《巴协》说,译经活动首先从汉文佛经开始。翻译印度的有"说一切有部"、"分别说一切有部"等。巴赛囊翻译了《长阿含经》、《阿毗达磨声闻俱舍》等。声闻部之律藏、经藏和大乘之阿毗达磨论均予翻译。印、汉和吐蕃高僧合作,形成浩大的译经、讲经和传经声势。持咒者达磨格底在瑜伽金刚界之坛城处,在伏魔密咒洲内传授灌顶;迦湿弥罗的班智达支那米札(支那米特罗)及达纳希拉等,在清洁律室洲中宣讲戒律;汉地和尚在不动禅定洲参禅入定。声明清净洲有讲授声明活动,在财库贝嘎洲安置了财宝,毗卢遮那洲则有佛经讲授。① 弘法活动热火朝天。

龙年讲经者们住于丹噶尔宫,担任翻译的师长班底贝孜和班底勒旺布等在吐蕃翻译了许多经典,并将所译经籍名签、卷数及页码予以校定,编成目录。由于译经工作是在桑耶寺附近的三所殿堂之内进行的,所编目录也以殿名命之,即为《旁塘目录》、《钦浦目录》和《登迦目录》。现在只有后者完整地保存下来,收藏在藏文《大藏经·丹珠尔》目录之中,内收经典六七百种,共分二十七个门类,即大乘经类般若部、方广部、宝积部、杂部,大经类,译自汉文的大乘经,小乘经类,论,密咒类,五大陀罗尼经,广略陀罗尼杂经,名号一百零八种,各种礼赞,各种誓愿,吉祥法门,毗奈耶类,大乘经疏类,译自汉文的大乘经疏,中论,禅定语录,唯识论,大乘论部杂录,小乘经论,思虑之宗,墀松德赞赞普所制之论,校对未竟之文本,翻译未竟之文本等。这些成为后世编订藏文大藏经的蓝本,并保存下大量珍贵的佛教和历史文化资料。

(三) 热巴坚礼佛

墀松德赞的苦心经营,促成了桑耶寺的兴建、"七试人"的出家和译经事业的繁荣。赞普王妃的躬自出家和供养僧伽制度的形成,造成了极

---

① 巴卧·祖拉陈瓦原著,黄颢、周润年译注:《贤者喜宴——吐蕃史译注》,中央民族大学出版社2010年版,第170—171页。

大的社会影响。但是,把佛教的礼拜推向顶峰的,却是他的儿子热巴坚,即墀祖德赞。据《王统世系明鉴》记载,热巴坚 12 岁继承王位,以信佛的钵阐布贝吉云登为诏命大臣,总理政事。娶交绕妃贝吉昂楚等五位王妃,信守十善律,迎请印度班智达达则那米特罗、西林扎菩提及译师班第益西德等翻译经典,第三次(应为第二次)厘订译语。建立闻、思、修三座修习精舍,讲、辩、著三个讲习精舍,慧、净、贤三律仪精舍和三十部僧伽。

在大兴佛事的同时,热巴坚恣意抬高僧人的地位,规定每一位僧人由七户服事;国王升座时,在自己的左右发辫上系两条绸带,放在左右两列,让僧众坐在绸带上,称作"头顶二部僧伽"。更为严重的是,他令臣民对出家人不能以恶指相指,恶眼相视,违者挖其眼,断其指,詈僧者,则断其舌。[①] 这激化了佛教与本教,以及赞普与臣下属民之间的矛盾,导致极其不良的后果。

信奉苯教的贝达那金等大臣立即行动起来,确定了杀死赞普、毁灭佛法的大政方针。他们先以"出家的王子藏玛住在宫中有碍国王阳寿,且将败坏国政"为由,将信佛的王子流放到他方。然后,又向赞普进谗言,说:"信佛大臣钵阐布贝吉云登与王后交绕妃贝吉昂楚暗中私通。"钵阐布以此被杀。接着,趁赞普醉酒酣睡之机,扼住其颈杀之。继之而立的朗达玛(达磨)赞普,又走向另一个极端,大肆复兴本教而毁灭佛法,迫使僧人打猎破戒,寺院、经书多被付之一炬。僧人拉垅贝吉多杰铤而走险,手刃了灭法的达磨赞普。《贤者喜宴》记载了具有传奇色彩的一幕:发誓要除掉达磨赞普的拉垅贝吉多杰骑着涂上木炭灰的白马,身穿黑面白里的大衣,并将铁箭暗藏袖中,直奔达磨赞普而去。当时信佛大臣和民众正哀求赞普,看看先祖的文书和石刻文字,善待佛教。正在西边拉瓦园下围棋的赞普,听到百姓呼喊之声而心有不安,便前来大昭寺前诵读碑文。拉垅贝吉多杰趁机佯作行礼,第一次敬礼时打开机关,第二次

---

① 《王统世系明鉴》,陈庆英等汉译本,第 185—188 页。

敬礼时装好箭,第三次敬礼时射出,并正中赞普眉心,箭镞直穿至后颈。赞普说了声:"或者三年之前,或者三年之后。"便双手握箭而亡。① 拉拢贝吉多杰反穿大衣,涉拉萨河逃去。也有敦煌煌文书显示,达磨并未灭佛。吐蕃王朝却在贵族内讧纷争与奴隶起义中土崩瓦解。

第四节　吐蕃的神话传说与历史文献

吐蕃王朝时期虽然笼罩着本教和佛教的层层云雾,但神话传说却透露着闪闪夺目的灵光,幸存的文献资料更告诉人们那一段历史与文化的真实背景。

(一)生趣盎然的神话传说

神话是对人类童年时代最美好的经历的回忆,充满了童贞。人类有过共同的经历和命运,如洪水时代、创世纪、人的诞生、万物的形成等等,但各地区各民族的神话却有自己独具的特征。青藏高原地区的猕猴、牦牛神话、青稞种子的来历,茶和盐的故事等,都具有感人的情节、真切的内容。

猕猴与牦牛神话,反映了吐蕃先民的图腾崇拜,既富有文学趣味,又是严肃的历史命题。而青稞、茶与盐的故事尽管缠绵凄切,却并不像前者那样沉重。《青稞种子的来历》,又名《狗皮王子》,传说王子阿初善良敦厚,目睹人民缺少食物之苦,遂立志要去蛇王那里盗取青稞种子。他在山神帮助下,潜入蛇王宫殿,历经无数苦难,终于盗得青稞种子,逃回人间。从此,人间有了青稞,有了糌粑。但王子为蛇王发现,吝啬而凶狠的蛇王将他变为一条狗,只有当他获得一位姑娘的爱情时,才能恢复人形。后有一位头人的三姑娘爱上了他,使他重现人形。为了感谢他的恩德,人们在每年收获完青稞,吃到新青稞磨成的糌粑时,先要捏一团糌粑

---

① 巴卧·祖拉陈瓦原著,黄颢、周润年译注:《贤者喜宴——吐蕃史译注》,中央民族大学出版社2010年版,第277—278页。

给狗吃。① 这一则迷人的故事，一方面讲述了高原人的主食青稞的不平凡来历，另一方面又体现出他们曾有过的以犬为图腾的经历。《旧唐书》卷一九四记唐玄宗开元十三年（725 年），鸿胪寺卿袁振往会突厥小杀（即小设，典兵官）与其妻、阙特勤、暾欲谷等。小杀对袁振说："吐蕃狗种，唐国与之为婚；奚及契丹旧是突厥之奴，亦尚唐家公主；突厥前后请结和亲，独不蒙许，何也？"在突厥眼里有小看吐蕃的色彩，但却反映了吐蕃曾有以犬为图腾的史实。

《茶和盐》的故事也十分凄婉动人。故事讲述"一对青年男女，分属两个世为仇敌的部落，他们虽然相爱，却屡为父母阻挠和破坏，不得结合。结果男子被杀，姑娘也殉情跳入火坑，他们的骨灰分别变为茶和盐。后来，两者相合成为人们的饮料"。② 人格化的食物形成传说，传达着古代高原人与自然界相依为命的历史实际，在史料上、思想上、艺术上与审美上均有珍贵的价值。

（二）丰富珍贵的历史文献

吐蕃时期的历史文献，除了翻译而来的佛教经典之外，主要有三类：一是金石铭刻，一是藏文手卷写本，一是简牍文书。前者主要见于今西藏地区，藏文写卷主要发现于敦煌，后者则出土于今新疆米兰等地。

金石铭刻：据专家统计，目前可见到者有 17 件，兹列表如下：

名　称	内　容	时　代	地　点
达札路恭纪功碑	纪功	墀松德赞时期	拉萨
桑耶寺钟	祭祀	墀松德赞时期	扎囊桑耶

---

① 中央民族学院少数民族语言文学系藏语文教研室藏族文学小组编：《藏族民间故事选》，上海文艺出版社 1980 年版。
②《康定藏族民间故事集》，作家出版社 1960 年版。

名　称	内　容	时　代	地　点
叶尔巴寺钟	祭祀	墀松德赞时期	达孜
崩塘寺钟	祭祀	墀松德赞时期	不丹
桑耶寺兴佛证盟碑	封授证盟	墀松德赞时期	扎囊桑耶
第穆萨摩崖石刻	颁赏	墀松德赞时期	林芝
丹玛摩岩石刻	刻经兴佛	墀松德赞时期	察雅
谐拉康碑甲	述德	墀松德赞时期	墨竹止贡
谐拉康碑乙	述德	墀松德赞时期	墨竹止贡
谐拉康刻石	祭祀	墀松德赞时期	墨竹止贡
噶迥寺建寺碑	封授立盟	墀松德赞时期	拉萨
昌珠寺碑	祭祀	墀松德赞时期	乃东昌珠
墀德松赞墓碑	述德	墀松德赞时期	琼结
楚布江浦建寺碑	祭祀证盟	墀松德赞时期	堆龙楚布
唐蕃会盟碑	会盟	墀祖德赞时期	拉萨
洛札摩崖刻石	封授证盟	8—9 世纪	洛札县
热札寺碑	盟誓护法	11 世纪后半叶	堆龙德庆

　　吐蕃的金石铭刻是十分珍贵的古代语言材料,对于探讨藏语形成及其初期发展史,意义重大,如复辅音韵尾-d 的存在,m-的腭化音,元音 i 的反书,单体基字后加字母 va 等。[①] 对于研究吐蕃王朝时的宗教思想,以及佛本两教关系和它的变化,也具有相同的作用。金石铭刻较全面地反映出吐蕃时代的会盟制度,对于说明吐蕃王朝政治史、社会史,以及土地财产占有,乃至唐蕃关系都是真实的直接证据。

　　金石铭刻还反映出吐蕃王朝石刻与铸雕艺术,遒劲的字体,熟练的刀工和深邃的纹理,展示着吐蕃人的胸襟与文化魅力,而今观之,依然栩

---

① 王尧编著:《吐蕃金石录》,第 9—11 页。

栩如生,真切感人。这些铭文大多由唐蕃两地工匠艺人共同完成的,凝结着两地、两族人民的深厚情谊。

藏文简牍,出土于新疆若羌米兰古堡,是吐蕃占领西域时期的历史遗物。其中大部分被斯坦因、柯兹洛夫、马洛夫等劫运海外,斯坦因所据者,被英国学者托玛斯编入《关于新疆的藏文文献》第二卷,马洛夫收藏的藏文木简,也被前苏联的学者沃罗比耶夫-捷夏托夫斯基撰文公布,中国学者王尧、陈践两位教授将这些合编为《吐蕃简牍综录》一书。[①]

吐蕃简牍文书,多为下层官吏、文书所为,朴实无华,是极其难得的社会历史文化与语言材料。简牍中包含有大批土地分配与使用、赋税交纳与应供差役的资料,成为了解吐蕃经济与制度,尤其是吐蕃统治西域地区的第一手材料。吐蕃在西域的军事活动、军事制度及驿传制度,吐蕃的氏族和部落组织、法律制度等,一一有所反映。[②] 简牍有盖印痕迹,有小孔作为贯穿之用,以及反复刮削修改或使用的标记,字体也与写卷文书一样有繁简之别和其他特征。[③]

吐蕃写卷文书,主要发现于敦煌莫高窟千佛洞,是轰动中外的敦煌宝藏的一个组成部分。自本世纪初道士王圆箓偶然发现藏经洞后,英国的斯坦因、法国的伯希和相继来此,劫掠去大量的汉藏文献珍品。伯氏所窃藏于法国巴黎国家图书馆,斯氏所窃存于英国伦敦印度事务部图书馆。前者仅藏文写卷即有 2 500—3 000 卷之多,由拉露女士(M. Lalou 1890—1967 年)编为《巴黎国家图书馆藏伯希和搜集的敦煌藏文写本目录》,分三册,编号 P. T. 1—2216 号。尚有未编的残卷若干。后者也有 2 000 卷左右,由瓦累·布散(Vallee Poussin 1869—1938 年)编为《印度事务部图书馆所藏敦煌古藏文写本目录》。

在敦煌古藏文写卷中,十分有价值的一部即是《敦煌本吐蕃历史文

① 《吐蕃简牍综录》,文物出版社 1986 年版,内收 464 支。新疆博物馆还收有部分未刊简牍。
② 张云:《唐代吐蕃统治西域的各项制度》,《新疆大学学报》1992 年第 4 期。
③ 王尧:《吐蕃文化》,吉林教育出版社 1989 年版,第 157—158 页。

书》,该书由巴考、杜散和托玛斯三位教授合作,依据 P. T. 1 282—P. T. 1288号翻译注释而成。美籍华人学者张琨教授先著《敦煌本吐蕃纪年分析》,法国女藏学家阿丽雅娜·麦克唐纳(即阿丽雅娜·斯巴尼安)又撰成《敦煌吐蕃历史文书考释》,不断将研究引向深入。王尧、陈践两位教授将该书以藏汉对照形式介绍给中国学术界①,掀起新的波流。

《敦煌本吐蕃历史文书》包括三方面内容:吐蕃大事纪年;吐蕃赞普传记和古代神话传说;赞普世系及小邦王及家臣表。该书是研究吐蕃早期历史的一部划时代的历史文献,它让学者们有勇气描述一部吐蕃史的轮廓,有勇气较深入地探讨一些有趣的专题。

敦煌藏文文献内容非常丰富,法国的石泰安教授在麦克唐纳夫人和旅法日人今枝由郎的合作下,精选辑印为《敦煌藏文写卷选集》,向世人展示了敦煌藏文献的庐山真面目。大量的经济、政治、宗教、科技与风俗文化资料,让人们喜出望外,深感美不胜收。对于研究吐蕃统治时期的敦煌文化来说,不啻是旱田甘露。即以佛教而言,吐蕃治下的敦煌佛教极为繁盛,而且颇具特色,如在这一带地区活跃的禅宗信徒,形成一股颇大的声势。吐蕃高僧在此的活动,又推动了不断深入的唐蕃文化交流。9世纪出生在后藏达那地方管氏家族的管·法成,在敦煌长期讲经、译经,促进两地文化相互影响的事迹就相当典型。他精通藏汉两种文字及佛学,共译佛经达 23 种之多,身体力行地为两地文化的融合与沟通服务。敦煌学是一门显学,让它显赫的,自然也有丰富珍贵的藏文文书影响的因素。

第五节 吐蕃医学

藏医已成为享誉海内外的一门有特色的中国地方医学。它对青藏

---

① 即《敦煌本吐蕃历史文书》。

高原地区疾病的治疗颇见功效,也是中华医学宝库中的一枚瑰宝,而它的根源却起自于吐蕃医学。

吐蕃医学与整个吐蕃王朝的物质、精神文化一样,它大量吸收了外来影响,却又在青藏高原这块土壤中生根发芽、开花结果,蕴涵着吐蕃人民的心血与智慧。

(一) 繁杂的医疗体系

医学的萌芽在人类的童年已经滋生,那时巫医不分,苯教徒同时即是医生,为人们医身医心,救苦救难。吐蕃医学水平正如其部落一样,长期处在后进的状态。改变这一局面的是吐蕃王朝的崛起与吸收外来文化的活动,直接说,即是医书的翻译:名医的汇集与技艺的传入。《汉藏史集》将吐蕃医学和外来医书翻译的历史分为三个时期:松赞干布时开始有了医药,但很零散;墀松德赞时,吐蕃大量翻译外来书籍,发展了自己的医学。到拉喇嘛绛曲沃(byang-chub-vod)时走向繁荣。因此,吐蕃医学形成于由墀松德赞时译经而开始的借鉴和发展时期。

墀松德赞时,由译师毗卢遮那迎请各方医师,并把他们的医著译为藏文。天竺人辛达迦巴把药师佛所说续部译为藏文;唐朝和尚摩诃衍那把文殊菩萨所说续部译为藏文,泥婆罗人达那锡拉把观世音菩萨所说续部译成藏文,由冲木(khrom)赞巴拉将弥勒佛所说的续部译成藏文,由朵尔波人(dol-po)齐玛如孜将度母所说续部译成藏文。当时有墀松德赞任命的九名御医,即上部的毕吉、齐杰、伍巴三人,中部的木雅、章底、宇妥三人,下部的涅、塔西、东三人,另有受到众人赞许的医生四十五人,被称为精通医术的医生九十二人[①],四方九名医有来自唐朝的三人东松岗巴、巴拉和和尚巴达,波斯的哈拉珊底,象雄僧多沃金、朵波基奥玛如孜,泥婆罗的达磨沙拉等。

[①]《汉藏史集》,第 115—118 页,陈庆英汉译本。

在借鉴外来医学的基础上,逐渐形成了一些自己的特色。有学习传授医学知识的四种讲解法:即坚持本续原意说法、结合注释说法、使众生理解说法和编成口诀有韵易记的说法;存在两种翻译:由梵文译成汉文,由汉文译成梵文;有十三种医疗法:天竺医疗法、迦湿弥罗医疗法,泥婆罗医疗法、葛逻禄医疗法、冲木医疗法、汉地医疗法、象雄医疗法、突厥医疗法、索波医疗法、门域医疗法、木雅医疗法、吐蕃医疗法、朵波医疗法。医学四续传自天竺,汉地传来的是火灸和诊脉,朵波传授的是望诊,吐蕃传授的是观察大小便诊断病情。朵波(dol-po)疑即"多氏",也即大食,主要是波斯和阿拉伯医学方面的内容。

(二) 敦煌吐蕃医学文书

吐蕃医学借鉴外来文化并形成自己的特色,在敦煌出土的古藏文医学文书中也有所反映。目前可见的有四件,即 P. T. 1 057 号医疗术,P. T. V. 127号火灸疗法,P. T. 1044 号火灸疗法,和印度事务部第 56、57号。[1] 依据我们的分析,P. T. V. 127 号和印度事务部第 56、57 号主要来自内地医学的影响,藏史明载火灸传自汉地,前者全是火灸疗法,后者也有火灸内容。前者在文末注明:"本外科手术疗法医方,并非出自库藏,而是在搜集所有医方的基础上,再结合象雄的疗法写成。"说明内含象雄医学成分,但贯穿全文的测定穴位用一寸、两分,以及火灸有五壮、七壮、九壮等,明显属于内地医学的范围。文献出现在敦煌地区,唐代内地医学对吐蕃影响巨大,使这一现象变得不足为奇。但也不能否认其中还包含有印度(天竺)、波斯,甚至突厥的因素,如说"治疗昏厥后仰,于颈椎骨至'海鸟细木'(从大椎穴至心俞穴)每一椎节火灸五壮,再于左右短肋与胸窝之间(乳根穴)各火灸五壮,或以突厥地方的锥针割刺放血也可以"。可见,其中有突厥影响的印痕。至于印度事务部第 56、57 号文书,在使

---

[1] 罗秉芬、黄布凡编译:《敦煌本吐蕃医学文献选编》,民族出版社 1983 年版。

用火灸疗法之外,强调汉地酒、生姜、小米等的药用作用,其治病医方说,"若系寒病,则用汉地酒、姜、粉团、葱、当归等配制后喂食有效"。主张"眼病反映肝有病,鼻病之因在于肺有病,舌病之因在于心有病,耳若有病则肾必有病",这符合中医原理。

P. T. 1044 号也是一份火灸疗法的写卷,文称:"本医方是从印度王土搜集的外科手术疗法之一。这种被称为神幻仙人'哈达那切塔'的火灸疗法,必须算准火灸的日期与体内值日神不相冲撞,方可进行。"医方中所用寸、壮等术语,也可能与中医有关,但又有高原地方的印痕。

P. T. 1057 号文书却是吐蕃医学的具体反映,该卷文首开宗明义,告诉人们此方"取自府库的治疗诸病医方"。涉及医疗各科,其中五官科有止流鼻血、喉疼、嗓子嘶哑、牙根坏烂与松动、鱼刺和骨头卡喉等;皮肤科有治疗脓疮、皮肤烧伤、长癣、手脚长疣、脸上长痣等;内科有心口疼、患肺病、肺溃烂、胆肿大、肝萎缩、肠断裂、发高烧、小豆疹、心发烧、哮喘、腹痛等;骨伤外科有头盖骨破裂等;此外还有妇产科、小儿科、男性专科等,以及各种食物中毒的治疗和预防。十分有趣的是,在提供壮阳药方,如公杜鹃、公鸽子、公戴胜鸟、公麻雀、公雪鱼及佛手参、鹿尾骨汤等药方之后,还申明此方没有副作用,且"与汉地的春药不同,如服汉地春药,连下代也会性欲亢奋,变成病态"。该书提供的治疗方法,有熏灸法、针刺放血法、食疗法等。所用药物有植物、动物和矿物,如大蓟根、良莒根、龙胆草、牛角、羊角、马蹄、熊胆、硇砂、羌活、桂枝、唐古特铁线莲花、白胡椒、獾鼻、荜茇、冰片、麝香、藏红花、动物内脏、板兰、丁香、杜鹃叶、人尿、牧畜粪等等。酥油治疗是最为简单易行的疗法,被广泛使用。就地取材是吐蕃本土医学的最大特征,有些方法不免幼稚,如在哨兵防止被敌人矛箭击中的方法里,有战斗时取敌血一滴饮下,即可避免被敌人击中的医方;有些缺乏科学性,如用水银灌肠检查肠子是否断裂,孕妇难产骑受惊快马生子等,都带有极大的生命危险。但吐蕃医学毕竟有自己的风采,在纷至沓来的周边医学面前,并不损光失色。

(三) 宇妥与《四部医典》

宇妥·云丹贡布(gyu-thog-yon-tan-mgon-po),即老宇妥,729 年生于前藏堆龙吉那地方。3 岁随父(宇妥琼波多吉)学写读,听医理,颖悟敏捷,已能治病,可谓神童。5 岁从父受"甘露化药"及"药师佛修习法"等佛教密乘之开许仪轨。10 岁应召至桑耶寺,与名医昌迪·杰涅卡普等辩论,获全胜。后遂为吐蕃九名医之首。25 岁后,三赴印度,拜班钦·旃陀罗比及名医美旺等为师,学《四续补篇·珍珠鬘》及《刀针关键锁钥》等书,并赴内地五台山,从文殊圣者学《配方宝鬘》及《内科举要》等。返回吐蕃后,以吐蕃故有医学为基础,博采众长,撰成《四部医典》,还曾为泥婆罗王治愈寒疾下犯顽症。[1]

《四部医典》是吐蕃与外来医学的大总汇,分为四大部分:《总则医典》(即《本续》),介绍人体生理、病理,诊断与治疗的一般知识;《论说医典》(即《释续》),介绍人体结构、疾病发生的原因,卫生保健,药物性能,诊断方法和治疗准则;《秘诀医典》(即《诀窍续》),为临床诸病的诊断与治疗方法;《后续医典》(即《后续》),介绍诊断方法,如尿诊、脉诊等,以及各种药剂的配方、功能和外科疗法等。[2] 它已包括了后世学者不断补充的内容。尽管如此,宇妥和他的《四部医典》均代表着吐蕃医学的最高成就,成为后世医生的楷模和医书的典范,其功不朽。

宇妥崇高的医德也堪为师表,墀松德赞据之制订出医生守则四条:第一,医生应利乐百姓,有仁爱心、同情心和慈悲心;第二,必须勤劳、精力充沛,不懒散怠惰,不因循守旧;第三,不酗酒,品行端正,为人表率;第

---

[1] 张怡荪:《藏汉大辞典》,民族出版社 1985 年版,第 2621—2622 页。但是,学术界也有观点认为,老宇妥是虚构的人物,《四部医典》真正的撰写者是生活公元 12 世纪的宇妥萨玛·元丹贡布。

[2] 李永年译:《四部医典》序,人民卫生出版社 1983 年版。

四,应该语言文雅,责任心强,始终想着病人,为之排难解忧,增强信心。①反映了吐蕃医学行业中的职业道德,实在是可贵的财富。

第六节　吐蕃的物质与精神生活

吐蕃人不只是在雪山荒野、狂风缺氧的自然中度日,而且是在马背、在草原、在青青的湖畔和嫩绿的河谷平原上享受人生。蓝天、红日、白雪,还有清纯的空气,给予他们健康的体魄和旺盛的精力,让他们去追求充满生机与动感的人生,创造并享受高原人的物质与精神文明。

(一) 衣食居住

服饰:吐蕃王朝是在吞并青藏高原上各邦国的基础上建立起来的,这种文化上的多样性,直接影响了吐蕃文化的特征,服饰方面也是这样。女国人皆披发,以皮为鞋。东女国女王服青,毛绫裙,上披青袍,其袖委地。冬则羔裘,饰以纹锦,足履靺鞨。靺鞨,据《广韵·释名》释衣服条,应是前面没有遮蔽的胡鞋。大羊同国人皆辫发毡裘。附国人以皮为帽,形圆如钵,或戴幂(即冪)(羃),衣多毛毹皮裘,全剥牛脚皮为靴。白兰人男子通服长裙,戴帽或冪(羃);妇人辫发萦后。悉立国,男人以彩缯缠头,衣毡褐,妇人辫发,着短褐,丧制以黑为衣。新旧《唐书》等记吐蕃人,妇人辫发而萦之。人们以天鼠皮为裘;居父母丧,断发,黛面,墨衣。据此可见,青藏高原各部服饰虽有小的差异,却大致相同,即以兽皮、兽毛为衣裘,以皮为鞋为帽;丧服为黑色,形制为裙袍。发式为披发或辫发,且有带幂羃的习俗。《册府元龟》卷九六一记吐蕃人"俗养牛羊,取乳酪用供食,兼取毛为褐而衣焉"。白居易《缚戎人》诗也记蕃人"身着皮裘系毛带"。普通百姓是用牛羊等皮直接缝制,而贵族则用牛羊等毛精选加工,

① 宇妥·元丹贡布等著,李永年译:《四部医典》,人民卫生出版社 1983 年版;王尧:《吐蕃文化》,第 163 页。

制成料子,然后裁做衣服。

在丝绸大量传入并接受唐朝文化影响后,吐蕃人的衣料增加了丝绸这一高档品种,衣服自然有了唐服的式样。在唐代留下的敦煌壁画里,吐蕃人的服饰既有唐人影响痕迹,又有其自身特征。第159窟赞普礼佛图中的赞普,头戴朝霞冠,身着长袍,长袖宽襟,披肩和左衽即是其证。唐代画家阎立本的《步辇图》记唐太宗接见吐蕃大臣禄东赞事,图中的禄东赞除佩饰和帽子以外,极类唐代官服。在吐蕃占领河陇及西域之后,服饰状况可能会更复杂,吐蕃人"自从贵主和亲后,一半胡风似汉家"和被掠汉人"身着皮裘系毛带"同时存在。

吐蕃赞普的红绢缠头,披彩缎斗篷,着钩尖革履,是受波斯的影响。被称"赞夏"(btsan-shaw)的长细顶红帽,长角有一阿弥陀像红绢缠缚,绢端前面交错和"金盘帽"则是受了印度的影响。吐蕃服饰是多元因素的有机组合。

饮食:吐蕃人的饮食各地大同小异,史书记"其地气候大寒,不生粳稻,有青稞麦、豌豆、小麦、荞麦。畜多牦牛猪犬羊马"。肉类和青稞是其主食,由青稞加工制成的糌粑,至今为高原地区藏族人民的盘中正品食物。《旧唐书·吐蕃传》说吐蕃人"接手饮酒,以毡为盘,捻麨为椀,实以羹酪,并而食之",即用炒面和水捏成碗,内盛羹酪,饮完后连"碗"一同吃下,这一习惯至今仍在某些藏区沿袭流行。肉食则是高原吐蕃人不可或缺的佳品,古今亦然,乳制品更是上乘食物。

吐蕃人的饮料主要有三种:一是奶汁,有所谓三白,即奶汁、酥油、酸奶;一是酒,尤其是青稞酒;一是茶,酥油茶尤受青睐。这些都是吐蕃人生活中不能缺少的饮料。奶汁的丰富营养和高原地区牧业的发达,使奶汁作为饮品历史悠久和不可稍缺。吐蕃人饮酒也早成风尚,其君臣自为友,五六人曰共命,君死之日,共命人皆日夜纵酒。宴享宾客时酒是不可缺少的。敬奉神灵,相互盟誓,均要饮酒以壮其行。饮茶同样流行,吐蕃人熟知内地各种名茶,并掌握茶的焙制技术,甚至十分讲究茶道与品茶、鉴别茶的色相性能等。

　　吐蕃的食物也存在一些禁忌，如鱼、蟹、虾等海产，以及马、狗、驴等动物一般都不能列进菜谱。《册府元龟》卷九六一记吐蕃人"不食驴马肉"。松赞干布的曾祖没卢年岱如赞普的一位妃子因偷吃"蛙"肉，犯忌而生癞。随着中原及周边饮食文化影响，也有某些变化，如自文成公主带入蔓菁种子后，各类蔬菜也逐渐为吐蕃人所接受，但饮食的基本特征依然如故。

　　居住：吐蕃的居室大致可分为两类：一是拂庐，一是房屋建筑。前者反映游牧民的居住状况，后者则是城镇与农民的居住状况。《新唐书·吐蕃传》记："其赞普居跋布川，或逻娑川，有城廓庐舍不肯处，联毳帐以居，号大拂庐，容数百人。……部人处小拂庐。"同时又说其屋皆平上，高至数丈。女国人王居九层之楼，即是例证。《北史·附国传》记此较详，文说附国人"俗好复仇，故垒石为碉，以避其患。其碉高至十余丈，下至五六丈，每级以木隔之，基方三四步，碉上方二三步，状似浮图。于下级开小门，从内上通，夜必关闭，以防贼盗"。

　　当然，大昭寺、桑耶寺和布达拉宫的原型，都是吐蕃王朝的宏大建筑，它不仅象征着吐蕃王朝的气势、建筑水平，而且还成为一种高超的艺术。

(二) 体育活动

　　体育活动在上古时期多与军事训练相关，且以军事活动为目的，在吐蕃人那里也是这样。吐蕃人的重要体育活动首先是骑马射箭，苯教徒及后来被佛教徒所继承的箭神崇拜，即与此有关。据载，仅用于魔符仪式的就有八种箭，即神箭、魔箭、水肿恶魔箭、赞神箭、王箭、捶鼓箭、妈箭(ma-mdav)和星箭。骑马射箭的比赛活动就成为一项主要的体育活动内容。传说时代的止贡赞普，就是在与属臣罗昂木达孜的比武中被杀身亡的。据史书记载，在墀都松赞普时(676—704 年在位)，吐蕃出现了武艺高强的七位大臣,实际上也是七名体育运动健将。《王统世系明鉴》说:俄仁那波能举大象,俄林康能举七岁大牦牛,诺坚赞能用月牙箭射断鹰腰,韦东公的箭能射到三倍于目力所视的地方,桂雅琼能将盛满沙子的鹿皮口袋举起绕头旋转,交绕仲西能拉回奔跑下山的野牛,诺赤顿玉敬能拉回跳崖的奔马。由此可知,射箭和举重是吐蕃人体能训练的两项基本内容,且为后世所继承,至今射箭和举石头,仍是藏族人民喜爱的民间体育运动。桑耶寺壁画中有比武图,图中赛跑、赛马射箭、摔跤和举重,应是写实画。

下棋是吐蕃人的另一类体育活动,史书称其人"围棋陆博,吹蠡鸣鼓为戏"。[①] 围棋可以算作是带有智力较量的体育项目。唐人极盛行下围棋,是否影响了吐蕃,还有待考证。陆博,应是一种具有赌博性质的跳棋,与围棋类似。"陆"古汉语中有跳跃的意思,《庄子·马蹄》说:"龁草饮水,翘首而陆,此马之真性也。"博,则是古代一种赌输赢的游戏。《史记·游侠列传》说:"剧孟行大类朱家,而好博。"知此术先秦已在中原地区流行,很可能陆博是从内地传入吐蕃的。吐蕃人的赌博之风,也算得其至道。

最引人兴趣的体育项目则是打马球,此项活动的发明人是谁,学者们有不同说法,向达教授认为起自波斯,他说:"波罗球(polo)为一种马上打球之戏,发源于波斯,其后西行,传至君士坦丁堡;东来,传至土耳其斯坦,由土耳其斯坦传入中国西藏、印度诸地。日本、高丽皆有此戏,则又得自中国也。"[②]美国学者劳费尔在他的《藏语中的借词》一文中,认为英语中的polo(马球)一词,借自藏语。阴法鲁、应琳和王尧诸位教授均赞同后说。我们要告诉读者的是另一种看法:波罗球起源于波斯,这一点,向达教授所考是正确的。英语中的polo,和藏语中的polo,都来自波斯

---

① 《旧唐书·吐蕃传》。
② 向达:《长安打球小考》,见《唐代长安与西域文明》,三联书店1957年版,第80页。

文。在唐代形成的《翻译名义大集》一书中，所载该词古藏文原型为 po-lon 完全可以和波斯文球字"polon"相勘同。它是随波斯文化影响吐蕃而传入的。马球传入吐蕃较传入唐朝为早，故藏语称之为"波罗"(polo)。在此，向达先生认为源自波斯语 gui 之说似不确。但唐代的马球戏，确是传自波斯，而非吐蕃。在此，劳费尔、阴法鲁、应琳、王尧先生所说或有误，但唐蕃之间的马球术有相互切磋、影响则是毫无疑义的。

唐太宗时马球开始传入中国，太宗皇帝恐以此招致"玩物丧志"之嫌，焚球以自戒。但潇洒的玄宗皇帝却并不这么想，因此，宋代诗人晁无咎才写下了"宫殿千门白昼开，三郎(玄宗号)沉醉打球回，九龄已老韩休死，明日应无谏疏来"的诗句。

唐蕃双方的马球游戏比赛颇令人称道，封演《封氏闻见记》卷六打球条说："景云中，吐蕃遣使迎金城公主，中宗于梨园亭子赐观打球。吐蕃赞咄奏言：'臣部曲有善球者，请与汉敌。'上令仗内试之，决数都，吐蕃皆胜。时玄宗为临淄王，中宗又令与嗣虢王邕、驸马杨慎交，武延秀等四人敌吐蕃十人，玄宗东西驱突，风回电激，所向无前，吐蕃功不获施。"可见，吐蕃人的马球技艺高超，玄宗球技确实非凡。为此，唐代诗人写下了许多诗行，以纪打球盛事。杨巨源诗说："新扫球场如砥平，龙骧骤马晓光晴。入门百拜瞻雄势，动地三军唱好声。玉勒回时露赤汗，花鬃分处拂红缨。欲令四海氛烟静，杖底纤尘不敢生。"唐高宗显庆三年(658 年)，吐蕃赞普还派使者送来了金波罗(即金球)。[1] 唐朝章怀太子墓内的壁画中也有打马球图。

(三) 文化娱乐

新旧《唐书·吐蕃传》记吐蕃的音乐有"吹螺、击鼓"。鼓和螺号是吐蕃人的重要乐器，也是苯教和佛教活动的常用法器。《隋书》记附国人以

---

[1]《新唐书·吐蕃传》。

竹为弦,好歌舞,鼓簧,吹长笛。与唐朝开展密切的文化交流后,这种状况大为改变。金城公主出嫁时,"帝念主幼,赐锦缯别数万,杂伎诸工悉从,给《龟兹乐》"。① 长庆二年(822年)刘元鼎至拉萨立誓与盟,"唐使者始至,给事中论悉答热来议盟,大享于牙右,饭举酒行,与华制略等。乐奏秦王破阵曲,又奏凉州、胡渭、录要(即绿腰)、杂曲、百伎皆中国人"。②

如果说吐蕃的乐器与乐舞相对单调,那么,他们的歌舞却十分繁盛,《王统世系明鉴》记桑耶寺落成开光时的庆祝状况,可以说毕现此情。文说,在铙钹鼓乐声中,"童男少女歌且舞,衣着美丽手击鼓,又扮牛虎狮子形,头带面具舞吉祥,丝竹鼓乐献王前"。赞普先唱玉殿金座歌,"天神之子牟尼赞,唱出世间灯炬歌;天神之子牟笛赞,唱出雄狮逞威歌。众位王妃所唱的,即是玉湖明旋歌,又唱翠叶柳枝歌。众位大德也歌唱:堪布菩提萨埵唱白色道珠歌,白玛迥乃大师唱镇压神鬼歌,贤者比若扎拉唱悠扬声调歌,鲁本南喀宁波唱大鹏翔空歌,恩兰尊巴甲却唱马头长鸣歌,贤者交绕贝桑唱吉祥圆满歌。众大臣也歌唱:大臣桂衮唱一曲忠心正直歌,其子亚勒赤桑唱慧文神钥歌,苏浦贝吉僧格唱金鹅玉柱歌,将军拉桑鲁贝唱大小缨珞歌,娘桑尚波赤嘉唱狮子翻身歌,贝吉年桑白勒唱所求八愿歌,噶尔穹波东楚唱雄鹰凌空歌,琛吉多吉哲穷唱成地供奉歌,那囊嘉察拉垅唱至上仙柏歌,赤仲拉翁库曲唱上中下三曲短歌,涅吉赤桑扬本唱月光遍照歌,恩兰达扎路恭唱六面铁猴歌。众首领唱稀有金花曲,众勇士唱九迭虎山歌,众贵妇唱鲜花连环歌,众少年唱田园长久歌"。③ 那是一个诗歌抒怀的时代,"诗言志,歌咏言"。赋诗歌吟,是群众性的文化娱乐活动。岁时年节、宗教节日,照例要开展群众文体比赛活动,以示庆祝。

① 《新唐书·吐蕃传》。
② 同上。
③ 萨迦·索南坚赞著,陈庆英、仁庆扎西译:《王统世系明鉴》,第173—178页。

（四）审美情趣

吐蕃人的绘画着色及服饰色彩，均体现了他们对色彩的审美要求，注重艳丽与红黄蓝（青）诸原色是其特征。然而，集中体现吐蕃人审美情趣的是对金银首饰的偏爱和赭面之俗。

《隋书》记附国人"项系铁锁，手贯铁钏。王与酋帅，金为首饰，胸前悬一金花，径三寸"。东女国女王为小鬟髻，饰以金，耳垂珰。白兰人妇女以金花为首饰，辫发萦后，缀以珠贝。吐谷浑人男子衣服略同华夏，多以罗幂为冠，亦以缯为帽，妇人皆贯珠贝，以多为贵，束发。《册府元龟》卷九六一记吐蕃，俗重汉缯，而贵瑟瑟，男女用为首饰。爵位则以宝珠、大瑟瑟、小瑟瑟、大银、小银、大碢石、小碢石、大铜、小铜等为告身，以别高下。既是等级的差别象征，同时也含有审美的意蕴。这种男女佩带金银珠贝、玉石诸首饰的风尚，至今在藏区相沿不改，形状如故，反映出高原人爱美之心与对美的追求。

赭面之俗，是吐蕃人为适应高原地区太阳紫外线强烈而采取的保护措施，又是精神文化活动的一个重要内容，包含审美的因素。女国人"男女皆以彩色涂面，而一日中或数度变改之"。[①] 文成公主初嫁吐蕃时，还不习惯这一习俗，甚至引起厌恶之情，松赞干布为此还下令国中权且罢之。从后来的史实看，不仅吐蕃人未放弃此俗，而且还传入长安，为唐朝京城士女竞相崇尚。大诗人白居易为此写下了名诗《时世妆》："时世妆，时世妆，出自城中传四方。时世流行无远近，腮不施朱面无粉。乌膏注唇唇似泥，双眉画作八字低。妍媸黑白失本态，妆成尽似含悲啼。圆鬟无（垂）鬓椎（堆）髻样，斜红不晕赭面状。昔闻被发伊川中，辛有见之知有戎。元和妆梳君记取，椎髻赭面非华风。"这也说明吐蕃文化的魅力感染了唐代人，也充实了盛唐文化的内容。

---

① 《北史·女国》。

第七节　吐蕃的社会风俗

（一）占卜与巫术

　　占卜和巫术是人类童年时代颇受重视的两项精神活动，人们可以通过学习和继承历史传统来重温祖先的遗训，然而，人们无论如何聪明和勤勉，却无法预知不断面临的未来，也无法排遣困扰生命的万物之灵。自然崇拜、图腾崇拜和祖先崇拜，原始人类总是在自觉或不自觉的崇拜中实现追求的梦想。占卜和巫术是人类解决自身与自然，以及人类本身的矛盾而产生的，它是一个永恒的命题。占卜和巫术在古人那里庄严而肃穆，并且具有普遍的社会意义。原始的自然崇拜、苯教、佛教，吐蕃人经历了漫长而曲折的信仰历程，却始终保留着占卜与重巫的社会风俗。

　　《隋书》记苏毗女国有鸟卜之俗，其人"俗事阿修罗神，又有树神，岁初以人祭，或用猕猴，祭毕入山祝之。有一鸟如雌雉，来集掌上，破其腹而视之，有粟则年丰；沙石则有灾，谓之鸟卜"。羊骨占卜，则是与西羌有血缘关系的青藏高原各部族所共同采用的一种占卜方式，此外，还有鸡蛋卜、白狗卜、牛骨卜、虎骨卜等。从青藏高原迁至今宁夏、陕西北部并建立西夏政权的党项人，保持着他们的占卜习俗。史称，西夏旧俗，凡出兵先卜，其卜有四：一曰炙勃焦，以艾灼羊髀骨以求兆；二为"擗算"，擗竹于地，若揲蓍以求数；三为夜里用羊焚香祝之，又焚谷火于静处，早晨杀羊，视其肠胃，畅通则出兵无阻，心有血则不利；四为以矢击弓弦，审辨其声音，预知敌至之日期与交兵之胜负、六畜之灾祥、五谷之凶稔。[①]

　　占卜内容涉及军国大事、出兵成败、年成丰歉、仕途吉凶，乃至出门顺逆、丧葬时辰等。敦煌古藏文文书有大量占卜资料，实证了占卜习俗在吐蕃时代风行的状况。P. T. 1047 号是长达 400 行、192 条的羊胛骨卜

――――――――――

①《宋史·夏国传》。

辞,中有吐蕃大相邦色苏孜的问卜与结果,经 20 次卜问,得吉卦,"三代人与国王、社稷,兴旺;其后社稷衰败。或人神不悦,引来魔怪、妖精、瘟疫、厉鬼等。国王与尚论生命危险,凶"。灭象雄也因卜得吉卦而获胜。P. T. 1055 号是铜钱占卜,结果"十个铜钱为'字',其余为'幂'。属于火土,身无病,生命平安,吉;办事能成;求见、求事能成;盖房、成亲,吉;病人无须服药能愈;官司迅速能断;丢失财物难以寻获;搬迁无危险;出行者一时难回。中"。[①] S.6878 号卷子说:"天门之日,宜远行,吉利。天节之日,出门遇耗损,大凶。天友之日,出门逢友,诸事顺遂,大吉。天宫之日,出门逢友,获厚利,大吉。天财之日,出门逢友,诸事顺遂,大吉。天盗之日,出门遇匪盗,大凶。"这是中原占卜文化在吐蕃人辖区所引起的共鸣。占卜之术贯穿于吐蕃的古今风俗之中。在后世的达赖喇嘛、班禅额尔德尼及其他大小活佛的选定中也发挥着重大的作用。

重鬼右巫是吐蕃人精神活动的另一大特征。《旧唐书·吐蕃传》说吐蕃"多事羱羝之神,人信巫觋"。它和占卜一样,在国计民生及人们的举手投足之间,均发挥着作用。巫师是巫术的施行者,有时也是占卜者,地位举足轻重。在吐蕃王朝政治活动中极具影响的会盟,是由巫师主持的,由他告于天地山川日月星辰之神,作为神的使者或代言人,人神之间的沟通者,左右政局的稳定。巫术还成为上层贵族进行权力与利益斗争的工具,人们熟知的事实之一是,前西藏地方政府(即噶厦)有一位代言神巫,即乃穷夺护法大神,他在达赖喇嘛的选定、政治斗争,以及近代西藏人民反抗英国武装侵略活动的战和决策中,都发挥决定性的作用。当然,它的"人性"特征也日渐显明,常常被少数人所操纵。西藏各教派、各大寺院多有自己的护法大神,为他们避凶就吉,驱邪纳祥,充当万能的萨满角色。

---

① 王尧、陈践:《吐蕃时期的占卜研究——敦煌藏文写卷 P. T. 1047、1055 号译释》,刊《世界宗教研究》1985 年第 3 期。

巫师与巫术也十分贴近民众,为人们送鬼禳病即是其功德之一。《宋史·吐蕃传》记吐蕃人"不知医药,疾病召巫觋视之,焚柴声鼓,谓之'逐鬼'"。《辽史》记西夏人"病者不用医药,召巫者送鬼,西夏语以巫为'厮'也;或迁他室,谓之'闪病'"。这些在解放前的藏区也相当流行。鬼神邪魔既然如此之多,回避他们是必要的,吐蕃人常用的武器便是护身符和符咒。后者甚至还被用作魇敌,或者暗中伤害仇人,其习俗至今仍有余迹。

(二) 伦理风俗

吐蕃的伦理风俗,在唐代史书中有简明的记述,《新唐书·吐蕃传》说,吐蕃人"妇人无及政;贵壮贱弱,母拜子,子倨父,出入前少而后老。……拜必手据地为犬号,再揖身止"。崇尚武力提高了青年男子的地位,影响到社会伦理风俗。但谁人无父母,敢不孝敬?谁人不育子女,甘受儿女欺凌?因而,作为特殊时代的暂时现象,子尊父卑、母拜子之俗虽然存在过,却没有改变吐蕃伦理风俗的基本面貌,敦煌发现的藏文写卷 P. T. 1283 号和内容相同的 P. T. 2111 号,即是最好的说明。[①] 它用弟问兄答的方式,向人们展示了吐蕃人的伦理风俗。

君臣与主仆之礼:吐蕃赞普与臣下的盟誓大多是为了确定君臣关系的目的。君臣之礼,不仅依靠法律,而且依靠礼俗道德加以约束,吐蕃显贵家族噶尔氏东赞及其诸子专权数十年,功业卓越,赞普墀都松恐其势力坐大,危及王室,遂与大论密图之,先执杀其党羽二千余人,再"发使召钦陵、赞婆等,钦陵举兵不受召,赞普自帅众讨之,钦陵未战而溃,遂自杀,其亲信左右同日自杀者百余人"。[②] 握有重兵的钦陵为何不战而溃呢?这就是盟誓和君臣之礼的巨大力量。P. T. 1283 号卷子十分强调伦

---

① 王尧、陈践:《敦煌古藏文〈仪礼问答写卷〉译解》,《西北史地》1983 年第 2 期。
②《旧唐书·吐蕃传》。

理,要"主仆之间、官奴之间、老壮之间,行公正之法",不要违背地方风俗,严格遵守"长幼之序,官仆之分,主奴之别"。

长幼之礼:文书重视长幼有序,尤其是父母与子女之间的礼仪。"儿辈能使父母、师长不感遗恨,即为最上之孝敬。奴仆能使主子、官长不加斥骂,即为最上之侍奉"。作者还明告人们,有些人对妻室之恋胜过骨肉之情,这是错误的,因为"妻子无论怎样美貌还可以买来、找到,而父母兄弟如何丑陋,却不能另外找寻。因此,对父母兄弟应比对妻子儿女更为珍视"。儿子敬爱父母之情应如珍爱自己的眼睛;父母年老一定要保护、报恩。养育之恩,永志难忘。禽兽尚知报答父母之恩,何况是人?"不孝敬父母、上司,即如同畜生,徒具人之名而已"。

夫妇之礼:吐蕃及其后世藏族妇女的地位,在不同历史阶段各有其不同特点,其趋势是地位不断下降①,但与深受儒家思想,尤其是宋明理学影响的汉族传统文化有所差异。吐蕃妇女在性爱方面相对自由,夫妇关系上也不致过于低下。"妇女无及政",父母兄弟情重于妻子固然是当时的习俗,在《礼仪问答》中,弟问:"与妻异常相爱,别人会耻笑,若嫌憎她,她又做出各种媚态,如何是好?"兄答:"无论表现怎样媚态,若是善好妩媚,应该相爱,别人不会耻笑。她无过错,因顾忌他人讥笑而加以抛弃,自然不可。若为人不厚道,无论多么美貌,也不要相结合。"夫妻地位尚不悬殊,但男权思想却也存在。这位兄长告诉弟弟:"父言为主,母言为辅",对"妻子该不该信而不生疑,她将成为别人之相好"。"要消除女人因无止境偷藏财物而造成的不愉快之事"。"娶妻要选有财富与智慧者,若两者不可兼备,应挑选有财富者,选婿要选有智慧而富裕者"。看来,吐蕃人与我们今天的某些青年男女有着同样的择偶标准,夫妇关系也被纳入经济关系的范畴。对家庭而言,物质财富是重要的,若要获得爱情,则可从别的姑娘那里去寻求,兄长告诉弟弟可以如此,只是不可尽

---

① 张云:《论藏族妇女的地位》,《西藏研究》1992年第2期。

人皆妻,或者整夜眠宿,而要有所节制,纵欲有度。

此外,婆媳之间也有礼仪:"公婆对媳妇不要当面训斥、指责,一般以解释、讲叙为是。媳妇也应视公婆为生母。"厚加礼敬,善为侍奉。"任何人,年轻时为媳,年老时为婆。人生要经历两个阶段,要看到自己也会衰老为是"。吐蕃的礼仪可谓臻于完备。

(三) 为人之道与褒贬风俗

礼仪文书在讲求上下、尊卑之礼的同时,也十分重视为人处世之道,它适用于所有人。文称:"做人之道为公正、孝敬、和蔼、温顺、怜悯、不怒、报恩、知耻、谨慎、勤奋。……而非做人之道是偏袒、暴戾、轻浮、无耻、忘恩、无情、易怒、骄傲、懒惰。"为官要如日月普照天下,像秤戥一样公平。为父母则要慈爱子女,尊长、主上要关心属下、奴仆。"子与父同心,弟与兄同心,奴与主同心,妻与夫同心,如此则公正无误,齐心协力,大家皆得安宁"。"白日亲近主人、官人及有智慧正直者和有学问而英勇者、艺高者、精通词章、法令者为佳。夜晚亲近妻子为佳。白天亲近盗贼、虚伪者、轻浮者、疯子、淫荡者、懦夫、凶顽者为劣。夜晚亲近幼女为劣"。据此标准,人们"敬重正直的人应胜过富人;敬重乞丐应胜过盗贼"。

吐蕃人还把风俗文化的社会作用形象化,造成强烈的褒贬功能。《旧唐书》记吐蕃人"重兵死,恶病终。累代战没,以为甲门。临阵败北者,悬狐尾于其首,表其似狐之怯,稠人广众,必以徇焉,其俗耻之,以为次死"。①《贤者喜宴》记六褒贬中,给勇士披虎皮裙或草豹皮,而对懦夫则戴狐尾帽。虎皮褂、虎皮裙也是六勇饰的首要标志。狐尾和虎皮成为懦夫与勇士的代名,这种风尚在吐蕃的军事扩张中发挥了不可估量的作用。《旧唐书·吐蕃传》说吐蕃士兵"每战,前队皆死,后队方进"。看来,也是这一风俗的具体反映。

---

① 《旧唐书·吐蕃传》、《新唐书·吐蕃传》、《册府元龟》卷九六一等均有类似记载。

（四）婚姻习俗

吐蕃人的婚姻类型大致有三种：一夫多妻、一妻多夫和一夫一妻。这些又都与相对松弛的性爱与婚姻关系相伴随。

一夫多妻：一夫多妻是男权取代女权在婚姻方面的一个标志。吐蕃王朝的第一位赞普松赞干布，明媒正娶的即有六位王妃：即墀尊公主、文成公主、象雄妃、乳容妃、木雅妃和孟氏妃。墀松德赞也有没庐妃、蔡绷妃、波雍妃等，他还把一位妃子（即喀青妃）赠给了密宗大师莲花生，供给修法。一夫多妻在王室贵族中是极寻常的。收继婚是造成一夫多妻的另一个重要因素，青藏高原上的吐谷浑人、党项人、白兰人、附国人，都有"妻其群母及嫂，儿弟死，父兄亦纳其妻"①的习俗，防止财产分散或流失的需要，是这一婚俗颇受崇尚的根本原因。一夫多妻在吐蕃人那里，不唯王公富室，而且普通百姓也从之如流。敦煌古藏文礼仪写卷中，就有关于如何对待父亲妻妾的问答，其兄的主张是："应该一心调合，自己对生母和庶母要同样亲热，平等相待。有理无理先要公正行事。大妻小妾合于当地风俗，表面要相等而不应有所特殊。"此即民间的一夫多妻风俗。

一妻多夫：一妻多夫在吐蕃时代具有一定的代表性。我们前文谈到了女国、东女国，女人主政，贵妇人，轻丈夫，虽贱庶之女犹有数夫而性不妒忌的情况；也讨论了吐蕃一妻多夫与中亚一妻多夫婚俗的承继关系。为我们论点进一步作证的材料是本教文献《忿怒六续部》和《瓦尔塞丁穆玉堡续部》，它们讲述了本教所崇拜的五位恶神中的前三位，即瓦尔塞安巴、拉管托巴和早乔喀金，共同与九姐妹中的大姐南期贡杰结为夫妇，组成一妻多夫家庭。② 苯教来自波斯，苯教的婚俗接受中

---

①《北史·附国传》。
② 卡尔梅著，王尧、陈观胜译：《苯教历史·教派概述》。

亚影响是在意料之中的。传说中的吐蕃第一位赞普是天神六兄弟之子,意味着一妻多夫。[①] 一妻多夫有兄弟共妻和朋友共妻两种,这在前文已述及。

我们强调中亚一妻多夫对吐蕃的影响,并不忽视吐蕃婚姻状态的多样化。任何婚姻形态在上古时期都曾存在过,而任何民族都会经历类似的婚姻发展进程。后进的婚姻状态与女国的存在,是吐蕃人能够接受并流行一妻多夫制婚姻的重要因素。浙江温州乐清地方也流行过一妻多夫制婚俗,其形态与青藏高原地区极类似,而且据该记载者目睹与考察,此风相沿已久。虽然,我们可以联想到唐代大批被流放到江南地区的吐蕃俘虏的影响,但是暂时还不拟遽作论断。

一夫一妻制的存在,其社会风俗的作用远较自然法则为轻。人类性别的自然比例接近1∶1,故一夫一妻制更具合理性。据此,吐蕃的一妻多夫与一夫多妻并存,尚有相互补充的功能。

婚姻习俗还包括它的许多仪式。苯教礼仪文献《择偶七善业仪轨》有八个方面的内容:即请神灵来至新娘身边驱魔,洗去污秽与不洁不祥,为新娘铺设地毯、迎进家门,献给新娘三种奶制品,为新娘取一新名,祈求众神灵保护,招福,颂祝吉祥等。[②]

在新婚庆典的祝词中,提到新郎的灵魂金,新娘的灵魂玉;新郎的登天绳,新娘的吉祥绳;新郎的生命箭,新娘的金纺锤。把它们结合起来,将新郎、新娘托付给神,让神灵永远保护他们的生命与婚姻。

在甘肃南部藏区还流传着古老的"戴天头"婚俗,女孩长到十五六岁,举行隆重的婚礼仪式,由司婚总管主持,有司酒、司筵、打份子、接宾客等专职人员分主各事。先请高僧为姑娘举行清洗去秽、安神祝福礼,然后姑娘跪下听经,最后念戴天头祝词,词有:"羽毛丰满的锦鸡,向着蓝

---

① 王尧:《吐蕃文化》,第178页。
② 卡尔梅著,王尧、陈观胜译:《苯教历史·教派概述》。

天飞腾；脚力已足的骏马，开始在草原上驰骋；到了戴头年纪的姑娘，婚礼要对天举行；这是民族的风俗，这是婚礼的传统，为姑娘自由择配，打开了天门。"①这种人与天结合的婚姻形式，包含着三层含义：第一，婚礼即是女子成年礼；第二，该女子可以参加社会活动，尤其是与异性的交往活动，有母系氏族社会群婚残余，孩子只知其母不知其父；第三，天神崇拜，类似于给河神、山神娶妻。

此外，青藏高原上还存在偷盗婚或抢婚形式，吐谷浑人即有此风，那些"贫不能备财者，辄盗女去"。②

（五）丧葬风俗

丧葬是吐蕃人十分看重的一项活动，它关系到死者的安息或转世，也关系到生者的祸福否泰。因此，丧葬的风俗极为凝重而浓厚。吐蕃人重战死，恶病终。"战死者，其墓周围白土泥之，不与诸墓连接"。女国"贵人死，剥取皮，以金屑和骨肉置于瓶内而埋之。经一年，又以其皮内（纳）于铁器埋之"。③吐蕃普通人死，"杀牛马以殉，取牛马头，周垒于墓上。其墓正方，累石为之，状若平头屋焉"。居父母丧，子女要截发，以青黛涂面，着黑色衣服，既葬即吉。"其臣与君自为友，号曰共命人，其数不过五人。君死之日，共命人皆日夜纵酒。葬日，于脚下针，血尽乃死，便以殉葬。复有亲信人，用刀当脑纵锯，或有将四尺木，大如指，刺两肋下，死者十有四五，亦殉葬焉"。其平生所衣、所爱珍玩及所乘马、所佩弓剑，皆埋于墓下，在墓上起大室，立土堆，插杂木为祠祭之所。④并有"活死人"守灵制度。

在吐蕃王朝境内流行着多种丧葬形式，主要有土葬，如女国、吐蕃、

---

① 许英国：《藏族婚礼习俗和婚俗习俗歌》，转见王尧《吐蕃文化》，第179—180页。
② 《魏书·吐谷浑传》。
③ 《隋书·女国传》。
④ 《册府元龟》卷九六一《外臣部·土风三》；《旧唐书·吐蕃传》；《通典》卷一九〇。

吐谷浑等即是；火葬，是古羌人旧俗，党项人即行此葬式，后世佛教的火葬强化了这一旧俗；天葬，如我们上文所说，它与中亚的葬俗有关，且与苯教的仪式相连；瓶葬或瓮葬，如女国即有此风俗；崖葬，羊同国曾流行；水葬，用于恶病死者。

藏王墓群的存在和发掘将给人们展示一幅生动而真实的历史挂图。这个古墓群位于西藏山南地区琼结县城南约 1 公里处，东西长 2 公里余，南北宽约 1.5 公里。共有墓葬 16 座，皆为封土墓，有方形与梯形两种，前者居多，恰与文献所说"其墓正方"相合。墓群可分东西两区，东区有 6 座在东嘎沟口，西区有 10 座在木惹山麓和河谷台地。由于吐蕃王朝末年朗达玛被刺身亡，诸贵族兵戎相向，继之属民造反，诸王陵墓被毁，其金银财宝多被窃盗。因此要确切分清墓主已相当困难，经过近半个世纪以来学者们的努力，我们已经知道其中 9 座的归属，即松赞干布、芒松芒赞、墀德松赞、墀松德赞、墀祖德赞、墀德祖赞、朗达玛、墀都松芒波结、牟尼赞普。它们自北而南，按世系先后有序地排列着。据载，松赞干布的墓大门朝西，内有 5 个墓室，中间放置着松赞干布、文成公主、墀尊公主的遗体。各墓室有门道相通，随葬有松赞干布生前所用铠甲、武器和生活用具，以及唐朝皇帝、泥婆罗国王和其他邻国赠送的珍贵礼物。南殿存放用鹿皮包裹的两克珍珠，北殿放宝玉和纯金制作的骑士，墓顶有古庙，原有松赞干布浮雕像，后供松赞干布、文成公主、墀尊公主及禄东赞、吞米桑布札两大臣塑像。在墀松德赞和墀德松赞墓前，尚各存一碑，内述其生平伟业。石碑代表着世界之轴，是在地狱、人世、天上三界之间传递信息的一种有形的方式，它体现了微观世界与宏观世界的一致性、赞普的住所（此即坟墓）与宇宙的相似性。[1]

充满动感的吐蕃文化会引发人们的许多奇思遐想，它把周邻地区的古老文明汇聚到自己这里，进行扬弃后，形成了自己别具一格的文化。

---

[1] 图齐著，向红笳译：《西藏考古》，第 23 页。

第八章　余论吐蕃丝绸之路

吐蕃丝路作为畅通的国际文化交流大动脉,盛于唐太宗贞观年间(627—649 年)至唐高宗咸亨年间(670—674 年),故人们也称之为唐蕃丝路。吐蕃丝路在时间上,大体与吐蕃王朝的兴衰相一致,大约只有半个世纪。但是,由于千百年来文化交往的深厚积淀,由于吐蕃王朝的崛起与扩张,以及繁荣的唐文化、印度文化和中亚文化的沐浴,终于促成了独具特色的吐蕃文化的最后形成。本书的主旨就是以此为线索来把握吐蕃丝路的文化交往以及吐蕃文化的本质特色。

繁盛的吐蕃丝路虽然只有短短的半个世纪,但是,吐蕃丝路上的文化交流,在唐之前由来已久,此后绵绵不断地进行着。吐蕃王朝的崛起及其与周边的交流,是以自石器时代以来青藏高原地区古部落与古邦国的文化积累,和它们与外界的频繁交往为基础的。吐蕃攻占河西陇右以后,吐蕃丝路不复有昔日辉煌景象,然而,河陇地区与吐蕃本部却在吐蕃王朝的管辖之下,开始更直接的文化交流;印度与吐蕃间的经济文化往来,以及唐蕃之间的遣使问聘、丝绸珍品朝贡贸易,一直存在。因此,吐蕃丝路的桥梁作用并没有中断,甚至也没有减轻,直到吐蕃王朝瓦解以后才发生变化。

吐蕃文化或藏族古代文化,可以划分为两个阶段或两种类型,一是吐蕃王朝时期的文化,一是藏传佛教文化。前者具有浓郁的外来文化色彩,表现出多元和多样性。后者则以佛教文化为脊柱,表现出单一性,且具凝重的地方色彩,又可分为前后两个时期,前期以纷繁的教派文化为主流,后期则为黄教(格鲁派)一统天下。我们讨论了吐蕃王朝之前和吐蕃王朝时期的吐蕃丝路文化,也有必要述及吐蕃王朝灭亡以后,吐蕃丝路在中外文化交流中的作用,让读者看到一个全景。

第一节　九九归一的政治大势

842 年,叶尔巴寺的僧人拉隆贝吉多杰,在大昭寺唐蕃会盟碑前刺死了崇苯毁法的达磨赞普。吐蕃贵族分拥达磨两子沃松和云丹,相互对峙。前者占据约如(雅隆河谷一带),后者占据乌茹(拉萨一带),双方展开 20 余年的王位之争。远离本土的各部守将也各拥一方,相互攻战。强盛一时的吐蕃王朝就在内讧中土崩瓦解。河陇的吐蕃奴部组成"嗢末"军,反抗吐蕃统治。沙州人张议潮趁势起兵,收复瓜沙等 11 州归唐。吐蕃本土的奴隶起义犹如暴风骤雨,动摇了吐蕃王朝的根基。奴隶们杀贵族,捣毁赞普陵墓,埋葬了辉煌的吐蕃王朝。此后的近 400 年间,在青藏高原地区的史册上留下的只是混战和各自为政的历史。

(一) 元朝的统一、置驿与施政

1206 年春,蒙古部落首领铁木真召集贵族、那颜举行忽里台,建九游巨旗,即大汗位,称成吉思汗,建立大蒙古国。在统一漠北后,挥戈南下,灭夏灭金,直逼南宋。同时,也把目光投向教派分立的吐蕃地区。1239 年,坐镇凉州(今甘肃武威)的窝阔台之子阔端,派属将多达那波(道尔达)率兵进入乌思藏,击溃各部并探明情况。1240 年,阔端决定召请通晓五明的萨迦派首领萨班·贡噶坚赞。1244 年,阔端再次发布召请令旨,带有最后通牒性质:来则授命管领西方僧众,不来则派军前往追究。随信赏赐的物品有:白银五大锭,镶有六千二百粒珍珠的袈裟一袭,硫磺色锦缎长坎肩一领,靴子,环纹绸二匹,团锦缎二匹,另有五色锦缎二十匹。① 接到令旨后,年迈的萨班即携其两侄八思巴和恰那多吉前往凉州,1246 年抵达。1247 年,与参加完推举大汗的忽里台大会而返回的阔端相见,双方约定吐蕃归附蒙古国,萨班受命向乌思藏地方各部首领发布通告,号召各地首领缮写官员姓名、百姓数目与贡品数量,归服蒙古。最后还提供了一份贡物名单,有金、银、象牙、大粒珍珠、银朱、藏红花、木香、牛黄、虎皮、豹皮、草豹皮、水獭皮、蕃呢、氆氇等,供各地首领参考。② 吐蕃成为大蒙古国的一方辖土。

　　1260 年,忽必烈继大汗位以后,逐渐在吐蕃地方设官授职、编订户籍,完善统治体制与制度。1271 年攻南宋,改国号大元,吐蕃地方正式成为元朝中央政府治下的一个行政区。元朝的吐蕃地方,有西平王出镇、帝师领有和白兰王掌管三种势力影响施政,但是起主导作用的是宣政院及其下辖机构。元朝在中央设置的管理吐蕃地方的核心机构是释教总制院,1288 年改为宣政院,院使多由宰相或权臣兼任,下辖三个宣慰使司:乌思藏纳里速古鲁孙等三路宣慰使司都元帅府,设在乌思藏(治萨迦);吐蕃等处宣慰使司都元帅府,设在安多;吐蕃等路宣慰使司都元帅府,设在康区。其下设万户府、招讨司、安抚司、千户所等。在乌思藏地区置有 13 万户,均听命于中央,并受萨迦本钦(大官)节制。帝师对官员的荐举和乌思藏地方事务有很大的权力,史称“帝师之命,与诏敕并行于西土”。③

　　元朝在乌思藏地方三次括户,规定赋税数额与差役任务;设置驿站,

──────────

① 阿旺贡噶索南著,陈庆英等译:《萨迦世系史》,西藏人民出版社 1989 年版,第 81、91—94 页。
② 同上。
③ 《元史·百官三·宣政院》;《元史·释老传》。

保持政令畅通;征兵、驻兵、镇压地方叛乱,有效地实施了统治。驿站制度的完善还直接促进了青藏高原地区、青藏高原与内地以及与周邻国家间的经济文化交流。据《汉藏史集》记载,1264 年,元世祖忽必烈派总制院官员答失蛮前往吐蕃建立驿站。答失蛮来到朵思麻的丹底水晶佛殿,即今青海化隆的丹底寺,然后经过朵思堆(即朵甘思)、卓多桑珠、藏,最后到达萨迦寺,总计设立 27 个大驿站,其中朵思麻有 7 个,朵甘思有 9 个,乌思藏地区有 11 个。乌思的 7 个大站是索(索县)、夏克(夏曲卡)、孜巴、夏颇、贡、官萨、甲瓦等,后藏的 4 个大站是达(南木林达拉)、春堆(日喀则县)、达尔垅、仲达(萨迦仲达)①,大致与经过康区的青藏道相似。这是元代时期繁荣的政治、经济和文化交往大道。

(二) 明代的多封众建、贡市羁縻政策

1368 年,朱元璋在南京建立明朝,取代了元朝的统治地位。接着即遣官前往藏区,诏谕吐蕃首领归附新朝。蒙古宗室、出镇吐蕃地区的镇西武靖王卜纳剌率部归附。1372 年,乌思藏元故摄帝师喃加巴藏卜遣人向明朝进贡,次年进京朝觐,被封为炽盛佛宝国师,授玉印,他先后向明朝荐举乌思藏地区元故官百余人,皆受官职,上缴元朝旧敕印信,换取明朝新敕印信。明朝不再采用元代以宣政院管理和帝师领有的行政制度,依据乌思藏地方的政治局势,实行多封众建、贡市羁縻的政策。

洪武四年(1371 年),明朝设河州卫(治甘肃临夏),下辖千户、百户所等机构。1373 年,设乌思藏卫指挥使司和朵甘卫指挥使司,下设两个宣慰司、一个元帅府、四个招讨司、十三个万户府、四个千户所等。后又因归附者增多而有所增加。② 对于各级官员,如指挥使、指挥副使、指挥同知、元帅、指挥佥事、招讨、巡检、万户、千户、副千户、所镇抚等,皆由明朝

① 陈庆英译:《汉藏史集》,第 168—169 页。
② 《明太祖实录》卷七九、九五。

中央政府直接敕封当地僧俗首领担任,颁授印信、锦服,令其"绥镇一方,安辑众庶"。

对于颇具影响的乌思藏地方宗教首领,明朝依其实力大小分别予以封授。噶玛派黑帽系第五世活佛得银协巴 1407 年入京朝觐,被明朝封为大宝法王;1413 年萨迦派拉康方丈昆泽思巴至京,被封为大乘法王;1415 年宗喀巴弟子释迦也失进京,受封"西天佛子大国师",至 1434 年再至京师,被授予"大慈法王"。在三大法王之外,明朝还封授了阐化、护教、赞善、辅教、阐教五王。此外,还封授乌思藏、朵甘等各地僧人首领法王、西天佛子、大国师、国师、禅师、都纲喇嘛等各种名号,分授印信、号纸,令其为朝廷"忠修职贡"、"抚治人民"。

明代中央与乌思藏地方保持着密切的朝贡贸易。永乐十二年(1414年),中官杨三保受命往谕乌思藏阐化王及甘、青、川等地藏区大小首领,"令所辖地方,驿站有未复归者,悉如旧设置,以通使命"。经过多次修复,形成"道路毕通,使臣往还数万里,无虞盗贼"的局面①,保证了政治、经济和文化联系的畅通。乌思藏地方向明朝中央进贡的物品有佛像、舍利、驼、马、盔甲、氆氇、铁哩麻、酥油、皮毛、藏香、药材及其他特产、工艺品。明朝回赐的主要是绸缎、布匹、茶叶、金、银、钞币、粮食、食盐等。由于有利可图,进贡者络绎不绝。茶马贸易是加强明朝中央与乌思藏地方关系的重要经济纽带。明朝在河州(临夏)、秦州(天水)、洮州(临潭)、雅州(雅安)、岩州(松潘西北)等地设立茶马司,统一管理乌思藏地方与内地的茶马贸易。频繁的朝贡贸易和茶马交换,使青藏高原地区的经济文化交往呈现出新的景象。与元代以青藏道和吐蕃联系为主不同,明代及其后,川藏道的文化交往地位也渐渐突出,至清代占据主导地位。

---

① 《明太宗实录》卷一四七;《明史·西域三》。

(三) 清代在藏施政与噶厦政府的建立

明朝末年,中国境内政局发生较大变化。1636 年,女真人建立的后金政权改国号大清,势力迅速发展。西藏地方的政教斗争转入白热化,新兴并已播及蒙藏广大地区的黄教格鲁派,面临噶玛噶举派和第悉藏巴汗的政教压力,不得已而求助于驻牧在天山南路的蒙古和硕特部。1642年,和硕特部首领图鲁拜琥(即固实汗)进兵卫藏(即乌思藏),摧毁第悉藏巴政权,统一卫藏,尊崇黄教,同时与清朝政权联系。1652 年,五世达赖朝清,次年返回,清室封其为"西天大善自在佛所领天下释教普通瓦赤喇怛喇达赖喇嘛",并封图鲁拜琥为"遵行文义敏慧固实汗",谕其"作朕屏辅,辑乃封圻",确认西藏的政教权力。

五世达赖喇嘛圆寂后,第巴桑结嘉措秘不发丧,并与蒙古和硕特统治者拉藏汗对抗,失败被杀。康熙帝认为"西藏事务,不便令拉藏独理",于 1709 年派官入藏,协同办理藏务。1713 年又正式册封五世班禅为"班禅额尔德尼",以安定政教局势。1717 年,蒙古准噶尔部策妄阿拉布坦率兵入藏,杀拉藏废达赖喇嘛,扰乱地方,清朝两度出军入藏平叛。乱平,蒙古汗王在藏的统治遂告结束。清朝废除独据大权的第巴职位,改设四噶伦管理政务,以康济鼐为首席噶伦,赏贝子衔。1727 年,噶伦阿尔布巴杀康济鼐叛乱,清朝调兵入藏平叛,并决定设立驻藏大臣。

阿尔布巴叛乱平息后,清朝封平叛有功的颇罗鼐为贝子,令其总理藏政。20 年后的 1747 年,颇罗鼐去世,其次子珠尔墨特那木扎勒袭封,排除异己,藐视驻藏大臣,迫害达赖喇嘛。1750 年,为驻藏大臣剪除。在废除郡王掌政制度之后,清朝授权由七世达赖掌政。1751 年,正式在西藏建立噶厦政府。噶厦设三俗一僧四位噶伦,地位平等,秉承驻藏大臣和达赖喇嘛旨意,共同处理地方事务。在达赖喇嘛系统下设立秘书处,内设僧官四人,审核噶厦公文,钤印认可,使僧、俗互相牵制。同时将藏北三十九族和达木蒙古八旗划归驻藏大臣直辖,增加 1 500 名士兵戍藏,听命于驻藏大臣。1757年,七世达赖喇嘛圆寂,乾隆帝恐众噶伦"擅权滋事",令第穆呼图克图一体掌办喇嘛事务,创立了达赖喇嘛未亲政时的"摄政"制度。

1788年和1791年,廓尔喀(即尼泊尔)两次侵藏,乾隆帝令福康安入藏平定。在处理善后事务时,颁布"二十九条章程",规定:驻藏大臣督办藏务,地位与达赖喇嘛和班禅额尔德尼相互平等,噶伦及僧俗官员为其下属;设立金本巴瓶,抽签决定达赖、班禅和其他大呼图克图转世;增设地方常备军三千员,由驻藏大臣统辖、训练、调遣;对外交涉,外侨、外商和边境贸易的管理,均由驻藏大臣直接掌握。"二十九条章程"的颁布表明清朝中央治藏政策的最后完成,对西藏地方的安定、经济文化的繁荣产生了重大的影响。1840年以后,英国侵华加剧,中国进入半殖民地半封建社会,民族危机日益加深,西南边疆也从此不宁,探险家、传教士、游历客纷纷拥入。英国的东印度公司以经济侵略为宗旨,在西藏地区展开蚕食鲸吞活动,古代的吐蕃丝绸之路便在殖民者的肆虐之下消失了它的踪影。

第二节　走向前台的佛教文化

吐蕃王朝的崛起与向外扩张,使青藏高原地区呈现出一个辉煌灿烂的局面,默默无闻的雅隆吐蕃人,顿时成为人们关注的一个焦点。松赞干布初见唐朝使者,慕大国服饰之盛,释裘褐,衣纨绮,风度翩翩。吐蕃人虚怀若谷地学习四方文化,在丝绸之路的导引下,走出闭塞,创造出斑斓多姿的吐蕃文化,让世人刮目相看,但宗教文化的发展也与人们的意愿并不一致,热巴坚赞普极力崇佛,并没有使佛教深入民间,而朗达玛赞普倾心崇苯,也并未使苯教再度辉煌。吐蕃王朝在纷乱中灭亡了,四百余年的混乱给吐蕃文化一个全新的局面。

(一)后弘期与教派的形成

在藏文佛教典籍中,把佛教传入吐蕃到朗达玛(达磨)赞普灭佛这一时期,也即吐蕃王朝时期,称为佛法的"前弘期";把 10 世纪后半期,佛教经下路与上路弘传而重新获得发展时期,称为"后弘期"。后弘期佛教真正深入民间,获得巨大的发展,并奠定了藏族文化的基本格局。促成佛教文化一统青藏高原的因素有两点:一是四百年的分裂与混乱;一是高僧大德不遗余力的弘传。现实的痛苦把佛教的千年王国从遥远的天边瞬息间拉到人们的眼前,佛教不再是空洞的说教,人们痛苦的心灵好像听到了救渡者的召唤,而高僧的说服与宣讲,像黑夜的灯塔,像驶向幸福彼岸的航船,给人们解脱与希望,给人们避难的港湾。吐蕃文化从此有了新位置,藏传佛教开始了自己更深厚的修持与积淀。

朗达玛灭佛时,有几位高僧携经西逃羊同,再辗转至今新疆,最终落脚于宗喀(今青海湟中)地方,授徒传经。10 世纪后期,桑耶寺住持也失坚赞(永丹六世孙),资助乌思藏地区 10 名学僧至宗喀习法受戒,学成归寺,是为"下路弘传";同期,古格首领拉德(lha lde,沃松五世孙)之父资助多人赴迦湿弥罗学经,仁钦桑布(rin chen bzang po,958—1055 年)等著名高僧学成归里,在古格托顶寺主持翻译显密经典,史称"上路弘传"。前弘期所译密籍被称为旧密咒,而后弘期所译被称为新密咒,仁钦桑布因殊功而获"洛钦(Lo chen,大译师)"尊号。

经过半个世纪的准备,古格首领认为大力弘法时期已成熟,遂于1042 年迎请摩揭陀国超岩寺(今印度比哈尔邦南部)上座部高僧阿底峡(Atisa,982—1054 年,孟加拉人)来托顶寺译经说法。1045 年,阿底峡弟子仲敦巴商得乌思藏地方首领同意与支持,从纳里速迎请阿底峡至乌思藏传法。阿底峡不辞辛劳,历时九年,足迹踏遍乌思藏各地,弘扬佛说,为佛教振兴播撒星星火种,直到 1054 年,在拉萨以南的聂塘去世为止。此后,佛教各派在乌思藏地区纷纷建立。

尊奉莲花生的旧密咒，并且只在民间传教的宁玛派首先诞生。宁玛派多以父子相传，既秉承莲花生所传旧密，又大量吸收苯教仪轨，重视密法与仪轨，其中无上瑜伽部密法，如无垢友弘传的幻变密藏和心部，莲花生所传金刚橛法、马头明王法、诸护神法，静藏所传文殊法等，为宁玛派所特有。[①]　宁玛意为"旧"，僧人着红衣，俗称之为"红教"。11世纪有同属"素尔"家族的三人，即"三素尔"，建寺收徒传法，形成教派。五世达赖喇嘛曾信之，而噶厦政府的护法神也多与此派有关。

1056年，阿底峡弟子仲敦巴因封建主支持在热振（今林周县）建寺，创立噶当教派（意为教诫派）。黄教即在此派的基础上改革而成。

1073年，昆氏家族衮却杰布在萨迦建寺，创立萨迦派，俗称"花教"，族内传承。元代大受礼重，教主受封帝师，受命参预管理地方政务。

噶举派，俗称"白教"，首创于11世纪，教派祖师是玛尔巴和米拉日巴师徒。1121年，其弟子建两寺，形成以琼波南交为首的香巴噶举（主寺香巴寺在今南木林）和以塔波拉杰为首的塔波噶举（主寺在朗县）两派。后者又分为四大支派，即以噶玛（在今昌都，1147年建）和楚布（今堆龙德庆，1187年建）两寺为主寺的噶玛派；以帕竹（在今桑日县，1158年建）为主寺的帕竹派；以拔戎（在昂仁县，1160年建）为主寺的拔戎派；以蔡巴（在拉萨东郊，1175年建）为主寺的蔡巴派。从帕竹派中又分出八个小支派，即止贡派（1179年建，在今墨竹工卡）、达垅派（1180年建，在林周县）、雅桑派（1206年建，在乃东县）、主巴派（1193年建，在拉萨河西南）、绰浦派、修赛派、叶巴派和玛仓派。[②]

此外，还有希解派、觉域派、觉囊派等众多派别，各展风姿。

（二）唃厮啰及其文化

唃厮啰（997—1065年）是吐蕃赞普达磨之后裔，藏文应作"rgyal-

---

① 法尊：《宁玛派》，见《中国佛教》（一），知识出版社1980年版。
② 王森：《西藏佛教发展史略》，中国社会科学出版社1987年版。

sras"，意为"王子"或"佛子"。史称其生于高昌磨榆国（即今西藏芒域），河州大贾何郎业贤经商至此，见其奇货可居，遂携归河州（今甘肃临夏），被当地首领拥以为主，号召民众。后来河湟大酋李立尊、邈川首领温逋奇以武力劫之至廓州（青海化隆），尊为赞普。后移居宗哥（青海平安），最终定居青唐（今西宁），逐渐发展为地方割据政权。唃厮啰也由人名变为政权代号，也有以地名之，称"青唐"。

唃厮啰政权所占据的河湟地区，宜农宜牧，手工业也相当发达，尤以铸造铠甲驰名，宋人沈括《梦溪笔谈》卷一九对此有所记载，称其不用火，冷锻为之，"铁色青黑，莹彻可鉴毛发"。

青唐吐蕃地处丝路青海道，颇得商贸之利。1036 年，西夏人控制河西走廊，夏国将吏对过往商人"十中取一，择其上品，商人苦之。后以物美恶杂贮毛连中，然所征亦不赀"。[①] 迫使宋朝与西域商旅绕经青海道，而大食商人则取海道至广州抵京。[②] 这在客观上促进了青海道的繁荣，青唐城已成为当时丝路上的一个中心，"东城惟陷羌人及羌人之子孙（即吐蕃人），夏国降羌、于阗、回纥往来贾贩之人数百家居之"。[③] 他们还为客商充当护卫，以保旅途安全，从中也获得商贸之利。《宋史·吐蕃传》说，其"市易用五谷、乳香、硇砂、氆毡、马牛以代钱帛"。"（唃）厮啰居鄯州，西有临谷城通青海，高昌诸国商人皆趋鄯州贸易，以故富强。"通过丝道流入吐蕃和西域的，主要是宋朝的丝绸及织物、茶叶和金银器等，而流入宋朝的则是青唐吐蕃的马匹、麝香和西域的珍珠、象牙、玉石等珍宝方物，形式多样，有朝贡贸易，也有掠夺贸易，大量进行的则是茶马贸易。

唃厮啰政权以部落组织为基础，保留了吐蕃的故有习俗，并因唐蕃舅甥关系之旧，称宋朝皇帝为"阿舅天子"。"道旧事则数十二辰属，曰兔年如此，马年如此"。"信咒诅，或以决事，讼有疑，使诅之。讼者上辞牒，

---

① 吴广成：《西夏书事》卷一五，小岘山房刻本。
② 《宋史·外国六·大食传》。
③ 李远：《青唐录》，说郛本。

藉之以帛,事重则以锦。亦有鞭笞杻械诸狱具"。"其国大抵吐蕃遗俗也。……贵虎豹皮,用缘饰衣裘。妇人衣锦,服绯紫青绿。尊释氏。不知医药,疾病召巫觋视之,焚柴声鼓,谓之'逐鬼'。……人喜啖生物,无蔬茹醢酱,独知用盐为滋味,而嗜酒及茶。居板屋,富姓以毡为幕,多并水为秋千戏"。① 青唐吐蕃与宋、西夏、辽均有密切往来,受宋朝经济文化影响尤深,青唐吐蕃大首领俞龙珂赴阙朝宋,自言"平生闻包中丞(即包拯)朝廷忠臣,某既归汉,乞赐姓包"。宋神宗从其请,赐名包顺。②

唃厮啰政权已表现出政教合一的趋势。唃厮啰,意为王子或佛子,拥戴唃厮啰为主的河湟首领李立尊即是一位僧人。宋朝人认为:"戎羯之人崇尚释教,亦中国之利"。③ 遂积极予以支持,供其修造佛像用料金箔、写经用纸等。1074 年,宋神宗赐岷州新建寺院名曰广仁禅院,今存《广仁禅院碑》文说:"西羌之俗,自知佛教,每计其部人之多寡,推择其可奉佛者使为之。其诵贝叶傍行之书,虽侏离鴃舌之不可辨,其音琅然,如千丈之水赴壑而不知止。又有秋冬之间,聚粮不出,安坐于庐室之中,曰'坐禅'……"④可见,已是一块佛教的乐土。

(三) 八思巴与元朝廷中的帝师

元朝时期,藏传佛教各教派得到进一步发展,并与政治势力密切结合。窝阔台汗时期,代表乌思藏地方政教势力归附蒙古国的是萨迦派首领;蒙哥汗时期,代表各封建主请求庄园主和万户长委任的,依然是各教派首领。蒙古统治者的分封也以教派辖地为分野。据《汉藏史集》记载,蒙哥汗与止贡派,阔端与萨迦派,忽必烈与蔡巴派,阿里不哥与噶玛噶举

---

① 《宋史·吐蕃传》。
② 王巩:《甲申杂记》,知不足斋丛书本。
③ 李焘:《续资治通鉴长编》卷七二,大中祥符二年十月癸酉条。
④ 张维辑:《陇右金石录》。

派,旭烈兀与帕木竹巴,——结为"施主与福田"关系。[①]

　　1260 年,忽必烈即大汗位,尊八思巴为国师,授玉印,统天下释教。1264 年,置总制院,管释教及吐蕃事务,领之于国师。1270 年,升八思巴为帝师,大宝法王,更赐玉印。[②] 1288 年,尚书右丞相桑哥奏改总制院为宣政院,秩从一品,掌释教僧徒及吐蕃之境而隶治之。"其用人则自为选,其为选则军民通摄,僧俗并用"。[③] 自八思巴而后,元朝廷设帝师成为制度。帝师职位极其崇高,为吐蕃萨迦派高僧所垄断,宣政院使位居第二者,必以僧为之,出帝师所辟举,而总其政于内外者,帅臣以下,亦必僧俗并用,而军民通摄。"于是,帝师之命,与诏敕并行于西土"。"虽帝后妃主,皆因受戒而为之膜拜。正衙朝会,百官班列,而帝师亦或专席于坐隅。且每帝即位之始,降诏褒护,必敕章佩监络珠为字以赐,盖其重之如此"。[④] 帝师为皇帝说法,为皇室、国家祈福祛灾,均要大设法事,费用动辄数以万计。帝师来京师,皇帝敕命大府假法驾半仗,以为前导,诏省、台、院官及百司庶府,并服银鼠质孙(礼服)。其卒,归葬舍利,又命百官出郭祭钱。其弟子之号司空、司徒、国公,佩金玉印章者,前后相望。

　　元代重蕃僧释教,推动了吐蕃佛教文化的繁荣,并提高了其在元代文化中的地位。萨班曾受阔端之命,以畏兀字为基础,制订蒙古字,八思巴所创制的蒙古新字以藏文字母为基础,被定为"国书",元世祖还颁下诏书,命令贵族百官学习,规定:"凡有玺书颁降者,并用蒙古新字,仍各以其国字副之。"为今天的研究者保存了大量的珍贵资料。萨迦·索南坚赞的《王统世系明鉴》、蔡巴万户长贡噶多吉所著史书《红史》、布顿的《善逝教法史》,开创了藏族古代文献学的新纪元,为后世竞相模仿,形成学术传统。在蔡巴贡噶多吉的主持下,布顿编纂了大藏经《甘珠尔》(经

---

① 陈庆英译:《汉藏史集》,第 154—155 页。
② 《元史·释老传》。
③ 《元史·百官三·宣政院》。
④ 《元史·释老传》。

典部)和《丹珠尔》(论说部),形成藏文佛经总集,其目录见于布顿《善逝教法史》一书。

元代吐蕃高僧学者大量翻译或者利用译成藏文的汉文史料,如《唐书·吐蕃传》、《资治通鉴》等,以及蒙文资料,成为风气。随着佛教的兴盛,寺院建筑及绘画、雕塑艺术均有较大提高。蔡巴的领主曾请汉族"巧匠"为其修建汉式佛殿。萨迦寺的黄金塔,则是元初由尼泊尔建筑师和雕塑家阿尼哥率领尼泊尔工匠历两年建成的。今存的拉当寺弥勒佛、夏鲁寺的莲花生等雕刻作品,在造型方面是写实的,刀法与元代汉族雕塑有近似之处。夏鲁寺的几幅"供养天"壁画,是在尼泊尔、印度艺术影响下创造出来的,已具有成熟的"江孜派"新风格。①

吐蕃僧人和释教在元朝廷之大受礼敬,直接影响了中央财政,也助长了僧人的不法行径。元武宗时曾有圣旨规定:"凡民殴西僧者,截其手;詈之者,断其舌。"吐蕃僧人遂至无所顾忌,"平凉府、静、会、定西等州,见西番僧佩金字圆符,络绎道途,驰骑累百,传舍至不能容,则假馆民舍,因迫逐男子,奸污妇女"。至大二年(1309年),有僧龚柯等18人,与诸王合儿八剌的妃子争道,"拉妃堕车殴之,且有犯上等语"。杭州的江南释教总统杨琏真加,发掘宋朝皇陵,盗财宝,占民田,夺人命,受人献美女宝物无数,已成元代一大痼疾。元顺帝时,荒于朝政,西藏密宗的无上瑜伽一支大行后官。佞臣哈麻与其妹夫秃鲁帖木儿皆进印度和吐蕃僧人,教顺帝"演揲儿"(大喜乐)。蕃僧伽璘真善秘密法术,对顺帝说:"陛下虽尊居万乘,富有四海,不过保有见世而已。人生能几何,当受此秘密大喜乐禅定。"法名双修,皆房中术。顺帝诏以印度僧为司徒,吐蕃僧为大元国师。"其徒皆取良家女,或四人、或三人奉之,谓之供养。于是帝日从事于其法,广取女妇,惟淫戏是乐。又选采女为十六天魔舞"。② 因

---

① 蔡美彪等著:《中国通史》第7册,人民出版社1983年版。
②《元史·释老传》;《元史·奸臣·哈麻传》。

而,吐蕃佛教在元朝廷繁荣的同时,阴暗面暴露日多,危机也日趋严重。

(四)宗喀巴与黄教的两大活佛

佛教徒崇高的社会地位和缺乏约束,养成了骄奢淫逸之风,社会上借施法来欺骗钱财、奸淫妇女、大享物质与肉体之乐风行,严重损害了普通百姓的利益,伤害了他们虔诚的宗教感情,同时,也直接威胁到吐蕃佛教的生死存亡。在此紧要关头,出现了宗喀巴和由他改革而产生的黄教格鲁派。

宗喀巴原名罗桑扎巴,1357 年出生于宗喀(今青海西宁),父亲是元朝的达鲁花赤。1363 年入噶当派寺院出家。后入乌思藏,先后在各大寺院从萨迦、噶举、夏鲁和噶当诸派高僧学习,精通显、密教法,并授徒讲经、著书立说。1388 年左右,宗喀巴规定其门徒着黄色僧帽。1399 年,在阿喀宗举行正月初一至十五日法会。1409 年正月初一至十五日,在拉萨大昭寺举行有万人参加的"大祈愿法会",会后即开始修建甘丹寺。1409 年的这次法会,被认为是格鲁派创立的标志。

格鲁,藏文为 dge-lugs,意为"善规"。因该派僧人着黄帽(象征戒律),俗称黄教。宗喀巴号召门徒严格遵守戒律,不干涉俗世事务,不娶妻,不从事生产;规定僧人修行,先显后密,必修《现观庄严论》、《俱舍论》、《集论》、《量释论》和《戒经》五部大论;他亲自撰写《菩提道次第广论》和《密宗道次第广论》等著作,阐明所说;规定每年定期举行传大招法会,创立传招期间辩经与考试,并授予格西等学位的制度。同时广招门徒,大力兴建黄教寺院,相继在拉萨近郊修建了哲蚌寺、色拉寺,在日喀则建扎什伦布寺,形成黄教的四大寺院。由于格鲁派顺应民心,发展极为迅速,影响日益巨大。

1419 年,宗喀巴圆寂。他的弟子借鉴了噶玛噶举派黑帽系自 1206 年以来所采取的活佛转世制度,即在高僧圆寂后,选灵童迎入寺内,认作转世化身。在众多的转世系统中,达赖喇嘛和班禅喇嘛是其中最重要的两支。

宗喀巴的弟子根敦主巴，转世是根敦嘉措，后者的转世是索南嘉措。索南嘉措受蒙古土默特部首领俺答汗之邀请，至青海传法。1578年，俺答汗赠其"圣识一切瓦齐尔达喇达赖喇嘛"尊号，始有达赖喇嘛之名，前二世为追封。1653年，清朝正式册封五世达赖喇嘛阿旺罗桑嘉措为"西天大善自在佛所领天下释教普通瓦赤喇怛喇达赖喇嘛"，至今已历十四世。六世达赖仓央嘉措是一位风流倜傥的诗人，也是一位叛逆者，他的《情歌》中有诗说："我修习的喇嘛的脸面，不能在心中显现；我没修的情人的容颜，却在心中明朗地映见。"七世达赖时，清朝在西藏建立噶厦政府，由达赖与驻藏大臣直接领导，最后形成政教合一的行政管理体制。

宗喀巴的另一位弟子克珠杰，转世为索南确朗。至第四世罗桑曲结时（1645年），被蒙古和硕特部首领固始汗尊为"班禅博克多"，前三世为追封。1713年，康熙皇帝册封五世班禅罗桑益西为"班禅额尔德尼"，持金册金印。1792年，确立以金瓶掣签确定大活佛的转世。达赖与班禅分住前、后藏，共掌教务。在清朝中央的扶植下，西藏地方出现了黄教一统的局面，直接影响了该地区政治、经济和文化风貌。

第三节　繁荣的僧侣之路

元明时期，是藏传佛教的形成和发展时期，也是以佛教为核心的藏族传统文化的诞生并走向繁荣时期。它与吐蕃王朝时期青藏高原地区的文化相比，明显增强了地方色彩。佛教这个外来的思想文化，真正地掌握了民心，成为高原人的宗教。由于植根于深厚而肥沃的土壤，从而才能开出绚丽夺目的奇葩：《萨迦格言》深邃的哲理，《格萨尔王传》弘大无涯的气势，《米拉日巴道歌》回肠荡气的故事，《汉藏史集》、《贤者喜宴》严谨求实的史著风格，还有藏文大藏经的印制，藏汉佛经目录的勘同编订，北京版藏文大藏经的刊行，寺院的精美建筑，缎制巨幅唐卡画迷人的艺术……,都展示着藏族人民的自信和藏族文化的全面成熟。她完全有理由以自己的美丽,走出高原,影响邻接的各族。

(一) 藏传佛教传入蒙古

8世纪以来,阿拉伯帝国的军事扩张改变了中亚地区历史的命运和文化的发展道路。伊斯兰教文化,在"圣战"的号召声中,占据了中亚文化的主角位置,同时还把战斗的矛头指向佛教腹地印度。10世纪后半叶,伊斯兰教军占领喀布尔,并以此为都,东侵印度。战士们深信杀死异教徒即可获得进入天国的门票,戒杀的僧人及其寺院,只有受荼毒的命运。11世纪,伊斯兰教已在印度东部、北部植根,溃败的僧人纷纷逃至西藏地区,这一潮流,推动了佛教在青藏高原的"后弘"。但是,13世纪初,当藏传佛教各教派纷纷形成的时候,局势并不乐观:西藏的南、北、西——印度、和田、喀什噶尔及迤西的中亚地方早已伊斯兰化,除了政治、经济及地理上的因素之外,在文化上,藏传佛教的发展之路同样也只有一条,即东北向传播。

元朝统一西藏,顺应了历史大潮。但是,有元一代炙手可热的吐蕃佛教,却很少走出皇家宫苑而深入民间。只是元亡后,蒙古高原地区的动乱与纷争,使统治者的心底泛起了对佛教的依恋。而新兴的黄教格鲁派,在政教敌手的夹攻下,又深感心力不济,也把目光投向谋求发展的蒙古汗王。历史让蒙藏两族首领再次握手言欢。

1576年,蒙古土默特部首领俺答汗,邀请索南嘉措前往青海传法。1577年十一月,索南嘉措从拉萨哲蚌寺动身,1578年五月,在青海湖边新建成的仰华寺与俺答汗等蒙古王公会见。俺答汗赠索南嘉措"圣识一切瓦齐尔达喇达赖喇嘛"尊号,索南嘉措也赠俺答汗"咱克喇瓦尔第彻辰汗"(意为转轮王敏慧汗)。三世达赖的苦心传法,使漠南漠北蒙古各部和卫拉特蒙古四部王公、属民先后信奉了格鲁派。1583年,俺答汗去世,汗位继承人僧格派人前往昌都,迎请即将返藏的三世达赖索南嘉措重返土默特部,参加俺答汗的葬礼。1588 年,索南嘉措在启程前往察哈尔部途中病逝。次年,俺达汗之孙苏密尔的夫人生育一子,很快被蒙古王公和格鲁派僧人共同认定为三世达赖喇嘛的转世,此即蒙古族人的四世达赖喇嘛云丹嘉措。① 这一事实表明了加强蒙藏政治与文化联系的重要性,同时也巩固了黄教北传蒙古的重要成果。1635 年诞生的喀尔喀蒙古土谢图汗的儿子被立为哲布尊丹巴一世,蒙古地区有了自己的转世活佛系统。从此,藏族文化全方位地进入蒙古人的社会生活,在他们的内心深处打下黄教的深深烙印。原来在蒙古部广泛流行的萨满教遭到禁止,杀人或杀牲殉葬制度被废弃。人病,请喇嘛念经祛除,无效则请喇嘛医生服药。人死,"子孙亲属丐延喇嘛诵经,据《珠露海》(历书)所载,有应五行葬法,则以其法葬之。如应金葬,则置之山;应木葬,则悬诸树;应火葬,则焚诸火;应水葬,则沉诸河;应土葬,则埋诸地。若不应五行葬,则撤蒙古包,弃尸道旁。自亡日起,诵经四十九日,不杀生"。② 蒙古人第一次把虔诚的视线投向了青藏高原明艳的佛光。

(二) 五世达赖喇嘛朝清

当蒙藏政教领袖们穿针引线,缀补友谊彩带,稳定双方局势兴味正浓的时候,清王朝的前身女真后金政权,在中国东北地区迅速崛起,并把矛头指向分裂割据的蒙古地区,这也是对抗明朝,或进一步取代明朝的关键步骤。清太祖努尔哈赤用军事攻击与联姻结好两种手法,首先使与其地理上最邻近的科尔沁部和内喀尔喀五部归降。1636 年,以额哲为首的内蒙古各部彻底归附清朝,共尊皇太极为"博格达·车辰汗"。③ 清朝对归附各蒙古王公授予"亲王"、"郡王"、"贝勒"、"贝子"和"辅国公"、"镇

---

① 萨囊彻辰著,道润梯步译校:《蒙古源流》,内蒙古人民出版社 1980 年版,第 411 页。
② 松筠:《西陲总统事略》卷一二《厄鲁特旧俗纪闻》。
③ 祁韵士:《皇朝潘部要略》卷一。

国公"等爵位。"满蒙联姻"也成为清朝政治文化中的一条重要线索。黄教北传蒙古,以及众蒙古部皈依不断强大的黄教,给想有所作为的清朝统治者一个新的启示:"兴黄教即所以安众蒙古。"为此,他们也逐渐放弃了原来信仰的萨满教,而大力提倡佛教。清朝政治势力的发展也引起卫藏地方政教首领的注意,双方很早即有使者往还。1639年,皇太极派以察罕喇嘛为首的使团至藏,向掌政的藏巴汗及"掌佛法的大喇嘛"表示发展佛教的心愿,并延请高僧至满洲传法。1642年,清太宗又在沈阳接见了来自卫藏的使者。1644年,清朝取代明朝定都北京,进一步扶持黄教,用以稳定蒙藏地方,遂屡次邀请取代噶玛噶举派卫藏法主地位的黄教首领五世达赖喇嘛入京晋见。1651年,还派去了一个200余人的迎请队伍。中经西蒙古高僧咱雅班智达缀和,五世达赖确信顺治帝已统一全国并牢固掌握着政权,遂决定躬行朝清。

1652年正月,五世达赖在清朝官员的陪同下,带着多达3 000余人的高级僧侣、蒙藏官员和侍卫的随行队伍,经青海、宁夏至内蒙古,启程前往内地。途中,曾提出以归化城(今内蒙古呼和浩特市)和代噶(内蒙古凉城县)二地之一为会见地点。在清朝政府内部,满汉大臣经过争议,采纳汉族大臣主张,皇帝为"天下国家之主"不宜出见,应召请达赖率少数随员进京陛见。1653年十二月十六日,五世达赖到达北京,顺治帝经过臣下的精心安排,"不期然"与达赖喇嘛相遇,避免了朝见礼仪上的周折。顺治帝在南苑会见达赖喇嘛,赐座、赐茶、赐宴,待以殊礼,当天即由户部拨其供养白银九万两。达赖喇嘛居京两月,住在清朝专为建造的黄寺。1653年五月,清朝派礼部尚书觉罗郎丘和理藩院侍郎席达礼等,携带满、蒙、藏、汉四体文字的金册、金印,赶到达赖一行下榻的代噶地方,正式册封五世达赖为"西天大善自在佛所领天下释教普通瓦赤喇怛喇达赖喇嘛",确定了达赖喇嘛和黄教在清朝管辖下的特殊地位。同年,又派大臣携带金册、金印入藏,册封卫藏地方执政者、和硕特部领袖固始汗为"遵行文义敏慧顾实汗"。嗣后,雍亲王府被改建为京城中的黄教寺院。

六世班禅进京,乾隆皇帝为其在热河行宫仿扎什伦布寺建承德须弥福寿寺,乾隆帝学习藏文,并从六世班禅受戒,进一步加强与黄教的联系,扩大了黄教在清朝政治文化中的影响,巩固了藏传佛教在诸派中的核心地位。

明代在乌思藏地区地位最高,并与政治势力密切结合在一起的是噶玛噶举派黑帽系活佛,明朝封之为"大宝法王"。通过五世达赖的努力,终于从噶玛派手中夺取了藏传佛教教主的地位。后来,还在噶玛噶举派主寺楚布寺派驻一名僧官,予以监督。以此之故,1959 年外逃的噶玛噶举派黑帽系十六世活佛热必多吉,曾对达赖喇嘛的藏传佛教教主地位提出挑战,说达赖五世夺取了他的前辈的教主地位,他要恢复前辈的地位,而达赖十四对他也无可奈何。①

(三) 众蒙古部入藏熬茶

黄教格鲁派北传蒙古,适应了饱经战乱之苦的广大群众的需要,迅速获得传播。就在厄鲁特(即卫拉特)蒙古和硕特部首领固始汗受黄教首领之邀,行将入藏之际,准噶尔部首领巴图尔珲台吉联络蒙古四十四部领主,在 1640 年举行会盟。与会的喀尔喀和卫拉特各部二十七位首领和四位呼图克图,经过协商,形成著名的《蒙古卫拉特法典》。它的核心内容之一即是弘扬黄教,尊崇喇嘛而禁止萨满教,并通过经济处罚手段迫使属民敬信喇嘛,听其摆布。"凡是看到祭坟者,要向他们索取马、羊,也向巫师、巫婆索取马、羊,用狗屎熏巫师、巫婆"。② 其结果是导致了黄教和藏族文化在蒙古地区的广泛传播。

黄教高僧的苦心传教很快在经济上获得回报,这就是作为重要的礼佛和布施手段之一的"熬茶"活动。1574 年,俺答汗遣人携带金银、绸缎、

---

① 王辅仁、陈庆英:《蒙藏民族关系史略》,中国社会科学出版社 1985 年版,第 129 页。
② 拉特纳勃哈德勒:《咱雅班智达传》,乌兰巴托,1959 年,第 17 页。

布匹等物前往乌思藏布施，以报答僧人北传佛法之功德。嗣后，每有蒙古使者入藏，皆须携带丝绸、重金，而每有乌思藏高僧莅临，蒙古部落总要布施供献。至蒙古诸部皈依黄教，遂定期由各部首领组成庞大的队伍入藏"熬茶"布施。著名的有固始汗、噶尔丹策零、策妄阿拉布坦、书库尔岱青、鄂齐尔图车臣汗及策妄多尔济那木札勒等率众入藏"熬茶"。在中国第一历史档案馆所藏满文档案中有后者"熬茶"布施的清单，可以说明详情。除向达赖和班禅喇嘛布施外，还向大昭、小昭、色拉、布赉绷（哲蚌）、噶勒丹（甘丹）、扎什伦布等20余座寺院献供布施，其中向达赖请安进：哈达一条、绸缎一匹、回回绸缎六匹、棉布一匹、胶一块。为父母求福进：长哈达一条、黄金十两、白银一百两、蟒缎十匹、绸缎二十四匹、回回缎十一匹、（羊）毛毯二十三条、光面纹绣皮革十三张、水獭皮十张、棉布七匹。向达赖喇嘛敬献哈达进：哈达六十一条、银盘一个、阿育锡佛像一尊、经典三套、银净瓶一个、金刚经板一进、龙塔一座、素珠一串、坠铃一件、银制碗碟各一个、盒子一件、衣服二件、靠褥一件、黄金一百九十二两、象牙盒子一个、白银五百两、蟒缎六匹、蟒袍二件、绸缎一百一十八匹、回回缎四十六匹、绫绸六匹、棉布一百六十七匹、羊毛毯一条、貂皮九张、水獭皮八张、光面纹绣皮革九张、茶叶一百包。向班禅喇嘛所进亦三项，供品大体类似。

向哲蚌寺庙佛尊进：哈达一百六十一条、缎伞三把、孔雀羽毛伞一把、缎幡六面、箭结五彩哈达（五条）、银镜五面、银制头盖五件、绸缎四十匹、枪三支、卡仗嘎一件、银锤一把、刀一把、银制人头素珠一串、灯烛银一千两七钱，为熬茶进白银三百七十五两。六千六百九十三名喇嘛，各发布施银五两。七名堪布，每人各发布施银二十五两。为在哲蚌寺之杭东拉章熬茶，给银九两；八百九十五名喇嘛，各发布施银一两。又为求福进哈达二条、绸缎二匹、光面纹绣皮革一张、水獭皮一张、棉布二匹。留哲蚌寺银一万三千九百二十一两一钱七分五厘。其他各寺院所获略近。在布施后有剩银数千两，再向色拉、甘丹、扎什伦布等寺院布施，哲蚌寺获银一千五百七十一两九钱。①

据统计,此次"熬茶"所布施物品,最主要的是金银,计有黄金四百二十二两三钱,白银十九万四百四十八两七钱八分;其次是绸缎、蟒缎、回回缎等丝织品,计五百三十五匹;第三是各种棉布,其中内地生产的棉布二百六十九匹,回回布一百二十二匹;第四是各种金银制品和手工艺品,包括银镜、银锤、银净瓶等,大小数十件;第五是各色毛皮,包括水獭皮、貂皮、虎皮、狐皮等,计九十余张;第六是羊毛毯和纹绣皮革等,计二百九十余条;第七是宗教礼品和手工制品,如佛像、经典、袈裟、佛冠、念珠、缎幡、缎伞、孔雀羽毛伞、瓷器、剃头刀、小刀、枪、马匹等物,千余件;第八是茶叶,数目也十分巨大。② 就这样,蒙古地区的巨额财富滚滚不断地流向卫藏地区,丰富了黄教各大寺院的库藏和喇嘛们的生活。而来自蒙古地区的大宗丝绸锦缎、棉布、茶叶又非土产,而主要是从与中原地区的丝绸与茶马贸易中获得的,于是,通过僧人的脚步和藏传佛教的纽带,又开辟了一条连接青藏高原的新的丝绸之路:中原—蒙古—卫藏。原活动在塔尔巴哈台附近雅尔地方,后来西迁额济勒河(今俄罗斯伏尔加河)下游的卫拉特四部之一的土尔扈特部,也与卫藏黄教寺院保持密切的宗教、经济和文化联系,他们的"熬茶"活动,所连结起的文化交流之路是:俄罗斯—新疆(回部)—卫藏。

第四节 丝绸赏赐与贸易

元代以后,吐蕃地方纳入中央王朝治下,吐蕃丝路文化交流的面貌发生了较大的变化,伊斯兰教在印度北部、中亚和西域(新疆天山南部)的得势,大大削弱了他们与佛教一统的青藏高原地区的联系,使吐蕃丝

---

① 中国社会科学院民族研究所、新疆社会科学院民族研究所编译,满文准噶尔档,乾隆十三年四月至六月,玉保、索拜等奏稿。
② 蔡家艺:《清前期卫拉特蒙古进藏熬茶考论》,见《中国民族史研究》,中国社会科学出版社1987年版,第265—281页。

路主要承担起中国境内各地区间经济文化交流的重任,丝绸、茶马和麝香贸易无不打上这一烙印。同时,作为中国与世界各国,尤其是南亚、中亚、西亚各国人民文化交流的纽带,青藏高原上的丝道却依然发挥着昔日的作用,依然传达着中国人民与周邻地区人民的深情厚谊。

吐蕃王朝时代,吐蕃道在丝绸织物的国际贸易中扮演了重要的中间角色,吐蕃向唐朝输出的主要是特产方物、金银及其工艺制品,双方基本上是用金银购买丝绸的相对平等的贸易关系,只是吐蕃对唐朝具有更强的经济、文化依赖性而已。但元代以后,情况发生变化,吐蕃的特产方物是作为贡赋上交元朝中央,而丝绸及金银宝钞、宗教用品则作为赏赐下达乌思藏地方。乌思藏地方政教首领不再把黄金作为货币,通过朝贡方式向中央政府购买丝绸。乌思藏地区与中原的官方经济联系,主要体现为中央政府对乌思藏地方宗教势力的支持,黄金、白银、宝钞、丝绸、茶叶和宗教法器用具是赏赐的主要内容。

丝绸是中原传入青藏高原的传统珍物,阔端派人召请萨班前往凉州会晤时,即赠有环纹锦缎二匹、团锦缎二匹、五色锦缎二十匹。忽必烈在1253和1254年,分别向八思巴赏赐黄金、珍珠袈裟、黄金伞盖、金座、金杵等及锦缎一千一百匹、茶二百包。元成宗大德九年(1305年),赠帝师赙金五千两、银一千两、币帛万匹、钞三千锭。皇庆二年(1313年),加至赙金五千两、银一万五千两、锦绮杂彩共一万七千匹。① 嗣后相沿不断。明代乌思藏地方每有首领入朝,朝廷均要厚赐宝钞、法器及丝绸锦缎,1406年,帕竹噶举派受封阐化王,赐螭纽玉印、白金五百两、绮衣三袭、锦帛五十匹、巴茶二百斤。② 由于明朝的"贡市羁縻",经济上厚待朝贡僧人的政策,乌思藏各地僧主纷纷入贡,甚至有大批商人或平民冒充入贡者或高僧,从中获得巨额赏赐。1485年十一月,礼部奏:"四川起送乌思藏

---

① 陈庆英等译:《萨迦世系史》,第80—81页,第111页;《元史·释老传》。
② 《明太宗实录》卷六二;《明史·西域三》。

如来大宝法王、国师并牛耳寨寨官进贡、谢恩、招抚袭替各项,共一千四百七十员名。除回赐国(法)王等官并到京番僧外,其存留在边者,若一例赏之,共该彩缎一千四百七十表里、纻丝僧衣二千九百二十二袭件,折绢一万一百六十四匹、钞一十四万七千锭、食茶八万八千二百斤。"①可见已成为沉重的经济负担。1515年,明武宗命司设太监刘允往乌思藏赍送番供等物并迎请活佛,"以珠琲为幡幢,黄金为七供,赐法王金印、袈裟及其徒馈赐以钜万计,内库黄金为之一匮"。②

　　清朝时期,中央政府对卫藏地方的行政管理大大加强,朝贡贸易的经济意义减弱,主要体现为卫藏地方对中央的服从及皇帝对卫藏地方政教首领的恩惠,因此,所赏物品种类虽然如故,但数额明显减少,绸缎始终是重要的赏赐物品,如1654年,顺治皇帝赏赐达赖的有:银六百两、银鼎一、茶筒一、金盆一、缎二十(匹)、玲珑雕鞍一、虎皮五、海獭五、茶叶四篓;所遣使臣扎鲁藏布衣服一、缎十五(匹)、毛青三十、茶叶二篓;第巴银茶筒一、玲珑雕鞍一、缎五。③ 1781年,乾隆皇帝赏给进京入朝的六世班禅:银满达一个(重五十两)、大哈达二十方、小哈达三十方、蟒缎三匹、妆缎三匹、彩缎三匹、锦缎三匹、漳绒三匹、茶叶五十瓶、大普洱茶十团。④每有达赖、班禅坐床或重大节庆、入朝觐见,皇帝照例要赏赐丝绸及其他物品,以示优宠。

　　卫藏地方政教领袖向清朝进贡的物品,除藏香、藏杏、藏枣、珊瑚、蜜蜡、珠子、木碗之外,也有金丝缎、卡契绸、卡契布等物。⑤ 这是青藏高原上丝绸的另一种流向,这些都是通过与卡契(即克什米尔)之间的通道进行国际贸易获得的。而卡契人所贩运的绸缎,又有很大一部分是取海道从中国运来的,转销卫藏地区。

①《明宪宗实录》卷二七二。
②《明武宗实录》卷一三一。
③ 中国第一历史档案馆藏内阁国史院满文档。
④ 中国第一历史档案馆藏军机处满文班禅档。
⑤《西藏志·朝贡》,见《西藏志·卫藏通志》合刊,西藏人民出版社1982年版,第37页。

　　民间的丝绸贸易十分兴隆,活跃在卫藏地区的内地商人有来自青海、甘肃、四川、云南等邻近地区的,也有陕西、山西、浙江和北京的商号活跃在高原,丝绸锦缎是重要的贩运物品,这一状况持续到 20 世纪上半叶。其中北京的货号皆为京郊及京南诸县,各家掌柜都住在北京办货,其伙计在拉萨坐庄营业。货物从天津上船,经香港、加尔各答,到噶伦堡后,再用骡马、牦牛、毛驴等驮运至拉萨。各北京商号经营的货物主要是绸缎、瓷器、玉器以及铜器丝线、小手工艺品等,大宗的绸缎和丝线皆是在北京购买的苏、杭产品,瓷器则出自江西景德镇。由于西藏贵族衣着、佛像、佛事用料以上等绸缎为主,丝绸销路极好。陆路主要由青海、四川、云南三道入藏,云南大理、四川打箭炉(康定)、甘肃兰州和青海西宁,成为内地与西藏进行丝绸等商品贸易的重要中转站和核心城市。由于这种持久而密切的贸易日益加强了西藏与内地间的文化联系,以致于给英国人产生这样的印象:中国之所以能安定西藏,丝和茶是两个主要的工具。①

　　与卫拉特蒙古诸部入藏"熬茶"相伴随的是蒙藏两地间商道的繁荣,其贸易物品也一如他们的布施,绸缎是其十分突出的一项内容。他们以新疆北部伊犁、塔城、阿勒泰为活动中心,主要通过青海道和新藏道进入西藏朝佛和进行贸易。卫拉特蒙古,尤其是土尔扈特部直接活动在俄罗斯伏尔加河下游,他们在把内地丝绸转销西藏的同时,也把俄国的麻织品、毛皮及其他特产、珍货,连同自己的方物运销卫藏,并从拉萨等地换回各种布匹、珍珠、珊瑚、宝石和香料,与南亚地区人民从事间接的商业贸易。

第五节　茶马贸易

　　自唐代中原茶叶传入吐蕃,逐渐成为高原人民不可或缺的日常饮

---

① Schuyler Camman, Trade Through the Himalayas, p. 59, Princeton, New Jersey, 1951.

品。茶叶为中国的特产,性凉、味微苦,清热解毒,助消化,是人们十分喜爱的饮料,对于食肉饮酪的牧业民族,意义更大。明清之际的著名学者顾炎武说:"茶之为物,西戎、吐蕃古今皆仰之。以其腥肉之食,非茶不消;青稞之热,非茶不解,故不能不赖于此。"藏区有"宁可三日无粮,不可一日无茶"之说,可与之参证。而中原地区因耕田和作战的缘故却急需用马,于是,茶马贸易便成为中原与蒙古、回纥和吐蕃诸地经济联系的重要内容。由于茶叶不像丝绸那样珍贵难得,不像丝绸只作为奢侈品满足贵族和寺院上层、佛事之需,所以它的需求量大,上至贵族下至平民,每时每刻都要消费,因此,此项贸易后来成为内地与青藏高原地区贸易的核心内容。

唐代时茶马贸易业已出现,宋代时渐趋兴盛。宋代与凉州(武威)的六谷部和青唐(西宁)的唃厮啰政权均有茶马贸易,多采取朝贡形式。宋咸平五年(1002 年),凉州吐蕃贡马五千匹。宋真宗下诏"厚给马价,别赐彩百段、茶百斤"。① 唃厮啰部与宋朝的朝贡贸易更加密切,茶马交易变得异常重要。于是,宋朝便设立市茶和市马两个机构负责其事,后来在秦、渭、阶、文等州设招马处,收买吐蕃、回纥马匹。1075 年,宋神宗用李杞之议,茶马并司,令提举买马官兼管买茶,以雅州名山茶专用于熙河博马。后设"都大提举茶马司","凡市马于四夷,率以茶易之。应产茶及市马之处,官属许自辟置,视其数之登耗,以诏赏罚"。② 此后相沿不改。蕃贾与牙侩大行私市贸易,并取山间小道进行,躲避关卡抽税,牟取暴利。

元世祖至元五年(1268 年),元朝廷榷成都茶,在京兆(治西安)、巩昌(治甘肃陇西县)置局发卖,严禁私自采卖,次年,始设西蜀四川监榷茶场使司掌之。③ 宋、元两代,运往吐蕃地方的主要是四川茶叶,而所经道路则主要是今青海入藏道。

---

①《宋史·外国八·吐蕃传》。
②《宋史·职官七》。
③《元史·食货二·茶法》。

《明史》卷八〇说："番人嗜乳酪，不得茶，则困以病。故唐宋以来，行以茶易马法，用制羌戎，而明制尤密。有官茶，有商茶，皆贮边易马。"洪武年间，设茶马司于秦、洮、河、雅诸州，自碉门、黎、雅抵朵甘、乌思藏，行茶之地五千余里。规定：上等马一匹给茶一百二十斤，中等七十斤，小驹五十斤。同时采取限制措施，发给诸番部铭文金牌信符，上写"皇帝圣旨"，左边写"合当差发"，右边写"不信者斩"。计四十一面：洮州火把藏思囊日等族，牌四面，纳马三千五十匹；河州必里卫西番二十九族，牌二十一面，纳马七千七百零五匹；西宁曲先、阿端、罕东、安定四卫，巴哇、申中、申藏等族，牌十六面，纳马三千零五十匹。下号金牌降诸番，上号藏内府以为契，三岁一遣官验其符。其通道有二：一出河州，一出碉门，运茶五十余万斤，获马一万三千八百匹。① 明代茶马贸易，青藏道、川藏道两道皆通，但青藏道仍占据主要位置。

明代茶马贸易，初设司于秦、洮、河、雅诸州，后为西宁、河西、洮州三司，明末，增至西宁、河、洮、岷、甘、庄浪六茶马司。黎、雅、松潘也为市易要关。对民间茶马交易，以禁为主，偶也开禁。设茶引、给金牌，调节贸易规模，但由于牵涉茶法、马政、边防问题较多，很难制定出正确不易之法。民间的私贩活动，以及放弃传统的陕南茶、四川茶，避贵就贱，前往湖南的贩茶活动屡有发生。"番族利私茶之贱，因不肯纳马"。迫使朝廷改变措施，"以汉茶为主，湖茶佐之。各商中引，先给汉、川毕，乃给湖南（引）。如汉引不足，则补以湖引"。②

清代中央在卫藏地方统治加强，官方对茶马贸易的管理松弛，尤其是对边马需要量减少，以茶易马的内容改变了，与茶叶、盐对等交换的是青藏地区的麝香等药材或皮革、羊毛等土产，民间贸易相对扩大。内地与西藏的贸易通道主要是通过川藏道，青藏道因路险人稀渐失昔日繁荣

---

① 《明史·食货四·茶法》。
② 同上。

之势。

　　茶马贸易在加强内地与青藏高原两地人民之间的经济文化联系,以及稳定西藏地方安定方面,发挥了积极的作用。明正德年间(1506—1521年)督理马政的都御史杨一清说:"以马为科差,以茶为酬价,使之远夷皆臣民,不敢背叛。如不得茶,则病且死,以是羁縻,实胜于数万甲兵矣,此制西番以控北夷之上策也。"①英国人侵入西藏时,既看到茶叶贸易之利,又看到丝茶在稳定西藏地方局势中的作用,也仿而效之,在喜马拉雅山南麓广植茶园,以为经济侵略之准备。

　　中国内地的茶叶通过茶马贸易,不仅满足了青藏高原藏族人民的饮用需要,而且加强了由丝绸贸易而连接起来的与高原地区的文化纽带。民国28年(1939年)前往拉萨的朱少逸,在其所著《拉萨见闻记》一书中说:"至于内地砖茶,则分川茶及滇茶两种,川茶来自康定,滇茶经西康南路入藏;一部则取道印度。"据作者调查,每年自康定输入康、藏之砖茶,约十一万引,计六十万包,价值在国币二千万元上下。茶分芽尖、毛尖、金玉、金尖四种,芽尖品最优,价亦最贵,每包值二十元左右,毛尖次之,每包十六元左右,金玉、金尖,只售七八元耳。其中三分之一销西康,三分之二输拉萨,……它们牵系着内地与高原地区人民的深情厚谊。历代中央政府赏赐给吐蕃(西藏)地方政教首领的物品中,也常常有茶叶一项。而卫拉特蒙古部入藏所"熬"之茶,也像丝绸锦缎一样,有着曲折的经历,它们是从内地西传、北传蒙古地区,然后再南入青藏高原地区,供奉给黄教各大寺院的。文化交往之路九曲回肠。

第六节　圣城拉萨与丝路文化

　　拉萨,藏语作 lha-sa,圣地之意。坐落在雅鲁藏布江支流拉萨河北

---

① 杨一清:《修复茶马旧制疏》,文载申时行等《大明会典》第37卷,国学基本丛书本;《皇明经世文编》第15卷,中华书局1962年影印本。

岸,海拔 3 700 米,日照一年长达 3 000 多小时,有"日光城"之美誉,为西藏自治区首府,是西藏政治、经济、文化、交通和宗教信仰的中心。7 世纪 30 年代,吐蕃赞普以此为都,开拓基业。据说,起初是由山羊负土填湖建立城堡的,故称"惹萨"(惹为 ra 之音译,意为山羊;萨即 sa,意为土),汉史称逻些或逻娑。后来建立了布达拉宫、大小昭寺等,使之初具规模。唐蕃联姻、会盟,在这里留下了至今仍存的"公主柳"、"唐蕃会盟碑"。佛教兴起后,人们把 ra-sa,改为 lha-sa(意为圣地)。唐代即为吐蕃丝路的中心点,外来文化的汇聚地,商业贸易十分繁荣,交通网络发达,堪称一时之盛。641 年,文成公主出嫁吐蕃,松赞干布"乃为公主筑一城以夸后世",遂在红山建布达拉宫(梵语 Potala,意为普陀山)。可惜在墀松德赞时,遭雷击先毁于火,吐蕃王朝末期又毁于兵灾,原型建筑所余不多。1642 年,五世达赖在蒙古和硕特部汗王固始汗武力支持下建立噶丹颇章地方政权,拉萨在遭受近 800 年冷遇后,再度成为乌思藏地区的中心。五世达赖时大兴土木,建成今存的布达拉宫,为历世达赖喇嘛起居和从事政教活动的地方。布达拉宫外观 13 层,高 115.4 米,主体建筑东西长 360 余米,南北宽约 140 米,建筑面积 9 公顷。主要体现藏族传统碉房建筑特色,同时吸收了中原汉式殿堂建筑中的梁架、斗拱、藻井、歇山屋脊及其仙人走兽、鳌首等装饰;融汇了印度、尼泊尔祭坛式入口和宝轮、金幢、莲座、卧鹿及经文等装饰,形成了自己独具的民族特色。布达拉宫有房屋 1 万间,宫墙用花岗岩垒砌,最厚达 5 米,墙基深入岩层,用铁汁灌铸。上有金顶、金幅、金幢,既美观,又有防雷导电功能。内有大小经堂、灵塔殿、佛堂及行政办公室、卧室和寺院。主要分两部分:白宫为历世达赖起居和从事政教活动的地方,红宫为五至十三世达赖喇嘛灵塔殿,其中五世达赖灵塔最为豪华气派,塔高 14.85 米,仅黄金即用了 3 724 公斤,珍贵的金刚钻石、红绿宝石、珍珠、玛瑙等 1.5 万余颗。其次是十三世达赖喇嘛灵塔。布达拉宫是国家重点保护文物,也是世界文化遗产名录中的一个,象征着藏族人民的勤劳和智慧。

除大小昭寺之外,在拉萨尚有著名的黄教"三大寺",即位于西北郊的哲蚌寺、东郊的甘丹寺和北郊的色拉寺,其中前者最大,有四个札仓(经学院),额定僧员 7 700 人。三大寺藏经丰富,建筑精美,绘画雕塑艺术精湛,是一份珍贵的宗教历史文化财富。在拉萨市西郊有始建于18世纪 40 年代的罗布林卡,为七世以后列位达赖喇嘛消夏避暑、处理政教事务的行宫,兼有中国传统园林特色与西藏地方情趣。环绕大昭寺的八角街则是著名的商业贸易中心。

拉萨自唐代以来即是青藏高原地区的交通枢纽和商业文化的核心。曾任驻藏大臣的松筠撰《卫藏通志》说:"卫藏地方为外番往来贸易人等荟萃之所,南通布噜克巴(即不丹),东南通云南属之番子,东通四川属之打箭炉(即康定)以外各土司,北通青海、蒙古,直达西宁。惟西通巴勒布(即尼泊尔)及克什米尔,缠头番民,常川在藏居住,设廛兴贩者最多。"①民国初年,四川学者陈观浔编《西藏志》说:西藏全境贸易以拉萨为中心点,买卖亦颇繁盛。其余境内凡属人烟稠集之地,即有市场贸易,官吏、僧侣亦杂为之。男子从事贸易者为极少数,多使妇女掌之。买卖不设店铺,所有货物皆陈席于地。通商地点以前指定者:东有四川之打箭炉及云南之大理;北有青海西宁;西有拉达克(罗多克)及亚尔摩那地方,及克什米尔等地;南有不丹、尼泊尔及锡金、亚东。其贸易货物,输出品约十二种:一为羊毛,系西藏重要物产,销往印度;二为麝香,销中国内地,为要药;三为砂金;四为红花;五为橄榄实,即藏青果;六为鹿茸;七为紫草;八为黑白香,即藏香;九为氆氇;十为铜质佛像,亦有黄金铸者和糌粑制者;十一为硼砂;十二为食盐。输入品更多,自四川输入者,有砖茶、哈达、针线、靴鞋、帽子、白木绵、烟草等;自云南输入者为茶和米;自甘肃、新疆输入者,有茶与绿色宝石、兽皮、马鞍、羊、马等;自克什米尔及拉达克等地输入者,有砂糖、干果(葡萄、桃、枣)、珍珠等;自尼泊尔输入者为

① 松筠:《卫藏通志》卷一一,《西藏志·卫藏通志》合刊,西藏人民出版社 1982 年版,第 329 页。

米和铁;自阿桑、不丹输入者,有香料、木材、绢布、棉布等。自锡金(哲孟
雄)输入者,大多来自印度加尔各答和中国广东地方的东西洋杂货、毛织
物、火柴、雨伞、珊瑚、宝石、烟草等物。①

　　朱少逸对拉萨市场与贸易记之更详,他说,拉萨市面上的商品甚多:
绸缎、地毯、瓷器、砖茶、马具、哈达等,来自内地;皮革、马、羊,来自蒙古;
珊瑚、琥珀、小金刚钻石,来自欧洲;米、糖块、麝香、纸烟,来自锡金及不
丹;布匹、蓝靛、铜器、珊瑚、洋糖、珍珠、香料、药材及若干印度工业品,来
自尼泊尔;红茶、干果,来自拉达克;香料、干果、狐皮、土制金属马具,来
自西康;所有这些商品,均以拉萨为其集中、分散和消费之中心。出口方
面,有金、银、盐、羊毛、氆氇、毛垫、粗毛毯、狐皮、药材、牛尾、麝香、硼砂
等。出口之路有三:一经拉达克、尼泊尔线以至印度、孟加拉,为其主要
市场;一经度汪吉里(Dewangiri,德旺吉里)及乌达尔吉里(Udalgiri,乌
达吉里)以至阿萨密;一经锡金以至噶伦堡及大吉岭。贩运商品之商队,
照例在每年十二月间到达拉萨,卸货后,再购取所需物品,于次年三月间
春水融化以前离去。因此,每年十二月至次年二三月间,为拉萨商品交
易最活跃的时期。② 拉萨的清真寺和关帝庙等,都是随着商人们进入拉
萨的。

　　以拉萨为轴心,向四周辐射出一条条经济文化交流的路线:通新疆、
通青海、通甘肃、通四川、通云南,以及通克什米尔、尼泊尔、印度、不丹、
锡金等。同时,也形成无数个大大小小的商品文化交流网点,其中引人
注目的是扎什伦布寺所在的日喀则、青藏道上的玉树和川藏道上的打箭
炉(康定)。

　　日喀则,位于雅鲁藏布江与年楚河交汇处,海拔3 800米。明代曾是
噶玛巴地方政权的政治、经济和文化中心,嗣后又是后藏政治、经济中心

---

① 陈观浔编:《西藏志》,巴蜀书社1986年版,第211—212页。
② 朱少逸:《拉萨见闻记》。

和班禅喇嘛的驻锡之地。富丽堂皇的西藏黄教四大寺院之一的扎什伦布寺,即位于这里。扎什伦布,意为吉祥须弥之意。1447 年由宗喀巴的弟子根敦珠巴(即一世达赖,1391—1474 年)创建,四世班禅扩建,并为后世列位班禅驻锡。大强巴殿内供奉的镀金强巴佛(弥勒佛)铜像 26.7 米高,显示了高超的铸造工艺技术与水平。日喀则地处要冲之地,是西藏与南亚诸国及中亚等地经济、文化交流的中转站和核心之地。

玉树,位于青海省东南部,地当康、藏、安多三大区的中心,为西上卫藏,东下康区,北进安多的通衢。古代既是青藏高原地区卡若文化与卡约文化的交汇之地,也是民族走廊上的要关。在吐蕃丝路文化交流中占据重要位置。元代在这里置有驿站,八思巴曾几度行经这里并在此地逗留。玉树结古镇,是茶马贸易的最大中转地,由甘、由川入藏茶包多汇聚这里,并从这里入藏。20 世纪初,周希武至玉树调查。获知玉树结古流行的货币是印度所用英币(藏圆)。这里有来自西藏的氆氇、藏红花、靛、阿昧、茜草、鹿茸、麝香等土产和名贵药材;有经过西藏来自印度的洋瓷器、菜盒、锅、碗、钟、勺等,以及洋斜布、洋缎、洋线、油、蜡、纸烟等,价钱低于来自内地者;有来自四川打箭炉的大宗茶叶,即将转运至西藏,还有生丝、哈达、绸缎、洋布等;有来自西宁、洮州的铜铁锅、火盆、白米、挂面、柿饼、大布、枣等。① 玉树的歌舞闻名藏乡。

打箭炉(康定)位于折多河谷中,东南依傍跑马山,西靠阿拉木公山,东北为郭达山。据说,诸葛亮七擒孟获,命大将郭达于此安炉造箭,故名打箭炉。清代以后,川藏道曾繁荣,地处要隘的打箭炉迅速成为商业贸易中心,极盛时,有豪华显贵的四十八家“锅庄”,即贸易中介机构,专门接待来往客商,堆存货物,洽接生意。内地入藏的丝绸、茶叶,以及西藏输入内地的药材,如麝香、熊胆、虫草、贝母及土产皮张等,都在这里云集又四散。1729 年清朝于此置厅,1904 年升为直隶厅,1908 年改设康定

---

① 周希武:《玉树调查记》,青海人民出版社 1986 年版,第 95—97 页。

府,1913年改为县,1939年西康建省,康定为其省会。一曲悠扬的康定情歌,蕴藏着民族文化交流的丰富内涵。

在西藏与内地及印度的商道上,也有贵族、寺院、噶厦政府的商号,他们在内地的成都、重庆、天津、武汉、上海、广州,以及印度的加尔各答等地,经营茶叶、药材、皮毛、绸缎、呢绒等,甚至枪支弹药、鸦片,为自己的奢侈生活和政治权力积累坚实的后盾,但在客观上也繁荣了以拉萨为核心的高原丝路文化。

第七节　南亚商人与丝路文化

在吐蕃王朝灭亡以后的两个多世纪里,周边地区的形势发生了重要变化,这就是伊斯兰教军的扩张和高原西、北、南部的伊斯兰化。逃难的印度佛教僧人,给吐蕃带来又一股也是最后一股较大的思想与文化影响。这一局势,以及吐蕃的全方位内倾中国内地,使青藏高原地区的文化交流,呈现出相对单一的趋势。但是,以商业贸易为核心的对外交往却也在传统的作用下继续存在和发展着,其中以南亚商业文化的影响尤为突出,克什米尔和尼泊尔文化为其主要内容。

(一) 卡契商人与伊斯兰文化的传入

卡契,藏文作kha-che,指今克什米尔地区,由于该地的伊斯兰化,卡契既指克什米尔人,也指信奉伊斯兰教的人,如中国回族,藏语也称卡契。

克什米尔自古即是青藏高原地区与南亚、西亚和中亚地区进行经济与文化交流的重要通道,他们也以从事丝绸、麝香及珍宝、香料等贵重物品的中间贸易而闻名。吐蕃王朝时期,拉萨的丝绸市场上即活跃着善于经商的卡契人。在伊斯兰化以后,这一传统得到发扬光大,他们成为拉萨及青藏高原与中亚、西亚、南亚贸易的主要角色,甚至参与了中国内地与吐蕃及卫藏地区之间的丝绸贸易,以致于出现了卡契绸、卡契缎,并作为南亚及喜马拉雅山诸国朝拜达赖喇嘛,及向清朝进贡的珍品。

在拉萨经商的外国人主要是克什米尔(卡契)人和尼泊尔人(巴勒布族)。乾隆五十七年(1792年),福康安奏折称:"向来贸易商民,全系巴勒布、克什米尔二种",拉萨的贵族、寺院上层对他们的商品十分偏爱,进口大于出口。当时"查明在藏贸易巴勒布商民有40名,商头3名,克什米尔商民197名,商头3名,向俱任其常川兴贩,往来不绝"。① 在拉萨及卫藏经商的卡契人,包括两部分,一是以克什米尔人为主的外国人,包括尼泊尔、不丹和英国人,他们信奉伊斯兰教,故均被称作卡契人;一是来自中国内地,如河州(临夏)等地的回族人。前者主要从事国际贸易,后者则侧重国内贸易,《西藏志》说:"至市中货物商贾,有缠头回民贩卖珠宝,其布匹、绸缎、绫锦等项,皆贩自内地。"这里主要指中国回族。"有白布回民贩卖氆氇、藏锦、卡契缎、布等类,皆贩自布鲁克(不丹)、巴勒布(尼泊尔)、天竺(印度)等处",这是指尼泊尔等境外穆斯林。

1846年抵达拉萨的法国传教士古伯察(Régis-Evariste Huc,1813—1860年),描述了在拉萨的克什米尔人或原籍为克什米尔的穆斯林,他们的头饰、大胡子、持重而庄严的举止、充满智慧和威严的相貌、干净而华丽的服饰,同与他们杂居的穷人形成显明的对照。这些人在拉萨有一个行政机构作为靠山,并获得西藏地方政府的承认。克什米尔人是拉萨最富有的人,这是由于他们开办成衣店、奢侈品与化妆品铺子的缘故。此外,他们还是银币的兑换人和金银的经营商。他们中有些人每年前往加尔各答办理商务,唯有克什米尔人才被允许越过边境前往英属地区。他们身携达赖喇嘛发给的印符,由一支西藏护卫队送至喜马拉雅山下。他们从加尔各答携回的物品全是些廉价的小玩意儿,如带子、刀、剪及其他金属制品,人们可以在他们的商店里看到各种棉织品、丝织品和呢绒,在

---

① 松筠:《卫藏通志》卷一一《贸易》。

拉萨销量很大,丝、棉织品来自北京,而呢绒来自俄罗斯。[①]

由于克什米尔人和其他穆斯林的活动,伊斯兰教传入拉萨,五世达赖(1617—1682年)时,在拉萨有一位克什米尔的穆斯林比尔·雅郭布,常至一座山前作礼拜,虔诚备至。五世达赖感其忠贞其教,遂赠给一块林卡,写下字据与林卡四至,并免征林卡的一切差税。比尔率领在拉萨做生意的克什米尔、尼泊尔、拉达克等地穆斯林,植树木,建教堂、房舍。五世达赖厚待之,藏历每月八日、十五日,即邀请穆斯林至布达拉宫作客,并发给赏钱。伊斯兰教文化逐渐在拉萨发展起来。来此经商的穆斯林,与当地藏族妇女结婚,嗣后,逐渐扩大并形成较稳固的教徒内部通婚习俗。

拉萨的穆斯林正如他们的来源一样,分为两支:一是来自中国内地的回族,他们拥有大昭寺东的"大清真寺"和拉萨市北10公里地的"卡契林卡"(即回族墓地);一是来自克什米尔的穆斯林,他们拥有拉萨市西郊罗布林卡以西约1.5公里地方的礼拜堂与墓地(即五世达赖所赐者)和拉萨的"小清真寺",后者是20世纪20年代专为在拉萨经商的克什米尔、拉达克、不丹、尼泊尔和英国等的穆斯林所修建的。伊斯兰教文化,在圣城拉萨也为自己争得一席之地,说明其生命力的顽强及佛教徒精神境界的宽阔。

当然,以商业贸易为依托的文化交流,并不都是充满柔情蜜意,或者温情脉脉的,在英国殖民中亚、南亚以后,更是如此。克什米尔对西藏的贸易即在19世纪中期以后发生变化,克什米尔商人经常将鸦片贩运至西藏阿里,并通过那里,运销新疆叶尔羌等地。[②] 甚至还在1841—1842年侵入西藏阿里,掠夺金矿。可以说,这是丝路上的一股浊流。

[①] 古伯察著,耿昇译:《鞑靼西藏旅行记》,中国藏学出版社1991年版,第503—504页。
[②] 中国第一历史档案馆档案,录副,民族类,维吾尔族项1458(1—2)。

（二）尼商、尼匠与文化传播

尼泊尔与中国的交往一直十分密切。元代尼泊尔著名工匠阿尼哥在吐蕃修建黄金塔，且随帝师八思巴通过青藏高原来到大都（北京），传来尼泊尔的建筑和雕塑艺术。明朝洪武、永乐年间，尼泊尔屡遣使贡金塔、佛经、名马等方物。明朝也赐其银印、玉、图书、诰敕、符验、幡幢及彩币等。永乐十六年（1418 年），遣使来贡，明成祖命中官邓诚赍玺书、锦绮、纱罗往报之。所经罕东、灵藏（四川德格）、必力工瓦（止贡，今墨竹工卡直孔）、乌思藏及野蓝卜纳，皆有赐。1427 年，明宣宗复遣中官侯显赐诸番，遍历乌思藏、必力工瓦、灵藏、思达藏诸国而还。[①] 可见，明代连接中尼两国文化的吐蕃丝路也是畅通的。

清代时，尼泊尔境内的巴勒布一区，其民分为三部，一曰布颜罕，一曰叶楞罕，一曰库库木罕。雍正十年（1732 年），遣使至西藏，经驻藏大臣等上奏，皇帝准其内附，并颁敕封三道，赐其蟒缎、玻璃、瓷器等物。1734年，三部遣使来藏并请求赴京进贡，获准后，取道卫藏地方来至北京。其贡品有：哈达、珊瑚树、珊瑚串（大、小）、琥珀、金丝织成的卡契带（大、小）、各色卡契缎、白卡契布、犀角、孔雀尾扇、黑香、各色药、银丝织成的卡契缎、各色巴勒布的布匹等。[②] 可见，不唯明清朝廷赐给尼泊尔各部首领的物品以丝绸锦缎为主，尼泊尔各部进贡清朝的也主要是卡契金丝绸、银丝缎和其他珍品方物。明清的吐蕃丝路，虽不及唐代的繁荣，却也有名有实。

尼泊尔入西藏道路有四条：一是由加德满都（噶多曼都）至吉隆（济陇）；一是由加德满都经郎卡格密至聂拉木；一是由叶楞城至绒辖；一是

---

① 《明史·宦官·侯显》。

② 松筠：《卫藏通志》卷一五；佚名《西藏志·外番》，见《西藏志·卫藏通志》合刊，西藏人民出版社 1982 年版。

由鄂博出喀达之东南。① 聂拉木、绒辖、喀达、定结、干坝、帕里，皆为南部要隘，其中聂拉木和吉隆为两个重要的商道要关，西藏地方政府于此设卡收税，均与频繁的尼商往来有关。

尼商在西藏的活动，起初并不及克什米尔商人活跃，1792 年在拉萨的尼商只有 40 名，远较克商 197 名为少。但是，清朝为了安定边防，曾采取限制外商活动的措施，规定："每年巴勒布止准贸易三次，克什米尔止准贸易一次。"②无形中增加了尼商入藏活动的机会。不丹、尼泊尔、哲孟雄（锡金）皆属清朝外藩，因此对其进贡贸易，以及同西藏的直接贸易限制并不严密，收税也少，"凡巴勒布商民运来米在边界售卖者，每米一包，抽取一木碗，每年约收税米一百数十石，俱运交大昭（寺），以备攒昭念经之用。……向巴勒布易换制办藏香之料，及纸张果品等物，运交商上"。对于运至藏内的金花、缎匹、珊瑚、珍珠、细软之物，按包取税。③ 在尼商经营物品中，大米占据很大的数目，关乎民生，影响亦大。边界上西藏居民与尼泊尔人以盐易米、易布十分普遍，自由放任。十分重要的是，乾隆初期，西藏与尼泊尔交易是以碎银对尼泊尔银钱（章嘎），后来，不法尼商在银钱中掺铜冒充纯银章嘎，使白银大量外流。至清朝铸钱，并以新换旧，进行改革以后方始改变，但尼币依然通行无阻。1788 年和 1791 年，统治尼泊尔全境的廓尔喀部两次武力侵藏，并抢劫扎什伦布寺。乾隆帝命福康安率大军平定，并颁布钦定善后章程二十九条，成为清代治藏的大政方针。尼商在藏的商业活动依然如故。

民国时期，尼泊尔在西藏设一代表（武官）驻拉萨，有 2 名助理，30 名卫兵。尼商享有治外法权。拉萨有 150 家尼人商店，千余人长期居住，其中商人占多数。此外，江孜、日喀则各商埠皆有尼人，总数近 3 000

---

① 陈观浔编：《西藏志》，巴蜀书社 1986 年版，第 133 页。
② 松筠：《卫藏通志》卷一一。
③ 同上。

人。① 许多人娶妻生子,定居为贾。拉萨的商业文化,即包含有尼泊尔文化的浓厚色彩。

与尼商传递物质文化的同时,尼泊尔的工艺匠人、建筑师、画工、雕塑家也在西藏地区辛勤工作着,传播着包括宗教艺术在内的精神文明。吐蕃王朝时期,墀尊公主所带工匠建大昭寺已发其先声,元代的阿尼哥修造萨迦黄金塔则集其大成。嗣后,西藏各大寺庙的修建和金顶等装饰,多有尼泊尔铜匠、银匠参与,而所有敬神用的金、银、铜器,各种佛教画像、唐卡艺术,也多有尼泊尔工匠、画师力促其完成,氆氇染色更是尼泊尔人的行内技术,这些大大丰富了尼泊尔与西藏、内地之间文化交流的内容。

第八节 纷至沓来的传教士与探险家

丝绸和未知的神秘,在古代永远牵系着西方人东向探寻的野心,在获得对中国内地的粗略了解以后,他们也注意到更神秘的青藏高原。自公元前 4 世纪以后,希腊罗马人知道了这里的大雪山和出产黄金;到吐蕃王朝时期,他们通过中亚、西亚和南亚的商人,细致地掌握了这里的麝香出产状况以及它的性能、功用;元朝时期,东来的旅行家、传教士记述了高原居民一些独特的风俗。意大利旅行家马可·波罗记述了西藏省(即吐蕃)盛产麝香,"麝每月分泌一次麝香……,在它的近脐处,凝成一种脓肿或疖子,充满了血液。这种动物在这一带触目可见,所以香气四溢,飘浮于整个地区"。对当地人的民间信仰习俗,马可·波罗也有记述:"在本地人中,你可以找到最出色的巫术师。他们做起法来,有呼风唤雨和闪电劈雷的本领,这种法术千变万化,能幻化出很多不可思议的幻景和奇迹,而这些奇迹都是前所未见,前所未闻的。"②

---

① 吴忠信:《西藏纪要》第九节对外关系,西藏学汉文文献丛书第二辑,1991 年。
② 陈开俊等译:《马可·波罗游记》,福建科学技术出版社 1982 年版,第 140—142 页。

16—17 世纪,云集印度的葡萄牙、荷兰和英国旅行家、商人、学者、传教士,已对中国西藏有了更充分的认识,他们知道出产麝香、丝绸和其他商品的克什米尔是通藏要地,知道西藏地区盛产优质麝香、硼砂、甘松油脂、水银、铜、大黄和皮毛,可以通过尼泊尔抵达,同时也接触到贩卖麝香的西藏商人。[①] 西方的资本原始积累,膨胀了他们扩大海外市场并掠夺黄金、白银和香料等巨额财富的欲望,探险家、传教士都负起了大致相同的使命,奔向每一块埋藏黄金的沃土。传播友谊的丝绸之路面临着一种前所未有的危机。

16 世纪末期,活动在印度果阿和莫卧儿帝国宫廷的西班牙等国耶稣会传教士对西藏和震旦进行了三次调查,知道在喜马拉雅山那里有个叫博坦的民族,他们信仰基督教。[②] 于是,决定再派人实地调查。葡萄牙籍的传教士鄂本笃(Bento de Goes,1562—1605 年)等前往探寻,结果他本人死在从焉耆到嘉峪关的路上。

第一批进入西藏传教且颇获成效的西方传教士是葡萄牙籍耶稣会士安东尼奥·德·安夺德(P. Antonio de Andrade,1580—1634 年)神父一行。1624 年 4 月,他们经过乔装打扮,外穿莫卧儿印度教徒衣服悄然离开德里,一出城即换上罗马人的紧身衣,戴上伊斯兰教徒的帽子,随着印度教徒香客队伍向东北方向前进,出莫卧儿帝国境,经加瓦尔王国首都斯利那加,向西藏方向跋涉。一路上历尽曲折磨难,终于在同年 8 月初抵达西藏阿里南部的古格(gu ge)王国首都扎布让。当时,古格王国内外交困,拉达克、加瓦尔王国等不时武力侵犯,而古格王墀扎西查巴德与其弟、叔父、叔祖等宗教首领及寺院集团矛盾尖锐,安夺德的来到有隙可乘。1626 年 4 月 12 日举行奠基仪式,在扎布让建立第一座教堂,其费用全由国王供给。十字架、耶稣受难画和圣母怀抱婴儿的浮雕,就这样为

---

① Sven Hedin, Southern Tibet. Vol. I. pp. 145—179.

② G. M. Toscano, La Prima Missione Cattolica nel Tibet. pp. 14—23. 参阅伍昆明:《早期传教士进藏活动史》,中国藏学出版社 1992 年版。

自己挤出一片空间。

安夺德大力向古格王及王后、王室成员宣传基督教义，寻求支持。古格王也欲借之以代替藏传佛教，遂号令属民学习基督教义，给教徒以衣、食、住、行之便利。安夺德乘势进击，与佛教徒展开辩论，攻击佛教的教理教义和僧人的行为举止。最后，导致古格王对佛教徒的大肆迫害，让僧人娶妻成家，把寺院拆毁，或改为基督教教堂。在无可奈何的情况下，古格的佛教领袖们遂在 1630 年与信仰藏传佛教的拉达克部里应外合，直接与古格王进行武装对抗。古格王被囚解至拉达克，信奉基督教的藏民也被押送至列城，教堂被摧毁，佛教寺院得到恢复。后来，拉达克王曾同意传教士恢复在古格传教，以防影响到它与支持传教士的莫卧儿帝国的关系，但是，基督教在阿里地区的恢复工作并未取得成效。①

与安夺德等在古格活动同时，葡籍传教士卡塞拉神父等也在 1626—1627 年从印度经过不丹入藏，一路学习语言、搜集情报并传播基督教。1628 年 1 月 28 日抵达日喀则，并获得执政的第悉藏巴汗的支持，藏巴汗和噶玛噶举派宗教领袖想借基督教来增加对抗黄教格鲁派的势力，但最后也因佛教僧人的反对，使基督教未能在这里立定脚跟。1661 年，在北京天文台工作的耶稣会士白乃心（约翰·格鲁贝，John Grueber）和吴尔铎（阿尔伯特·道维尔，Albett d'orville）从北京经西宁抵达拉萨，并从拉萨经印度返回罗马。

18 世纪，卡普清修会在拉萨的活动影响巨大。1703 年，罗马教廷的传信部将法国卡普清修会所提出的前往西藏传教的请求，转批给了意大利卡普清修会。1704 年 4 月，以乔瓦尼·佛朗西斯科神父为团长的第一批卡普清布道团一行六人前往印度，其中两人在 1707 年 6 月抵达拉萨。后来不断有新的传教士壮大队伍，开始了他们轰轰烈烈的 30 余年传教历程。

---

① Pedra Francisco de Azeved，De Agra Pera O Tibet. fol. 36—37.

传教士弗朗索瓦·玛利和古瑟普至拉萨后,住在一名亚美尼亚富商家里。他们在拜访执政的拉藏汗同时,开始学习藏语并为西藏官民免费治病,联络感情,逐渐也设供坛、挂圣画,为人们增加感性认识。由于关隘抽税及物价较高等原因,他们的慈善行为很快即陷于经济枯竭的困境,在历时六年(1707—1712 年)后撤回印度。后来的 F. 范尼尼神父说:"西藏传教会第一阶段在令人沮丧的失败中结束,其结果很难有比之更悲惨的了。死亡、饥饿和疾病撒遍了沿途的道路,如同十字架的先锋队员们踩出的里程碑,这些甚至在每一站都能看得到,它令人回忆起几乎不可能承担的任务。"[1]

1714 年 1 月,罗马教廷传信部批准了多米尼科恢复在西藏传教的请求,同时指示在印度的昌德纳戈尔和巴特那,尼泊尔加德满都,西藏的拉萨和塔布各设馆舍作为传教站。多米尼科等于 1716 年 10 月经聂拉木抵达拉萨,并向拉藏汗递上一份信件。他们在拉萨学习藏文,钻研藏传佛教,并开始传教活动,用藏文口语形式写出基督教义理的书籍。他们的免费医病活动,博得西藏僧俗的好感,他们用藏文编写的《教义问答》、《基督教教义》等书籍也在僧俗官员中传播,引起争论。

在博得达赖喇嘛及世俗贵族的好感后,西藏基督教负责人奥拉济奥神父开始提出己见,与达赖喇嘛展开辩论,他批判了藏传佛教转世学说、业报理论等,东西方两种宗教文化开始正面交锋。就此,达赖喇嘛给罗马教皇写了一封信,信中说:"假如一切都是上帝所造,人们之无目、失聪、瘫跛、无食、各种疾病之折磨、国王之间发生战争等各种伤害人身及所有不吉祥之举,动物间残食幼小等无量的痛苦、饿鬼无食之痛苦、地狱坐火之无量痛苦等一切痛苦,均系上帝所为,那么,上帝就没有大慈悲之心。因为给有些(人)带来痛苦,给有些(人)带来幸福,这就有了亲疏之分,上帝就不能成为所有人顶礼的对象。另外,所死之人均系上帝所杀,

---

[1] F. Vannini, The Bell of Ihasa. p. 83.

你之教主再无比此更殊之谎言。其实，所有痛苦均来自造孽，如人造大孽就转世生为动物驴羊狗等，动物亦可转世为人，你的教主否认此等，就是在说谎言。你的教主不解密宗，你亦不解与女性交媾之像实则并非女性。按我之宗教，犹如苍穹无涯，在无数宇宙中，都有我之佛法，故你的宗教仅存于四洲之几处亦不足为奇……”①据传教士说，经过他们逐渐反驳，七世达赖喇嘛"仔细研究后，终于相信我们圣教的昭著的真理和令人迷恋的吸引力"，遂深感羞愧，于是签发了授权让卡普清会士建立一座修道院、馆舍及一所开放的教堂，用以自由地和不受干扰地修习基督教。

从七世达赖向西藏所有文武官员颁布的文告看，卡普清传教士赢得了这场辩论的胜利，达赖称白人喇嘛为普济西藏众生而来，许其买地建寺，官员不得增收税赋，干扰其事，甚至同意让西藏人民宗教"信仰自由"，他还收留年轻的藏传佛教僧人学习基督教和意大利语、拉丁语。首席噶伦康济鼐，以及后来达赖的经师，还有总理藏务的颇罗鼐，都先后支持基督教的传播活动。颁布印信，保护传教士的安全和利益。② 于是，他们便不断购买土地，修建教堂，与藏传佛教争夺信众。

基督教徒的活动，引起黄教寺院上层部分人的反对。1725 年，当传教士雇佣工匠建造教堂馆舍时，喇嘛们煽动群众，捣毁教堂，驱逐传教士，并把当时发生的水灾归咎于传教士的异教。后来还是在达赖喇嘛和康济鼐的压服下，得以平息。教堂建成后，居住拉萨的尼泊尔商人、汉族人、藏人均有接受洗礼，成为信徒者。七世达赖和颇罗鼐等西藏地方当政者长期与罗马教皇保持书信往来，互赠礼品，教皇克列门十二世赠给颇罗鼐的有豪华挂钟、双筒望远镜、显微镜、珍珠珊瑚串、琥珀项链、剪子、水晶石、叉子、有教皇刻像的金牌。颇罗鼐回赠的有五块金板、一匹汉地锦缎、一百个麝香、若干西藏金纸片等。③ 传教士还带来了教堂用大

① 伍昆明:《早期传教士进藏活动史》，中国藏学出版社 1992 年版，第 404—405 页。
② L. 伯戴克编:《赴西藏和尼泊尔的意大利传教士文献》1—7 册。
③ L. Petech, I Missionari Italiani nel Tibet e nel Nepal. Parte Ⅳ, CD. 28, pp. 215—216.

钟和藏文活字印刷机,方便传教活动。尽管达赖喇嘛和颇罗鼐同情并支持传教士活动,但由于黄教寺院的极力反对,这直接关系到西藏地方的政局和社会安定,普通僧人反抗活动也日趋激烈,最后拉萨市政长官便不得不从惩罚加入基督教的藏民入手,限制他们的活动。1745 年,卡普清会传教士撤出拉萨。

传教士把西方的基督教文明传入西藏,并与藏传佛教文化进行密切的交流,这是文化史上的一件盛事。他们留下了大批的政治、经济、历史、宗教和文化资料,并把基督教文献译为藏文,把藏文经典如宗喀巴《菩提道次第广论》等译为意大利文,编订了《拉藏词典》、《藏意、意藏双向词典》、《西藏入门》等辞书与著作,加强了中意两国佛教与基督教文化的联系,也为相对封闭的青藏高原打开一扇窗口,功不可灭。但是,传教士往往与西方的殖民活动相联系,也涌动着文化侵略的浊流。在此后的岁月里,愈演愈烈,最终断送了传递中国与世界各国人民友谊的吐蕃丝路。

第九节　英国殖民侵略与吐蕃丝路的终结

18 世纪初年,在基督教卡普清修会传教士于西藏苦心传教的同时,还有一位耶稣会传教士,请缨东行,来到雪域,弘传基督教法,并另肩负使命,此人即是意籍耶稣会士德西德里(I. Desideri)。1714 年 9 月,他与弗雷勒一同踏上赴藏征程,绕道拉合尔、克什米尔、列城,于 1715 年 6 月 20 日到达拉达克首府列城。1716 年 3 月 18 日转抵拉萨,会见执政的蒙古汗王拉藏汗,为汗王及高级官员治病,建立友谊,还不失时机地宣扬教义,鼓动汗王加入基督教会。同时他认真学习藏文,钻研藏传佛教典籍,还用藏文写了一部名叫《黎明驱散黑暗预示旭日东升》的书,指责藏传佛教教义,宣扬基督教学说。此书献给汗王,在僧人中引起争议。拉藏汗让其精研藏传佛教,然后与僧人展开辩论。德西德里即入小昭寺、色拉寺,研读《甘珠尔》,为辩论做准备。然而,此时发生了准噶尔部侵藏、拉藏汗被杀事件,终止了即将到来的辩论会。由于教会内部的矛盾,1721年被传信部召回。

德西德里在他的《西藏纪事》一书中详细记载了他所亲历的准噶尔侵藏这一重要历史事件,也谈到西藏的宗教、语言、衣食、经济、婚姻与丧葬习俗等各方面情况。他还留有大量藏文译述著作和基督徒对藏传佛教的批评意见,这些是两种文化、两种宗教观相互碰撞的历史见证,有益于人类文化的交流与借鉴。因此,基督教卡普清修会和耶稣会传教士在文化交流中的积极意义是应当肯定的,但其作为殖民文化的一部分,消极因素也不容忽视。后来,随着西方殖民活动的加剧,探险家和传教士的侵略扩张目的日益明显,这与早期传教士以宗教文化传播为宗旨的传教活动有显著的不同。

青藏高原西南边的喜马拉雅山区,自西向东分布着拉达克、尼泊尔、哲孟雄(锡金)、不丹,他们在民族上、政治上、经济上和宗教文化上,都与中国藏族有极密切的关系。两地人民商品自由交换,游牧民不受限制越界放牧,朝圣者往来不绝,畅通无阻,但在英国殖民者侵入南亚地区以后,这一切发生了重大变化。1600年成立的东印度公司,是由冒险家和投机商组成的私人商业公司,它独揽经营南亚的大权,也是侵华活动中的急先锋。18世纪中叶,英国在战胜荷兰和法国的竞争之后,初步获得对印度孟加拉平原的控制权,从而开始取代莫卧儿王朝对全印度的统治地位,展开大规模的殖民经营活动。

当时,西藏地区对外贸易主要通过三道:一是由不丹人作中间人而开展的贸易,即帕里至孟加拉道;一是藏尼贸易,及经尼泊尔至印度道;一是克什米尔道。英国为了控制这种贸易与商道,在不断派人至喜马拉雅山诸国及西藏地区勘查道路、刺探情报,并联络感情的同时,还逐个用武力征服。他们的第一个目标是与中国西藏有密切贸易关系的尼泊尔。1814年,英国以尼泊尔提高关税,抵制英国商品倾销为由,发动侵略战争。1816 年,迫使尼泊尔签和,割让西部库马翁等大片地区。接着,在 1835 年,以调解尼泊尔与哲孟雄(锡金)纠纷有功为由,强租哲孟雄南部山区为英人"避暑",此即今印度的大吉岭。19 世纪 20 年代,英国向阿萨姆平原扩张,并从不丹那里承揽了该国南境与孟加拉、阿萨姆接壤的大片山地经营权,肆意扩大其领属范围,把西藏的门隅、察隅等部落聚居地也作为侵吞的目标。19 世纪 40 年代,东印度公司把势力也扩张到印度西北部,在那里扶植了一个小邦道格拉(Dogra)王室,取得对克什米尔的统治,进而侵略拉达克和西藏阿里。于是,拉达克、尼泊尔、不丹、哲孟雄等原来对中国保持密切关系,甚至是"外藩"的诸国,相继转入英国的势力影响之下。后来竟吞并尼泊尔、哲孟雄和不丹等国,作为侵藏的前沿阵地。

英国控制了青藏高原西南部、西部地区以后,完全掌握了诸国与西藏的传统贸易,英国的轻工业产品、羊毛织品等纷纷北向倾销,并大力吸引西藏地区的生产原料。为了破坏西藏与中国内地长期形成并占主导地位的贸易关系,英国也在沿喜马拉雅山以南地区,广种茶树,并引进中国培植茶树与焙茶技术,发展茶叶业,企图占领西藏市场,取代中国内地茶叶在西藏地区的地位。英国还支持道格拉王室侵略西藏阿里,怂恿廓尔喀(尼泊尔)屡次进犯后藏。为了打开中国西藏的门户,在 1888 年和 1903 年,两次武装侵略西藏,迫使中国签订不平等条约,开商埠以供其倾销商品,掠夺资源。使亚东、江孜一线中印贸易迅速增长,英印的棉毛织物和轻工产品源源流入,西藏羊毛、牦牛尾、麝香、皮革等大量出口,印度卢比充斥西藏金融市场。从对外贸易中获得巨额利润的西藏三大领主,逐渐与曾为仇敌的英国人有了共同的语言和利益,"西藏独立"的阴谋在酝酿,历史步入多事之秋,繁华了千余年的吐蕃丝绸之路走到了它的尽头。

后 记

本书是我个人的第一部著作《丝路文化·吐蕃卷》的修订版,感谢江苏人民出版社给拙作再版的机会,感谢王保顶先生对拙作的垂青。

此次再版,使我有机会吸收考古学界部分最新和最重要的研究成果,特别是有关西藏阿里地区近年来考古发掘和研究的最新成果,诸如王侯羊王纹锦、黄金面具、茶叶、中原器物、漆器等;吸纳了大唐天竺使之铭碑文及相关研究成果;同时,也纠正了当时接受前人旧说、把藏文中的zin po(森波)当作"sum po"并混同女国的错误。此外,书中还补充了一些其他研究信息,大量补充了自己新拍摄的图片。希望拙作的再版能有助于读者认识吐蕃丝路文化,既开阔视野,也能酌古准今,有裨益于当世。

本书由我撰稿完成,我要感谢我的博士生导师陈得芝教授和南京大学元史研究室的刘迎胜教授,以及中国藏学研究中心历史研究所原所长陈庆英研究员。陈庆英研究员还审阅了本书的部分章节,提出了很好的修改意见,为本书增色不少。最后,感谢本书的责任编辑付出的辛勤劳动。

张 云

2017 年 1 月 18 日

凤凰文库书目

一、马克思主义研究系列

《走进马克思》 孙伯鍨 张一兵 主编
《回到马克思:经济学语境中的哲学话语》(第三版) 张一兵 著
《当代视野中的马克思》 任平 著
《回到列宁:关于"哲学笔记"的一种后文本学解读》 张一兵 著
《回到恩格斯:文本、理论和解读政治学》 胡大平 著
《国外毛泽东学研究》 尚庆飞 著
《重释历史唯物主义》 段忠桥 著
《资本主义理解史》(6卷) 张一兵 主编
《阶级、文化与民族传统:爱德华·P. 汤普森的历史唯物主义思想研究》 张亮 著
《形而上学的批判与拯救》 谢永康 著
《21世纪的马克思主义哲学创新:马克思主义哲学中国化与中国化马克思主义哲学》 李景源 主编
《科学发展观与和谐社会建设》 李景源 吴元梁 主编
《科学发展观:现代性与哲学视域》 姜建成 著
《西方左翼论当代西方社会结构的演变》 周穗明 王玫 等著
《历史唯物主义的政治哲学向度》 张文喜 著
《信息时代的社会历史观》 孙伟平 著
《从斯密到马克思:经济哲学方法的历史性诠释》 唐正东 著
《构建和谐社会的政治哲学阐释》 欧阳英 著
《正义之后:马克思恩格斯正义观研究》 王广 著
《后马克思主义思想史》 [英]斯图亚特·西姆 著 吕增奎 陈红 译
《后马克思主义与文化研究:理论、政治与介入》 [英]保罗·鲍曼 著 黄晓武 译
《市民社会的乌托邦:马克思主义的社会历史哲学阐释》 王浩斌 著
《唯物史观与人的发展理论》 陈新夏 著
《西方马克思主义与苏联:1917年以来的批评理论和争论概览》 [荷]马歇尔·范·林登 著 周穗明 译 翁寒松 校
《物与无:物化逻辑与虚无主义》 刘森林 著
《拜物教的幽灵:当代西方马克思主义社会批判的隐性逻辑》 夏莹 著
《新中国社会形态研究》 吴波 著
《"崩溃的逻辑"的历史建构:阿多诺早中期哲学思想的文本学解读》 张亮 著
《"超越政治"还是"回归政治":马克思与阿伦特政治哲学比较》 白刚 张荣艳 著
《无调式的辩证想象:阿多诺〈否定的辩证法〉的文本学解读》(第二版) 张一兵 著
《马克思再生产理论及其哲学效应研究》 孙乐强 著
《希望的源泉:文化、民主、社会主义》 [英]雷蒙·威廉斯 著 祁阿红 吴晓妹 译
《后工业乌托邦》 [澳]鲍里斯·弗兰克尔 著 李元来 译
《未来考古学:乌托邦欲望和其他科幻小说》 [美]弗里德里克·詹姆逊 著 吴静 译

二、政治学前沿系列

《公共性的再生产:多中心治理的合作机制建构》 孔繁斌 著
《合法性的争夺:政治记忆的多重刻写》 王海洲 著

《民主的不满:美国在寻求一种公共哲学》 [美]迈克尔·桑德尔 著 曾纪茂 译
《权力:一种激进的观点》 [英]斯蒂芬·卢克斯 著 彭斌 译
《正义与非正义战争:通过历史实例的道德论证》 [美]迈克尔·沃尔泽 著 任辉献 译
《自由主义与现代社会》 [英]理查德·贝拉米 著 毛兴贵 等译
《左与右:政治区分的意义》 [意]诺贝托·博比奥 著 陈高华 译
《自由主义中立性及其批评者》 [美]布鲁斯·阿克曼 等著 应奇 编
《公民身份与社会阶级》 [英]T. H. 马歇尔 等著 郭忠华 刘训练 编
《当代社会契约论》 [美]约翰·罗尔斯 等著 包利民 编
《马克思与诺齐克之间》 [英]G. A. 柯亨 等著 吕增奎 编
《美德伦理与道德要求》 [英]欧若拉·奥尼尔 等著 徐向东 编
《宪政与民主》 [英]约瑟夫·拉兹 等著 佟德志 编
《自由多元主义的实践》 [美]威廉·盖尔斯敦 著 佟德志 苏宝俊 译
《国家与市场:全球经济的兴起》 [美]赫尔曼·M. 施瓦茨 著 徐佳 译
《税收政治学:一种比较的视角》 [美]盖伊·彼得斯 著 郭为桂 黄宁莺 译
《控制国家:从古雅典至今的宪政史》 [美]斯科特·戈登 著 应奇 陈丽微 孟军 李勇 译
《社会正义原则》 [英]戴维·米勒 著 应奇 译
《现代政治意识形态》 [澳]安德鲁·文森特 著 袁久红 译
《新社会主义》 [加拿大]艾伦·伍德 著 尚庆飞 译
《政治的回归》 [英]尚塔尔·墨菲 著 王恒 臧佩洪 译
《自由多元主义》 [美]威廉·盖尔斯敦 著 佟德志 庞金友 译
《政治哲学导论》 [英]亚当·斯威夫特 著 佘江涛 译
《重新思考自由主义》 [英]理查德·贝拉米 著 王萍 傅广生 周春鹏 译
《自由主义的两张面孔》 [英]约翰·格雷 著 顾爱彬 李瑞华 译
《自由主义与价值多元论》 [英]乔治·克劳德 著 应奇 译
《帝国:全球化的政治秩序》 [美]麦克尔·哈特[意]安东尼奥·奈格里 著 杨建国 范一亭 译
《反对自由主义》 [美]约翰·凯克斯 著 应奇 译
《政治思想导读》 [英]彼得·斯特克 大卫·韦戈尔 著 舒小昀 李霞 赵勇 译
《现代欧洲的战争与社会变迁:大转型再探》 [英]桑德拉·哈尔珀琳 著 唐皇凤 武小凯 译
《道德原则与政治义务》 [美]约翰·西蒙斯 著 郭为桂 李艳丽 译
《政治经济学理论》 [美]詹姆斯·卡波拉索 戴维·莱文 著 刘骥 等译
《民主国家的自主性》 [英]埃里克·A. 诺德林格 著 孙荣飞 等译
《强社会与弱国家:第三世界的国家社会关系及国家能力》 [英]乔·米格德尔 著 张长东 译
《驾驭经济:英国与法国国家干预的政治学》 [美]彼得·霍尔 著 刘骥 刘娟凤 叶静 译
《社会契约论》 [英]迈克尔·莱斯诺夫 著 刘训练 等译
《共和主义:一种关于自由与政府的理论》 [澳]菲利普·佩蒂特 著 刘训练 译
《至上的美德:平等的理论与实践》 [美]罗纳德·德沃金 著 冯克利 译
《原则问题》 [美]罗纳德·德沃金 著 张国清 译
《社会正义论》 [英]布莱恩·巴利 著 曹海军 译
《马克思与西方政治思想传统》 [美]汉娜·阿伦特 著 孙传钊 译
《作为公道的正义》 [英]布莱恩·巴利 著 曹海军 允春喜 译
《古今自由主义》 [美]列奥·施特劳斯 著 马志娟 译
《公平原则与政治义务》 [美]乔治·格劳斯科 著 毛兴贵 译
《谁统治:一个美国城市的民主和权力》 [美]罗伯特·A. 达尔 著 范春辉 等译

《论伦理精神》 张康之 著

《人权与帝国:世界主义的政治哲学》 [英]科斯塔斯·杜兹纳 著 辛亨复 译

《阐释和社会批判》 [美]迈克尔·沃尔泽 著 任辉献 段鸣玉 译

《全球时代的民族国家:吉登斯讲演录》 [英]安东尼·吉登斯 著 郭忠华 编

《当代政治哲学名著导读》 应奇 主编

《拉克劳与墨菲:激进民主想象》 [美]安娜·M. 史密斯 著 付琼 译

《英国新左派思想家》 张亮 编

《第一代英国新左派》 [英]迈克尔·肯尼 著 李永新 陈剑 译

《转向帝国:英法帝国自由主义的兴起》 [美]珍妮弗·皮茨 著 金毅 许鸿艳 译

《论战争》 [美]迈克尔·沃尔泽 著 任辉献 段鸣玉 译

《现代性的谱系》 张凤阳 著

《近代中国民主观念之生成与流变:一项观念史的考察》 闾小波 著

《阿伦特与现代性的挑战》 [美]塞瑞娜·潘琳 著 张云龙 译

《政治人:政治的社会基础》 [美]西摩·马丁·李普塞特 著 郭为桂 林娜 译

《社会中的国家:国家与社会如何相互改变与相互构成》 [美]乔尔·S. 米格代尔 著 李杨 郭
   一聪 译张长东 校

《伦理、文化与社会主义:英国新左派早期思想读本》 张亮 熊婴 编

《仪式、政治与权力》 [美]大卫·科泽 著 王海洲 译

《政治仪式:权力生产和再生产的政治文化分析》 王海洲 著

《论政治的本性》 [英]尚塔尔·墨菲 著 周凡 译

三、纯粹哲学系列

《哲学作为创造性的智慧:叶秀山西方哲学论集(1998—2002)》 叶秀山 著

《真理与自由:康德哲学的存在论阐释》 黄裕生 著

《走向精神科学之路:狄尔泰哲学思想研究》 谢地坤 著

《从胡塞尔到德里达》 尚杰 著

《海德格尔与存在论历史的解构:〈现象学的基本问题〉引论》 宋继杰 著

《康德的信仰:康德的自由、自然和上帝理念批判》 赵广明 著

《宗教与哲学的相遇:奥古斯丁与托马斯·阿奎那的基督教哲学研究》 黄裕生 著

《理念与神:柏拉图的理念思想及其神学意义》 赵广明 著

《时间性:自身与他者——从胡塞尔、海德格尔到列维纳斯》 王恒 著

《意志及其解脱之路:叔本华哲学思想研究》 黄文前 著

《真理之光:费希特与海德格尔论 SEIN》 李文堂 著

《归隐之路:20 世纪法国哲学的踪迹》 尚杰 著

《胡塞尔直观概念的起源:以意向性为线索的早期文本研究》 陈志远 著

《幽灵之舞:德里达与现象学》 方向红 著

《形而上学与社会希望:罗蒂哲学研究》 陈亚军 著

《福柯的主体解构之旅:从知识考古学到"人之死"》 刘永谋 著

《中西智慧的贯通:叶秀山中国哲学文化论集》 叶秀山 著

《学与思的轮回:叶秀山 2003—2007 年最新论文集》 叶秀山 著

《返回爱与自由的生活世界:纯粹民间文学关键词的哲学阐释》 户晓辉 著

《心的秩序:一种现象学心学研究的可能性》 倪梁康 著

《生命与信仰:克尔凯郭尔假名写作时期基督教哲学思想研究》 王齐 著

《时间与永恒：论海德格尔哲学中的时间问题》 黄裕生 著

《道路之思：海德格尔的"存在论差异"思想》 张柯 著

《启蒙与自由：叶秀山论康德》 叶秀山 著

《自由、心灵与时间：奥古斯丁心灵转向问题的文本学研究》 张荣 著

《回归原创之思："象思维"视野下的中国智慧》 王树人 著

《从语言到心灵：一种生活整体主义的研究》 黄益民 著

《身体、空间与科学：梅洛－庞蒂的空间现象学研究》 刘胜利 著

《超越经验主义与理性主义：实用主义叙事的当代转换及效应》 陈亚军 著

四、宗教研究系列

《汉译佛教经典哲学研究》(上下卷) 杜继文 著

《中国佛教通史》(15 卷) 赖永海 主编

《中国禅宗通史》 杜继文 魏道儒 著

《佛教史》 杜继文 主编

《道教史》 卿希泰 唐大潮 著

《基督教史》 王美秀 段琦 等著

《伊斯兰教史》 金宜久 主编

《中国律宗通史》 王建光 著

《中国唯识宗通史》 杨维中 著

《中国净土宗通史》 陈扬炯 著

《中国天台宗通史》 潘桂明 吴忠伟 著

《中国三论宗通史》 董群 著

《中国华严宗通史》 魏道儒 著

《中国佛教思想史稿》(3 卷) 潘桂明 著

《禅与老庄》 徐小跃 著

《中国佛性论》 赖永海 著

《禅宗早期思想的形成与发展》 洪修平 著

《基督教思想史》 [美]胡斯都·L. 冈察雷斯 著 陈泽民 孙汉书 司徒桐 莫如喜 陆俊杰 译

《圣经历史哲学》(上下卷) 赵敦华 著

《如来藏经典与中国佛教》 杨维中 著

《儒佛道思想家与中国思想文化》 洪修平 主编

《基督教神学发展史》(一)、(二)、(三) 林荣洪 著

五、人文与社会系列

《环境与历史：美国和南非驯化自然的比较》 [美]威廉·贝纳特 彼得·科茨 著 包茂红 译

《阿伦特为什么重要》 [美]伊丽莎白·扬—布鲁尔 著 刘北成 刘小鸥 译

《现代性的哲学话语》 [德]于尔根·哈贝马斯 著 曹卫东 等译

《追寻美德：伦理理论研究》 [美]A. 麦金太尔 著 宋继杰 译

《现代社会中的法律》 [美]R. M. 昂格尔 著 吴玉章 周汉华 译

《知识分子与大众：文学知识界的傲慢与偏见，1880—1939》 [英]约翰·凯里 著 吴庆宏 译

《自我的根源：现代认同的形成》 [加拿大]查尔斯·泰勒 著 韩震 等译

《社会行动的结构》 [美]塔尔科特·帕森斯 著 张明德 夏遇南 彭刚 译

《文化的解释》 [美]克利福德·格尔茨 著 韩莉 译

《以色列与启示:秩序与历史(卷1)》 [美]埃里克·沃格林 著　霍伟岸 叶颖 译

《城邦的世界:秩序与历史(卷2)》 [美]埃里克·沃格林 著　陈周旺 译

《战争与和平的权利:从格劳秀斯到康德的政治思想与国际秩序》 [美]理查德·塔克 著　罗
　炯 等译

《人类与自然世界:1500—1800 年间英国观念的变化》 [英]基思·托马斯 著　宋丽丽 译

《男性气概》 [美]哈维·C. 曼斯菲尔德 著　刘玮 译

《黑格尔》 [加拿大]查尔斯·泰勒 著　张国清 朱进东 译

《社会理论和社会结构》 [美]罗伯特·K. 默顿 著　唐少杰 齐心 等译

《个体的社会》 [德]诺贝特·埃利亚斯 著　翟三江 陆兴华 译

《象征交换与死亡》 [法]让·波德里亚 著　车槿山 译

《实践感》 [法]皮埃尔·布迪厄 著　蒋梓骅 译

《关于马基雅维里的思考》 [美]利奥·施特劳斯 著　申彤 译

《正义诸领域:为多元主义与平等一辩》 [美]迈克尔·沃尔泽 著　褚松燕 译

《传统的发明》 [英]E. 霍布斯鲍姆 T. 兰格 著　顾杭 庞冠群 译

《元史学:十九世纪欧洲的历史想象》 [美]海登·怀特 著　陈新 译

《卢梭问题》 [德]恩斯特·卡西勒 著　王春华 译

《自足语义学:为语义最简论和言语行为多元论辩护》 [挪威]赫尔曼·开普兰
[美]厄尼·利珀尔 著　周允程 译

《历史主义的兴起》 [德]弗里德里希·梅尼克 著　陆月宏 译

《权威的概念》 [法]亚历山大·科耶夫 著　姜志辉 译

《无国界移民》 [瑞士]安托万·佩库 [荷兰]保罗·德·古赫特奈尔 编　武云 译

《语言的未来》 [法]皮埃尔·朱代·德·拉孔布 海因茨·维斯曼 著　梁爽 译

《全球化的关键概念》 [挪]托马斯·许兰德·埃里克森 著　周云水 等译

《房地产阶级社会》 [韩]孙洛龟 著　芦恒 译

《政治创新与概念变革》 [美]特伦斯·鲍尔詹姆斯·法尔拉塞尔·L.汉森 编　朱进东 译

《依赖性的理性动物:人类为什么需要德性》 [美]阿拉斯戴尔·麦金太尔 著　刘玮 译

《理解俄国:俄国文化中的圣愚》 [美]埃娃·汤普逊 著　杨德友 译

《留恋人世:长生不老的奇妙科学》 [美]乔纳森·韦纳 著　杨朗 卢文超 译

六、海外中国研究系列

《帝国的隐喻:中国民间宗教》 [英]王斯福 著　赵旭东 译

《王弼〈老子注〉研究》 [德]瓦格纳 著　杨立华 译

《章学诚思想与生平研究》 [美]倪德卫 著　杨立华 译

《中国与达尔文》 [美]詹姆斯·里夫 著　钟永强 译

《千年末世之乱:1813 年八卦教起义》 [美]韩书瑞 著　陈仲丹 译

《中华帝国后期的欲望与小说叙述》 黄卫总 著　张蕴爽 译

《私人领域的变形:唐宋诗词中的园林与玩好》 [美]王晓山 著　文韬 译

《六朝精神史研究》 [日]吉川忠夫 著　王启发 译

《中国社会史》 [法]谢和耐 著　黄建华 黄迅余 译

《大分流:欧洲、中国及现代世界经济的发展》 [美]彭慕兰 著　史建云 译

《近代中国的知识分子与文明》 [日]佐藤慎一 著　刘岳兵 译

《转变的中国:历史变迁与欧洲经验的局限》 [美]王国斌 著　李伯重 连玲玲 译

《中国近代思维的挫折》 [日]岛田虔次 著　甘万萍 译

《为权力祈祷》 [加拿大]卜正民 著　张华 译

《洪业:清朝开国史》 [美]魏斐德 著　陈苏镇 薄小莹 译

《儒教与道教》 [德]马克斯·韦伯 著　洪天富 译

《革命与历史:中国马克思主义历史学的起源,1919—1937》 [美]德里克 著　翁贺凯 译

《中华帝国的法律》 [美]D. 布朗 等著　朱勇 译

《文化、权力与国家》 [美]杜赞奇 著　王福明 译

《中国的亚洲内陆边疆》 [美]拉铁摩尔 著　唐晓峰 译

《古代中国的思想世界》 [美]史华兹 著　程钢 译刘东 校

《中国近代经济史研究:明末海关财政与通商口岸市场圈》 [日]滨下武志 著　高淑娟 孙彬 译

《中国美学问题》 [美]苏源熙 著　卞东波 译　张强强 朱霞欢 校

《翻译的传说:构建中国新女性形象》 胡缨 著　龙瑜宬 彭珊珊 译

《〈诗经〉原意研究》 [日]家井真 著　陆越 译

《缠足:"金莲崇拜"盛极而衰的演变》 [美]高彦颐 著　苗延威 译

《从民族国家中拯救历史:民族主义话语与中国现代史研究》 [美]杜赞奇 著　王宪明 高继美
　　李海燕 李点 译

《传统中国日常生活中的协商:中古契约研究》 [美]韩森 著　鲁西奇 译

《欧几里得在中国:汉译〈几何原本〉的源流与影响》 [荷]安国风 著　纪志刚 郑诚 郑方磊 译

《毁灭的种子:战争与革命中的国民党中国(1937-1949)》 [美]易劳逸 著　王建朗 王贤知 贾
　　维 译

《理解农民中国:社会科学哲学的案例研究》 [美]李丹 著　张天虹 张胜波 译

《18世纪的中国社会》 [美]韩书瑞 罗有枝 著　陈仲丹 译

《开放的帝国:1600年的中国历史》 [美]韩森 著　梁侃 邹劲风 译

《中国人的幸福观》 [德]鲍吾刚 著　严蓓雯 韩雪临 伍德祖 译

《明代乡村纠纷与秩序》 [日]中岛乐章 著　郭万平 高飞 译

《朱熹的思维世界》 [美]田浩 著

《礼物、关系学与国家:中国人际关系与主体建构》 杨美慧 著　赵旭东 孙珉 译张跃宏 校

《美国的中国形象:1931—1949》 [美]克里斯托弗·杰斯普森 著　姜智芹 译

《清代内河水运史研究》 [日]松浦章 著　董科 译

《中国的经济革命:20世纪的乡村工业》 [日]顾琳 著　王玉茹 张玮 李进霞 译

《明清时代东亚海域的文化交流》 [日]松浦章 著　郑洁西 译

《皇帝和祖宗:华南的国家与宗族》 科大卫 著　卜永坚 译

《中国善书研究》 [日]酒井忠夫 著　刘岳兵 何英莺 孙雪梅 译

《大萧条时期的中国:市场、国家与世界经济》 [日]城山智子 著　孟凡礼 尚国敏 译

《虎、米、丝、泥:帝制晚期华南的环境与经济》 [美]马立博 著　王玉茹 译

《矢志不渝:明清时期的贞女现象》 [美]卢苇菁 著　秦立彦 译

《山东叛乱:1774年的王伦起义》 [美]韩书瑞 著　刘平 唐雁超 译

《一江黑水:中国未来的环境挑战》 [美]易明 著　姜智芹 译

《施剑翘复仇案:民国时期公众同情的兴起与影响》 [美]林郁沁 著　陈湘静 译

《工程国家:民国时期(1927-1937)的淮河治理及国家建设》 [美]戴维·艾伦·佩兹 著　姜
　　智芹 译

《西学东渐与中国事情》 [日]增田涉 著　周启乾 译

《铁泪图:19世纪中国对于饥馑的文化反应》 [美]艾志端 著　曹曦 译

《危险的边疆:游牧帝国与中国》 [美]巴菲尔德 著　袁剑 译

《华北的暴力与恐慌:义和团运动前夕基督教传播和社会冲突》 [德]狄德满 著 崔华杰 译
《历史宝筏:过去、西方与中国的妇女问题》 [美]季家珍 著 杨可 译
《姐妹们与陌生人:上海棉纱厂女工,1919—1949》 [美]艾米莉·洪尼格 著 韩慈 译
《银线:19世纪的世界与中国》 林满红 著 詹庆华 林满红 译
《寻求中国民主》 [澳]冯兆基 著 刘悦斌 徐硙 译
《中国乡村的基督教:1860—1900江西省的冲突与适应》 [美]史维东 著 吴薇 译
《认知变异:反思人类心智的统一性与多样性》 [英]G.E.R.劳埃德 著 池志培 译
《假想的"满大人":同情、现代性与中国疼痛》 [美]韩瑞 著 袁剑 译
《男性特质论:中国的社会与性别》 [澳]雷金庆 著 [澳]刘婷 译
《中国的捐纳制度与社会》 伍跃 著
《文书行政的汉帝国》 [日]富谷至 著 刘恒武 孔李波 译
《城市里的陌生人:中国流动人口的空间、权力与社会网络的重构》 [美]张骊 著 袁长庚 译
《重读中国女性生命故事》 游鉴明 胡缨 季家珍 主编
《跨太平洋位移:20世纪美国文学中的民族志、翻译和文本间旅行》 黄运特 著 陈倩 译
《近代日本的中国认识》 [日]野村浩一 著 张学锋 译
《性别、政治与民主:近代中国的妇女参政》 [澳]李木兰 著 方小平 译
《狮龙共舞:一个英国人眼中的威海卫与中国文化》 [英]庄士敦 著 刘本森 译
《中国社会中的宗教与仪式》 [美]武雅士 著 彭泽安 邵铁峰 译 郭潇威 校
《大象的退却:一部中国环境史》 [英]伊懋可 著 梅雪芹 毛利霞 王玉山 译
《自贡商人:早期近代中国的企业家》 [美]曾小萍 著 董建中 译
《人物、角色与心灵:〈牡丹亭〉与〈桃花扇〉中的身份认同》 [美]吕立亭 著 白华山 译
《明代江南土地制度研究》 [日]森正夫 著 伍跃 张学锋 等译 范金民 夏维中 审校
《儒学与女性》 [美]罗莎莉 著 丁佳伟 曹秀娟 译
《权力关系:宋代中国的家族、地位与国家》 [美]柏文莉 著 刘云军 译
《行善的艺术:晚明中国的慈善事业》 [美]韩德林 著 吴士勇 王桐 史桢豪 译
《近代中国的渔业战争和环境变化》 [美]穆盛博 著 胡文亮 译
《工开万物:17世纪中国的知识与技术》 [德]薛凤 著 吴秀杰 白岚玲 译
《权力源自地位:北京大学、知识分子与中国政治文化,1898—1929》 [美]魏定熙 著 张蒙 译
《忠贞不贰?——辽代的越境之举》 [英]史怀梅 著 曹流 译
《两访中国茶乡》 [英]罗伯特·福琼 著 敖雪岗 译
《古代中国的动物与灵异》 [英]胡司德 著 蓝旭 译
《内藤湖南:政治与汉学(1866—1934)》 [美]傅佛果 著 陶德民 何英莺 译

七、历史研究系列

《中国近代通史》(10卷) 张海鹏 主编
《极端的年代》 [英]艾瑞克·霍布斯鲍姆 著 马凡 等译
《漫长的20世纪》 [意]杰奥瓦尼·阿瑞基 著 姚乃强 译
《在传统与变革之间:英国文化模式溯源》 钱乘旦 陈晓律 著
《世界现代化历程》(10卷) 钱乘旦 主编
《近代以来日本的中国观》(6卷) 杨栋梁 主编
《中华民族凝聚力的形成与发展》 卢勋 杨保隆 等著
《明治维新》 [英]威廉·G.比斯利 著 张光 汤金旭 译
《在垂死皇帝的王国:世纪末的日本》 [美]诺玛·菲尔德 著 曾霞 译

《美国的艺伎盟友》 [美]涩泽尚子 著 油小丽 牟学苑 译

《戊戌政变的台前幕后》 马勇 著

《战后东北亚主要国家间领土纠纷与国际关系研究》 李凡 著

《战后西亚国家领土纠纷与国际关系》 黄民兴 谢立忱 著

《民国首都南京的营造政治与现代想象(1927-1937)》 董佳 著

《战后日本史》 王新生 著

《衣被天下:明清江南丝绸史研究》 范金民 著

八、当代思想前沿系列

《世纪末的维也纳》 [美]卡尔·休斯克 著 李锋 译

《莎士比亚的政治》 [美]阿兰·布鲁姆 哈瑞·雅法 著 潘望 译

《邪恶》 [英]玛丽·米奇利 著 陆月宏 译

《知识分子都到哪里去了:对抗21世纪的庸人主义》 [英]弗兰克·富里迪 著 戴从容 译

《资本主义文化矛盾》 [美]丹尼尔·贝尔 著 严蓓雯 译

《流动的恐惧》 [英]齐格蒙特·鲍曼 著 谷蕾 杨超 等译

《流动的生活》 [英]齐格蒙特·鲍曼 著 徐朝友 译

《流动的时代:生活于充满不确定性的年代》 [英]齐格蒙特·鲍曼 著 谷蕾 武媛媛 译

《未来的形而上学》 [美]爱莲心 著 余日昌 译

《感受与形式》 [美]苏珊·朗格 著 高艳萍 译

《资本主义及其经济学:一种批判的历史》 [美]道格拉斯·多德 著 熊婴 译 刘思云 校

《异端人物》 [英]特里·伊格尔顿 著 刘超 陈叶 译

《哲学俱乐部:美国观念的故事》 [美]路易斯·梅南德 著 肖凡 鲁帆 译

《文化理论关键词》 [英]丹尼·卡瓦拉罗 著 张卫东 张生 赵顺宏 译

《齐格蒙特·鲍曼:后现代性的预言家》 [英]丹尼斯·史密斯 著 佘江涛 译

《公共领域中的伦理学》 [英]约瑟夫·拉兹 著 葛四友 主译

《文化模式批判》 崔平 著

《谁是罗兰·巴特》 汪民安 著

《身体、空间与后现代性》 汪民安 著

《时间、空间与伦理学基础》 [美]爱莲心 著 高永旺 李孟国 译

九、教育理论研究系列

《教育研究方法导论》 [美]梅雷迪斯·D.高尔等 著 许庆豫 等译

《教育基础》 [美]阿伦·奥恩斯坦 著 杨树兵 等译

《教育伦理学》 贾馥茗 著

《认知心理学》 [美]罗伯特·L.索尔索 著 何华 等译

《现代心理学史》 [美]杜安·P.舒尔茨 著 叶浩生 等译

《学校法学》 [美]米歇尔·W.拉莫特 著 许庆豫 等译

十、艺术理论研究系列

《弗莱艺术批评文选》 [英]罗杰·弗莱 著 沈语冰 译

《另类准则:直面20世纪艺术》 [美]列奥·施坦伯格 著 沈语冰 刘凡 谷光曙 译

《当代艺术的主题:1980年以后的视觉艺术》 [美]简·罗伯森 克雷格·迈克丹尼尔 著 匡骁 译

《艺术与物性:论文与评论集》 [美]迈克尔·弗雷德 著 张晓剑 沈语冰 译

《现代生活的画像:马奈及其追随者艺术中的巴黎》 [英]T. J. 克拉克 著　沈语冰 诸葛沂 译
《自我与图像》 [英]艾美利亚·琼斯 著　刘凡 谷光曙 译
《博物馆怀疑论:公共美术馆中的艺术展览史》 [美]大卫·卡里尔 著　丁宁 译
《艺术社会学》 [英]维多利亚·D.亚历山大 著　章浩 沈杨 译
《云的理论:为了建立一种新的绘画史》 [法]于贝尔·达米施 著　董强 译
《杜尚之后的康德》 [比]蒂埃利·德·迪弗 著　沈语冰 张晓剑 陶铮 译
《蒂耶波洛的图画智力》 [美]斯维特拉娜·阿尔珀斯 迈克尔·巴克森德尔 著　王玉冬 译
《伦勃朗的企业:工作室与艺术市场》 [美]斯维特拉娜·阿尔珀斯 著　冯白帆 译
《新前卫与文化工业》 [美]本雅明·布赫洛 著　何卫华 史岩林 桂宏军 钱纪芳 译
《现代艺术:19 与 20 世纪》 [美]迈耶·夏皮罗 著　沈语冰 何海 译
《重构抽象表现主义:20 世纪 40 年代的主体性与绘画》 [美]迈克尔·莱雅 著　毛秋月 译
《神经元艺术史》 [英]约翰·奥尼恩斯 著　梅娜芳 译
《实在的回归:世纪末的前卫艺术》 [美]哈尔·福斯特 著　杨娟娟 译
《德国文艺复兴时期的椴木雕刻家》 [德]巴克森德尔 著　殷树喜 译
《艺术的理论与哲学:风格、艺术家和社会》 [美]迈耶·夏皮罗 著　沈语冰 王玉冬 译

十一、中国经济问题研究系列
《中国经济的现代化:制度变革与结构转型》 肖耿 著
《世界经济复苏与中国的作用》 [英]傅晓岚 编　蔡悦 等译
《中国未来十年的改革之路》 《比较》研究室 编
《大失衡:贸易、冲突和世界经济的危险前路》 [美]迈克尔·佩蒂斯 著　王璟 译
《中国经济新转型》 [日]青木昌彦 吴敬琏 编　姚志敏 等译
《经济全球化与中国产业发展》 刘志彪 著

十二、艺术与社会系列
《艺术界》 [美]霍华德·S.贝克尔 著　卢文超 译
《寻找如画美:英国的风景美学与旅游,1760—1800》 [英]马尔科姆·安德鲁斯 著　张箭飞
韦照周 译

十三、公共管理系列
《更快 更好 更省?》 [美]达尔·W.福赛斯 著　范春辉 译
《公共行政的行动主义》 张康之 著
《美国能源政策:变革中的政治、挑战与前景》 [美]劳任斯·R.格里戴维·E.麦克纳布 著　付
满 译

十四、智库系列
《经营智库:成熟组织的实务指南》 [美]雷蒙德·J.斯特鲁伊克 著　李刚 等译 陆扬 校